明清时期桂西南地区伏波信仰的社会史考察

滕兰花 ◎ 著

2011年度国家社科基金青年项目『明清时期桂西南地区伏波信仰的社会史考察』（11CZS044）的结项成果

广西高校人文社会科学重点研究基地——中国南方与东南亚民族研究中心项目资助

广西一流学科——民族学学科建设项目资助

科学出版社
北京

内 容 简 介

本书以历史学研究的基本方法为基础，并结合历史人类学的研究路径，以伏波信仰为切入点，关注民间信仰与国家认同之间的关系，同时将伏波信仰的研究需要置于桂西南地区社会变革的历史过程中进行论述，分析其在桂西南地区的发展历程，探析其存续的因素和实现地方化的路径，以及在这一过程中当地族群借以建构自我族群身份的重要工具，期望对当前社会转型中的民间信仰研究具有一定的借鉴意义。

本书可供历史学、民族学等专业的师生阅读和参考。

图书在版编目（CIP）数据

明清时期桂西南地区伏波信仰的社会史考察／滕兰花著. —北京：科学出版社，2020.6

ISBN 978-7-03-065572-1

Ⅰ.①明… Ⅱ.①滕… Ⅲ.①信仰–民间文化–文化史–研究–广西 Ⅳ.①B933

中国版本图书馆 CIP 数据核字（2020）第 105292 号

责任编辑：任晓刚／责任校对：韩　杨
责任印制：张　伟／封面设计：润一文化

科 学 出 版 社 出版
北京东黄城根北街 16 号
邮政编码：100717
http://www.sciencep.com

北京中石油彩色印刷有限责任公司 印刷
科学出版社发行　各地新华书店经销

*

2020 年 6 月第 一 版　开本：720×1000　B5
2020 年 6 月第一次印刷　印张：21 3/4
字数：400 000

定价：108.00 元
（如有印装质量问题，我社负责调换）

目　　录

绪论 …………………………………………………………………… 1
 一、研究缘由 ………………………………………………………… 1
 二、学术史回顾 ……………………………………………………… 2
 三、相关研究对象的界定 ………………………………………… 23

第一章　伏波信仰的由来 ……………………………………… 27
 第一节　汉代两伏波将军与伏波信仰 …………………………… 28
  一、西汉伏波将军路博德平定南越 …………………………… 28
  二、东汉伏波将军马援南征交趾 ……………………………… 31
 第二节　伏波信仰的形成 ………………………………………… 42
  一、汉唐时期伏波信仰的形成 ………………………………… 42
  二、两宋时期从两伏波信仰并行到马援崇拜为主 …………… 46

第二章　明清时期伏波信仰的空间分布 ……………………… 53
 第一节　明清时期桂西南地区伏波庙的空间分布 ……………… 53
  一、明清时期岭南地区伏波庙的分布概况 …………………… 53
  二、桂西南地区的伏波庙及其遗址遗迹和相关传说 ………… 68

i

第二节　岭南以外的伏波信仰空间分布……98
　　一、湖南境内的伏波庙空间分布……98
　　二、西南地区伏波庙的分布……102

第三节　伏波信仰在越南的分布情况……104
　　一、越南境内伏波信仰的由来……104
　　二、明清以来越南境内伏波庙的分布……115

第三章　伏波信仰的主神职及祭礼……121

第一节　伏波信仰的主神职……121
　　一、守土安边之社稷神……121
　　二、伏波安澜的水神……146

第二节　伏波祭制的变迁……171

第四章　明清时期桂西南地区马援铜柱及其政治隐喻……180

第一节　明代之前马援铜柱之说及地望……180
　　一、宋代之前马援铜柱之说及其地望……180
　　二、宋代马援铜柱地望之说……186

第二节　明清时期马援铜柱地望……192
　　一、明清时期马援铜柱地望变化……192
　　二、越南史籍中所见的马援铜柱及其地望……205

第三节　马援铜柱地望变化的政治隐喻……213

第五章　王权象征与信仰选择：桂西南地区伏波信仰的文化隐喻……227

第一节　守边与伏波信仰的征用……227
　　一、明代钦防四峒之民归附与伏波信仰的借用……227
　　二、中法战争后中越划界与伏波信仰……233

三、中法战争后广西边防重建与伏波信仰…………………………243

　第二节　伏波信仰在越南的沉浮探析……………………………………252

　　　一、从叛贼到民族英雄：越南二征夫人的神化……………………253

　　　二、从马援崇拜到龙肚神信仰的转变：越南伏波信仰的消失………258

第六章　国家认同的隐喻：伏波故事与班夫人传说的文化意义……263

　第一节　班夫人信仰的由来………………………………………………264

　　　一、班夫人庙的空间分布……………………………………………264

　　　二、从民女到功臣：班夫人生平的考证……………………………270

　　　三、班夫人信仰的形成………………………………………………276

　第二节　班夫人故事的文化意义…………………………………………280

第七章　国家认同下的族群身份构建：马留人的伏波情结…………288

　第一节　马留人的英雄祖先故事…………………………………………289

　第二节　祭神与祭祖………………………………………………………296

　第三节　神力与权力………………………………………………………301

第八章　伏波信仰的现代传承与复兴……………………………………306

　第一节　桂西南地区伏波信仰的仪式传承………………………………306

　　　一、左江沿线的伏波庙会……………………………………………306

　　　二、北部湾伏波祭祀活动……………………………………………310

　第二节　民俗文化保护旗号下的伏波信仰复兴…………………………313

　　　一、作为文化遗产的伏波信仰………………………………………313

　　　二、文化保护口号下的伏波信仰复兴………………………………315

　第三节　伏波信仰与文化戍边……………………………………………319

　　　一、文化戍边理论……………………………………………………320

　　　二、伏波信仰的文化戍边价值………………………………………321

三、伏波信仰的存续与现代边疆文化建设 ……………………… 323

结语 ……………………………………………………………… 328

参考文献 ………………………………………………………… 332

后记 ……………………………………………………………… 339

绪　　论

一、研究缘由

民间信仰是一种人类特有的文化现象，不仅在传统农业社会广泛存在，即使在今天的现代社会，它仍旧有着顽强的生命力。作为一种草根文化，特别是在中国这个多民族国家，它不仅与乡村社会生活密切相关，还对乡村社会的控制、伦理教化、关系协调、秩序维持等方面亦有着十分重要的影响。在中国传统时代，统治者以神道设教、借鬼神御吏民，用一套国家祀典来规范祭祀对象以及祭祀行为，这被称为国家正祀。国家所认同的神灵，其入祀标准是根据《礼记·祭法》而定："圣王之制祭祀也，法施于民则祀之，以死勤事则祀之，以劳定国则祀之，能御大灾则祀之，能捍大患则祀之。"[①]那些以真实的历史人物为原型发展而来的的英雄崇拜是一笔值得关注的精神财富，这些英雄多因人格魅力出众而被后人奉祀。他们或以忠肝义胆而闻名，如关羽；或以精忠报国而显圣，如岳飞；或以马革裹尸、为国鞠躬尽瘁而成神，如马援。诸如此类，难以枚举。

广西地区多民族聚居，民间信仰纷繁，除以神话传说人物为原型的布洛陀、花婆、龙母等神灵外，还有以真实历史人物为崇拜对象的神灵，如在广西建功立业的历代文臣武将中，汉代即有两位伏波将军：一是西汉时期平定南越

---

① 李学勤主编：《十三经注疏·尚书正义》卷15《洛诰》，北京：北京大学出版社，1999年，第409页。

明清时期桂西南地区伏波信仰的社会史考察

国的伏波将军路博德；二是东汉平定交趾叛乱的伏波将军马援。他们死后都被后人立庙奉祀，形成伏波信仰。

东汉时，交趾地区征侧、征贰姐妹起事，伏波将军马援奉命南征，平定交趾征氏姐妹叛乱，重建汉帝国在岭南地区的统治秩序，为促进岭南地区经济和社会文化的发展做出了重要贡献，其影响极为深远。岭南的民众们不仅口耳相传马援南征之故事，还建了许多伏波庙供奉马援，并最终形成了伏波信仰圈。广西境内的伏波信仰主要是以崇祀马援为主，尤以桂西南的中越边境地区最为集中。而且还有一些特定的人群在叙述自我族群身份时，他们把马援与自己祖先联系起来，不断复述着马援部将留戍南疆、世守其土的"马留人"的故事。

有研究表明，伏波信仰的形成是有着非常复杂的历史原因，同时也是当地族群借以建构自我族群身份的重要工具。对伏波信仰的研究需要置于区域社会变革的历史过程中去考量，特别是伏波信仰最为普遍的桂西南地区，伏波信仰的存续始终与桂西南边疆地区社会秩序的变化联系在一起。因此，本书将研究区域放在桂西南地区，希望能借前贤之力，立足史学研究的基本方法，并结合历史人类学的研究路径，分析桂西南地区伏波信仰的历史发展历程，探析其存续的因素和实现地方化的路径，以及在这一过程中如何成为某些人群叙述身份的文化工具。

二、学术史回顾

民间信仰一直以来都是民俗学、历史学、人类学、社会学等各界学者关注的学术领域，并出版了一系列的相关著作。近十几年来，研究社会史的一群志趣相投的学者一直致力于民间信仰研究，他们认为民间信仰是一种认识中国传统社会的方法，是理解乡村社会结构、地域支配关系和百姓生活历史变迁的一种途径。民间信仰是文化创造的产物，它的传承植根于普通百姓一代又一代的日常生活，乡民的祭祀活动和仪式深受读书人的影响。民间信仰研究中经常遇到的问题是国家与民间社会的互动关系，我们认为更应该关心的是民间信仰所表达的百姓关于国家与王朝的观念。因此，"中国社会史研究者，在讨论任何具体问题的时候，都不能忘记在他们的研究对象背后，存在着一个无时不在、无处不有的'国家'，任何地域、城镇或乡村社会生活的变化，常常是与更大范围的经济和社会变动联系在一起的"①。

关于伏波信仰的研究已取得了丰硕成果，学者们从不同角度分析了马援南征的功绩与伏波信仰的嬗变。学者们的研究各有见地，因本书篇幅有限，现择其要者介绍如下。

（一）马援研究成果

目前，学术界对伏波将军马援的研究已经有较多成果。因研究需要，本书重点关注从 20 世纪 80 年代以来的马援研究成果，并依据研究的侧重内容将其大概分为以下几大范围。

1. 征侧、征贰起事与马援南征之性质研究

就岭南地区社会发展来说，马援南征交趾征侧、征贰之乱是一件极为重要的政治事件。只有弄清楚交趾二征姐妹叛乱的原因和马援南征的具体内容，才能理解为何马援死后能成为岭南地区百姓的守护神。

交趾征侧、征贰起事是叛乱还是起义，事关对马援南征的正确评价。学者们对此着力颇多。1980 年，黄铮先生对"马援南征""二征起事""马援的功绩及评价"三个问题发表了自己的学术见解，他认为征氏姐妹起事的本质是反动的，马援是对社会发展做出了贡献的历史人物，他在交趾采取的一系列措施巩固和发展了封建主义的经济基础和上层建筑，客观上推动了这一地区社会的前进②。此后，梁红奋、宁超、吴凤斌等人③也对此开展研究，深化了黄氏之研究。不过，受时代限制，此时的研究成果带有较强的阶级斗争学说的时代印迹。

广西学者施铁靖对征侧、征贰起兵后"九真、日南、合浦蛮夷皆应之"和当时交趾、九真地区社会情况这两个方面提出质疑，认为征氏姐妹起兵之时并不具备发动大规模起兵的社会基础和历史条件④。曹金华对施文的观点提出了不同的看法，认为征侧、征贰起兵原因是东汉王朝对骆越人民专门制定的越律

---

① 郑振满、陈春声主编：《民间信仰与社会空间》导言，福州：福建人民出版社，2003 年，第 7 页。
② 黄铮：《论马援征交趾——兼论公元一世纪二征起事的一些问题》，《印度支那研究》1980 年增刊，第 148—156 页。
③ 梁红奋、宁超：《关于"二征"问题》，《印度支那研究》1980 年增刊，第 131—141 页；吴凤斌：《二征暴动初探》，《印度支那研究》1980 年增刊，第 142—147 页。
④ 施铁靖：《试从征侧起兵的规模看其性质》，《广西师范学院学报》（哲学社会科学版）1981 年第 3 期，第 73—79、81 页。

和残酷的赋役压迫造成的,而不仅仅是反对个别贪官污吏,其规模甚大,并非仅局限于其故乡一隅。《后汉书》之《马援列传》《南蛮传》《光武帝纪》皆云其"寇略岭外六十余城",据考,征侧、征贰起兵人数达十万之众,若没有交趾、九真、日南、合浦诸郡的响应是不可能的①。

20世纪70年代以后,受中越关系的影响,越南史学界在越南古代史、中越关系史等研究领域的学术观点有着明显的历史问题政治化倾向。越南一些学者完全否定两汉王朝经营交趾三郡的客观历史功绩,对本属东汉中央王朝地方事务的边疆少数民族上层分子反抗朝廷斗争的征侧、征贰之乱,给以很高的评价。如1971年越南社会科学院编著的《越南历史》一书即称马援南征是侵略行为,二征夫人是爱国者,她们领导的起义是一次"民族精神的觉醒",是"一个国家和民族反抗正处于兴盛时期的亚洲最大的一个帝国的吞并和同化阴谋的具有高度民族意识的一场不屈不挠的战斗"②。1972年初,越南史学院古代史组组长文新在越南的史学权威刊物《历史研究》上发表题为《准备纪念二征殉难一千九百三十周年》的文章,由此激发了越南史学界改创"二征英雄"的高潮。1975年,河内妇女出版社还出版了《二征女》③,但其内容纯为演义性的传奇故事。据不完全统计,到1978年,仅越南《历史研究》一家杂志就刊登了18篇关于"二征起义"的文章。理性地说,这显然是有悖历史真相的。

为此,中国的学者对此进行了批驳。著名目录学家张秀民先生(1908—2006年)在1992年出版的《中越关系史论文集》中收录了他写的《马援传》一文。张先生在文末后记对越南史学家指责马援是侵略者的说法进行了反驳,指出从秦至唐、明朝永乐、洪熙、宣德年间的一千多年的时期内,越南是中国的郡县,马援平定征侧、征贰是在中国领土以内的中央平定地方叛乱,根本不存在什么侵略问题,他认为:"马援是有大功于祖国,有益于交趾人民的大军事家、政治家。越南人民因他对越有功,故同内地两广、浙江一样,也设立马伏波庙,以纪念其恩德。在陈朝家家祭拜马大人像。黎朝、阮朝把马伏波改称

---

① 曹金华:《征侧"起兵"史实考辨——与施铁靖先生商兑》,《扬州师院学报》(社会科学版)1996年第3期,第25—30页。
② 越南社会科学委员会编著,北京大学东语系越南语教研室译:《越南历史》第一集,北京:北京人民出版社,1977年,第58—62页。
③ 梁红奋、宁超:《关于"二征"问题》,《印度支那研究》1980年增刊,第131—141页。

'本头公'，南北各处均供奉本头公极虔敬。可见公道自在人心，人民是最好的历史裁判员，越南御用史学家的咆哮颠倒转折是枉费心机的。"①

傅纯英指出汉武帝平南越，设九郡，交趾已经归汉朝版图，马援南征是东汉的内政，不是侵略。马援南征不仅平叛，同时还进行政权建设和经济建设，深受人民怀念②。郭振铎、张笑梅对越南的史籍以及史家对征侧、征贰起事的问题上所持有不同的看法逐一进行了分析，指出征侧、征贰起事的根本原因不是因为对苏定暴政的不满，而是征侧"性甚雄勇，所为不法"③。

青年学者陈国保仔细梳理了征侧、征贰叛乱的原因，指出西汉王朝虽然在交趾仍推行以旧俗治理的初郡制度，但在行政设置上已逐渐强化对交趾地区的管理，交州刺史部的建立即是明证。但是交趾地区的地方土长并不甘心于自身权力的流失，所以，边吏流官与地方土长的权力纠葛最终发展为二征之乱。光武帝派马援南征，实际上是在解决这样的权力争夺问题。马援"悉定郡县为令长"划一而治的政治改革，为经济发展措施提供了保障；他兴修水利，提高农业生产，带来交趾地区社会经济的全面发展，为交趾边郡内郡化的国家一体化统治秩序的确立和巩固奠定了物质基础④。

情况的确如此。要弄清桂西南地区的伏波信仰与区域社会秩序变迁这一复杂的关系，就务必要厘清征侧、征贰之乱的由来，只有这样才能尽可能复原历史的原貌。

2. 马援南征的历史评价及其相关史事的研究

马援作为东汉名将，其人其事在《后汉书》当中有记载，后世史学家亦多有评价。较早关注马援平定交趾事件的学者是陈修和，其所著《中越两国人民的友好关系和文化交流》一书对马援南征的来龙去脉进行了勾勒，并评析了其历史影响⑤。受作者所处的时代局限，无法摆脱当时的历史环境，在一定程度上削弱了论述的力度。越南学者陶维英在他的代表作《越南古代史》一书中综

---

① 张秀民：《马援传》，《中越关系史论文集》，台北：文史哲出版社，1992年，第174—175页。
② 傅纯英：《评马援南征》，《史学月刊》1993年第2期，第20—26、66页。
③ 郭振铎，张笑梅：《伏波将军马援与二征起事的若干问题》，《黄河科技大学学报》1999年第1期，第61—65页。
④ 陈国保：《两汉交州刺史部研究——以交趾三郡为中心》，昆明：云南大学出版社，2011年，第18—19页。
⑤ 陈修和：《中越两国人民的友好关系和文化交流》，北京：中国青年出版社，1957年，第15—16页。

合对比分析了中越两国文献资料,详细介绍了马援出兵交趾、进军九真,平定征侧、征贰之乱的历史①。黄国安等人编撰的《中越关系史简编》在综合了中越两国学者研究成果的基础上,对马援平定征侧、征贰的经过及其历史影响进行了详细的分析,充分肯定了此事对越南社会发展的突出贡献②。郭振铎主编的《越南通史》也有专门章节分析征侧、征贰起事的缘由、马援平定交趾之乱的过程及其影响,他认为马援出兵交趾,促进当地社会由奴隶社会向封建社会过渡③。

施铁靖对马援其人、其事及其贡献进行了一系列研究,成果颇丰,并且对马援的政治才能、军事才能、家庭教育思想、马援地图、马援与羁縻制度、马援南征的意义等方面进行了深入分析,他认为马援在广西推行郡县制的历史进程中,起到了不可替代的推动作用,千百年来,马援深受广西各族人民的崇敬和祭祀,是广西各族人民自古以来热爱祖国和平统一的民意表现,并认为自秦汉以降至明清时期,历代名将在广西民间的影响,除关帝圣君以外,还无人能超过马援④。张坚认为马援在出兵交趾过程中促进了岭南地区内河通道以及北部湾海上通道的建设,还使岭南地区与中原地区的交往从传统的以战争为主要动力的阶段向以和平贸易、移民为主要动力的阶段转化,同时,亦让桂西南地区逐渐从一个相对封闭的地理区域转化为一个受地区分工主宰的经济区域,此后,桂西南地区成为中国对外交往的起点⑤。王子今《马援楼船军击交趾九真与刘秀的南海经略》一文认为,马援率楼船军由海路南下平定交趾征侧、征贰暴动,其战争规模、进军效率以及军种的配合都超过汉武帝时代楼船军浮海击南

---

① (越南)陶维英著,刘统文、子钺译:《越南古代史》,北京:科学出版社,1959年,第260—281页。
② 黄国安等:《中越关系史简编》,南宁:广西人民出版社,1986年,第15—21页。
③ 郭振铎主编:《越南通史》,北京:中国人民大学出版社,2001年,第156—164页。
④ 施铁靖:《马援政治才能初探》,《河池师专学报》(社会科学版)2003年第1期,第72—75、87页;施铁靖:《马援在广西》,《河池师专学报》(社会科学版)2003年第3期,第40—44页;施铁靖:《马援军事艺术略论》,《河池师专学报》2004年第1期,第40—43页;施铁靖:《试论马援南征的意义(马援研究之八)》,《河池学院学报》2004年第5期,第69—72页;施铁靖:《马援"立体地图模型"的产生及其历史意义——马援研究之十二》,《钦州学院学报》2010年第2期,第55—58页;施铁靖:《马援家庭教育思想初探》,《桂林师范高等专科学校学报》2010年第3期,第67—71页;施铁靖:《马援与我国民族地区的羁縻制度——马援研究之十六》,《广西民族研究》2011年第1期,第121—126页。
⑤ 张坚:《论马援平定交趾之乱对北部湾地区经济发展的影响》,《广西师范大学学报》(哲学和社会科学版)2007年第3期,第94—99页。

越、东越、朝鲜等事件,成为战争史中新的航海纪录①。这些文章在史料的运用上极尽其详,为本书的写作指明了方向。

马援南征的路线,是古代岭南交通史研究的一个重要内容。马援是从湖南溯湘水经灵渠至桂林,顺漓江而下至苍梧,再溯西江继续南下。对于这点,学界并没有异议。但是马援是从哪里进军交趾,学界却有不同的声音。徐松石先生认为马援南征是由苍梧郡溯西江而上,过藤县、平南、桂平,再从桂平溯郁江过横县、南宁、崇左、龙州而进军交趾②。施铁靖认为马援经广西进军交趾的路线是:由湖南零陵溯湘江经全州而至广西兴安,经灵渠下漓江,顺流直至苍梧。由苍梧溯西江至藤县,从藤县逆北流江至容州,再从容州顺南流江达合浦。然后于合浦整军遂缘海而进至交趾。徐松石的路线是马援班师回朝的路线③。滕兰花认为马援军队与苍梧郡的士卒会合后分兵两路,一支由刘隆率领沿浔江西上,路经横县、邕宁,转入左江,从凭祥沿陆路进入越南。另一支则由马援和段志率领,沿着北流江进入南流江流域,在合浦"缘海而进,随山刊道千余里"。刘隆则分兵沿浔江进入桂东南地区,经北流江进入桂西南,作为马援麾下的刘隆部所经之处,民众自然只是会记住主帅马援之名,故许多传说都与马援之名有关④。施铁靖对此提出了质疑,他认为马援"分兵进交趾"不成立⑤。宗玉磊通过对马援南征史料的排列比对和考订,认为马援是在安徽皖城接受光武帝下达的南征交趾玺书,宗室扶乐侯刘隆应该是递送玺书和征发郡国符号之人⑥。此观点颇为新颖。

3. 马援铜柱研究

在讨论伏波信仰时,绕不开马援铜柱问题。据载,马援南征交趾,他立铜柱以限南界。"马援铜柱"的最早记载出现在西晋张勃所著的《吴录》中,此

---

① 王子今:《马援楼船军击交趾九真与刘秀的南海经略》,《社会科学战线》2015年第5期,第94—100页。
② 张声震:《徐松石民族学文集》,桂林:广西师范大学出版社,2005年,第128、129页。
③ 施铁靖:《马援征交趾经广西行军路线考》,《河池师专学报》(文科版)1985年第1期,第25—27页。
④ 滕兰花:《清代广西伏波庙地理分布与东汉马援征交趾》,《广西文史》2005年第4期,第60—64页。
⑤ 施铁靖:《马援南征"分兵进交趾"质疑——与滕兰花博士商榷》,《广西文史》2010年第2期,第55—58页。
⑥ 宗玉磊:《马援征交趾出发地点考》,《河池学院学报》2008年第6期,第95—96、119页。

后历代文献也多有相关记述,如《岭外代答》《赤雅》《广东新语》《粤西丛载》等书。此后,马援铜柱的真实性及其文化意义成为后世学者热烈讨论的对象。学界对"马援铜柱"的研究主要关注以下三个方面:

(1)马援铜柱真伪。这是学界关注的焦点。20世纪80年代末,云南大学的方国瑜先生根据《后汉书·马援传》所载,认为马援当时应是在交趾铸铜鼓,而立铜柱一说实为后世将"铸铜鼓"讹传为"立铜柱"①。此后,李埏先生指出《蛮书》中的马援在安宁城立铜柱的记载是不可信的,马援立铜柱一事纯属传说②。方先生和李先生对马援铜柱保持了存疑的态度。施铁靖先生以郦道元的《水经注》、李商隐的《祭全义县伏波庙文》等历史资料为依据,认为马援铜柱确实存在,而且马援铜柱为解决中越边界问题提供了历史依据③。刘俊涛认为唐诗中所提到的铜柱为马援铜柱,马援铜柱确实存在,唐代诗歌就是其存在的重要史料之一④。

对于马援是否真是立铜柱,越南学者对此有不同的意见。有些越南学者认为铜柱是真实存在的。19世纪中后期,越人阮文超指出马援铜柱是存在的,并援引《梁史》等书中的相关记载,认为铜柱应在富安大岭之界碑山,至于铜柱在横山一说实是占人为挑拨明朝与安南的关系借此谋求疆土所移植而成的。至于后世所传之不同的地址事实上并不存在,是宋后世人为越南立国并与广西、广东分界而"臆度妄记"的⑤。但是到了20世纪70年代,越方学界对铜柱真伪的态度出现了明显变化,大多数主张并非真有马援铜柱。越南学者陶维英以与马援直接相关的文献中没有记载铜柱一事为由,赞同法国著名汉学家亨利·马司帛洛(Henri Maspero)的观点,认为马援铜柱一事纯属后人虚构,后人可以根据需要指定其地址,这也就导致了马援铜柱地址不一现象的出现,马援铜柱并非马援所立。⑥法国学者 R.A.斯梯宁认为传说中的马援铜柱应该指的是一些孤立、突兀的石山,并根据《水经注》所引《俞益期笺》和《太平寰宇记》所引《日南传》,进一步指出马援铜柱应该是指在横山以南和灵江口

---

① 方国瑜:《中国西南历史地理考释》,北京:中华书局,1987年,第522页。
② 李埏:《马援安宁立铜柱辨》,《思想战线》1999年第3期,第82—85页。
③ 施铁靖:《试论马援南征的意义(马援研究之八)》,《河池学院学报》2004年第5期,第69—72页。
④ 刘俊涛:《唐诗中的越南铜柱》,《沧桑》2009年第6期,第218、222页。
⑤ (越南)阮文超辑,金江、阮仲合谨撰:《大越地舆全编》卷2《地志类杂考》,1925年,第34—36页。
⑥ (越南)陶维英著,刘统文、子钺译:《越南古代史》,北京:商务印书馆,1976年,第281—285页。

以北海面的草古岛、罗岛和溙厨岛[①]。

（2）马援铜柱的地望考证。越人黄有秤认为铜柱当在富安沱演江之大岭上，岭上"一石孤高约十丈广六七尺"是自然形成，古今有之，并非铜柱，铜柱有可能已经淹没于海中[②]。日本学者水谷乙吉将刻有"铜柱折，交趾灭"的铜柱称为"铜碑"[③]，谷口房男、吉开将人等人分别对马援史实与铜柱位置做过考证。

张秀民先生认为后世所称的铜柱位置的钦州、凭祥、谅山之说均不准确，他援引《水经注》《旧唐书》《后汉书》等史书记载，认为铜柱必定是在北纬十六度以南，即汉日南郡以南地，而绝不可能在相去数千里外之两广。[④]

（3）马援树立铜柱原因。20世纪90年代初期，龙海清指出马援树立铜柱是根据南方当地的民俗所建立的，认为马希范沿袭了马援的做法，溪州铜柱是图腾柱的仿效[⑤]。随后，有学者对此表示了异议。黄纯艳认为铜柱的设立与"柱"所被赋予的含义有关，"柱"很早以来就被作为权力和威势的象征，马援正是把汉武帝铜柱的神圣性与西汉及先秦已存在的"柱"的政治意义和权力象征结合起来，借立铜柱宣扬汉朝的权威，刊记自己的战功，而溪州铜柱则是马希范仿效这一形式来申明对当地统治权的结果[⑥]。李文君、彭璐也认为马援与越人建立的象浦铜柱和马希范、彭士愁等人建立的溪州铜柱均不是图腾柱[⑦]。刘汉东认为马援树立铜柱是"利用当地铜器文化的观念意识，以之作为政治管理和控御的物化形式，保证中央朝廷和地方政府在各方面的权威"[⑧]。学者围绕马援立铜柱原因进行分析，加深了人们对马援铜柱问题的认识。

（4）马援铜柱象征意义的研究。近些年来学界注意把马援铜柱与边疆管

---

① （法）R.A.斯梯宁：《林邑国》，转引自（越）陶维英：《越南古代史》，北京：科学出版社，1959年，第283页。
② （越南）黄有秤：《大南国疆界汇编》卷7《疆界辨疑诸说（铜柱）》，年代不详，第24—25页。
③ （日）水谷乙吉：《安南の历史》，东京：育生社弘道阁，1942年，第29页。
④ 张秀民：《马援传》，《中越关系史论文集》，台北：文史哲出版社，1992年，第174—175页。
⑤ 龙海清：《湘西溪州铜柱与盘瓠文化》，《中央民族学院学报》1991年第4期，第51—55页。
⑥ 黄纯艳：《论溪州铜柱的设立及其文化内涵——与〈湘西溪州铜柱与盘瓠文化〉一文作者商榷》，《贵州文史丛刊》1994年第2期，第8—12页。
⑦ 李文君，彭璐：《溪州铜柱不是图腾柱——与龙海清先生商榷》，《中央民族学院学报》1994年第6期，第27—31页。
⑧ 刘汉东：《论秦汉时期西南地区与岭南地区的经济和文化交往》，《文史杂志》2004年第2期，第56—59页。

理联系起来，研究成果相对较多。笔者亦曾对马援铜柱进行了一些初步的分析，认为马援铜柱象征着汉族政权统治之南界，认同马援铜柱的传说在边疆地区来说就是地方民众服从国家统治的一种表现①。王元林、吴力勇关心的是铜柱的政治象征意义，认为马援铜柱是国家统一观念在地方推广的工具，并发展成为一种精神信仰、文化符号，满足了统治者宣传统一国家观念、加强对边疆统治的需要，满足了地方人士彰显自己功绩以邀功于当朝、垂功于后世的需要，满足了文人墨客借铜柱抒发不得志之心痛之情的需要，最终成为国家统一观念在西南边疆的体现②。王、吴两人的文章拓宽了马援铜柱的研究视野，进一步加深了对这一研究的认识。黄文娟通过收集并分析历代文献中有关马援铜柱的记载，认为南北朝至宋代时期马援铜柱地址是从极南之界变为多地点分布，再到元明清时期随着中越关系的变化，受为适应中央王朝边疆政策的调整而建构边疆文化以使现实合理化，以及越南民族国家为开疆拓土而建构边疆文化以满足舆论需求这两个因素影响，马援铜柱不断北移，实质上反映了中国南部疆界的历史变迁状况③。对本书而言，因为桂西南地区地处中越边界，马援铜柱的传说很多，其政治象征意义也很丰富，仍有值得研究的空间。

4. 伏波信仰研究

岭南地区对伏波将军马援崇拜很常见，纪念马援的庙宇多称为伏波庙。因此，学术界又多将马援崇拜称为伏波信仰，相关的研究成果亦多。

近代，有一些西方人在广西游历时所做的笔记文集记当中提及伏波信仰现象。1896 年被派往广西龙州法国领事馆任领事的法国外交家奥古斯特·弗朗索瓦（方苏雅）的回忆录《晚清纪事——一个法国外交官的手记（1886—1904）》，其中就有非常详细的途经左江金鸡滩伏波庙的记载④。目前能查到的对马援崇拜开展研究的当代外国学者，当属卡内基·梅隆大学苏堂栋（Donald S.

---

① 滕兰花：《国家认同的隐喻：广西左江流域伏波信仰与班夫人信仰共存现象探析——广西伏波信仰研究系列之一》，《广西民族研究》2010 年第 3 期，第 141—146 页。
② 王元林，吴力勇：《马援铜柱与国家象征意义探索》，《中南民族大学学报》（人文社会科学版）2011 年第 2 期，第 87—90 页。
③ 黄文娟：《疆界变迁下的历史记述：马援铜柱北移问题研究》，广西民族大学硕士学位论文，2012 年。
④（法）奥古斯特·弗朗索瓦（方苏雅）著，罗顺江、胡宗荣译：《晚清纪事——一个法国外交官的手记（1886—1904）》，昆明：云南美术出版社，2001 年，第 102—107 页。

Sutton），他写有《知识分子的虔敬的一个实例：从盛唐到盛清的马援崇拜》一文，对史籍及历代诗文中马援形象做了分析，强调文人雅士对伏波的推崇，导致了马援崇拜的盛行[1]。陈利英以苏氏之文作为学位论文选题，写有《〈知识分子虔敬之实例——从盛唐至盛清的马援崇拜〉英汉翻译实践报告》[2]，可以为我们提供较好的中文译本。

国内学者主要是围绕伏波信仰的空间分布与变迁、伏波信仰与社会秩序两大问题开展讨论。范玉春通过考察伏波庙的地理分布，认为伏波庙主要分布在广西桂江流域、西江流域（西江——郁江段）、南流江流域以及左右江流域[3]。杜树海考察了伏波神马援的合祀现象、伏波庙与其他神明庙宇的聚落状况及地方性马援故事的建构过程，论述自己对伏波将军马援如何神化和当地化的见解[4]。麦思杰通过对马援在广西地方社会的形象变化历程的考察，探讨其变迁的背后所表达出不同的时代主题，阐述了宋明时期国家在边疆秩序的构建中，如何透过神明信仰的不断塑造来达到构建边疆意识的问题，即王朝势力强化与伏波信仰重塑之间的关系[5]。

王元林梳理了各地伏波庙神职变化情况，指出在不同的历史时期三大伏波信仰的中心和主题存在着一定的空间规律，伏波信仰是国家祭祀与地方秩序构建互动中的代表，其变化过程实际上也是国家祭祀在地方的渗透，从中可以观察出国家利用英雄等神灵信仰在地方秩序构建中逐步展开和深化[6]。之后他针对伏波信仰是如何把国家祭祀与地方秩序构建起互动关系进行深入分析，指出在国家册封、地方官员倡建庙宇、士人歌颂其建功立业的英雄主题等形式下，元代伏波信仰成为中央的正统性的代表，并是当时弘扬的主题，并且其水神的

---

[1] Donald S.Sutton, A Case of Literati Piety: The Ma Yuan Cult from High-Tang to High-Qing *Chinese Literature: Essays, Articles, Reviews*, Vol.11, 1989, pp.79-114.
[2] 陈利英：《〈知识分子虔敬之实例——从盛唐至盛清的马援崇拜〉英汉翻译实践报告》，广西民族大学硕士学位论文，2014年。
[3] 范玉春：《马援崇拜的地理分布：以伏波庙为视角》，《广西师范大学学报》（哲学社会科学版）2007年第3期，第101—105页。
[4] 杜树海：《神的结盟——广西漓江上游流域马援崇拜的地方化考察》，《民俗研究》2007年第4期，第103—115页。
[5] 麦思杰：《神明信仰与边疆秩序——宋明时期广西伏波信仰研究》，《柳州师专学报》2008年第3期，第55—58页。
[6] 王元林：《明清伏波神信仰地理新探》，《广西民族研究》2010年第2期，第112—118页。

主题不断放大①。王先生的两篇文章侧重点不同，前文侧重于伏波信仰的中心和主题存在着一定的空间规律，后文侧重于伏波信仰与地方秩序构建中的互动关系，在分析伏波信仰与国家、地方关系互动上是很有见地的，对本书的写作来说极具启发性。

笔者曾写有文章分析伏波信仰与国家、地方的互动关系，清代时广西自北向南就形成了一个以马援为祭祀主神的祭祀圈，其分布范围与马援南征之路线基本吻合②。近代中国西南边疆危机的出现，使得伏波神再一次与国家边疆经略结盟，清王朝统治集团通过不断重建甚至新建伏波庙来强化王权对桂西南地区的统治，伏波庙起到承载中央政治权力对地方民间力量的重塑与创造的作用；北部湾伏波信仰与班夫人信仰共存现象背后是地方社会对国家认同的一种隐喻③。

另外，有一些研究者从民族学、社会学的角度关注伏波信仰及其祭祀、地方社会关系的研究。史亚辉通过对横县伏波庙的考察，阐述了伏波庙会具有心理安慰、道德教化、经济、民间传统文化的传承、整合和娱乐功能，指出现今伏波庙会主要以心理安慰和娱乐功能为主。④钟柳群分析乌雷一带形成伏波祭祀圈的原因，深入考察乌雷村与三娘湾村中华人民共和国成立前后六十多年的交往历史及两村村民祭祀伏波将军的活动，剖析乌雷村与三娘湾村的村际交往过程中伏波信仰"辐射"与关照关系，认为伏波信仰主要通过传播相同的价值观念、创造村落集体活动、提供神圣的交流空间等方式对村际关系发挥整合作用⑤。白帆从传说学角度，通过分析马援崇拜盛行地区岭南及湖南武陵一带的马援传说，管窥以广西地区为主的马援崇拜的文化意蕴⑥。王雨通过对龙州地区马援崇拜的考察，阐述了上述龙州地区马援崇拜及其与国家对地方社会生活

---

① 王元林：《国家祭祀与地方秩序构建中的互动——以唐宋元伏波神信仰地理为例》，《暨南学报》（哲学社会科学版）2011年第2期，第161—168页。

② 滕兰花：《清代广西伏波庙地理分布与伏波祭祀圈探析》，《广西民族学院学报》（哲学社会科学版）2006年第4期，第110—114页。

③ 滕兰花：《边疆安全与伏波神崇拜的结盟——以清代广西北部湾伏波庙为视野》，《广西社会科学》2009年第12期，第83—87页；滕兰花：《国家认同的隐喻：广西左江流域伏波信仰与班夫人信仰共存现象探析——广西伏波信仰研究系列之一》，《广西民族研究》2010年第3期，第141—146页。

④ 史亚辉：《伏波神崇拜及其仪式与功能解析——以横县伏波庙为例》，广西民族大学硕士学位论文，2008年。

⑤ 钟柳群：《伏波祭祀圈中的村际关系——以钦州市乌雷村与三娘湾两村为例》，广西民族大学硕士学位论文，2009年。

⑥ 白帆：《马援传说与民间崇拜》，广西民族大学硕士学位论文，2011年。

的互动关系[①]。

任才茂以钦州乌雷岭伏波庙为个案著有两文[②]，他认为北部湾渔民通过自愿捐资维修伏波庙、举办集体祭祀仪式等活动，强化了伏波信仰认同，规范渔民言行，维系渔村安定，促进村际的和谐交往，使沿海地区的伏波信仰呈现出边疆性、海洋性、地域性、实用性、多元性文化特征。

白帆主要从民间文学的角度去分析马援传说圈的分布范围，他认为马援传说的传布与当地的历史、人文和自然风物相互有关，马援传说圈与马援崇拜互生互持，在某种程度上形成一种共生的文化生态[③]。

徐秋明记录了正月十五元宵节博白县龙潭镇的康王大帝、华光大帝、伽蓝菩萨、本境福祖万尊王四位老爷出游活动，游神活动主要由村中的伏波庙香公来组织[④]。罗灿记通过详细分析史料，提出一个观点，即马援南征交趾时，与其长子率一支部队经行陆川后沿九洲江下廉江至雷州，与支持"二征"的队伍进行战斗。事后，马援在陆川留有士卒，即马留人，马留人在隋唐时曾形成一个较大的族群，在明清时期客家人大量迁入后，逐渐融入客家民系。陆川的伏波历史文化遗迹众多，既有伏波山，又有伏波庙和伏波滩，县内有据可查的祀奉马援的寺庙曾有七座之多，此外还有马援营、马援衣冠冢、战死的魏将军坟墓等[⑤]。此文为本书的写作提供了很重要的线索，扩大了广西地区伏波信仰的研究范围。

吕小梅以在横县站圩伏波庙重修捐资碑刻作为解读对象，探析清代横州商品贸易的发展，借此一窥清代广西圩镇的商贸发展[⑥]。这个写作角度可以说是独辟蹊径，将研究视角延伸到民间信仰与经济发展之间关系的讨论。

林勰宇分析了伏波铜鼓传说的真伪，认为伏波铜鼓是以讹传讹的结果。他

[①] 王雨：《清代以来龙州地区马援崇拜研究》，广西民族大学硕士学位论文，2012年。
[②] 任才茂：《广西沿海渔民的伏波信仰及其社会功能——以钦州乌雷伏波庙为例》，《广西师范大学学报》（哲学社会科学版）2013年第1期，第24—28页；任才茂：《广西北部湾沿海伏波信仰的成因及其文化特征——以钦州乌雷伏波庙为例》，《钦州学院学报》2013年第4期，第1—6页。
[③] 白帆：《马援传说圈与马援崇拜》，《齐鲁师范学院学报》2015年第1期，第48—52页。
[④] 徐秋明：《广西博白县龙潭镇游神活动考察》，《玉林师范学院学报》（哲学社会科学版）2008年第6期，第99—102页。
[⑤] 罗灿记：《陆川县伏波历史文化初考》，《广西地方志》2014年第4期，第54—57页。
[⑥] 吕小梅：《清代横州商品贸易浅析——以站圩伏波庙重修捐资碑刻为视角》，《广西民族师范学院学报》2014年第1期，第22—25页。

明清时期桂西南地区伏波信仰的社会史考察

还从史籍中有关伏波铜鼓的产生与流变入手,结合前代学者对铜鼓类型与分布地域的研究,讨论岭南地区伏波崇拜文化的传播与发展①。

值得关注的是,伏波信仰并非只存在于岭南地区,越南亦曾有伏波信仰存在。2002年,康奈尔大学出版了一本介绍18世纪越南北部宗教与社会生活的书籍,主要以拉丁文记载一位意大利神父在越南生活30年(1738—1765年)的见闻,美国学者奥尔加·德罗尔(Olga Dror)将其翻译成英文,并加以注释。书中记载了越南河内白马庙供奉汉朝伏波将军马援的事迹,还提及在其他地方如谅山、古螺甚至远到清化省都可以找到马援庙,而且在北宁的二征夫人庙内也同时供奉着马援神像②。

这位意大利神父的回忆录给我们透露了一个重要信息,即越南曾广泛存在崇拜伏波将军马援。但时至今日,马援崇拜已在越南荡然无存,其原因何在?我国台湾学者许文堂先生在《越南民间信仰——白马大王神话》一文中分析了白马大王神话渊源及其发展历程,认为白马大王和马援并非同一人,只是在以华人聚居的行帆街第76号白马殿才有白马大王和马援混合祭祀的状况,其他以白马大王为保护神的地方并不会出现这种情况。他认为马援信仰在越南被清除的原因,是越南独立后二征夫人追求民族独立的神性被提高,故而马援信仰消失③。王柏中先生对此表示了不同的观点,他对白马大王名号追踪溯源,认为白马祠在唐代高骈治安南之前就是供奉伏波将军的神祠,到越南古代民族国家出现后,白马大王神号成为越南历代王朝建构自身宗教信仰并赖以培育民族意识的产物,是两国一体发展历史的中断、共同文化传统的割裂在宗教领域的反映。④王、许两位专家的观点,对本书来说极为有益。

笔者曾利用越南使臣的燕行文集所记载的伏波信仰史料开展研究,基本上厘清了越南境内伏波信仰的分布状况,并探讨了清代越南使臣眼中的马援

---

① 林瀛宇:《从伏波铜鼓的史籍记载看伏波崇拜文化的发展范围》,《海南师范大学学报》(社会科学版) 2013年第3期,第99—104页。

② Father Adriano di St.Thecla, *Opusculum De Sectis apud Sinenses et Tunkinenses* (*A Small Treatise on the Sects among the Chinese and Tonkinese*): *A Study of Religion in China and North Vietnam in the Eighteenth Century*, Olga Dror, trans. New York: Southeast Asia Program Publications of Cornell University, 2002.

③ 许文堂:《越南民间信仰——白马大王神话》,《南方华裔研究》2010年第4卷,第163—175页。

④ 王柏中:《"伏波将军"抑或"龙肚之精"——"白马大王"神性问题辨析》,《世界宗教研究》2011年第4期,第152—157页。

形象①。此外，笔者还借助清代儒生蔡廷兰《海南杂著》一书分析了清代越南境内伏波信仰的情况，拓宽了中越两国共同的伏波将军马援崇拜的史料来源②，但研究力度仍有待加强。

综上所述，在马援崇拜的研究上，学者们的研究各有见地，多为"大历史"的宏观研究，但是历时性的微观研究相对较少，研究的力度仍有待提升。本书认为在对伏波信仰进行研究时，应该具备较强的时空意识，也就是要放在具体的"地点"和历时性的时间序列里进行考察。本书所考察的桂西南地区是马援南征之地，自中法战争后成为中国的西南边陲，与越南傍山隔海相望，作为伏波信仰广泛存在的地区，伏波信仰在桂西南地区延续至今，而相邻的越南北部地区却踪影全无。近代之后，伏波信仰是如何与国家认同产生联系，这是需要进行适当的区域比较研究。另外，伏波信仰作为国家象征，如何把国家意识形态与地方社会生活紧密地联系起来，这就更需要具体而细微的区域研究。

5. 伏波文化研究

广西壮族自治区地方志编纂委员会办公室的陈曼平通过查阅了 60 多篇（首、则）历代歌咏马援南征的古诗文和史志材料，指出中国古代官方和民间都对马援南征一事高度认同，从而形成地方特色浓郁的马援南征文化现象。她总结了马援文化的要旨、精华和深层元素，认为各地纪念马援南征的祠庙、古诗文等是传播"马援南征文化"的载体和平台，呼吁整理和开发有关马援南征的人文史料，宣传和弘扬"马援南征文化"③。

陈建斌指出与伏波文化有关的伏波庙、潭蓬运河等文物，都是桂西南地区值得珍惜的文化遗迹，都是伏波文化的重要组成部分，伏波文化不但可以提高北部湾文化影响力、导向力，而且可以提升民族凝聚力，更是宝贵的旅游资

---

① 滕兰花：《清代以来越南境内的伏波信仰研究》，《民族文学研究》2012 年第 5 期，第 166—176 页；滕兰花：《清代越南使臣眼中的伏波将军马援形象分析——以〈越南汉文燕行文献集成〉为视角》，《广西民族大学学报》（哲学社会科学版）2013 年第 3 期，第 137—143 页。

② 滕兰花：《从蔡廷兰的〈海南杂著〉看中越共同的马援崇拜——岭南伏波信仰研究之二》，《前沿》2012 年第 14 期，第 16—17 页。

③ 陈曼平：《从历代古诗文歌咏马援看"马援南征文化"的积极内涵》，《广西地方志》2006 年第 3 期，第 30—35 页。

源。他指出在研究伏波文化时，要尊重越南人民的民族感情①。李维峰、邹荣认为通过审视马援将军在南征过程中的政治主张，可以全面地了解东汉时期国家在边疆地区实行的行政改革和民族团结政策，有助于推进对东汉时期我国南部边疆民族地区社会经济、政治发展的研究②。

另外，有学者从伏波文化与地方文化发展的角度去开展研究，如耿法禹从桂学研究的角度整理了广西伏波文化脉络，指出从桂林到龙州一线是伏波文化最主要的分布区③。徐变云关注的是马援研究的地域差异，他以陕西、甘肃、广西三个地区的马援研究为对比，用地域文化的视角解读"马援文化"地域性差异产生的历史根源。④此文是为数不多的研究岭南地区以外马援史迹的成果，对加深马援生平以及伏波文化形成与发展的研究，有着很重要的借鉴意义。

6. 马援士卒"马留人"研究

据史书记载，马援南征后留下士卒留守南疆，这些士卒及其后裔被称之为"马留人"（有些史书又写为"马流人"，为了方便行文的统一，本书统一以"马留人"统称之）。马留人对伏波信仰存在起到很重要作用，他们的"汉将后裔"的英雄祖先故事模式实际上反映的是历史与记忆的关系。对此，有学者借用历史人类学的分析法，引入社会记忆理论开展研究。杜树海通过对钦防地区马留人黄氏的数份族谱进行比较研究，揭示了其祖先叙事的虚伪性，并分析了族谱之间相互传抄、"移花接木"的现象；他还对其他姓氏的"马留人"祖先叙事的模式化情节进行了研究，认为这是区域人群祖先记忆"集团化"的结果⑤。

2010年10月底，广西防城港市举行了"泛北部湾海洋文化论坛——伏波文化研讨会"，并出版《伏波文化论文集》，其中大部分论文是围绕着马援南征史实、马援相关文化及马留人的考证等方面展开讨论。如廖国一分析了中越边境的伏波庙、伏波庙会及各姓"马留人"的祠堂、祖墓等汉文化的因素，是

---

① 陈建斌：《伏波文化的现代价值研究》，《传承》2010年第10期，第162—163页。
② 李维峰，邹荣：《马援南征文化的政治解读》，《和田师范专科学校学报》2011年第1期，第8—9页。
③ 耿法禹：《广西伏波文化考察纪略》，《广西教育学院学报》2013年第5期，第20—24页。
④ 徐变云：《论"马援文化"的地域性差异》，《咸阳师范学院学报》2016年第1期，第19—21、47页。
⑤ 杜树海：《祖先记忆与边疆建构——宋明以降钦州西部族群社会与历史变迁》，广西师范大学硕士学位论文，2008年。

"马留人"联系、相聚和认同的重要纽带;接着他借用王明珂先生关于"族群边缘环绕中的人群,以'共同的祖先记忆'来凝聚"的观点,来论证防城港是一个马留人的中心①。滕兰花认为伏波庙会为东兴罗浮峒社区居民的社会生活提供了一种文化整合机制,也成为当地马留人维持自我身份认同的一种重要方式,祭神与祭祖在某种层面上实现了暗合,伏波庙、祠堂、族谱、祖墓等构成了马留人赖以维系群体认同的象征②。潘启富认为马留人是伏波文化鲜活的载体,两千多年以来伏波文化是维系、凝聚边疆地区居民文化与心理的纽带,至今仍具有广泛的群众基础和旺盛的生命力③。

上述研究成果大多坚持从边缘看中心的视角,关注伏波信仰主体人群的主体性,发掘他们在边疆建构中的作用,对于本书来说极有启发性。

(二)边疆学与文化戍边研究

桂西南地区伏波信仰研究不可避免地会涉及边疆学的领域,因为从宋代到晚清的中法战争,桂西南地区是中越宗藩关系的前沿地区,中法战争后,中越划界,桂西南地区成为边陲,沿边地区的一些人群面临着国籍身份的变化,从身份到心理上都经历了巨大的转变,这些变化均会影响到伏波信仰的存续。因此,需要适当参考边疆学研究的一些理论工作进行具体的分析。边疆学目前的研究成果涉及的面很广,难以一一枚举,在此仅选择与本书有关的作者加以介绍。

在边疆学研究上,近十年来成果辈出,形成了"边疆学"研究热潮,比如关于中国疆域形成的新观点,对中国历史上的边疆、疆域观念的新探讨等。

关于边疆的定义,马大正先生在2000年出版的《中国边疆经略史》一书中指出,边疆是一个含义较广的概念,有丰富的内容,既包括陆疆和海疆的地理概念,又可以是一个历史概念,"它是随着统一多民族国家的形成和发展而逐渐形成和固定下来的"④。同时还是一个政治概念,"其形式上是由国家政权

---

① 卢岩主编:《伏波文化论文集》,南宁:广西人民出版社,2010年,第65—79页。
② 滕兰花:《伏波信仰与身份认同——以东兴市罗浮峒伏波庙为例》,卢岩主编:《伏波文化论文集》,南宁:广西人民出版社,2010年,第247—258页。
③ 潘启富:《广西伏波文化中的"马留人"》,《广西教育学院学报》2013年第4期,第13—16页。
④ 马大正:《中国边疆经略史》总序,郑州:中州古籍出版社,2000年,第2页。

明清时期桂西南地区伏波信仰的社会史考察

的统治中心区到域外的过渡区域,即由治向不治过渡的特定区域"①。李大龙以西汉王朝为例,对古代中国王朝的疆域形成进行了探讨,认为不同藩属体系的碰撞和重组是王朝疆域形成的主要途径,他还从传统的夷夏观分析了原因:"受传统夷夏观的束缚,以汉族为主体建立的王朝往往难以突破人为设置的'夷夏'界限,对边疆地区采取羁縻统治或'不治',因而阻碍了疆域形成的进程;而边疆民族所建王朝则没有这些束缚,并不断冲击着传统的夷夏观,中国疆域的最终形成就是伴随着这种观念的不断突破而实现的。"②

杜文忠认为,古代人们从未把国土的边缘看作是边疆,对边疆的开发也主要表现为文化上的蔓延,边疆仅仅意味着是在中心文化之边的另一个"未化之地",中央王朝对周边的态度和政策都是与这种"边疆"的概念是相一致的,其"治边"的理念也无不围绕"化"与"未化"而展开。③杨建新提出了中国疆域建构的"一个中心、两种模式"的观点,一个中心是指中原地区,两种模式是指开拓模式和嵌入模式。"开拓模式,就是以中原为基础,以中原地区的政权为核心,主动以政治、经济、文化等和平手段为主,不断扩大中原政治、经济、文化的影响力,经过多年的经营和开拓,使边疆地区与中原建立不可分割的联系,最终成为统一的中国疆域。在这一长期开拓过程中,不排除武力在开疆辟地中的作用,但从总体上看,武力所起作用是次要的、辅助的。……嵌入模式,即在中国疆域形成过程中,不断有新的民族和政权主动嵌入正在形成和发展的中国版图之中,并与中国其他民族和地区形成密切的政治、经济、社会、文化和族体方面的联系。"④这个观点对于加深对内地与边疆互动关系的理解极有帮助。何明认为边疆是一个异常复杂的空间,关涉族群关系、文化形貌、国家形态、国内政治、经济实力、军事力量、治理理念、技术水平、世界格局、国际法律等诸多因素,并随着世界历史进程的演进与各国现实条件的变化而不断获得新的内涵与新的边界。全球化时代边疆的完整内涵包括了由陆疆、海疆、空疆构成的领土边疆和由利益边疆、信息边疆、文化边疆、太空边疆构成

---

① 马大正:《中国边疆经略史》总序,郑州:中州古籍出版社,2000年,第3页。
② 李大龙:《传统夷夏观与中国疆域的形成——中国疆域形成理论探讨之一》,《中国边疆史地研究》2004年第1期,第1页。
③ 杜文忠:《边疆的概念与边疆的法律》,《中国边疆史地研究》2003年第4期,第1—6页。
④ 杨建新:《"中国"一词和中国疆域形成再探讨》,《中国边疆史地研究》2006年第2期,第1—8页。

的战略边疆①。其研究对于拓展边疆研究来说也是颇具意义。

确然，桂西南地区与中原王朝的关系就是从边疆到内地又化为边疆的一个变化过程，边疆地区的人群应对边疆关系变化时的策略，是一个很值得研究的内容。边疆（边界）都有一个从无到有的过程，边缘人群也有一个从"自在"或"流动"状态过渡到"归附、服从、固着"状态的过程。对于本书而言，笔者更关心的是在中越关系变化影响下，桂西南地区的伏波信仰是如何因应这些变化，在研究中，如何跳出从中心看边缘的研究框架，从边缘反观中心，关注边缘人群"马留人"的主体性，发掘他们在边疆建构中是如何运用文化资源来表达他们自己的历史与记忆。

因为本书所讨论的伏波信仰属于精神文化领域，其存续过程中又与边疆安全联系起来，故需要站在文化戍边理论的角度去开展相关研究。文化戍边理论，作为新名词，始于王运华的《贯彻"十六大"精神 推进文化戍边工程》②一文。该文全面分析了新疆生产建设兵团在新形势下文化戍边的现实意义和可能，讨论了文化戍边的基本内容。其后，他又发表《论文化戍边的实践价值》③一文，对"文化戍边论"的内涵和价值做了进一步阐述。此后，文化戍边观引发了学界的热议。

目前绝大多数学者都认同文化有戍边的功能，大多数研究成果是结合新疆建设兵团的戍边文化而展开讨论，不过也有一些研究成果已经不再局限于兵团文化的讨论了。李红兵分析了西方国家的文化战略及其对我国的威胁情况，指出文化戍边关系到国家核心利益，是国家文化安全战略的重要组成部分④。徐黎丽教授及其研究团队在文化戍边研究方面走在最前沿，她和杨朝晖撰文认为，现代国家安全中的非传统安全因素越来越影响到边疆社会的发展。文化戍边其实就是在全球化背景下以文化保卫边疆安全、发挥文化的非传统功能的一种方式。国家文化发展战略是文化戍边的指导思想，要通过发展边疆多元文化

---

① 何明：《边疆观念的转变与多远边疆的构建》，《云南师范大学学报》（哲学社会科学版）2013年第5期，第1—5页。
② 王运华：《贯彻"十六大"精神 推进文化戍边工程》，《石河子大学学报》（哲学社会科学版）2003年第1期，第1—5页。
③ 王运华：《论文化戍边的实践价值》，《兵团建设》2004第11期，第27—31页。
④ 李红兵：《从国家文化安全的高度认识文化戍边的现实意义》，《福建党史月刊》2010年第8期，第53—56页。

达到文化戍边、守边和固边的目标。边疆不同界别、职业和族群在长期守边过程中从不同层次的文化因素升华的价值、理想和信念是文化戍边的灵魂。① 随后，她和宗晓丽又在《文化何以戍边》一文中明确指出，文化戍边是国家软实力在边疆的体现，国家治边策略既是文化的反映，又是文化戍边的体现。中国古代的治边措施，如羁縻之治、土官土司治策、改土归流、和亲、盟誓、纳质、教化、互市、屯田等，都是文化戍边的具体表现②。在中国的边疆地区多呈现出同一民族跨国居住的格局，如何把握好文化戍边的尺度，徐黎丽、唐淑娴在详细分析了西北跨国民族文化特征、体系及其戍边的作用后，认为在处理跨国民族文化戍边时不能仅从自身国家和民族的文化价值观出发，要以兼容并蓄、和平开放的价值观作为各国戍边的指导思想，要"坚持以兼容并蓄和平开放为国家边疆文化战略，跨国民族以安全和平跨居为文化戍边的指导，并以发展多元性文化作为戍边的具体途径"③。

（三）族群理论及社会记忆理论

在族群边缘和历史记忆的研究领域里，保罗·康纳顿在《社会如何记忆》中提出了社会记忆的概念，社会记忆通过社会团体的纪念仪式和身体实践等各种操演来加以传承。仪式具有重复性，重复性意味着延续过去。仪式是一种形式化的语言，它具有更加明显的记忆作用④。他对被学界忽视的社会记忆进行深入研究，为后人指明了方向。王明珂把社会记忆区分为三种范畴：第一种是所有在一个社会中借助各种媒介保存、流传的社会记忆。第二种是范围较小的集体记忆。第三种是范围更小的历史记忆，他对历史记忆的研究着力最多，认为历史记忆是在一个社会的集体记忆中有一部分以该社会所认定的历史形态呈现与流传的记忆，人们借此追溯社会群体的共同起源（起源记忆）及其历史流变以诠释当前该社会人群各层次的认同与区分⑤。他借助历史、考古和人类学资料，分析在特定的资源竞争与分配环境中华夏边

---

① 徐黎丽，杨朝晖：《论文化戍边》，《新疆社会科学》2013年第3期，第115—119页。
② 徐黎丽，宗晓丽：《文化何以戍边》，《西北民族研究》2015年第2期，第121—128页。
③ 徐黎丽，唐淑娴：《论西北跨国民族文化体系的戍边作用》，《思想战线》2014年第4期，第40—43页。
④ （美）保罗·康纳顿著，纳日碧力戈译：《社会如何记忆》，上海：上海人民出版社，2000年，第49—68页。
⑤ 王明珂：《历史事实、历史记忆与历史心性》，《历史研究》2001年第5期，第136—147页。

缘的形成与变迁历程，并运用族群理论来分析华夏边缘人群如何借助历史记忆与失忆来成为华夏或成为非华夏人的复杂过程。他说："真正的过去已经永远失落了，我们所记得的过去，是为了现实所重建的过去。"① 连瑞枝梳理了丰富的云南大理地方性文献，从传说中的男女祖先、观音信仰、佛教仪式专家与贵族集团等不同的角度重构西南地区的历史，并以此勾勒出西南地区人群如何透过虚拟的祖源传说、联姻关系与佛教经典联系在一起，建立了以多元社群为基础的社会。该书立足边陲社会内在的视野，有助于我们跨越中国王权的既定概念来思考边陲社会的历史意义②。

因篇幅有限，诸多族群研究和社会记忆成果难以枚举。目前学术界对社会记忆研究的一个重点是关注社会群体是如何选择、组织、重构"过去"，以创造一个群体的共同传统，借此来诠释该群体的本质及维系群体的凝聚。这个研究角度对于本书来说颇具指导意义，因为桂西南地区流传的马援南征故事以及马留人戍守边疆的英雄祖先故事，无一不是当地族群在为了现实而利用历史记忆来重构过去。在这个重构过程当中，社会记忆要延续就需要借助一定的纪念仪式来展演。因此，这也是本书之所以开辟专章分析现代桂西南地区伏波信仰与马留人关系及仪式恢复的原因所在。

（四）民间信仰研究

民间信仰，作为一种文化研究对象，源自英美等国，20世纪初期一些中国学者亦开始围绕这一主题开展研究，从20世纪三十年代开始成为较稳定的学术用语。民间信仰是关注区域社会变迁历程的切入口，近十几年来，学术界对民间信仰的研究甚为火热。学者们对民间信仰的概念、内涵等等进行了热烈的讨论，相关成果难以枚举。

神明信仰研究是观察传统社会发展史的独特视角，对此，学界有诸多研究成果。冈田谦、林美容等学者用祭祀圈、信仰圈的概念阐释区域社会组织，华琛、王斯福、滨岛敦俊、刘志伟、陈春声、赵世瑜等人则强调通过民间信仰来审视国家与社会以及地方社会之间的互动关系，这些研究堪称经典。

人类学家华琛曾在1985年发表了一篇研究天后崇拜的文章，他以香港新界

---

① 王明珂：《华夏边缘：历史记忆与族群认同》，台北：允晨文化出版公司，1997年，第56页。
② 连瑞枝：《隐藏的祖先——妙香国的传说与社会》，北京：生活·读书·新知三联书店，2007年。

明清时期桂西南地区伏波信仰的社会史考察

沙岗天后庙为例,讨论了神明标准化的概念。他认为国家通过敕封地方神来实现对地方神统一化,并借此将国家权力和意识贯彻到地方。后来他又对此观点进行了修正,认为国家、官员和地方精英是文化整合的主要媒介,遍及整个帝国,王朝官员都提倡一套标准化的丧礼组合和丧礼服饰,这些标准都收录在地方志和仪式手册里,官员和地方精英通过对仪式行动的倡导,将不同人群组合成一个富有包涵性的社会体系。① 历史学家罗友枝在考察了中国丧礼后,指出在帝国晚期和当代中国人之间存在一个被广为接受并跨越阶级和地域的重要观念或信仰,它是以祖先崇拜为核心要素,被儒家表述为一种正统礼仪,国家、官员和地方精英会刻意地透过行动来推动这一信仰。②

被称之为华南学派的一批学者把民间信仰当作理解乡村社会结构、地域支配关系和普通百姓生活的一种切入口,其成果是非常受学界关注的,如郑振满先生对福建莆田神庙祭典组织的研究,陈春声先生对樟林社神系统的研究,科大卫先生对香港新界乡村联盟的研究,刘志伟先生对沙湾关帝祭祀的研究,罗一星先生对佛山祖庙祭典的研究,刘永华先生对盂兰盆会的研究……其研究成果难以枚举。郑振满、陈春声先生主编的《民间信仰与社会空间》一书可谓是华南学派研究民间信仰的成果荟萃之作。该书从国家意识和国家认同、社会风俗与民众心态、神祇崇拜与地方社会变迁、乡村庙宇与家族组织、社区组织与村际关系五大领域开展讨论。如陈春声先生详细分析了从唐代起被列入官方祀典、来自北方的双忠公信仰在南方潮州地区在"开化"中逐步地方化和民间化的过程,他发现双忠公信仰的普及过程刚好与潮州地区乡村社会逐步融入"国家"体制的过程相当一致。由此他提出一个观点,即一个在"国家"意识形态中具有合法地位的外来神明,要为某一地域的民众所接受,除了有待于民众对王朝和国家的认同感的培养外,还常常要通过灵验故事和占卜仪式等来建立与地方社会的利益关系。③

前贤们所关注的不仅仅是民间信仰,实际上更关注信仰背后的人们是如何

---

① 华琛:《中国丧葬仪式的结构——基本形态、仪式次序、动作的首要性》,《历史人类学学刊》2003年第2期,第98—114页。

② 罗友枝:《一个历史学者对中国人丧葬仪式的研究方法》,《历史人类学学刊》2004年第1期,第135—150页。

③ 陈春声:《宋明时期潮州地区的双忠公崇拜》,转引自郑振满,陈春声主编:《民间信仰与社会空间》,福州:福建人民出版社,2003年,第4页。

建构自我族群身份。他们的研究内容虽各有不同，但是在其研究中，均强调族群身份建构具有自主性，同时国家礼仪对族群界定有重要意义，需要注重历时性的分析，即通过礼仪文化具体的历史变化过程去把握族群身份的建构，比如唐晓涛、贺喜、罗彩娟等新生代学者的研究成果[①]就很有代表性。这些研究成果对于本书的写作而言极具指导意义。

此外，关于桂西南地区的历史面貌及历史事件的研究成果蔚为可观。钟文典、张声震、黄家信、黄峥、黄滨、孙宏年、郑维宽等学者对壮族社会发展史、土司制度、中法战争、两广贸易网络、广西边疆史的研究，黄伟秋、覃乃昌、玉时阶、廖明君等学者对壮族民间信仰的创见，均为本书提供了借鉴。因篇幅有限，不再展开详细介绍。

三、相关研究对象的界定

在展开研究之前，笔者有必要对与本书主旨密切相关的概念加以阐述及界定，以便行文方便。

1. 研究对象

本书以明朝建立至清朝灭亡（1368—1911年）为主要研究时段，在具体的行文时会根据研究需要而前溯或是后延。研究对象是东汉伏波将军马援，虽然伏波将军的封号在历史上有多人获得，如西汉伏波将军路博德和东汉伏波将军马援，他们均有功于岭南，均被民众建伏波庙祭祀。但是，两伏波并祀的现象并不太多，大多分布于广东地区，广西地区的伏波庙多指祭祀马援的庙宇。因此，本书以马援为主要研究对象，关注的是以马援为主神的伏波信仰。学界又有人把马援崇拜称为伏波信仰。为了便于统一行文，本书统一以"伏波信仰"概称之。在具体的写作过程当中，伏波信仰与马援崇拜会有互用情况出现。

2. 研究区域

本书研究的地理区域是桂西南地区，它包括哪些行政区域。首先要明确的是广西区域内部如何划分地理单元。

[①] 唐晓涛：《俍僮何在：明清时期广西浔州府的族群变迁》，北京：民族出版社，2011年；贺喜：《亦神亦祖：粤西南信仰构建的社会史》，北京：生活·读书·新知三联书店，2011年；罗彩娟：《千年追忆：云南壮族历史表述中的侬智高》，桂林：广西师范大学出版社，2012年。

明清时期桂西南地区伏波信仰的社会史考察

广西地形复杂,很难划出一个分界线,多是根据研究的需要来划定,但也有着相对约定俗成的广西内部地理区域划分。桂南与桂北是很容易划分的,因为北回归线把广西划为南北两部分。但是要具体明确桂西南的地理范围,这需要先了解桂东与桂西的划分。

目前对桂东与桂西的划分有两种看法:一是按自然地理差异划分;二是按社会发展历程和水平划分。从地形、地貌、气候等自然地理的角度划分广西东西部地区,主要是地理学界运用较多。民国时期张先辰在其著作《广西经济地理》上就指出广西地形"全体呈一山字形,山字之竖画为构造之主轴,北自三江融县,经宜山柳州之间,而南迁于迁江北之大塘附近……恰若北飞之征雁,头向三江,西翼横伸于广西之西部,东翼则张开于广西之东部。"① 中华人民共和国成立后,广西农业专家梁逸飞根据广西的自然条件及经济条件,参照农业历史习惯,在宜山(今宜州市)和环江之间直到南宁划一纵线,把广西分为东西两半②。这种划法与张先辰先生的看法大体相同。1993 年出版的《广西农业区划》一书也以此线作为广西东西部的分界线。1994 年出版的《广西通志·自然地理志》载:"融江流域东缘,驾桥岭、大瑶山西麓经横县、邕宁县及上思县南缘为界分为东部和西部两个地区。"③ 总体来看,按自然地理的差异来划分桂东与桂西的观点较一致。

从社会发展历程和水平来划分,也有两种分法,一是以今天湘桂铁路的走向为界划为桂东与桂西地区,张声震主编《壮族通史》(民族出版社,1997年),钟文典先生主编的《广西通史》、《广西近代圩镇研究》均持此看法,并得到了大多数人的认同。黄家信在《壮族地区土司制度与改土归流研究》中更是进一步将此线的南端从南宁划至钦州为界。另一种看法是以河池、忻城、上林、南宁为界划为东西两区域。如苏建灵《明清时期壮族历史研究》主张明初时广西壮族分布区可分为两部分,即以河池、忻城、上林、南宁为线,桂东与桂西存在差异④。方铁《西南通史》也赞同并引用了此划法⑤。笔者曾在拙著

---

① 张先辰:《广西经济地理》,桂林:桂林文化供应社,1941 年,第 3 页。
② 罗国璋,王伟漳编著:《广西土地利用史》,南宁:广西人民出版社,1993 年,第 116 页。
③ 广西壮族自治区地方志编纂委员会编:《广西通志·自然地理志》,南宁:广西人民出版社,1994年,第 399 页。
④ 苏建灵:《明清时期壮族历史研究》,南宁:广西民族出版社,1993 年,第 16 页。
⑤ 方铁主编:《西南通史》,郑州:中州古籍出版社,2003 年,第 622—623 页。

《明清时期广西区域开发不平衡研究》（民族出版社，2011 年）当中以自然环境、社会经济发展水平、风俗三个因子，以三江—融水—柳州—宾阳—南宁—钦州为界来划分桂东与桂西地区。[①]

在现代经济社会建设过程中，1997 年广西壮族自治区党委提出的区域经济发展战略，第一次将广西明确划为桂东、桂西、桂南、桂北、桂中五大经济区。即桂北经济区——桂林市；桂中经济区——柳州市、来宾市；桂南沿海经济区——南宁市、北海市、钦州市、防城港市；桂东经济区——梧州市、贺州市、玉林市、贵港市；桂西经济区——崇左市、百色市、河池。这样的划分是在原有经济布局和基础上结合经济发展而提出的，也反映了广西区域发展的历史特点以及广西各市的地理方位、传统地理分区习惯。

在了解了桂东与桂西的常见划分方法后，再去讨论桂西南位于何处，就越来越明晰了。此外，广西地理界线为：东南面自合浦县山口镇起至贺县桂岭镇止与广东省相接；东北面自贺县桂岭镇起至三江侗族自治县独峒乡止与湖南省为邻；北面自三江侗族自治县独峒乡起至西林县八大河乡止与贵州省连接；西面自西林县八大河乡起至那坡县百都乡止与云南省接壤；西南面自那坡县百都乡起至防城港东兴市北仑河口止与越南交界；南面自防城港东兴市北仑河口起至合浦县山口镇止濒临北部湾水域。若按这样的地理界线来划分，桂西南地区即应该包括今天的广西崇左市、百色市和钦州、防城港一带。因为本书研究的伏波信仰在历史上并没有在百色地区有分布，故本书将研究区域划定为左江流域和钦防地区。

在明代时，此流域主要政区有广西布政使司管辖的南宁府、太平府、龙州、凭祥州、思明府、思陵州。清代时，桂西南地区的政区主要有广西管辖的太平府和南宁府。在具体写作时，本书将与左江流域毗连的归属广东管辖的廉州府所辖的防城、钦州等地也纳入研究领域。之所以这样界定，是充分考虑到这些地区有着共同的伏波信仰，而且在近代以后，随着中国西南边疆危机的出现以及中法战争后的中越划界问题，中越两国关系的不断变化也导致伏波信仰被赋予特殊的文化内涵。因此，本书根据研究的需要，将两个区域统一起来进行分析。在此特作说明，以便读者知晓。

[①] 滕兰花：《明清时期广西区域开发不平衡研究》，北京：民族出版社，2011 年，第 18 页。

3. 研究方法

本书秉承历史学的研究方法，立足于依据各朝官修史书、古人笔记、文集、地方志以及现代学者的研究成果，通过对桂西南地区伏波信仰的长时段、动态性研究，发掘长时段下隐藏的结构性因素，找出历史发展的轨迹和历史演变的规律。在研究方法上，立足史学研究的范式，并综合运用历史人类学方法，积极利用历史文献和碑刻、族谱等各种文献，同时发扬历史地理学、历史人类学重视田野考察的优点，开展实地考察，并收集各相关碑刻、诗歌、民间传说等各种形式的民间资料，以便为本书的撰写提供更充分的材料依据。至于充分理解和吸收相关史料以及前人研究的成果，当尽力而为。

4. 研究意义

本书通过田野调查和文献析读（包括越南汉喃文献），重构桂西南地区伏波将军神祇化过程以及国家力量介入的历程，观察不同历史时期伏波信仰在当地社会的衍变和影响，如中越两国关系的变化是如何影响伏波信仰在两国的传播等，特别注意对国家制度与地方传统、民族传统互动的把握。在此基础上，尝试分析不同的人群如何选择、利用伏波信仰来建构自己的社会身份、政治经济地位，以揭示国家权力影响下民间信仰的变化历程，将有助于推动对广西区域社会史研究相对薄弱的桂西南地区的研究。同时，本书以民间信仰为切入点，关注神明信仰与国家认同之间的关系，这对当今建构和谐社会的主题，以及当前社会转型中的民间信仰的研究亦应有一定的借鉴意义。

第一章 伏波信仰的由来

古代中国的统治者们以神道设教、借鬼神御吏民，制定一套国家祀典来规范祭祀对象以及祭祀行为，这被称为国家正祀。国家正祀的标准是："'圣王之制祭祀也，法施于民则祀之，以死勤事则祀之，以劳定国则祀之，能御大灾则祀之，能捍大患则祀之。'是为大祀'谓功施于民者'也。或时立其祀配享庙廷，亦是也。"①这多是指对历史人物而言的入祀标准，当以忠臣名将为多。

伏波信仰，主要是指在岭南地区建立功勋的汉代两位伏波将军为主神的民间信仰，一为西汉路博德，一为东汉马援。历史上被封为伏波将军名号的武将不少，有学者指出光武帝时期共设置了近五十个将军名号，其中伏波将军马援等受命平定南方沿海越人叛乱，战事一结束"伏波将军"名号即被废罢②。其实不然，自马援之后，仍有一些人被封为伏波将军。如东汉末年的陈登，字元龙，珪子，"年二十五举孝廉，学兼文武，有雄姿异略，守广陵有威名，破孙策兵迁东城太守，广陵民拔郡送之，以功加伏波将军，卒年三十九"③。卢钦，"字子若，范阳涿人也。……累迁琅琊太守，宣帝为太傅，辟从事中郎，出为

---

① 李学勤主编：《十三经注疏·尚书正义》卷15《洛诰》，北京：北京大学出版社，1999年，第409页。
② 张金龙：《东汉光武帝时期的将军号》，《史学集刊》2014年第2期，第38—50页。
③ 乾隆《江南通志》卷144《人物志》，《中国地方志集成·省志辑·江南》第5册，南京：凤凰出版社，2011年，第715页。

明清时期桂西南地区伏波信仰的社会史考察

阳平太守,迁淮北都督、伏波将军,甚有称绩"[1]。但是在岭南地区,一提及伏波将军,更多是指代西汉路博德和东汉马援。他们均因在岭南有战功且有惠于民,死后被岭南地区民众立庙祭祀,形成伏波信仰。

第一节　汉代两伏波将军与伏波信仰

一、西汉伏波将军路博德平定南越

马援并非第一位被封为伏波将军之人,在他之前,有一位伏波将军在岭南地区建功立业,那就是西汉平定南越国有功的伏波将军路博德。

公元前221年,秦始皇统一六国,随后派尉屠睢率五十万大军进军岭南地区,设置了桂林、象、南海三郡,从此岭南地区正式纳入中原王朝的统一管理体制当中。但由于这三郡远处岭南之僻地,加之越人反抗斗争时有发生,因此,秦朝在岭南地区不设置郡守,仅设掌管军事的郡尉。"桂林、南海、象等三郡,非三十六郡之限,乃置南海尉以典之,所谓东南一尉也。"[2]首任南海尉是任嚣。这种由军事官员代行行政大权之做法,是为了适应岭南地区政治治理之需要,但也为后来岭南地区的割据埋下了伏笔。

秦末,南海尉赵佗拒关自守,建立南越,形成地方割据政权。西汉初立,国力待苏,汉高祖刘邦只能承认既成事实,封赵佗为南越王。刘邦死后,吕后专权,曾一度对南越实行封锁歧视政策,双方战争冲突不断,赵佗进而称帝与西汉对峙。汉文帝时期恢复了对南越的安抚政策,派陆贾出使南越,最终赵佗臣服于汉朝。

汉武帝时期,随着国力的增强,汉武帝在内地进行削藩立郡,实行中央对地方的直接统治,还派使者到南越,要求南越统归中央管辖,取消边卡。南越内部出现了两种不同的意见,最终分化为以南越王赵兴及其母后为代表的内属派和宰相吕嘉为首的反对派。两派矛盾不断升级,最终吕嘉起兵杀赵兴与其母,另立赵建德为王,并且打败了韩千秋所率的汉军。元鼎五年(前112年),

---

[1] 光绪《顺天府志》卷91《人物志》,《中国地方志集成·北京府县志辑》第2册,上海:上海书店出版社,2002年,第855页。

[2] (唐)房玄龄等:《晋书》卷15《地理下》,北京:中华书局,1974年,第464页。

汉武帝下达了平定南越的命令。

> 元鼎五年秋，卫尉路博德为伏波将军，出桂阳，下汇水；主爵都尉杨仆为楼船将军，出豫章，下横浦；故归义越侯二人为戈船、下厉将军，出零陵，或下离水，或抵苍梧；使驰义侯因巴蜀罪人，发夜郎兵，下牂柯江；咸会番禺。
>
> 元鼎六年冬，楼船将军将精卒先陷寻陕，破石门，得越船粟，因推而前，挫越锋，以数万人待伏波。伏波将军将罪人，道远，会期后，与楼船会乃有千余人，遂俱进。楼船居前，至番禺。建德、嘉皆城守。楼船自择便处，居东南面；伏波居西北面。会暮，楼船攻败越人，纵火烧城。越素闻伏波名，日暮，不知其兵多少。伏波乃为营，遣使者招降者，赐印，复纵令相招。楼船力攻烧敌，反驱而入伏波营中。犁旦，城中皆降伏波。吕嘉、建德已夜与其属数百人亡入海，以船西去。伏波又因问所得降者贵人，以知吕嘉所之，遣人追之。以故其校尉司马苏弘得建德，封为海常侯；越郎都稽得嘉，封为临蔡侯。
>
> 苍梧王赵光者，越王同姓，闻汉兵至，及越揭阳令定自定属汉；越桂林监居翁谕瓯骆属汉；皆得为侯。戈船、下厉将军兵及驰义侯所发夜郎兵未下，南越已平矣。遂为九郡。伏波将军益封。楼船将军兵以陷坚为将梁侯。自尉佗初王后，五世九十三岁而国亡焉。①

汉武帝平定南越后在当地设置儋耳、珠崖、南海、苍梧、郁林、合浦、交趾、九真、日南九个郡县，岭南地区行政区划重新纳入中央政府管辖。岭南地区重新统一后，汉王朝"以其故俗治，毋赋税"，原先设在五岭的边关也被废，货物得以流通，大大促进了岭南与中原地区的互补性经济交流，内地汉文化不断影响岭南地区，加快了岭南地区社会发展的速度，为唐宋以后岭南地区的进一步开发奠定了基础。作为平定南越的主要功臣，路博德功不可没。

《汉书》卷 55《霍去病传附路博德传》载："路博德，西河平州人，以右北平太守从票骑将军，封邳离侯。票骑死后，博德以卫尉为伏波将军，伐破南

---

① （汉）司马迁：《史记》卷113《南越列传》，北京：中华书局，1959 年，第 2975—2977 页。

越,益封。其后坐法失侯。为强弩都尉,屯居延,卒。"①值得注意的是,作为南征主力的伏波将军路博德与楼船将军杨仆在围南越国都时,所采取的战术不同,路博德是攻心为上,杨仆力主火攻,久闻路博德之名的南越守军在杨仆的火攻逼迫下皆降。杨仆过度滥用武力的行为也被汉武帝所厌恶。后来的史官在写《汉书·酷吏列传》时,即将杨仆收入其中,由此可见端倪。

> 杨仆,宜阳人也。以千夫为吏。河南守举为御史,使督盗贼关东,治放尹齐,以敢击行。稍迁至主爵都尉,上以为能。南越反,拜为楼船将军,有功,封将梁侯。东越反,上欲复使将,为其伐前劳,以书敕责之曰:"将军之功,独有先破石门、寻狭,非有斩将骞旗之实也,乌足以骄人哉!前破番禺,捕降者以为虏,掘死人以为获,是一过也。建德、吕嘉逆罪不容于天下,将军拥精兵不穷追,超然以东越为援,是二过也。士卒暴露连岁,为朝会不置酒,将军不念其勤劳,而造佞巧,请乘传行塞,因用归家,怀银黄,垂三组,夸乡里,是三过也。失期内顾,以道恶为解,失尊尊之序,是四过也。欲请蜀刀,问君贾几何,对曰率数百,武库日出兵而阳不知,挟伪干君,是五过也。受诏不至兰池宫,明日又不对。假令将军之吏问之不对,令之不从,其罪何如? 推此心以在外,江海之间可得信乎! 今东越深入,将军能率众以掩过不?"仆惶恐,对曰:"愿尽死赎罪!"②

杨仆"破番禺,捕降者以为虏,掘死人以为获",这样的行为难以安抚民心,汉武帝直斥其为首要过错。与杨仆相比,路博德的仁爱之情更得后人崇敬,所以后人为他立庙祭祀。宋代袁潭在为雷州海康县伏波庙重修时就写文称赞:

> 阴气复回必发为震霆,神物湮渝必为光芒,休功茂绩久翳则增明。其汉伏波路公之谓乎! 初,武帝有事于匈奴,公以右北平太守从骠骑至祷余山,斩首捕虏二千七百级,以功封丞离侯。南越尉佗之死也,越王胡有归汉之意。元鼎四年诏以谏大夫终军宣辞于南越,公以卫尉将兵屯于桂阳。明年,以卫尉为伏波将军讨吕嘉之叛。公自桂阳下汇水与楼船将军杨仆会

---

① (汉)班固:《汉书》卷55《霍去病传附路博德传》,北京:中华书局,1962年,第2493页。
② (汉)班固:《汉书》卷90《酷吏列传》,北京:中华书局,1962年,第3659—3660页。

兵俱至番禺。越人乃城守，仆方力攻，纵火焚城，而遣公使赐印以招徕之。越人素闻伏波名，于是悉城来降，不烦一战。遂开九郡，饮马于儋耳，焚舟于琼山，示弗复用兵，所以宣畅王灵、威加海宇。德披黎庶者，固宜纪之太常，铭之钟鼎，有闻于无穷，而血食于后世矣。惜乎太史公不为立传，其事则既见于他文，固已可惜。①

清人范端昂在《粤中见闻》也称："汉元鼎五年，南越相吕嘉叛，汉帝遣伏波将军路博德、楼船将军杨仆、戈船将军郑严、下濑将军田甲四路征南越。杨仆以偏师先至，乘暮纵火攻城杀戮，专行惨暴。路伏波招降赐印，复令相招，务行其德。粤人立祠祀之。"②

平定南越国的主要战场是在今天广东境内，祭祀路博德的庙宇也多在广东境内。如清代时的广东省连州伏波庙在朝天门外，祭祀路博德。据道光《广东通志》记载，北宋政和三年（1113年），"赐连州汉伏波将军路博德庙为忠勇。乾道五年太常少卿林栗言自渡江以后惟南海广利王庙，岁降御书祝文，令广州行礼，并绍兴七年加封至八字王爵"③。

二、东汉伏波将军马援南征交趾

1. 交趾二征之乱与马援南征

东汉建武四年（28年），光武帝刘秀派征南大将军岑彭率军南征。岑彭平定岭南地区后，朝廷多委任治边能臣治理交趾地区。任延、锡光就是其中的代表，两人均在《后汉书·循吏传》中见录。任延是在建武初年诏征为九真太守。当时的九真"俗以射猎为业，不知牛耕，民常告籴交趾，每致困乏"，任延便下令"铸作田器，教之垦辟"，终让"田畴岁岁开广，百姓充给"。任延还改革当地的旧俗："骆越之民无嫁娶礼法，各因淫好，无适对匹，不识父子之性，夫妇之道。延乃移书属县，各使男年二十至五十，女年十五至四十，皆以年齿相配。其贫无礼娉，令长吏以下各省奉禄以赈助之。同时相娶者二千余人。是岁风雨顺节，谷稼丰衍。其产子者，始知种姓。咸曰：'使我有是子

---

① （明）黄佐：《广东通志》卷30《坛庙》，广州：广东省地方史志办公室，1997年，第750—751页。
② （清）范端昂撰，汤志岳校注：《粤中见闻》，广州：广东高等教育出版社，1988年，第48页。
③ 道光《广东通志》卷170《经政略十三》，清道光二年（1822年）刻本。

者，任君也。'多名子为'任'。于是徼外蛮夷夜郎等慕义保塞，延遂止罢侦候戍卒。"①任延在交趾任职四年，离任后，九真人为他立生祠。交阯太守锡光"教导民夷，渐以礼义，化声侔于延。王莽末，闭境拒守。建武初，遣使贡献，封盐水侯。岭南华风，始于二守焉"②。

任延、锡光在交阯地区改革的成功，为东汉王朝在交阯地区继续推行内郡化措施奠定了政治、经济、文化基础。但是当地部族酋长仍有世袭其土的特权，中央王朝派出的刺史、太守的权力很难深入到土酋辖区，并引发了矛盾冲突，最终表现为交阯征侧、征贰之乱。

交阯征侧、征贰之乱始于东汉建武十六年（40年），交阯郡麋泠县雒将之女征侧嫁给朱鸢人诗索为妻。诗索因故被交阯太守苏定以法绳之，征侧忿而反叛。《后汉书》卷86《南蛮西南夷列传》载：

> （建武）十六年，交阯女子征侧及其妹征贰反，攻郡。征侧者，麋泠县雒将之女也。嫁为朱鸢人诗索妻，甚雄勇。交阯太守苏定以法绳之，侧忿，故反。于是九真、日南、合浦蛮里皆应之，凡略六十五城，自立为王。交阯刺史及诸太守仅得自守。光武乃诏长沙、合浦、交阯具车船，修道桥，通障溪，储粮谷。十八年，遣伏波将军马援、楼船将军段志，发长沙、桂阳、零陵、苍梧兵万余人讨之。明年夏四月，援破交阯，斩征侧、征贰等，余皆降散。进击九真贼都阳等，破降之。徙其渠帅三百余口于零陵。于是岭表悉平。③

交阯征侧、征贰之乱的性质是叛乱还是起义，事关对马援南征的正确评价。学者们对此着力颇多。在二十世纪九十年代以前，中国学者多认为征侧、征贰之乱源于维护旧制的地方酋领与推行封建制的汉朝统治者之间的矛盾。如傅纯英认为征侧替夫报仇及苏定贪暴不是激起叛变的真正原因，这次暴乱的真正原因是诸雒将顽固地维护奴隶制，妄图恢复奴隶主贵族的全部统治权。④此

---

① （南朝·宋）范晔：《汉书》卷76《循吏列传》，北京：中华书局，1965年，第2462页。
② （南朝·宋）范晔：《汉书》卷76《循吏列传》，北京：中华书局，1965年，第2462页。
③ （南朝·宋）范晔：《后汉书》卷86《南蛮西南夷列传》，北京：中华书局，1965年，第2836—2837页。
④ 傅纯英：《评马援南征》，《史学月刊》1993年第2期，第20—26、66页。

第一章　伏波信仰的由来

时的研究成果带有较强的阶级斗争学说的时代印迹，但是也点出了"二征之乱"的深层次原因就是中央王朝推行的治理之策与岭南骆越土著所奉行的土酋之治之间存在冲突。青年学者陈国保对"二征之乱"与马援南征的分析就更进一步。他认为西汉中央王朝虽然在交趾仍推行以旧俗治理的初郡制度，在行政设置上设立交州刺史部就是逐渐强化对交趾地区管理的明证。但是交趾地区的地方土长并不甘心于自身权力的流失，所以，边吏流官与地方土长的权力矛盾最终发展为"二征之乱"。"'二征之乱'的根本原因，就在于国家郡县行政体制在南部边疆的不断巩固及其由此而促成的汉中央王朝对交趾地区统治的日益深入与汉代边郡羁縻政策对帝国在南部边疆统治一体化进程中的妨碍之间的矛盾。"①东汉光武帝派马援南征，实际上是在解决这样的权力争夺问题。

东汉光武帝派伏波将军马援南征，平定交趾"二征之乱"。马援，字文渊，扶风茂陵人，十二岁时父逝，随兄长生活，事兄如父。兄卒，马援"行服期年，不离墓所"。马援少有大志，其一生助光武帝刘秀灭隗嚣，被授陇西太守，治理凉州六年，屡立功勋，大破诸羌；经营武威，遣返客民，修城置吏，劝民耕牧，广开恩信，诸羌纷降，陇右清净，升拜虎贲中郎将。马援在南方主要有两个功绩：一是南征交趾平定"二征之乱"；二是征讨五溪蛮。马援征交趾之事载于《后汉书》：

交趾女子征侧及女弟征贰反，攻没其郡，九真、日南、合浦蛮夷皆应之，寇略岭外六十余城，侧自立为王。于是玺书拜援伏波将军，以扶乐侯刘隆为副，督楼船将军段志等南击交趾。军至合浦而志病卒，诏援并将其兵。遂缘海而进，随山刊道千余里。十八年春，军至浪泊上，与贼战，破之，斩首数千级，降者万余人。援追征侧等至禁溪，数败之，贼遂散走。明年正月，斩征侧、征贰，传首洛阳。封援为新息侯，食邑三千户。援乃击牛酾酒，劳飨军士。从容谓官属曰："吾从弟少游常哀吾慷慨多大志，曰：'士生一世，但取衣食裁足，乘下泽车，御款段马，为郡掾史，守坟墓，乡里称善人，斯可矣。致求盈余，但自苦耳。'当吾在浪泊、西里间，虏未灭之时，下潦上雾，毒气重蒸，仰视飞鸢跕跕堕水中，卧念少游平生时

---

① 陈国保：《两汉交州刺史部研究——以交趾三郡为中心》，昆明：云南大学出版社，2010年，第134页。

语,何可得也!今赖士大夫之力,被蒙大恩,猥先诸君纤佩金紫,且喜且惭。"吏士皆伏称万岁。

援将楼船大小二千余艘,战士二万余人,进击九真贼征侧余党都羊等,自无功至居风,斩获五千余人,峤南悉平。援奏言西于县户有三万二千,远界去庭千余里,请分为封溪、望海二县,许之。援所过辄为郡县治城郭,穿渠灌溉,以利其民。条奏越律与汉律驳者十余事,与越人申明旧制以约束之,自后骆越奉行马将军故事。

二十年秋,振旅还京师,军吏经瘴疫死者十四五。赐援兵车一乘,朝见位次九卿。①

马援南征的进军路线走向如何?事关伏波信仰影响范围,必须给予厘清。徐松石先生认为马援是由邕州入交趾②。据施铁靖先生考证,马援南征的路线主要是经过广西的兴安、桂林,沿漓江到贺州、苍梧地区,经容县、北流沿南流江至合浦,再从合浦整军进至交趾。平定征侧后,从镇南关经桂西南左江地区入郁江至梧州,后溯漓江北上班师回朝③。马援大军从灵渠进入岭南,学者们对此都无疑议。但对于马援所率主力军由何处进入交趾,徐松石和施铁靖两位先生有不同的解释,笔者对此亦有些疑义。史料上没有明确提到马援所率部队的进军路线,其副手刘隆的进军路线也不明确,只知楼船将军段志在合浦病卒。由是推之,若马援是从邕州入交趾,则无法在合浦"并将其兵",故马援亲率之军应该是从桂东南地区进入合浦,合段志之部后,沿着合浦向西,经过钦州、防城一带,渡过北仑河进入今越南境内。有学者考证缘海路线为经今在观港、犀牛脚、龙门港,然后进入交趾④。马援从中原进入合浦,必由灵渠进入漓江,沿桂江至苍梧进入浔江,向西即可进入桂东南地区。这条路线从秦朝平定岭南开始就一直成为岭南地区与中原交通的最主要通道,西汉时路博德亦由此出兵灭南越。

笔者认为马援受命后,率长沙、零陵和桂阳的大军溯湘江南下,从灵渠进

---

① (南朝·宋)范晔:《后汉书》卷24《马援列传》,北京:中华书局,1965年,第838—840页。
② 徐松石:《粤江流域人民史》,北京:中华书局,1965年,第181页。
③ 施铁靖:《马援征交趾经广西行军路线考》,《河池师专学报》(文科版)1985年第1期。
④ 吴小玲:《古代钦州湾地区的对外交往论述》,《广西师范大学学报》(哲学社会科学版)2003年第3期,第126—130页。

入漓江，途经兴安、临桂、荔浦、昭平，到达苍梧、藤县，与苍梧郡的士卒汇合。在此兵分两路，一支沿浔江西上，路经横县、邕宁转入左江，沿途经过扶绥、崇左、宁明等地，从凭祥转陆路进入越南。另一支则沿着北流江，进入桂东南地区，经北流进入南流江流域，转入博白、陆川境内，在合浦"缘海而进，随山刊道千余里"①。刘隆分兵沿浔江进入桂西南，作为马援麾下的刘隆部所经之处，民众自然只会记住主帅马援之名，故许多传说都与马援之名有关。隆安县西南二十五里有百马山，山中有石马庙，祭祀的是伏波将军裨将马良达，"殁于军，因奉祀焉。（远祖）山东青州府益都县中马氏，即前代所称之马流人也"②。建武十八年（42年），马援大军在浪泊（今越南河内西北的福安一带）大败征侧，追至禁溪。刘隆"别于禁溪口破之，获其帅征贰，斩首千余级，降者二万余人。"③禁溪口，"交趾郡麓泠县有金溪穴，相传音论，谓之'禁溪'，则征侧等所败处也。其地今岑州新昌县也。"④也就是说刘隆从凭祥出镇南关后，从北直插麓泠县。马援由钦州入越南，应是从东北方向进入河内，再直逼二征的大本营麓泠县，与刘隆之军合击。第二年擒杀征氏姐妹，接着进击九真，树两铜柱于象林南界。建武二十年（44年），马援班师回朝，南征结束。

南征非常艰辛。马援自陈在浪泊时，"下潦上雾，毒气重蒸，仰视飞鸢跕跕堕水中"，即是遇到了瘴气，非战斗减员严重。后得到当地人的指点，"常饵薏苡实，用能轻身省欲，以胜瘴气"。班师回朝时，马援想把南方的薏苡运回北方做种子培育，"载之一车。时人以为南土珍怪，权贵皆望之"⑤。后来被诬为私带明珠，马援一气之下将薏苡倾入桂林漓江边的伏波山还珠洞下，此即伏波山还珠洞的传说由来。

2. 马援征五溪蛮

建武二十四年（48年），武威将军刘尚平定叛乱的武陵五溪蛮未果。时年

---

① 滕兰花：《清代广西伏波庙地理分布与伏波祭祀圈探析》，《广西民族学院学报》（哲学社会科学版）2006年第4期，第110—114页。
② 民国《隆安县志》，台北：成文出版社，1975年，第149页。
③ （南朝·宋）范晔：《后汉书》卷22《刘隆传》，北京：中华书局，1965年，第781页。
④ （南朝·宋）范晔：《后汉书》卷22《刘隆传》，北京：中华书局，1965年，第781页。
⑤ （南朝·宋）范晔：《后汉书》卷24《马援传》，北京：中华书局，1965年，第846页。

已六十有二的马援自动请缨。"援自请曰：'臣尚能披甲上马。'帝令试之。援据鞍顾眄，以示可用。帝笑曰：'瞿铄哉是翁也！'"①光武帝遂命马援率中郎将马武、耿舒、刘匡、孙永等人，将十二郡募士及弛刑四万余人征五溪。第二年春，"军至临乡，遇贼攻县，援迎击，破之，斩获二千余人"。三月，进营壶头。

马援征五溪蛮的军事行动非常艰险，因为五溪地区与岭南地区均属瘴乡。北宋郭茂倩所编的《乐府诗集》里有一首名为《武溪深行》的古诗："滔滔武溪一何深，鸟飞不度，兽不敢临，嗟哉！武溪兮多毒淫。"②武溪为何难渡？此诗前有一小段按语："一曰武陵深行崔豹。古今注曰武溪深，马援南征之所作也。援门生爰寄生善吹笛，援作歌，令寄生吹笛，以和之名。"武溪水有瘴毒，连鸟都难飞渡，更何况大批的军队？可见行军之苦。在壶头，"贼乘高守隘，水疾，船不得上。会暑甚，士卒多疫死"，马援亦身染重病，困守壶头，凿岸为室，以避暑。每遇贼"升险鼓噪"，马援"辄曳足以观之，左右哀其壮意，莫不为之流涕"，最后病卒壶头，刚好应验了出征前夜他与送者诀别的话："吾受厚恩，年迫余日索，常恐不得死国事。今获所愿，甘心瞑目。"③

马援卒后境遇很不好，生前先遇监军梁松等人诬告，卒后又遇"有上书谮之者，以为前所载还，皆明珠文犀。马武与于陵侯侯昱等皆以章言其状，帝益怒。援妻孥惶惧，不敢以丧还旧茔，裁买城西数亩地槁葬而已。宾客故人莫敢吊会。严与援妻子草索相连，诣阙请罪。帝乃出松书以示之，方知所坐，上书诉冤，前后六上，辞甚哀切，然后得葬"④。生前蒙薏苡之冤，马援死后不得归葬。直至永平十七年（74年），马援夫人去世，朝廷方才为马援重新建坟，并修建祠堂。建初三年（78年），汉章帝派使臣持节追策，追谥马援为"忠成侯"。

3. 马援功绩

马援死后被封为忠成侯。"忠成"两字，是对马援最好的褒奖，也是日后士人歌咏的主题之一。宋代名臣司马光曾写有《五哀诗》组诗，分别题咏了楚

---

① （南朝·宋）范晔：《后汉书》卷24《马援传》，北京：中华书局，1965年，第842—843页。
② （宋）郭茂倩：《乐府诗集》卷74《杂曲歌辞十四》，北京：中华书局，1979年，第1048页。
③ （南朝·宋）范晔：《后汉书》卷24《马援传》，北京：中华书局，1965年，第843页。
④ （南朝·宋）范晔：《后汉书》卷24《马援传》，北京：中华书局，1965年，第846页。

之屈原，赵之李牧，汉之晁错、马援，齐之斛律光。屈原是楚国的爱国诗人，忧国忧民，自杀成仁。李牧作为赵国名将，却因赵王听信谗言而被杀害。晁错是西汉初期名臣，主张移民实边、削藩，七国藩王以"清君侧，诛晁错"为旗号挑起七国之乱，晁错惨遭腰斩酷刑。斛律光是北齐名将，但却因结怨小人而被北齐后主高纬所杀。马援虽是东汉初期的名将，但也是因小人谗构而蒙受身后不白之冤多年。司马光写诗的缘由是因为这些人"皆负不世之才，竭忠于上，然坐困于谗，不能自脱，流亡不得其所而死，或者国随以丘墟，此其尤哀者也。因即其事，作五哀诗，且以警后世云"。司马光在《马伏波》组诗中大为感慨："汉令班南海，蛮兵避郁林。天涯柱分蚳，徼外贡输金。坐失奸臣意，谁明报国心。一棺忠勇骨，漂泊瘴烟深。"① 言语中颇有为马援鸣冤的意味。

宋末元初人陈仁子对萧统《文选》做补遗时，书中收录了朱勃《讼马援书》，并做了一段注："援事世祖二十年，自用人论之，位不称才，爵不酬忠。光武非简贤者，必以其女为太子妃，逆防示然，故不授以重任。自致身论之，伐先零，守陇西，出塞漠，平交趾，勋劳鞅，掌亦既勤矣，固非尸禄素食无报效者。及年衰齿暮，旅力既愆，则可以乞身于君，告老而去。马革裹尸之志，虽曰壮，猷不几于冯妇之所为乎？卒使谗言得行，主眷不终。此君子所以贵，于时行则行，时止则止也。'……援平生尚义散财，岂有自私明珠者，特阔远有大略而忽小节，非援不知身后之祸，而光武不知身后之枉。此难与共安乐之讥，世间不但一勾践也，而况智不如光武者乎！'"② 陈仁子历数了马援一生的功绩，但是他仍因受谗言之冤而死不归葬，满是为马援抱不平之意。

不管是东汉的朱勃还是元初的陈仁子，都深感马援功勋卓著。确然，马援南征对于岭南边疆的治理来说是一件意义深远的事，历史功绩非常显赫，总的来说共有五点。

（1）健全政区设置，加强对岭南土著民族的管理。马援平定"二征之乱"后，指出西于县户有三万二千，远界去庭千余里，过宽的县级政区并不利于管理，为此，请求将西于县分为封溪、望海二县，获得了朝廷的许可。

---

① （宋）司马光：《温国文正司马公文集》卷6《律诗一》，上海：商务印书馆，1929年，第55页。
② （宋）陈仁子编：《文选补遗》卷15，上海：上海古籍出版社，1993年，第288页。

这事在后世的《水经注》中有记载："左水东北径望海县南，建武十九年，马援征征侧置。……马援以西南治远，路逐千里，分置斯县。"①说的就是这件事。据《钦定越史通鉴纲目》记载，马援"立城廓，置井邑，筑玺江城于封溪"②。

（2）推行以故俗而治的政策。"二征之乱"的起因主要是因为东汉王朝在交趾地区继续推行内郡化措施，但是岭南人口绝大多数仍是当地土著，当地骆越土著仍实行部落酋长世袭其土的土酋治理，中央王朝派出的刺史、太守的权力很难深入到土酋辖区，最终引发了矛盾冲突。马援平定"二征之乱"后，面对越人的传统治理习俗与汉朝律令不一致的情况，他"条奏越律与汉律驳者十余事，与越人申明旧制以约束之，自后骆越奉行马将军故事"③。这里的"申明旧制"，即是指在岭南仍以传统的民族习俗治理为主，就是史家所常说的汉代在岭南地区的"以故俗而治"传统治策。

20世纪六七十年代，越南的一些史学著作认为马援镇压"二征起义"之后，废除了雒将制度，代之以县令制度。④郑维宽指出这种观点并不正确，他认为郡县制的推行与雒将制度是并行的，"二征之乱"以前县级行政的最大可能改变是原先县令大多数由本地的雒将担任，平乱后县令则由中央从外地派遣，他援引了三国吴初薛综的记载，即汉朝统治时交趾郡"长吏之设，虽有若无"和"县官羁縻，示令威服"做为例证⑤。他认为传统的雒将制度在郡县制的推行下逐渐衰落，雒将对骆越社会的影响层次逐渐下移，县以下的基层社会仍保留了越人自治的特征。的确，马援的做法有效地调和了汉律与越律之间的矛盾，以健全郡县制、削弱雒将势力和尊重越人习俗的软硬兼施的政策，加快了岭南地区内郡化的进程，更利于保持岭南地区社会的长期稳定，这已经被后来的历史证明是非常有效的。

---

① （北魏）郦道元著，陈桥驿校证：《水经注校证》卷37《叶榆河》，北京：中华书局，2007年，第861页。
② （越南）潘清简：《钦定越史通鉴纲目》前编卷2，顺化：越南阮朝国史馆，1884年。
③ （南朝·宋）范晔：《后汉书》卷24《马援传》，北京：中华书局，1965年，第839页。
④ （越）明峥著，范宏贵译：《越南社会发展史研究》，北京：生活·读书·新知三联书店，1963年，第9页；越南社会科学委员会编著，北京大学东语系越南语教研室译：《越南历史》第一集，北京：北京人民出版社，1977年，第70页。
⑤ 郑维宽：《历代王朝治理广西连续的策略研究——基于地缘政治的考察》，北京：社会科学文献出版社，2014年，第35页。

（3）随山刊道，辟拓交通。马援率军南征随山刊道，对所经地区的交通发展有着很大裨益。《水经》卷36《温水注》引《交州记》云："凿南塘者，九真路之所经也，去州五百里，建武十九年马援所开。""昔马文渊积石为塘，达于象浦。"《资治通鉴》卷43《汉纪三十五》注引宋白言："马援自九真以南，随山刊木，至日南。"《太平寰宇记》卷171《岭南道十五》载，安南爱州"军宁县，隋军安县，唐武德五年于县界置……凿口，即马援开石道处"。清人徐延旭在《越南山川略》中也说："丘蟠山，山上有石门，广三丈，汉伏波将军马援所凿。"① 乾隆《横州志》则称："援凿南塘通九真，置望海、太唐等县。自是铜鼓、铜马，始入中国矣。"② 史书记载，博白县的伏波祠，在马门滩博白、北流之界，"马援南征交趾，旋师经此，见江流迅激，舟楫不通，乃凿石导江，后人立祠报之"。唐代高骈出征安南时，在今天防城港市江山半岛凿通了天威径，南宋周去非记录下此事："安南静海军地皆滨海，海有三险，巨石屹立，鲸波触之，昼夜震汹。漕运之舟，涉深海以避之。少为风引，遵崖而行，必瓦碎于三险之下。……伏波尝加功力，迄不克就。厥后守臣屡欲开凿，以便漕运。锥镂一下，火光煜然。高骈节度安南，斋戒祷祠，将施功焉。一夕大雨，震电于石所者累日，人自分沦没矣。即霁，则顽石破碎，水深丈余。……自是舟运无艰。"③ 开凿此径是为通粮行舟，高骈成就了马援未竟之事。虽然前述之传说有明显的迷信色彩，但亦隐约指出了马援缘海刊道之说是有根据的。诸多史料显示，马援在南征过程当中应该是在开辟交通路线方面有诸多功绩，此当为信史。

（4）穿渠灌溉，兴修水利。《后汉书·马援传》提到马援平定"二征之乱"后，"所过辄为郡县治城郭，穿渠灌溉，以利其民"。汉代正史当中未记载马援具体凿了哪些渠，不过，在岭南地区倒是有不少关于马援穿渠灌溉的记载。据一些史书称，灵渠的凿通也有马援之功，如唐人莫休符在《桂林风土记》收录了前人的观点："后汉伏波将军马援开川浚济，水急曲折。四牙用遏

---

① （清）徐延旭：《越南山川略》，（清）王锡祺：《小方壶斋舆地丛钞》第十二帙，杭州：杭州古籍书店，1985年。
② 乾隆《横州志》，光绪己亥年（1899年）重刻增补本，第171页。
③ （宋）周去非著，杨武泉校注：《岭外代答校注》卷1《地理门·天威遥》，北京：中华书局，1999年，第33页。

其节,节斗门以驻其势。有伏波庙在县侧。"对此,莫休符并不认同马援是凿通灵渠之人的说法,他认为:"前汉武帝元鼎五年,命伏波将军路博德、楼船将军杨仆、戈船将军岩助击南越,吕嘉戈船出零陵,下漓水。此则前汉岭首(南)已通舟楫明矣,焉得至后汉马援、郑宏开灵渠?于理未尽。言马、郑重修则可,云创辟则于义有乖。"①莫氏认为马援应为重新疏浚灵渠,此说在元代时也有支持者。据元人黄裳所做的《灵济庙记》载:"兴安灵渠,自史禄始作以通漕,既而汉伏波将军继疏之。"②陈国保认为马援兴修水利,提高农业生产,带来了交趾地区社会经济的全面发展,为交趾边郡内郡化的国家一体化统治秩序的确立和巩固奠定了物质基础。③对于岭南地区传统的稻作农业而言,兴修水利,自然是功德无量之事,这直接为马援的历史功绩添上一笔重彩。

(5)立铜柱标汉界,留卒戍边。史传马援平定交趾之乱后,立铜柱以标汉界。北魏郦道元所著的《水经注》有较为详细的记载:"郁水又南自寿泠县注于海。昔马文渊积石为塘,达于象浦,建金标为南极之界。"④《水经注》还援引东晋俞益期作的笺曰:"马文渊立两铜柱于林邑岸北,有遗兵十余家不反,居寿泠岸南而对铜柱。悉姓马,自婚姻,今有二百户。交州以其流寓,号曰马流。言语饮食,尚与华同。山川移易,铜柱今复在海中,正赖此民,以识故处也。《林邑记》曰:建武十九年,马援树两铜柱于象林南界,与西屠国分,汉之南疆也。土人以之流寓,号曰马流,世称汉子孙也。"⑤由此可知,马援铜柱是在越南中部象林地界,而马流人(又称马留人)应该是马援大军留下的戍卒及其后裔的统称,他们的分布应该是一个较广的范围,并不局限在今越南北部和中部地区。

广西境内也有不少马留人的传说。宋人范成大在《桂海虞衡志》中称:

---

① (唐)莫休符:《桂林风土记》,上海:商务印书馆,1936年。
② (清)谢启昆修,胡虔纂,广西师范大学历史系中国历史文献研究室点校:《广西通志》卷142《建置略十七》,南宁:广西人民出版社,1988年,第4074—4075页。
③ 陈国保:《两汉交州刺史部研究——以交趾三郡为中心》,昆明:云南大学出版社,2011年,第18—19页。
④ (北魏)郦道元著,陈桥驿校证:《水经注校证》卷36《温水》,北京:中华书局,2007年,第840页。
⑤ (北魏)郦道元著,陈桥驿校证:《水经注校证》卷36《温水》,北京:中华书局,2007年,第840—841页。

第一章 伏波信仰的由来

"又有汉蛮者,十年前大理马至横山,此蛮亦附以来,衣服与中国略同,能通华言。自云本诸葛武侯戍兵。闻其种人绝少。按《三国志》初无留戍事。《唐史》有西屠夷,乃马伏波兵留不去者,初止十户,隋末至三百户,皆姓马,号马留人,与林邑分唐境。疑汉蛮即此类。"[①]横州城东百里浔江畔的乌蛮滩非常险要,险滩无数。"每滩亦四折,折必五六里。出入乱石丛中,势如箭激,常有破溺之患。两岸皆山,侯庙在其北麓,凡上下滩必侯,侯许乃敢放舟。每放一舟,拨招者四人,把舵者四人,前立望路者一人。左右侧竖其掌,则舵随之。"乌蛮滩险,要通过此滩必须找当地人,而"此地仅一姓人知水道,亦马留裔也"[②]。"马留裔"此称暗示出了当年马援大军经过时一些士兵驻守险滩为大军指航,后落籍为民。

在北部湾地区,马留人的说法更多。据嘉靖《钦州志》记载,当地的黄姓、禤姓均为马留人后裔:"七峒长官司,今其子孙俱云始祖黄万定系山东青州人,汉时从伏波将军马援征交趾,有功留守边疆,其子七人分为七峒长官司。""时休峒,在管界巡检司地方,相传其祖禤能旺从汉马伏波将军马援征交趾有功,贼平留守邕钦二界……永乐中,时罗峒长以事革,其孙禤贵成移守时罗峒,今其孙禤天缝袭。"[③]东兴市东郊罗浮峒的村民以施、黄二姓居多,都自称是"马留人",村里有一座伏波庙,庙里主神是伏波将军马援,陪祀神为施黄二姓的先祖——施胜马和黄万定。据2001年新立的罗浮峒伏波庙外石碑所记:"公元四十一年……光武帝任马援为伏波将军,刘隆为副将,施胜马为文将,黄万定为裨将……施胜马、黄万定确立了九州四国三都五峒,马、施、黄确立为罗浮峒永远峒长。定为把这幅地和风景岭山作为施、黄二姓的祠堂,确立历史古迹在这里。"

总的来说,马援南征平定交趾"二征之乱",并推行一系列的恢复生产、稳定社会秩序的举措,既维护了国家统一,巩固了边疆,又加强了中央与岭南地区的联系,促进了当地社会经济的发展,对岭南地区的社会发展有着深远的

[①] （宋）范成大著,胡起望、覃光广校注:《桂海虞衡志辑佚校注》,成都:四川民族出版社,1986年,第208页。

[②] （清）谢启昆修,胡虔纂,广西师范大学历史系中国历史文献研究室点校:《广西通志》卷145《建置略二十》,南宁:广西人民出版社,1988年,第4186—4188页。

[③] 嘉靖《钦州志》卷1《兵防豁峒》,广东省地方史志办公室编:《广东历代方志集成·廉州府部（四）》,广州:岭南美术出版社,2009年。

影响。马援死后，岭南和湘西地区都建有伏波庙祭祀他。唐人莫休符在《桂林风土记》写道："伏波庙在郭中之东北二里，是东汉伏波将军马援之祠也。"①即是明证。宋人祝穆《方舆胜览》卷39《广西路·郁林州》记载："伏波庙，在鬼门山之隈。"②遗憾的是，此书并未记载横州伏波庙，不知何故。

第二节 伏波信仰的形成

按照《礼记》的记载，凡是"法施于民""以死勤事""以劳定国""能御大灾""能捍大患"者，均可列入祭典。西汉伏波将军路博德与东汉伏波将军马援对岭南地区社会秩序的重新稳定均有功绩，他们死后均享百姓香火供奉，岭南地区纪念二人的祠庙林立，因为两人的将军封号相同，所以均称为伏波庙。

一、汉唐时期伏波信仰的形成

有研究表明，岭南各地伏波庙的创建与路博德关系非常密切，所祀神灵多以路博德为主，马援属于后来者或配祀者③。情况的确如此。

汉代是否就有伏波庙，据笔者所见，目前未能检获相关的汉代史料记载。不过，倒是有一些材料表明在南北朝以后南方已有伏波庙。明代黄佐的《广东通志》卷四十四详述了路博德平南越故事，文末称："今连州祠博德湟水上……今雷、琼二郡多祀路博德及援为伏波祠。"④该书还详载了连州伏波将军庙的情况："在朝天门外，祀伏波将军路博德也。博德，汉武帝时领兵征南越，屯兵于桂阳，秋毫无所犯。既还，兵民皆思之，梁天监四年赠太尉立庙于此。赵宋赐额忠勇，皇祐四年加封忠烈王。"⑤该书同卷中还收录了一个名为郭将军庙的庙宇："在山川坛右，神姓郭名浮，仕汉为偏将军，从伏波将军路

---

① （唐）莫休符：《桂林风土记》，上海：商务印书馆，1936年。
② （宋）祝穆撰，祝洙增订，施和金点校：《方舆胜览》卷39《广西路·郁林州》，北京：中华书局，2003年，第703页。
③ 范玉春：《马援崇拜的地理分布：以伏波庙为视角》，《广西师范大学学报》（哲学社会科学版）2007年第3期，第101—105页。
④ （明）黄佐：《广东通志》卷44《列传》，广州：广东省地方史志办公室，1997年，第234—236页。
⑤ （明）黄佐：《广东通志》卷30《坛庙》，广州：广东省地方史志办公室，1997年，第725页。

博德征南越，屯兵桂阳。立庙祀之，盖与伏波将军一德也。"连州伏波庙始建于梁朝天监四年（505 年），这应该是目前所知的有明确修建年份的伏波庙，是以路博德为主祀神。

唐代的史籍中开始有岭南伏波庙的记录。唐代诗人刘长卿写有一诗《送张司直赴岭南谒张尚书》云："番禺万里路，远客片帆过。盛府依横海，荒祠拜伏波。人经秋瘴变，鸟坠火云多。诚惮炎洲里，无如一顾何。"刘长卿（709—786 年），安徽宣城人，以五言律诗擅长，唐玄宗天宝年间进士，唐肃宗至德年间被贬到岭南。诗中所提及的伏波祠在今天广州番禺，主神是西汉路博德还是东汉马援，未有史料记载。除了番禺外，韶州也有伏波庙。据嘉靖《广东通志》记载，韶州伏波将军庙"在武水西，汉路博德以伏波将军出桂阳平南越。唐庙祀英德。本朝洪武二年迁于官滩。二十年知府王世安迁于今所，并列东汉马援祀之，嘉靖中知府唐升重修，先有祭，今废"[①]。虽然书中并没有记载韶州伏波庙始建于何时，但至少在唐代时已经修建，主要是以路博德为主祀神，直至明洪武二十年（1387 年）从英德官滩迁建于韶州武水西岸后，才并祀马援。

唐朝追封西周开国名臣姜尚（姜太公）为武成王。开元十九年（731 年）四月十八日，唐玄宗诏令各地设武成王庙（又称太公庙），庙内配祀古代十位名将（即十哲），在上元元年（760 年）又配享七十二弟子。此事详细记载在《唐会要·武成王庙》中：

> 上元元年闰四月十九日敕文："定祸乱者，必先于武德；拯生灵者，谅在于师贞。昔周武创业，克宁区夏，惟师尚父，实佐兴王，况德有可师，义当禁暴，稽诸古昔，爰崇典礼，其太公望可追封为武成王，有司依文宣王置庙。"仍委中书门下，择古今名将，准文宣王置亚圣及十哲等，享祭之典，一同文宣王。至建中三年闰正月二十五日，礼仪使颜真卿奏，武成王庙用乐臣，伏以自太公封武成王，追封之礼与诸侯王名位义同，庙庭用乐合准诸侯之数，今请每至释奠轩悬之乐。敕旨宜付所司。至七月十一日史馆伏奏表，今年五月十五日敕，武成王庙配享人等，宜令史馆参详定名闻奏者。又准开元十九年四月敕，宜拣取自古名将充十哲……七十二弟子：

[①] （明）黄佐：《广东通志》卷 30《坛庙》，广州：广东省地方史志办公室，1997 年，第 727 页。

齐将孙膑、越相国范蠡、赵将信平君廉颇、齐将管仲、齐将安平君田单、赵将马服君赵奢、大将军武安君李牧、秦将王翦、汉相平阳侯曹参、梁王彭越、左丞相绛侯周勃、太尉条侯周亚夫、大司马冠军侯霍去病、大将军长平侯卫青、后将军营平侯赵充国、前将军李广、后汉太傅高密侯邓禹、大司马广平侯吴汉、征西将军夏阳侯冯异、建威将军好畤侯耿弇、执金吾寇恂、左将军胶东侯贾复、伏波将军新息侯马援……①

据上引的史料记载，虽然马援只是被列为七十二弟子之一，但是他首次被列入国家官方祀典，这足以表明了朝廷对马援忠诚的肯定，亦是借其精神来树立忠君爱国榜样的一种文化手段。虽然在贞元二年（786年）名将配享太公庙的做法被取消，七十二弟子也减为六十四人，但是马援始终位列其中。

国家祀典自上而下推行，地方社会通常有所呼应。有研究表明，至迟在唐代的桂北地区已经出现了伏波庙以马援为主要祭祀人物的变化。② 也有学者认为，伏波信仰在广西一开始就是作为国家的正统神明而出现的，马援信仰的建立实质上是王朝羁縻制度在意识形态上的配合，马援开拓南疆事迹是唐帝国统治广西的话语基础之一。③ 目前所知的唐代广西境内的伏波庙最早者是在桂州，据唐人莫休符的《桂林风土记》记载："伏波庙在郭中之东北二里，是东汉伏波将军马援之祠也。"④ 这即是明证。唐乾符二年（875年），伏波将军马援被敕封为灵旺王。唐人李翱写有《祭伏波神文》云：

> 呜呼！伏波之生，好兵自喜，幼有壮节，腾声出仕。定册归汉，谋俞帝旨。算无失画，功伐可纪。破斩征侧，实平交趾，来征蛮溪，未卒而死。小人赤口，曷本于理。薏苡南还，明珠谮起。乃收侯印，爵不及子。遗德不忘，爱留社里。筑庙以祭，人敬其鬼。久而若新，千岁不毁。谗口嗤嗤，易白成缁。孔子义失，勋华不慈。曾氏杀人，母投于机。居窃厥嫂，陈平不疑。申生寘董，晋有骊姬。无极巧诋，伍奢诛夷。孟子伤谗，萎兮作诗。

---

① （宋）王溥：《唐会要》卷23《武成王庙》，北京：中华书局，1955年。
② 范玉春：《马援崇拜的地理分布：以伏波庙为视角》，《广西师范大学学报》（哲学社会科学版）2007年第3期，第101—105页。
③ 麦思杰：《神明信仰与边疆秩序——宋明时期广西伏波信仰研究》，《柳州师专学报》2008年第3期，第55—58页。
④ （唐）莫休符：《桂林风土记》，上海：商务印书馆，1936年。

公共其所，梁松实为。何独将军，自昔如斯。故士有历万代而不灭者，常被讪于当时，苟窥心不怍，虽弃置兮其奚悲？赫赫圣帝，嘉贤命祠。酒罥既列，神乎降思。①

此祭文的作者李翱（772—841年），陇西人，是唐代文学家、哲学家，进士，曾任郑州刺史、桂州刺史、御史中丞、桂管都防御使、谭州刺史、湖南观察史等职。他用"遗德不忘，爱留社里"来充分表达了对马援一生报效国家、马革裹尸精神的高度褒赏，强调马援为国尽忠的伟大品德，也为他含冤而死的遭遇愤愤不平。

兴安县在唐代即有伏波庙，唐人李商隐写有《祭全义县伏波庙文》：

观察处置使兼御史中丞郑某，谨遣全义县令韦必复以酒牢之奠，昭赛于汉伏波将军新息侯马公：越城旧疆，汉将遗庙；一派湘水，万重楚山。比颖川袁氏之台，悲同异日；方汝水周公之渡，感极当时。呜呼！昔也投隙建功，因时立志，隗将军坐谈西北，弃去无归；梁伯孙自降王姬，虽来不起。以若画之眉宇，开聚米之山川。扶风里中，诇守钱而为虐；德阳殿下，宁相马以推工。帐望关西，超驰陇右。事嫂冠戴，诚侄书成。龙伯高之故人，出言有所；公孙述之刺客，相待何轻。鸢冶启行，蛮溪请往；铜留铸柱，革誓裹尸。男儿已立边功，壮士犹羞病死。漓湘之浒，祀宇依然，岂独文宣之陵，不生刺草；更若武侯之垅，仍有深松。向我来思，停车展敬；一樽有奠，五马忘归。及申望岁之祈，又辱有秋之泽。云兴柱础，电绕墙藩。何烦玉女之投壶，方闻天笑；不待樵人之取箭，已见风回。敢忘黍稷之馨，用报京坻之赐。属以时非行县，不获躬诣灵坛，词托烟波，意传天壤。既谢三时之泽，兼论千载之交。勿负至诚，以孤元契。②

李商隐（约813—约858年）是晚唐著名诗人，在唐文宗开成二年（837年）登进士第，因受"牛李党争"之累，政治上不得志。大中元年（847年）

---

① （清）谢启昆修，胡虔纂，广西师范大学历史系中国历史文献研究室点校：《广西通志》卷141《建署略十六》，南宁：广西人民出版社，1988年，第4052—4053页。
② （清）谢启昆修，胡虔纂，广西师范大学历史系中国历史文献研究室点校：《广西通志》卷142《建置略十七》，南宁：广西人民出版社，1988年，第4073页。

受桂管观察使郑亚之邀到桂林任职,在桂林停留近一年。李商隐《祭全义县伏波庙文》是在他到桂林赴任期间的作品。在此文当中,他全面回顾了马援的一生事迹,"铜留铸柱,革誓裹尸",也借此来抒发自己政治失意的郁郁之情。从文中所记载的观察处置使兼御史中丞郑某派遣全义县令韦必复"以酒牢之奠,昭赛于汉伏波将军新息侯马公"之事来看,兴安县的伏波庙是专祭马援。

需要指出的是,从汉代到唐代的史料来看,西汉伏波将军路博德主要的立功之地是在今天广东境内,广东境内的伏波庙即多以他为主神。而东汉伏波将军马援主要立功之地是今天的广西与越南境内,这些地区的伏波庙大多以马援为主神。

二、两宋时期从两伏波信仰并行到马援崇拜为主

进入两宋时期,许多材料显示岭南伏波庙的主神出现了悄然变化。宋人祝穆撰的《方舆胜览》记载了雷州有威武庙,随后以小字做注的形式收录了苏轼的《伏波庙记》,记录了北宋绍圣四年(1097年)苏轼谪迁海南时前往徐闻伏波庙祭祀求渡海顺利的祷文:"汉有两伏波,皆有功德于岭南之民。前伏波邳离路侯也,后伏波新息马侯也。南越自三代不能有秦,虽远通置吏,旋复为蛮。邳离始伐灭其国,开九郡。然至东汉二女子征侧贰反,岭南震动六十余城。世祖初平天下,民劳厌兵,方闭玉关谢西域,南荒何足以辱王师?非新息苦战,则九郡左衽至今矣。由此论之,两伏波庙食于岭南者,均也。古今所传,莫能定一。"[①] 可见,在北宋时,岭南地区的伏波庙并祀两位伏波将军是很常见的,形成一庙二主神的两祀现象。

到了南宋时,伏波庙的主神出现了变化。南宋建炎三年(1129年)南宋丞相李纲(1083—1140年)因积极抗金被贬海南,同年十一月二十四日夜,李纲携子李宗之从广东徐闻渡海,他在渡海之前亦去徐闻伏波庙献祭:

> 纲以辠谪官万州,行次海滨病,故不果。谒祠下,遣子宗以摄祭。病卧馆中默祷于神,异时倘得生还,往返无虞,当书苏公所作之碑刻石庙中,使人有所视,以答神贶。时建炎三年十一月二十有四日也。既得吉,夜半

---

① (明)黄佐:《广东通志》卷43《艺文》,广州:广东省地方史志办公室,1997年,第1069页。

乘潮南渡，翼（翌）日次琼管，恬无惊忧。三日祇奉德音，蒙恩德还。疾良愈，躬祷行官。卜以十二月五日己丑北渡，不吉。再，十六日庚寅吉。己丑之昼，风霆大作，庚寅仍息。日中潮来，风便波平，举帆行安如枕席，海色天容，轩豁星露，不一时以达岸，乃知神之威灵胼蠁昭著如此，苏公之言信不诬也。次雷阳，书碑施金，委郡守董侯总其事，大书深刻，垂之无穷，且叙所以蒙神之休者，志碑阴式告观者。正庙，新息马侯也，初封忠显王，宣德中诏加佑显王。别庙，邳离路侯也，宣和中诏封忠烈。①

李纲在文中叙述了他向伏波神祈求渡海平安并许愿，果真灵验。三天后，李纲获赦，渡海返回徐闻，亲自书写碑记立在庙里。他在文末还特别注明了伏波庙当中有正庙和别庙，分别祀正神马援和副神路博德，两人所获的封号并不相同。

另外，雷州府海康县也有伏波庙，在南桥，"祀西汉丕离侯路博德、东汉新息侯马援。二人皆以伏波将军有功岭南，雷人祠祀之。绍兴四年，提刑董弅重修。弘治中，太监陈荣、参政任谷修建，仍立田祀之"②。此次重修，袁潭写有碑记，他在碑文当中细数了路博德和马援的功绩，并记略：

阴气复回必发为震霆，神物湮渝必为光芒，休功茂绩久翳则增明。其汉伏波路公之谓乎！初，武帝有事于匈奴，公以右北平太守从骠骑至祷余山，斩首捕虏二千七百级，以功封丕离侯。南越尉佗之死也，越王胡有归汉之意。元鼎四年诏以谏大夫终军宣辞于南越，公以卫尉将兵屯于桂阳。明年，以卫尉为伏波将军讨吕嘉之叛。公自桂阳下汇水与楼船将军杨仆会兵俱至番禺。越人乃城守，仆方力攻，纵火焚城，而遣公使赐印以招徕之。越人素闻伏波名，于是悉城来降，不烦一战。遂开九郡，饮马于儋耳，焚舟于琼山，示弗复用兵，所以宣畅王灵、威加海宇。德披黎庶者，固宜纪之太常，铭之钟鼎，有闻于无穷，而血食于后世矣。惜乎太史公不为立传，其事则既见于他文，固已可惜。

东汉建武，马公文渊讨女子侧贰之乱，亦名之曰伏波，岂追前代所以

---

① （明）黄佐：《广东通志》卷43《艺文》，广州：广东省地方史志办公室，1997年，第1070页。
② （明）黄佐：《广东通志》卷30《坛庙》，广州：广东省地方史志办公室，1997年，第750页。

成之勋，讬之名以惊动群听耶？文渊长驱苦战，安靖五溪，足以继公无愧，而谓复出，上不可也。公开九郡于其初，文渊破二女于其后。其功同，其名誉同，其有德于远人又同，则其血食于此方，宜无以异也。

　　海滨之祠，不载其创立之年，后世亦莫知其为谁。中间尝请之于朝，锡之王爵。记事者始以为公，俄有以为文渊者。其后有识之士考订遗迹，建别祠以祀公，再请于朝，亦命以王爵。公于是与文渊并驾无遗恨矣。绍兴四年，提点刑狱公事青社董公弅按行诸部，南抵于海，涉鲸波宣上德意，往返叩二公祠，怅然念公祠卑陋独在一隅，不足以侈神灵而昭示无穷，思撤而新之。以语知军州事九江陶公尧夫，公乃首为规划，委兵马监押开封赵公价董其役，以七月一日聚工，落成于十有二月十有七日。二庙一新，重门双峙，庭宇廖豁，庙貌修深，增广于旧数倍。既成，以图来公命。宋台袁潭为之记。①

从袁潭所做的碑文当中可以得知此庙原本是祭祀路博德的，后来并祀马援。路博德在围攻南越国王城番禺时，杨仆纵火焚城。路博德遣使赐印招降，越人"悉城来降，不烦一战"，南越事平，路博德饮马儋耳，焚舟琼山，"示弗复用兵，所以宣畅王灵、威加海宇"，这既宣扬了汉朝的国威，又减少了岭南地区战乱之苦。可惜正史所记甚少，所以袁潭深为遗憾。马援南征交趾，同样对岭南地区的社会发展贡献卓著。虽然不知伏波庙始建于何时，但是二人均入庙享祀，充分说明了岭南地区对两位伏波将军的敬仰与追思。

海康伏波庙始建于何时，因史料缺乏，已经难以考证，但可以明确得知在北宋时已经是并祀路博德和马援。南宋人吴曾绍兴三十二年（1162年）编成的《能改斋漫录》卷五伏波将军庙条记载："后汉马援及路博德，俱有功于南方，仍皆为伏波将军。岭外有伏波将军庙，莫能定其名。政和中修《九域图志》，遂以双庙为例，祀两神。"② 此条材料里所说的政和年间修《九域图志》时庙并祀两位伏波将军。政和是北宋宋徽宗用过的一个年号，其起始时间是1111—1118年。《九域图志》是北宋王朝编撰的全国图经志书，早在宋真宗祥符年间，王曾修成《九域图》。元丰年间王存等人奉敕撰成《元丰九域

---

① （明）黄佐：《广东通志》卷30《坛庙》，广州：广东省地方史志办公室，1997年，第750—751页。
② （宋）吴曾：《能改斋漫录》卷5《辨误》，上海：上海古籍出版社，1979年，第114页。

志》。崇宁元年（1102年）成立九域图志局，建立了中央编制、管理图经的专门机构。政和年间，宋徽宗时又命王黼编修《九域图志》。按吴曾的说法，在政和年间修九域图志时定下规矩，即是岭南的伏波将军庙并祀西汉路博德和东汉马援。由此可以反推，北宋时期岭南的许多伏波庙里是两位伏波并祀。清人范端昂在雍正年间写成的《粤中见闻》可为证：

> 汉元鼎五年，南越相吕嘉叛，汉帝遣伏波将军路博德、楼船将军杨仆、戈船将军郑严、下濑将军田甲四路征南越。杨仆以偏师先至，乘暮纵火攻城杀戮，专行惨暴。路伏波招降赐印，复令相招，务行其德。粤人立祠祀之，后并祀马伏波焉。宋徽宗宣和二年诰曰："神以智谋，终殄金溪之寇。殁而灵爽，常为月窟之游。既凭物以显灵，况有功而当祀。峤南万里，遗爱犹存。庙食千年，英风尚凛。可持封忠显佑顺王。"两神同一诰命也。①

随着时间的流逝，伏波庙里的祭祀主神出现了悄然变化，马援在庙中的地位不断升高，逐渐超过并取代路博德，成为庙主。南宋绍兴五年（1135年），袁潭为雷州伏波庙写的《伏波将军庙记》开头即说：

> "阴气复回，必发为震霆；神功湮渝，必腾为光芒；崇功茂绩，久翳则增明。其汉伏波路公之谓乎。"随后历数了路博德与马援在岭南所建立的功绩，认为"公开九郡于其初，文渊破二女于其后，其功同，其名誉同，其有德于远人又同，则其血食于此方，宜其无异也。海滨之祠不载其创立之年，后世亦莫知为谁。中间尝请于朝，锡之王爵，记事者始以为公，俄有以为文渊者。其后有识之士考订遗迹，建别庙以祀公，再请于朝，亦命以王爵，公于是与文渊并驾无馀恨矣。"②

依袁潭的观点，路博德享祀早于马援，但因此庙创立时间记载不详，故后世之人大多不知此庙是为谁而建。所幸的是后来的有识之士另建一庙祭祀路博德。袁潭是想通过写这通碑文来为路博德正名，恰好记载了另建别庙祭祀路博德的事迹，由此可以反推徐闻伏波庙的主神是以马援为主。可见，在唐代至宋

---

① （清）范端昂撰，汤志岳校注：《粤中见闻》，广州：广东高等教育出版社，1988年，第48页。
② 康熙《雷州府志》卷10，中国科学院图书馆选编：《稀见中国地方志汇刊》第47册，北京：中国书店，2012年，第264—265页。

代时，岭南地区伏波将军马援受崇祀的程度虽然有所提升，但仍是两位伏波并祀。至南宋时，马援受崇祀的程度明显要高于路博德，岭南地区的伏波庙主神多为马援。

马援从名将变为神，其封号也不断升级。清人徐松所辑录的《宋会要辑稿》记载了雷州伏波庙和琼州伏波庙的封号变化情况。吏部员外郎董棻在宋高宗绍兴五年（1135年）九月二十日被派到琼州，他在雷州海岸递角场看到有祭祀马援的威武庙，即伏波祠。在海口也有伏波祠，即辅汉王庙。因此，他给朝廷上奏："伏波乃东汉中兴功臣新息侯马援，元丰中锡以'忠显王'。至元符中，苏轼谪居昌化，乃作庙碑。推考以为汉有两伏波，邳离侯路博德建庙于马伏波之西，宣和中始封'忠烈王'。臣比将命远便渡海，皆有灵应，乞将马伏波更加封号，及将邳离忠烈王路伏波与马伏波一等封号。"①对此，太常寺认为马援已经加封为"忠显佑顺王"，可以增加封号为"忠显佑顺灵济王"，而琼州海口辅汉王庙系南汉政权所封的，应该改庙额为"威武庙"，其所供奉的西汉伏波将军路博德可以享受与马援相同的名爵封号，可拟为"忠烈明威广佑王"。太常寺的建议最终获准颁行。该书还详细记载了雷州、广州阳山、琼州伏波庙里的伏波神封号的变化情况："二伏波祠。一在雷州，神宗元丰五年七月封'忠显王'，徽宗大观元年五月赐庙额'威武'，高宗绍兴五年九月加'忠显佑顺灵济王'。琼州海口有辅汉王庙，亦系马伏波神，其祠伪汉所封，诏改赐额曰'威武'。一在广州阳山县，有汉伏波将军路博德祠，崇宁四年三月赐额'忠勇'。一在辰州，真宗咸平二年三月，辰州上言，汉伏波将军马援庙水旱祈祷有应，诏加封号'新息王'。孝宗隆兴二年二月赐额'升德'。一在琼州，有伏波将军邳离侯路博德祠，徽宗宣和中封'忠烈王'，绍兴五年九月加封'忠烈明威广佑王'。"②

广西境内的伏波庙的主祀神及其封号也有相应的变化。桂林伏波庙在城东伏波山下，祭祀伏波将军马援。南宋诗人刘克庄（1187—1269年）有《伏波岩》一诗可为证："缅怀两伏波，往事可追记。铜柱戍浪泊，楼船下惶水。时异非一朝，地去亦万里。山头博德庙，今为文渊矣。谓予诗不信，君请订诸

---

① （清）徐松：《宋会要辑稿》礼二十，北京：中华书局，1957年，第867页。
② （清）徐松：《宋会要辑稿》礼二十，北京：中华书局，1957年，第877页。

史。"①刘克庄的诗刚好印证了伏波庙主神从路博德转为马援的变化。

伏波岩的伏波庙在明朝天顺五年（1461）重修，有孙元肃作记：

> 汉伏波将军马援，建武中交趾蛮夷背叛，光武特遣兵击之。时闻薏苡可以御瘴，因取以利边用。叛夷既平，凯旋经广右，适遭明珠之谤，遂投掷于城东山洞间。山名伏波，祠洞名伏波者，盖以此也。后人思其功，虽没世不能忘，因面山作庙以祀之。果大阐厥贶而有庥于是邦。逮宋元丰初，提刑彭次云以祷雨有应，状于朝，赐"忠显王庙"额。宣和加"佑顺"，绍兴又加"灵济"，至元尤敕"崇奉"。庙之作，殆越千数百年，不知其几兴废矣。②

从唐朝乾符二年（875年）受封为"灵旺王"，到宋元丰初年（1078年）赐封"忠显王"庙额，宣和年间赐封"佑顺"，至绍兴年间又赐封"灵济"，元代至元年间又赐封"崇奉"，马援受推崇的程度亦可见一斑。所以，清朝嘉庆年间谢启昆在撰修《广西通志》时对桂林马伏波祠的主神变化做了考证："谨案：刘克庄诗，伏波专主博德。苏子瞻记称：汉有两伏波，庙食岭南。又《粤中见闻》所载，宋徽宗诰词，以为两神同一诰敕。据此则伏波岩之祠，前代专记路博德，后增祀马文渊，今所祀只有马矣。"③可见，至清代时，广西境内的伏波庙基本上均是以马援为主神了。

清道光十六年（1836），时任广西巡抚兼署学政的福建人梁章钜，花两年公余时间完成了《楹联丛话》。在书中，他对广西伏波信仰主神进行了分析：

> 广西伏波庙最多，皆祀马文渊。或云："路博德亦为伏波将军，其有功于岭外，更在马文渊之前。"然粤民意中皆有马无路。张南山诗云："伏波汉将并流传，铜柱勋名后胜前。都尉有灵应退让，千秋人念马文渊。"余小霞州判应松作横州大滩伏波庙联云："铜柱镇鸢飞，顾盼生风，意气真能吞浪泊；金门留马式，男儿报国，姓名何必与云台。"同一意也。惟费

---

① 光绪《临桂县志》卷15，清光绪三十一年（1905年）刻本。
② （明）林富修，黄佐纂，攸兴超等点校：《广西通志》卷33《坛庙》，南宁：广西人民出版社，2009年，第415页。
③ （清）谢启昆修，胡虔撰，广西师范大学历史系中国历史文献研究室点校：《广西通志》卷141《建署略十六》，南宁：广西人民出版社，1988年，第4053页。

袭《梁溪漫志》云："后汉马文渊、路博德，皆尝为伏波将军，又皆有功于岭南。海上有伏波祠，古今所传，莫能定于一。"东坡作碑，谓两伏波均当庙食。政和中，因修《九域图志》，以睢阳双庙为例。今祀两神，盖义理当于人心。虽是时正讳东坡议论，而亦不能废也。又刘克庄诗云："缅怀两伏波，往事可追纪。铜柱戍浪泊，楼船下湟水。时异非一朝，地去亦万里。山头博德庙，今为文渊矣。"按：以路、马当并祀，自是专指岭南。考之史，路博德由桂阳下湟水，是今湖广入广东道，固未尝至广西。且博德下南越，于岭外各郡，仅招集而已。而马文渊所过岭西，辄为郡县治城郭，穿渠灌溉，以利其民，条奏越律与汉律驳者十余事，与越人申明旧制以约束之。自后骆越奉行马将军故事，是其泽之被于岭西独深，岭西之专祀，固宜，非可与岭南一例论也。①

在梁章钜看来，马援对于岭西地区的功绩远大于路博德，为此，在岭西地区伏波庙专祀马援也是情理之中之事。

岭南地区的伏波信仰主神经历了从最初的只祭祀路博德，发展到路博德、马援并祀，再到专祀马援的发展过程。广西境内的伏波庙多是专祀马援的庙宇，形成了专祀东汉伏波将军马援的伏波信仰。清代广西自北向南形成了一个以马援为祭祀主神的祭祀圈，其分布范围与马援南征之路线基本吻合，大体上自漓江上源开始，沿着漓江、府江进入西江、桂西南地区以及南流江、北流江流域都有密集分布，桂北、桂东、桂东南地区是其主要分布区②。

当然，也应该指出的是，在伏波祭祀圈范围内仍有一些伏波庙如连州伏波庙，就是专祀西汉伏波将军路博德。由于本书所讨论的是为纪念伏波将军马援而形成的伏波信仰，故专祀路博德的伏波庙不列入研究对象，在此特作说明。

---

① （清）梁章钜等撰，白化文、李如鸾点校：《楹联丛话（附新话）》卷4《庙祀下》，北京：中华书局，1987年，第46页。
② 滕兰花：《清代广西伏波庙地理分布与伏波祭祀圈探析》，《广西民族学院学报》（哲学社会科学版）2006年第4期，第110—114页。

第二章　明清时期伏波信仰的空间分布

马援一路南征，安定四方，民众感恩，立祠祀之。从东汉至清代，岭南许多地方都建有伏波庙。由于各地的伏波庙名称略有不同，有称为伏波庙、伏波祠，或者另有名称，为便于行文，下文以伏波庙作为统称。另外，本书主要研究的区域是桂西南地区的伏波信仰，岭南以及岭南之外的一些地方都有伏波庙分布，所以非常有必要先厘清明清时期伏波信仰的空间分布，才可以有针对性地对其历史流变开展深入分析。本章主要是根据明代地方志以及相关文献的记载而展开分析。

第一节　明清时期桂西南地区伏波庙的空间分布

一、明清时期岭南地区伏波庙的分布概况

作为马援南征之地，岭南地区的伏波庙目前所见最早设立的时间是在唐代。明代时，岭南不少地区都有伏波庙。明代所修的岭南方志保存至今的并不多，对于明代岭南地区伏波庙的分布情况，笔者据能见及的明代嘉靖年间出版的两广方志中所收录的伏波庙统计如表2-1所示。

表 2-1　明代岭南地区伏波庙分布简表

地点	数量	伏波庙概况	资料来源
桂林府临桂县	1	伏波庙在城东伏波山下，祀伏波将军马援。本朝天顺间重修	嘉靖《广西通志》卷33
	2	伏波祠有二：一在伏波山，乃敕建者，已附山川志。一在王府之北，然皆杂以土神，非其称也	万历《广西通志》卷10

续表

地点	数量	伏波庙概况	资料来源
梧州府	1	三功祠，在府治东，祀路伏波、马伏波、狄武襄三公。本朝嘉靖初知府周任以尉迟敬德庙改建	嘉靖《广西通志》卷33
梧州府博白县	1	博白县伏波庙在县城西南四十五里，祀汉马援，以尝南征交趾旋师过此，见江流迅激，舟楫不通，乃凿石疏导，用报其功焉	嘉靖《广西通志》卷34
太平府	1	祠在府城南百步稍东，负郭临江，地幽而景奇……肇于嘉靖乙卯，泊没于隆庆己巳，今成于万历丙子。知府蔡迎恩倡修	万历《太平府志》卷2
南宁府	1	（横州）伏波庙在州东六十里，为横山麓前有巨滩，汉马援征五溪蛮驻兵于此，军伍严整，民报其功，名威武庙，后毁。本朝弘治间重建。蒋山卿记	嘉靖《广西通志》卷34
南宁府	2	伏波庙有二：一在城西岸一里，一在横州东六十里乌蛮滩上。汉马援征交趾驻兵于此，人立庙祀之。洪武二年（1369年）遣翰林编修王廉吏部主事林唐臣封安南，又诏以古书伏波将军马援昔讨交趾立铜柱为表以镇服蛮夷，其功最大，命廉就祀之。廉至横州乌蛮滩，见其庙颓毁，乃令州民先修葺其祠堂，既毕而后致祭。嘉靖初，新建伯王守仁过滩，谒庙，有诗	万历《广西通志》卷10
廉州府钦州	1	乌雷庙，东望冠头岭，仅三十里，西望交趾海东府，在渺茫间。伏波庙在焉。交人每望祭之	崇祯《廉州府志》
广州府连州	1	伏波将军庙，在朝天门外，祀伏波将军路博德也。博德汉武帝时领兵征南越，屯兵桂阳秋毫无所犯，既还兵，民皆思之。梁天监四年（505年）赠太尉，立庙于此。赵宋赐额"忠勇"，皇祐四年（1052年）加封"忠烈王"	
韶州府	1	伏波将军庙，在武水。西汉路博德以伏波将军出桂阳平南越，唐庙祀英德，本朝洪武二年（1369年）迁于官滩，二十年（1387年）知府王世安迁于今所，并列东汉马援祀之。嘉靖中知府唐升重修，先有祭，今废	
雷州府海康县	1	伏波庙在南桥。祀西汉孚离侯路博德东汉新息侯马援。二人皆以将军有功岭南，雷人祠祀之。绍兴四年（1134年），提刑童弇重修。弘治中，太监陈荣参政，任谷修建，仍立田祀之	嘉靖《广东通志》卷30
雷州府徐闻县	1	伏波庙在县南。宋苏轼、李纲记，见艺文志	
琼州府琼山县	1	伏波庙在邵城北六里龙岐村。宋建，祀汉二伏波将军。苏轼庙记与雷州同，见艺文志	
琼州府澄迈县	1	伏波庙，在县东南二里桂平乡。元建，国朝天顺间副使邝彦愈重修，教谕朱复记，见碑刻	

　　由表 2-1 可知，明代岭南地区的伏波庙共 16 所。由于目前所见的史料有限，明代岭南地区伏波庙的总数实际上应该多于此数。截至2008 年，笔者曾对清代岭南地区伏波庙的空间分布做过粗浅的研究，清代岭南地区计 51 处伏波庙，其中广西36处，广东15处①。由于笔者当时所能查获的史料有限，统计有

---

① 滕兰花，袁丽红：《清代岭南地区伏波庙地理分布及历史记忆》，《广西民族研究》2008 年第 2 期，第 133—138 页。

所遗漏。现据此前的研究成果并根据清代至民国广西、广东方志以及《古今图书集成·职方典》所收录的清代岭南地区伏波庙情况以及今人提供的资料，修订如表2-2。

表2-2 清代岭南地区伏波庙分布表

省	府	州县	数量	庙名及庙址	资料来源
广西	桂林府	临桂	1	伏波庙在城郭东北二里之伏波山。逮宋元丰初，提刑彭次云以祷雨有应，状于朝，赐"忠显王庙"额	嘉庆《广西通志》卷141
				伏汉祠，祀汉将军马援，一在癸水门外伏波山，一在明靖江王府北	雍正《广西通志》卷42
		兴安	4	伏波庙，始设应为唐代。 分水龙王庙，祀龙王暨伏波将军。 报功祠，在县治东。祀汉马伏波将军。康熙五十六年（1717年），知县任天宿建。乾隆四年（1739年），署知县黄海修。 灵济庙，一名四贤祠，在县南五里，元至正十五年（1355年），廉访使也儿吉尼建，祀秦郡监史禄、汉伏波将军马援、唐观察使李渤、鱼孟威。	嘉庆《广西通志》卷142
	平乐府	荔浦	1	伏波庙在建水水口，始建年代无考	嘉庆《广西通志》卷144
		昭平	1	伏波庙在城南昭平里大巷口村，康熙五十六年（1717年）布政使黄国材重建。民国时此庙有祀田，其田租除拨四百觔给马滩渡夫工食，余归城立女子小学校经费	民国《昭平县志》卷2
	梧州府	苍梧	2	三功祠，祀路伏波、马伏波、狄武襄。名卿祠。明嘉靖元年（1522年）知府周任建，祀汉邠离侯路博德、新息马援、宋武襄公狄青、明怀远伯山云等人	嘉庆《广西通志》卷144
		藤县	1	伏波庙在东门外，祀马援，唐武德间建	嘉庆《广西通志》卷144
	郁林州	博白	7	伏波祠在马门滩，博白、北流二县交界处。汉马援南征交趾，旋师过此，见江流迅激，舟楫不通乃凿石导江，后人立祠祀之	雍正《广西通志》卷42
				伏波祠在城西北，明隆庆间知县王文明建，祀汉伏波将军马援。乾隆五十六年（1791年）知县陈挟移建。道光六年（1826年）秦世钦、梁作荣、麦秋茂等重修关厂前坡地一所，每年地租钱二十一千文，为祠祀费用。 四将军祠，在城东，祀汉马援、唐高骈、宋狄青、刘子羽。今圮。 刘公祠，在县署后堂西偏，祀汉北滩元帅刘公，以其溯望之明日致祭。一在城北江南厂，一在水鸣堡。县官到任必先迎祭。 以上祠坛悉关祀典，官斯土者，所当春秋伏腊牧币告虔者也。 顿谷堡和陀角堡均有伏波祠各一座	道光《博白县志》卷5

续表

省	府	州县	数量	庙名及庙址	资料来源
广西	郁林州	博白	7	博白县龙潭镇龙潭街也有伏波庙，始建于清朝同治十三年（1874年），是一座两进六室砖木结构硬山顶建筑，1999年12月被列为县级重点文物保护单位。传说冯子材在博白聚众起事期间，路过龙潭镇的时候曾经患过重病，幸得当地人陈德云收留并出钱帮他医治好。后来，冯子材出任广西提督，认为龙潭是个福地，拨了一批银子给陈德云，让他修建伏波庙，纪念万民景仰的英雄马援将军	道光《博白县志》卷5
		浦北	1	浦北县石埇镇文昌村伏波庙正对着南流江，江滩怪石嶙峋，如剑如锯，江水流湍急，江涛汹涌，漩涡急湍，冲岩击石，声如鼙鼓，船只不敢轻易航行。传说伏波将军马援南下平蛮和班师回朝都经过此滩。班师时，副将扶乐侯刘隆行至此滩病殒。因刘隆是汉室帝胄，马伏波将"百成滩"更名"百岁滩"，并将刘隆遗体随军移到博白县水鸣岭而安葬。人民遂建造伏波将军庙于此，传世供奉，以长纪其功德	道光《博白县志》卷12
		北流	1	将军庙，在城西南一里许河边街，祀汉新息侯马伏波，明崇祯间建，旋毁于兵。清代康熙二十八年（1689年）邑人吴日登、潘廷观等重建。雍正间火毁。乾隆五年（1740年）修复。咸丰七年（1857年）毁，同治九年（1870年）修复	光绪《北流县志》卷12
		陆川	2	马四侯庙，在冠亚甲，祀汉马伏波，香灯租八石。 伏波庙，在伏波滩侧，祀马援。明崇祯十三年（1640年）邱际宁等人倡建。清光绪八年（1882年）、二十二年（1896年）均重修。……相传素灵应。清代宰陆者到任三日必往展拜	民国《陆川县志》卷5
	浔州府	桂平	1	伏波滩，在县城南四十里岸左有伏波庙，即乌江下游。伏波山在县西南四十里 伏波庙在大南门外，枕城面江，康熙年间知县钟辖建，县民任某捐庙旁地为香灯费。乾隆二十八年（1763年）知府汤大宾重修	雍正《广西通志》卷17 民国《桂平县志》卷15
		贵县	1	贵港市罗泊湾有一座安澜塔，塔边有一座安澜寺，寺内还有一座伏波庙。据村民介绍，寺中伏波庙始建于清代，如今的庙是20世纪90年代初重新修缮的。每年农历四月十四日是伏波庙会	
	柳州府	来宾	1	位于来宾市兴宾区三五乡陶马村民委六碑村东面约500米的一片荒地上。建自何时无考，现庙内立有光绪三十年（1904年）甲辰孟夏月立的"四村庙丁"碑刻一方，内容言及各村轮流值年置办诞期祭祀活动事宜	来宾市文联主编：《麒麟山及周边古迹与民俗》，北京：中国文史出版社，2005年
	思恩府	土田州	1	五公祠，明代建，祀宋狄青、明王守仁、林富、张祐，名四公祠，崇祯末毁。康熙五十一年（1712年）迁建。雍正间，增祀汉伏波将军马援，更名五公祠	嘉庆《广西通志》卷143

续表

省	府	州县	数量	庙名及庙址	资料来源
广西	太平府	崇善	1	伏波庙在县东,祠在府城南百步稍东,负郭临江……庙寝各一楹,江亭四楹,左右斋室各五楹,门垣毯缭,不疏不迫。肇于嘉靖三十四年(1555年)	嘉庆《广西通志》卷146
		龙州	5	伏波庙有二:一在治东龙江南岸坡。原之上旧名古寨遗祠,雍正十三年(1735年)通判吴大猷重修。道光二十八年(1848年)同知徐士珩率士民重修。光绪三十一年(1905年)毁神。1916年重修。有碑记。一在仁宇区擎村,光绪甲午年建。 上下冻土州,伏波庙在七行村。 上龙土司,伏波古庙在科村狮子山。 金龙峒,伏波庙在金龙街	民国《龙州县志初稿》上册
		凭祥厅	2	伏波庙在隘口街北端,初建于光绪二十年(1894年),光绪二十五年(1899年)广西提督马盛治重建,并立碑记事。 凭祥上石乡练江村伏波山上有伏波庙,光绪九年(1883年)由统楚军前福建布政使江华王德榜捐俸置买产租所建,但没完全竣工。光绪十四年(1888年),广西提督马盛治继修,并塑神像	凭祥市志编纂委员会编:《凭祥市志》,广州:中山大学出版社,1993年
		宁明州	1	伏波庙在明江东门宝胜街,坐北向南	光绪《宁明州志》卷下
		思乐	1	伏波庙,在海渊乡那明屯,距城五里,为地方人士捐款建筑,前后二进,用火砖砌成	民国《思乐县志·地理卷一》
		土江州	1	伏波庙在州治北	
		左州	1	伏波庙在州城内,康熙九年(1670年)知州纪镇边建	雍正《广西通志》卷42
		万承土州	1	伏波庙在州署旁	
	南宁府	横州	1	伏波,一名威武庙,在乌蛮山麓。岁春秋二仲月致祭外。上司往来经过,以其庙枕滩险,皆备猪羊入祀,甚有已宰牲而候不至,次日又重备办。嘉靖三十三年(1554年),御史陈定例,每遇各应经过,许支州军银一两五钱备祭,余各府州县听其自备	《古今图书集成》职方典第17册,第1444卷
		宣化县	1	伏波庙在府城西岸一里,唐武德初建,祭祀汉伏波将军马援	雍正《广西通志》卷42
			1	五圣宫,始建不明,乾隆五十九年(1794年)重修,道光二十年(1840年)修缮,光绪十一年(1885年)重建。内祀北帝、龙母、天后、伏波、三界五圣	何济麟主编:《可爱的邕宁》,南宁:广西人民出版社,1993年
		新宁州	1	伏波庙在观音堂右。建庙时间不详	光绪《新宁州志》
			4	伏波庙,扶绥境内共有四处,旧扶南县城西圩一处,布尧圩南屏山麓一处,中东旧县一处,东门旧城一处	《扶绥县志》,南宁:广西人民出版社,1989年,第509页

续表

省	府	州县	数量	庙名及庙址	资料来源
广东	廉州府	合浦	3	伏波庙，州县皆有，汉马援征交趾时经此，土人祀之，有祷即应。后废。明崇祯九年（1636年）合浦知县何宸改建于海角亭。后今亦废	《古今图书集成》职方典第17册，第1364卷
				名宦祠，祀汉伏波将军谥成侯马援、汉合浦郡太守费贻、汉合浦郡太守孟尝、宋刺史督交越二州军事陈伯绍、宋知廉州军事谥忠勇苏缄等等。崇圣、名宦、乡贤，春秋二大祭	道光《廉州府志》卷9
				伏波祠，旧在城内，汉伏波将军马援征交趾过此，土人庙祀之，今坏	
		钦州	4	伏波庙在龙门水口阿公山，康熙间建，嘉庆九年（1804年）副将军万年率官民重建。其一旧在乌雷大岭上，枕近海边，嘉庆二十五年（1820年）乡人捐资迁建于岭下，香火基盛。一在州东南百二十里香炉墩，嘉庆二十五年（1820年）乡人苏作冥、黄方宪等倡捐重修	道光《钦州县志》卷4
				伏波庙，（在）陈埠旧圩	道光《廉州府志》卷9
			4	伏波庙，一在城南四十余里横山村。三圣庙，在城西六十里旧牛皮圩，祀关帝、华光、伏波神像。马侯庙，祀汉马伏波神像。在青云路之左。大王庙，在城东北五里之蒲竹湾，距大埠半里，祀马伏波将军及水口大王神像	民国《钦县志》卷2
		防城	1	伏波将军马援南下平叛途经防城，曾在古树参天的附城乡鲤鱼村小憩，清光绪元年（1875年）建伏波庙纪念	防城县志编委会编：《防城县志》，南宁：广西民族出版社，1993年
			8	伏波庙有八：一在东兴埠卜村；一在三口浪；一在那良圩；一在古森上峒丈二隘，光绪十四年（1888年）重建；一在罗浮茅坡村；一在思勒涌勒村，同治年间本峒绅民重修；一在那漏；一在江万尾村	光绪《防城县小志》卷1
	雷州府	海康	3	伏波庙三处：在郡治西南一里许；城南关外宁国坊；在南桥	康熙《海康县志》
			1	伏波庙，在郡治西南一里许，西汉伏波邳离侯路博德、东汉新息侯马援二公并祀，皆伏波将军，号有功于岭南，雷人立祠祀之。南汉宋元皆封诰为王	《古今图书集成》职方典第16册，第1370卷
		雷州	1	伏波庙，在城南开外宁国坊马跑泉。西汉邳离侯路博德、东汉新息侯马援皆号伏波，并有功德于岭南。雷人立祠祀之。苏轼、李纲、袁潭各有记。宋元丰五年（1082年）封马伏波为忠显王……宣和二年（1120年）封忠显佑顺王，诰曰"雷州忠显王"……路伏波，宣和中封忠烈。绍兴四年（1134年）陶尧夫修，袁潭记。明末倾圮殆尽。国朝康熙十七年（1678年），都司徐飞从协镇潘拱宸平贼，祷于神，获应。二十年（1681年）借知府新息侯后裔马麟生重建庙宇。乾隆四十九年（1784年），署府郑寅谷合绅士重修，得马伏波马所跑之泉于郑家园后，围以石栏焉	嘉庆《雷州府志》卷8

续表

省	府	州县	数量	庙名及庙址	资料来源
广东	雷州府	雷州	1	伏波庵，在参将照墙下横街东之南，康熙十年（1671年）正黄旗耿宏道以进士选州右营守备捐俸建造，专祀新息侯马将军援。宏道卒，其眷属力不能回籍，祝发为尼，住此，遂为庵	嘉庆《雷州府志》卷8
		徐闻	2	伏波庙，在县南门内，苏轼、李纲有记。 伏波祠，在讨网村，滨海久废	嘉庆《雷州府志》卷8
				伏波庙在讨网村。国朝康熙二十年（1681年）徐飞重建	道光《广东通志》卷151
	韶州府	曲江	1	伏波将军庙，在武水西，祀汉路博德，汉元鼎五年（前112年）武帝命路博德以伏波将军讨平南越，开九郡。唐时庙在英德县洭口。明洪武二年（1369年）迁于官滩。二十年（1387年）知府王世安又迁今所，并东汉新息侯马援祀之。弘治庚戌通判伍惠重建	《古今图书集成》职方典第16册，第1318卷
		英德	1	唐代始建	同治《韶州府志》卷19
	琼州府		2	琼州伏波祠，在龙歧村，祀两伏波将军。 州城东门外亦有伏波庙	雍正《广东通志》卷54
		琼山	2	伏波庙，在县东南二里。元建，明天顺年间副使邝彦誉重修。有记。万历四十年（1612年）知县曾拱璧迁于西门桥之南，寻圮。崇祯末黎乱，知县汪之光建于博见地，今已久圮。 南辽伏波庙，在产都石双港乡人建，明万历二十一年（1593年），兵巡提学道杜业自海安渡海，被风飘入本港，登岸捐金增拓庙制	《古今图书集成》职方典第16册，第1380卷
			1	伏波祠，在城西。明万历甲寅副使姚覆素建	《古今图书集成》职方典第16册，第1380卷
		澄迈	1	伏波庙，宋建，在城东南二里，明天顺年间重修。国朝康熙十六年（1677年）知县吕登瀛重建于东门外	道光《广东通志》卷151
		崖州	1	伏波将军庙，在武水西，祀汉路博德，汉元鼎五年（前112年）武帝命路博德以伏波将军讨平南越，开九郡。唐时，庙在英德县洭口。明洪武二年（1369年）迁于官滩。二十年（1387年）知府王世安又迁今所，并东汉新息侯马援祀之。弘治庚戌（1490年），通判伍惠重建	《古今图书集成》职方典，第16册，第1380卷
		昌化	1	伏波将军庙，九域志即马伏波也	道光《广东通志》卷151

据表2-2统计，清代岭南地区伏波庙有84处。伏波庙在广西境内的地理空间分布东起梧州，西至田州，北起桂林，南至凭祥、龙州均有分布，而且集中分布在桂东地区和桂西南地区。清代广西自北向南形成了一个以马援为祭祀主

神的祭祀圈，其分布范围与马援南征之路线基本吻合。[①] 从笔者所见或所掌握的资料来看，广西现存伏波庙有 15 座，如表 2-3 所示。因目力有限，或有遗漏者，待今后补充完善。

表 2-3　广西境内现存伏波庙一览表

地点	庙名	地点	庙名
龙州县城利民街	伏波庙	钦州乌雷岭	伏波祠
凭祥隘口村	伏波庙	钦州小董镇	大王庙
崇左市江州区驮卢镇水口村	伏波庙	钦州康熙岭镇横山村	伏波庙（又称波玉光宫）
扶绥县城金鸡岩	伏波庙	防城港市潭蓬村	杨彦迪庙（内有伏波将军马援神位）
南宁市江南区平西村	伏波庙	东兴市东郊社区罗浮峒	伏波庙
南宁市邕宁区蒲庙镇	五圣宫	东兴市公园社区	伏波庙
南宁市横县云表镇站圩村	伏波庙	东兴市江那村	伏波庙
贵港市安澜塔	伏波庙	东兴市河州村	伏波庙
博白县顿谷镇马门滩	伏波祠	东兴市江平镇电河村	伏波庙
博白县龙潭镇	伏波庙	东兴市江平镇百烈村	伏波庙
浦北县石埇镇百岁滩	伏波祠	东兴市江平镇那漏村	大王庙
陆川县滩面	伏波庙	东兴市江平镇横隘村	平丰庙
陆川县横山	马四侯庙	东兴市江平镇红坎村	伏波庙
桂林兴安县灵渠	四贤祠	东兴市江平镇潭吉村	水口大王庙
来宾市兴宾区迁江镇印山村委良直村	马伏波庙	东兴市马路镇兴桂社区	伏波庙

此外，广西地区还有许多与马援南征有关的遗址与故事。桂林临桂县伏波庙在城郭东北二里之伏波山，马援回师时携薏苡经过此，"适遭明珠之谤，遂投掷于城东山洞间。山名伏波，祠洞名伏波者，盖以此也。……逮宋元丰初，提刑彭次云以祷雨有应，状于朝，赐'忠显王庙'额"[②]。横县东面三十里有月林洲，俗传水底有铁船，为马伏波所遗[③]。平南浔江北岸有将军滩，相传伏波将军征交趾时，曾引兵于此渡江，遗铜鼓一只，故名将军滩[④]。

桂东南地区有不少伏波遗址。如郁林州石柱坡，州东南三里，有石柱高三

[①] 滕兰花：《清代广西伏波庙地理分布与伏波祭祀圈探析》，《广西民族学院学报》（哲学社会科学版）2006 年第 4 期，第 110—114 页。

[②] （清）谢启昆修，胡虔纂，广西师范大学历史系中国历史文献研究室点校：《广西通志》卷 141，南宁：广西人民出版社，1988 年。

[③] （清）沈秉成：《广西通志辑要》卷 12，台北：成文出版社，1967 年，第 305 页。

[④] 平南县志编纂委员会编：《平南县志》，南宁：广西人民出版社，1993 年，第 8 页。

丈，相传马伏波所立，其地亦名马援营①。此外，北流的歇马岭在县西南，相传伏波南征歇马于此。北流县西十五里的鬼门关，"有两石相对，其间阔三十步，俗号鬼门关。汉伏波将军马援讨林邑蛮，路由于此，立碑石龟尚在。昔时趋交趾，皆由此关。其南尤多瘴疠，去者罕得生还，谚曰：'鬼门关，十人九不还。'"②

陆川县有伏波山，在县西南四十里。陆川县滩面乡有伏波滩。相传清末，乌石龙化村出一土霸，因欲毁滩面伏波庙占地。伏波将军显灵智斗，为民除害。据研究，陆川的伏波历史文化遗迹众多，县内有据可查的祀奉马援的寺庙在民国初期曾有七座之多，即滩面伏波庙、横山马四侯庙、横山洞心东山顶灵惠宫、横山旺坡村大坑肚山岩灵惠宫、县城南石桥下的灵惠宫、中屯村的鸣石观、珊罗石庄寨的伏波庙，其中滩面伏波庙专祀马援，横山马四侯庙祀奉马援父子，其他除祀奉马援外，还有其他神。此外还有马援营、马援衣冠冢、战死的魏将军坟墓等③。目前仅剩下滩面伏波庙和横山马四侯庙，均是二十世纪九十年代后重建的。

博白县饮马江，源出登高岭，从县治西南略塘江五里入南流江。汉马援南征，饮马于此，故而得名。马门滩在县西南六十里江中。江流湍急，中流水急，势如奔马。江岸有伏波庙，"汉马援南征交趾，旋师过此，见江流迅激，舟楫不通，乃凿石导江，后人立祠报之"④。与伏波祠隔河相望的东岸还有一座伏波庙，因时间有限，交通不便，未能过河探访。博白县龙潭镇龙潭街伏波庙始建于清朝同治十三年（1874年），是一座两进六室砖木结构硬山顶建筑，1999年12月被列为县级重点文物保护单位。此庙的由来与晚清抗法名将冯子材有关。传说冯子材在博白聚众起事期间，路过龙潭镇的时候曾经患过重病，幸得当地人陈德云收留并出钱帮他医治好病。冯子材在陈德云家住了两年零四个月，两人结下了深厚的友谊。后来，冯子材出任广西提督，陈德云前往钦州看望他。冯子材认为龙潭是个福地，他又拨了一笔银子给陈德云，让他修建伏波

---

① （清）谢启昆修，胡虔纂，广西师范大学历史系中国历史文献研究室点校：《广西通志》卷107，南宁：广西人民出版社，1988年。
② 刘昫等：《旧唐书》卷41《地理志四》，北京：中华书局，1975年，第1743页。
③ 罗灿记：《陆川县伏波历史文化初考》，《广西地方志》2014年第4期，第54—57页。
④ （清）谢启昆修，胡虔纂，广西师范大学历史系中国历史文献研究室点校：《广西通志》卷146《建置略二十一》，南宁：广西人民出版社，1988年。

庙，纪念万民景仰的英雄马援将军。浦北县石埇镇文昌村伏波庙正对着南流江，江滩怪石嶙峋，如剑如锯，江水流湍急，波涛汹涌，漩涡急湍，冲岩击石，声如鼙鼓，船只不敢轻易航行。传说伏波将军马援南下平蛮路经此滩时，班师回朝又经过此滩。遗憾的是，副将扶乐侯刘隆从陆路进击"二征"，心力交瘁，回至此滩病殒。因刘隆是汉室帝胄，马援将"百成滩"更名"百岁滩"，并将刘隆遗体随军移到博白县水鸣岭安葬。马援和副将刘隆为国精忠，为民造福，乡民遂建造伏波将军庙于此，传世供奉，以纪其功德。

清代时期，广东地区的伏波庙大多分布在粤西地区和海南岛地区。如今的雷州半岛仍有两座历史悠久的伏波庙，即雷州伏波祠与湛江市徐闻县伏波庵。雷州伏波祠位于雷城南亭街，因山构筑，坐北向南，大门外有门联一对："东西辅汉勋名著，前后登坛岭海遥"，是清光绪年间兵部侍郎县人吴应栓撰写。沿中轴线依次是依地势逐渐抬高的祠门、中厅、正殿三进院落。第一进东西厢房山墙上嵌着历代碑刻，既有明清时期的重修碑及诗碑，也有现代重修的碑刻及名人题词碑记。正殿内敬奉着西汉邳离侯路博德及东汉新息侯马援两位伏波将军神像及神位。今属于雷州市文物保护单位（图 2-1、图 2-2、图 2-3、图 2-4、图 2-5、图 2-6）。徐闻县较早的伏波庙在讨网村（县治旧址）海滨，后迁移至九坛铺（旧地名观涛坡），即现今徐城镇东南 2 千米处的徐城至海安公路旁，清光绪、宣统年间均有重建，民国时期被毁。1978—1985 年，有佛教徒在此旧址重建庵堂，分前后殿，门楣题"伏波庵"，仅祭祀观音菩萨，不见伏波将军牌位，庵堂与原貌相去甚远，具体见图 2-7 所示。

图 2-1　广东省雷州伏波祠

第二章 明清时期伏波信仰的空间分布

图 2-2 广东省雷州伏波祠门厅

图 2-3 广东省雷州伏波祠中厅的门联

图 2-4 广东省雷州伏波祠正殿

图 2-5 雷州伏波祠正殿的伏波将军神龛

第二章　明清时期伏波信仰的空间分布

图 2-6　雷州伏波祠神龛内的两汉伏波将军路博德、马援神位

图 2-7　广东省湛江市徐闻县伏波庵

明清时期桂西南地区伏波信仰的社会史考察

另外，海南岛上的伏波信仰也很多。陈进国在海南实地调查时，记录了海口龙华区龙桥镇儒鸿村有路马伏波纪念馆，设有二位伏波神主牌位。海口市长流镇荣山村有马伏波庙；临高县社昆港忠显王庙兼有马伏波神主牌位和孔夫子牌位，此庙的修建文字记载提及众多船主、渔家主妇集资，说明伏波神仍是当今海口、临高渔民出海前祈福的对象。① 除此之外，海口市龙歧村也有伏波庙，因本书篇幅有限，在此不一一展开。

值得关注的是，南沙群岛也有伏波庙的踪迹。据韩振华先生的研究，南沙群岛的太平岛有小庙一座，亦称伏波庙，位于岛西北部，海南岛渔民在该岛除了建立此庙之外，还挖了一眼水井，种植二百株椰子树。南沙群岛这些土地庙亦称伏波庙，祭祀海神马援。他认为在南海一带，早在魏晋南北朝时期已经把马伏波当作海神对待。后来妈祖成为海神后，马伏波便降为陪祀神。有人说太平岛上的小庙即天后婆庙。韩先生认为一庙同祀天后和马伏波不足为怪，更何况马伏波是天后的陪神，更有可能以一庙祀二神。②

陈进国对此进行了辨析，他援引参加收复南沙群岛主权的国民党海军人员李景深的回忆，认为太平岛土地伏所立神像应该是土地神即福德正神，也不排除供奉伏波将军的牌位或香炉。他通过实地调查，了解到如今的海南许多地方都有供奉伏波将军的庙宇，说明伏波神仍是当今海口、临高渔民出海前膜拜祈福的对象。宣统元年（1909年），广东水师提督李准奉命率水师分乘伏波、琛航、广金三艘军舰到东沙、西沙群岛巡察，逐一命名，以示主权。李准把太平岛定名为伏波岛，可见南海设庙祭祀伏波将军亦属常见。陈先生还提及北部湾白龙尾岛曾由中国实际管辖，清代中法战争后被法国占领。1955年7月，中国人民解放军接管该岛，岛上亦有妈祖和伏波将军的庙宇③。陈先生的研究表明，岭南地区的伏波信仰会随着信众的活动而扩散。

2016年6月27日，笔者收到一封台北市刘三祥先生的来信。刘先生在信中介绍了台北苗栗市（县辖市）有一间伏波庙，供奉伏波将军马援。刘先生为笔者提供了相关的图片，如图2-8所示。

---

① 陈进国：《南海诸岛庙宇史迹及其变迁辨析》，《世界宗教文化》2015年第5期，第1—35页。
② 韩振华，李金明：《西、南沙群岛的娘娘庙和珊蝴石小庙》，《南洋问题研究》1990年第4期，第85—92页。
③ 陈进国：《南海诸岛庙宇史迹及其变迁辨析》，《世界宗教文化》2015年第5期，第1—35页。

图 2-8　台北苗栗市伏波庙

庙内有神案，案正中有伏波将军牌位，神案有对联一副："伏展经纶称汉杰，波平南海慑蛮心。"横批"功高德厚"。此庙与福德庙同享一座建筑，两开间，伏波庙在左，福德庙在右。庙内有碑铭，记述了马援一生功绩与此庙的由来。

本伏波将军庙（之神主），原为苗栗市北苗里民谢阿兰先生之来台祖从大陆带来在家奉祀，于1968年初，由地方之热心士绅谢良贵先生及当时北苗里长谢柔远之倡议，并获得谢府之承诺，乃组成筹建委员会，特向地主蒋胡满妹女士购买建庙所需土地，择期于1968年兴建。建造完成后，因无人专职点香、奉茶管理，加上水电费之支付，而归属苗栗义民庙管理委员会全费担负。

兴建本庙之主旨，是为解决当时苗栗地区民众，新出生的子女命中带有弓箭命封者，解决或化解，对刑冲父母亲关煞，非常灵验。祈求伏波将军收回弓箭，祈保孩童平安，并希望收为义子，除去刑冲关煞等问题，每逢农历八月十三日，伏波将军诞辰纪念日，苗栗义民庙管理委员会，统带十方信士，契大人等，举行祭拜仪式，人潮年年骤增，香火延绵不息，恩德感激在民众的心中，是默默保佑苗乡之福神。

（苗栗义民庙管理委员会 主任委员 吴盛和谨识。

二〇〇九年九月二十六日）

据刘三祥先生提供的消息，谢氏祖先来自广东省惠州府陆丰县方廊村，于清乾隆二十三年（1758年）迁到清福建省台湾府彰化县日南地区居住。由此可见，苗栗伏波庙里的神是从广东省扩散到台湾府而来的。

二、桂西南地区的伏波庙及其遗址遗迹和相关传说

明清时期岭南、湖南乃至越南均有伏波将军马援祠庙分布。本书所关注的桂西南地区的伏波庙也不少，而且相关传说和遗址遗迹众多。因此，本节将做专门介绍以飨读者。

（一）明清两代桂西南地区伏波庙分布

前文表2-1和表2-2已经列出了明清两朝岭南伏波庙分布概况，明清时期桂西南地区的伏波庙主要分布在左江流域和北部湾沿海地区。

左江流域伏波庙的记录并不仅仅见于该地区的明清方志当中，还见诸清代越南使臣来华朝贡的燕行文集当中。清代时，越南使臣来华朝贡大多是从镇南关入境后沿着左江坐船北上，不少使臣在其出使日记中记录了所见到的伏波庙。《越南汉文燕行文献集成（越南所藏编）》的第24—25册是使臣出行途程的画册。第24册收录的是后黎朝阮辉𤏙的《燕轺日程》、阮朝裴樻的《如清图》，第25册收录的阮朝裴樻的《燕台婴语》、裴文禩的《燕轺万里集》。里面有详细的出使途程路线，而且最难得的是，使臣们将所见到的较为大型的伏波庙也标注出来，为后人留下了难能可贵的图画史料。

（二）桂西南地区的伏波遗迹及传说

马援南征，所到之处或驻军之处，即被后人以其名命名，桂西南地区此类遗址众多，"今思明有铜柱，苍梧有铜鼓，太平有马将军威震关，世世血食"[①]。具体而言，龙州西南三十里与越南交界处有伏波城，该城用大砖筑成，"相传为援当日驻兵之所，在今彬桥乡秀领（大青山）之巅，今城址仍

---

① 康熙《广西通志》卷二十五《名宦》，清康熙二十二年（1683年）刻本。

存，宽约 5 亩地"①。该城东岸滨江处的中山公园旧传为马伏波将军营垒②，民国时期龙州当局将遗垒辟为中山公园。1941 年，王逊志主编、廖竞存辑《广西边防纪要》中收录有龙州县平而汛天光岭的故事。"本汛附近有一天光岭，据说，马伏波将军征交趾时，行军至此，天尚未明，交趾叛军毫无准备，忽然听闻汉兵大至，疑是神兵从天降落，卒不及防，遂大败，于是后人乃叫此处的山岭为天光岭，并在岭上立伏波庙以纪念之。"③ 伏波桥，"在逐卜乡弄岗村坡那屯旁，俗称五孔桥或五桥，桥附近的陇昔屯曾有过'马援古寨'之称"④。伏波潭，"在龙江南岸伏波庙前石坡之下深十余丈"⑤。

今凭祥市有因马援交趾曾建垒于山而得名的伏波岭，在"明江之境"⑥。凭祥上石乡伏波山在"大独山，山上建有伏波庙"。⑦上石西土州的古望山，在州南五里，高百余丈，山巅平广，四旁泉绕相传汉征交趾屯兵于上。山之西五里有通天桧亦征安南驻营地。⑧另据龙州当地人冯飘在 1986 年写的一篇文章介绍，镇南关也有一座伏波庙，1912 年后已改作其他的用途。⑨上思州有峙武岭，"在州前左，高百丈，上有土城，世传汉伏波南征立之"⑩。崇左市威震关，县东衣甲山下，一名伏波关，相传马援征交趾时所筑。⑪扶绥县金鸡岩，位于县城西北角 1 千米的笔架山腰，明代为新宁州八景之一。主洞宽约 40 平方米，高 4 米。洞口朝江，左下方有清人邓宅镌书的"鸡岩帆影"四个大字。洞内有金鸡娘娘、班氏夫人、花公、花婆、花木兰等塑像。左侧有伏波亭，亭中有伏波将军塑像。

---

① 龙州县地方编纂委员会编：《龙州县志》第四章《文物·古迹》，南宁：广西人民出版社，1993 年，第 718 页。
② 沈永椿：《广西指南》，上海：商务印书馆，1939 年，第 42 页。
③ 王逊志主编，廖竞存辑校：《广西边防纪要》，1941 年，第 131 页。
④ 龙州县地方编纂委员会编：《龙州县志》第四章《文物·古迹》，南宁：广西人民出版社，1993 年，第 718 页。
⑤ 民国《龙津县志》第二编《地理·山川》，1960 年，第 25 页。
⑥ 民国《龙津县志》第二编《地理·山川》，1960 年，第 25 页。
⑦ 民国《龙津县志》第二编《地理·山川》，1960 年，第 25 页。
⑧ 万历《广西通志》卷 5《山川》，万历二十七年（1599 年）刻本，第 142 页。
⑨ 冯飘：《东汉马援与龙州伏波庙》，农红生，何卫存：《龙州旧事》，北京：商务印书馆，2011 年，第 161 页。
⑩ 万历《广西通志》卷 5《山川》，万历二十七年（1599 年）刻本，第 142 页。
⑪ （清）谢启昆修，胡虔纂，广西师范大学历史系中国历史文献研究室点校：《广西通志》卷 124，南宁：广西人民出版社，1988 年。

史传马援南征留下了不少遗物，如铜船、铜柱、铜鼓、铜钟等。明人邝露《赤雅》下卷载："苍梧郡，有铜船沉于滩。天霁水澄，隐隐见之。云伏波所铸。"①据万历《广西通志》记载，横县城东三十里的月林洲水底有铁船，大风辄浮水面，系马援征交趾用铁船开道，遗于此。宁明州东南有将台，"元镇南王托欢征交趾还，即地竖旗二，令军士各培以土，遂成台。又相传汉伏波将军时所筑"②。"铜柱在州东南，接交趾界，汉伏波将军马援所立。又唐马总为安南都护，复建二铜柱于汉故处。《西事珥》：一在凭祥州，一在钦州分茅岭，有'铜柱折，交人灭'之语，至今往来叠石于下者不绝。"③思明府，"铜柱在府界，汉伏波将军马援立。宋陶弼诗：'玺书行绝域，铜柱入中原'"④。

在钦防地区也有许多马援南征的遗迹和传说。清代时，廉州府城的伏波祠，"旧在城内，汉伏波将军马援征交趾过此，土人庙祀之，今坏"。⑤ 名宦祠，祀汉伏波将军谥忠成侯马援、汉合浦郡太守费贻、汉合浦郡太守孟尝、宋刺史督交越二州军事陈伯绍、宋知廉州军事谥忠勇苏缄等人⑥。据嘉靖《广东通志》记载："汉伏波将军马援既平交趾，直此以表汉界，在州治东贴浪都古森峒上。后有铭云：'铜柱折交趾灭。'交人惧，常加以石培之。"⑦民国时期，防城县"县属东兴市西北小山，有伏波庙一所，汉代马伏波将军南征交趾，曾经是处，乡人立庙祷之，其地背山面江，俯瞰全市，风景绝佳，其他无是称者"⑧。

防城县不仅有8处伏波庙，而且还有众多马援遗址。据光绪《防城县小志》记载，石炮台，在思勒炮台村大路旁，台高六丈，广四丈，上有松杉各一株，俗传为伏波将军马援筑，即府志之南炮台也。三口浪，县东南七十里，伏

---

① (明)邝露著，蓝鸿恩考释：《赤雅考释》卷下，南宁：广西民族出版社，1995年。
② 雍正《广西通志》卷45，清雍正十一年（1733年）刻本。
③ 雍正《广西通志》卷45，清雍正十一年（1733年）刻本。
④ (明)李贤等：《大明一统志》卷85，西安：三秦出版社，1990年。
⑤ 道光《廉州府志》卷9《建置三·坛庙》，广东省地方史志办公室编：《广东历代方志集成·廉州府部（三）》，广州：岭南美术出版社，2009年，188页。
⑥ 道光《廉州府志》卷9《建置三·坛庙》，广东省地方史志办公室编：《广东历代方志集成·廉州府部（三）》，广州：岭南美术出版社，2009年，187页。
⑦ (明)黄佐：《广东通志》卷19《古迹》，广州：广东省地方史志办公室，1997年。
⑧ 广东省民政厅第一科庶务股编：《广东全省地方纪要附图》第二册，广州：广东省民政厅，1934年，第153页。

波团，海中常有巨浪三口连珠而起，声响如雷。俗传旧有九口，马伏波射去其六。伏波石，在古森白鸡水口，上有掌印，俗传为伏波将军所遗①。伏波亭，在东兴丽门外哨楼岭，高七级，光绪十一年建②。

关于马援铸铜鼓的传说非常多。据史志记载，邕州有铜鼓，"左右溪洞时得之，相传为汉马援所制，形如坐墩，而空其下，满腹皆细花纹，极为工致。四角有卜蟾蜍，两人异行拊之，声如鞞鼓"③。"太平府崇善县又有铜鼓在城隍庙。相传亦云马援所置。"④ 除了铜鼓外，龙州还有伏波钟，"钟是铁质，铸于乾隆四十九年，乃阖邑民众醵金所铸。有铭云：精金为主，士火依形；标功汉室，著绩郊垌；声传徼外，响彻边庭；提撕聋聩，警动顽冥；晨昏迭撞，汉土同醒；烟销古寨，浪静龙汀；渔歌晚唱，晓鸡和聆；千秋永振，万汇咸宁"⑤。从制作材料上来看，此钟铸于乾隆年间，绝非马援遗物，但其名为"伏波钟"应是一种对历史的记忆，钟上的铭文洋溢着对马援南征功绩的纪念，同时表达出希望伏波将军能永远庇护边地和保护一方平安的意愿。

马援南征，功绩甚伟，百姓在用各种传说故事来表达对马援的纪念。永淳县刘大王庙，在县城南雷破岩下。"刘为汉马伏波部将，征交趾还，憩岩石中，其石自合，乡人立庙以祀。"⑥横县乌蛮滩水险滩多，常有沉船之险。"侯庙在其北麓，凡上下滩必问侯，侯许乃敢放舟。每放一舟，拨招者四人，把舵者四人，前立望路者一人。左右侧竖其掌，则舵随之。此地仅一姓人知水道，亦马留裔也。每年侯必封滩十余日，绝舟往来。新舟必磔一白犬以祭。有大风雨，侯则驾铜舡出滩，橹声喧豗。晴（晴）霁时，有铜篙、铜浆（桨）浮出，则横水渡船必坏，但祭祷亦已。侯威灵盖千年一日也。"⑦

---

① 光绪《防城县小志》卷一《志地·名胜》，广东省地方史志办公室编：《广东历代方志集成·廉州府部（一一）》，广州：岭南美术出版社，2009年，第215—216页。
② 光绪《防城县小志》卷一《志地·名胜》，广东省地方史志办公室编：《广东历代方志集成·廉州府部（一一）》，广州：岭南美术出版社，2009年，第219页。
③ （明）李贤等：《大明一统志》卷85，西安：三秦出版社，1990年。
④ （明）林富修，黄佐纂，攸兴超等点校：《广西通志》卷39《古迹》，南宁：广西人民出版社，2009年，第488页。
⑤ 民国《龙津县志》第九编《文化·金石》，1960年，第210页。
⑥ （清）金鉷等：《（雍正）广西通志》卷42《坛庙》，南宁：广西人民出版社，2009年，第764页。
⑦ （清）谢启昆修，胡虔纂，广西师范大学历史系中国历史文献研究室点校：《广西通志》卷145《建置略二十·坛庙五》，南宁：广西人民出版社，1988年，第4188—4189页。

越南阮朝李文馥（1785—1849 年）在绍治元年（清道光二十一年，1841年）以礼部右参知充使部正使出使清朝，他从河内出发，由谅山抵镇南关入关，经广西宁明、新宁、南宁、浔州、梧州、桂林至湖南一路北上到北京。他此行撰写的诗集《周原集咏草》记载了他在途经横县乌蛮滩时所听说的南木大将军的故事。

伏波庙前津次，见有人一段长六尺许，已经斫伐成质，有似棺木者。木最灵，虽江流湍激不少动，惟潦涨时，木亦随而浮起。潦落仍卧故处。人有犯之者立病不复救。船触偶之辄坏。舟船过必烧香纸以祷。有好事者细认之，云是铁林木。相传木从本国高平辖来，江流转徙至此而止，屡屡作祟，人民相率撑去之不起。地方官至扒兵推之亦不动。祟最愈甚，人皆病之。事闻，乾隆、嘉靖（庆）间敕封南木大将军。祟从此绝，但立祠祀之，则其祟复作。故至今仍在江次焉。或云伏波南来时见木质坚好，命匠断为棺样以备身后之用。适以事北还，携带不便，不得已弃之。其木后乃迁转北流，直到庙前津次。乃定其说，近似事属无考，姑并存之。森森古树傍炁熏，低枕寒流价自高。不证何年凌石径，却于此地镇江涛。将军本为南来重，国使如今北上豪。应信馀灵长不朽，风帆暗暗护征艘。①

在左江流域，还有许多马援的传说。如花山壁画的来历就传说与马伏波将军南征有关。《马伏波将军作画》载："相传汉将马援领兵南平交趾，一次战争受挫，马援命士兵从百念村到花山岩洞前修筑一条（道）城墙，以抵敌兵。自己则整日躲在花山的崖洞里想办法，他用赭石做颜料在崖壁上绘画打仗的情形，花山崖壁画由此而成。后马援连打胜仗，平了交趾，功垂华夏。他作的画也一直保留至今。"②

《伏波鸣琴》载：左江上游的龙州丽江河有伏波潭，潭上有伏波塔。相传潭底有金钟罩着一尾鲤鱼精。鲤鱼精为了成仙，每年五月初五要人们

---

① （越南）李文馥：《周原集咏草》，中国复旦大学文史研究院、越南汉喃研究院合编：《越南汉文燕行文献集成（越南所藏编）》第十四册，上海：复旦大学出版社，2000 年，第 166—167 页。
② 黎浩邦、欧薇薇主编：《左江明珠——广西民间文学作品精选·龙州卷》，南宁：广西民族出版社，2002 年，第 52、16 页。

投送童男童女，并且常年与一条鲛龙兴风作浪，两岸水患不断，百姓苦不堪言。东汉时，伏波将军马援来左江平定边乱，在边民的支持下平定了边乱。留下伏波铜柱凯旋之际，马伏波牵了白马沿丽江闲逛，至伏波潭时，遇到鲛龙兴风作浪，几个回合之后，以飞剑绝招将鲛龙斩杀。力竭之时，又遇鲤鱼精出没，其白马飞身变为金钟，将鲤鱼精罩入江底。从此，丽江河段风平浪静。后又有白马弹琴的传说。潭底常年，有悠扬的琴声阵阵传出。那不是琴声，是鲤鱼精在金钟里挣扎尾巴拍打金钟发出的声响。清人有《白马弹琴》诗。边民因之把深潭称为伏波潭，潭上立塔，名叫伏波塔。白马弹琴成为龙州一大胜景。①

民间传说故事充满了神话色彩，但我们仍可从中看出龙州百姓对马援南征历史的歌颂和怀念。

此外，值得注意的是，左江流域还流传说东汉凭祥班氏女助马援粮饷平叛之事。"班夫人庙，一在府城上郭，一在小西门下郭。案一统志班氏夫人乃溪峒世家女，尝以兵助马伏波平征侧征贰，故祀之。郡人祈祷无不灵应。"②班夫人的传说众多，且与伏波信仰关系颇深，后文将有专门的章节予以讨论，在此先不展开。

另外，在桂西南地区还流传着马援南征后留下士卒世守岭南的传说，这些人被称为马留人。明人邝露《赤雅》卷上记载："马人，本林邑蛮，深目狭鼻，散居峒落。献岁一至军府听公，不与猺僮同群。韩退之诗：'衙前龙户集，上日马人来。'佥曰伏波遗种也。"③ 在钦、防地区还有马援留戍士卒的史迹。据嘉靖《钦州志》记载，钦州七峒峒长黄氏是马援部将后裔。"七峒长官司，今其子孙俱云始祖黄万定，系山东青州人，汉时从伏波将军马援征交趾，有功留守边疆，其子七人分为七峒长官司。"时任钦州知州的林希元对此做了一番考证："愚考《宋史》有黄令德者，为如昔镇将，则七峒长官司黄令钦等决非万定之子，意其远孙也。然长官司之设，莫知其所自始。至元世祖

---

① 黎浩邦、欧薇薇主编：《左江明珠——广西民间文学作品精选·龙州卷》，南宁：广西民族出版社，2002年，第52、18页。
② （清）金鉷等：《（雍正）广西通志》卷42《坛庙》，南宁：广西人民出版社，2009年，第766页
③ （明）邝露著，蓝鸿恩考释：《赤雅考释》卷上，南宁：广西民族出版社，1995年。

时，黄令鉴之孙有黄世华者，讨贼有功授以金牌印信，充七峒长官司。愚意，七峒长官司设于宋时，后废，或至裔孙黄世华讨贼有功，始复其职官耳。"① 这种"马援部将"的祖宗来历的说法同样也在防城的一些姓氏如黄姓、韦姓、禤姓中流传。对于马留人与伏波信仰的关系，后文将有专章进行分析，在此先略过。

（三）现存伏波庙概况

明清时期桂西南地区的伏波庙数量不少，保存至今的伏波庙有龙州县城伏波庙、凭祥隘口村伏波庙、崇左市江州区驮卢伏波庙、扶绥金鸡岩伏波亭、南宁平西村伏波庙、蒲庙五圣宫、横县伏波庙、东兴罗浮峒伏波庙、钦州横山伏波庙、钦州乌雷庙、钦州小董镇大王庙。现将其概况介绍如下，以飨读者。

1. 龙州伏波庙

龙州伏波庙，现位于崇左市龙州县城龙江（即左江）南岸的利民街。其庙历史悠久，据民国年间编纂的《龙州县志初稿》记载：此庙原在县治东龙江南岸坡原之上，"旧名古寨遗祠，雍正十三年（1735 年）通判吴大猷重修。道光二十八年（1848 年）同知徐士琦率士民重修。光绪三十一年（1905 年）毁神。民国五年（1916 年）绅商士民捐资重修。有碑记"②。每年农历四月十三（伏波将军马援的诞辰日）举行庙会庆祝"伏波诞"。中华人民共和国成立后，此庙成为解放军营地，20 世纪 90 年代中期归还包括伏波正殿在内的一部分庙宇给当地民众。现存伏波庙为1997年龙州县民众自发捐资重修，每年农历四月十三龙州县城及周边地区百姓都会自发去今龙州城南伏波庙举行庙会庆祝"伏波诞"（即伏波将军马援的诞辰日）。

伏波庙由一正殿两配殿组成。正殿大门上方镶有石牌匾一块，隶书阴刻"伏波庙"三字，门旁刻有对联一副，书为"腾跻留双溪高缥铜柱，奇勋开百粤直冠云台"。正殿正前方置铜铸香炉一个，有阳文八字"风调雨顺"（面向

---

① 嘉靖《钦州志》卷6《兵防》，广东省地方史志办公室编：《广东历代方志集成·廉州府部（四）》，广州：岭南美术出版社，2009 年，第 88—89 页。

② 区震汉等修，叶茂荃等纂：《龙州县志初稿》上册，南宁：南宁自然美术油印社，1936 年，第 121、117 页。

正殿一面）、"国泰民安"（背向正殿一面）。正殿外侧的石柱上亦刻有对联一副："聚米为山将略英雄开骆越，铭铜立柱神威赫奕护龙江。"门联极力褒扬与传颂伏波将军马援平定征侧、征贰立铜柱的功绩。正殿中供有彩绘伏波将军神像，左墙嵌有一块民国时期重修伏波庙的碑刻，附刻捐赠者姓名及捐助金额，如图 2-9 所示。另外大门右侧有一班夫人祠，因被洪水冲毁由原址迁移至此。

图 2-9 龙州伏波庙

2. 凭祥隘口村伏波庙

清代时，凭祥的伏波庙，一在夏石南街，一在隘口街北端，均兴建于清末。隘口街伏波庙是由时任统领广西边防各军提督、广西柳庆镇总兵的马盛治倡建于光绪二十年（1894 年）。光绪二十五年（1899 年），马盛治重修此庙。庙宇竣工后，建筑格局为"二座，座每三间，中建拜亭，外设戏棚，四旁有耳舍各一。后为蔬圃，前为戏台，周绕以高墉，环荫以嘉植"[1]。第二进中厅挂三幅画像，中为马援，左为马援之子马相公，右为马统领马盛治。当年马盛治曾亲题二联："是旧坛兮，奋伐武登，百粤边陲资镇论；此汉边关，将军永镇，千秋庙宇寿河山。敢云是往哲后昆，慨慕宗风，惟期壮丁银河，洗净甲兵缕骆越；此处是边防重镇，建新庙宇，愿借将军铜柱，威行关塞慑乌蛮。"[2]

---

[1] 凭祥市志编纂委员会编：《凭祥市志》，广州：中山大学出版社，1993 年，第 619 页。
[2] 凭祥市志编纂委员会编：《凭祥市志》，广州：中山大学出版社，1993 年，第 70 页。

可惜此门联现已不存在。伏波庙原占地颇宽，如今的隘口村小学整个校园均是当时伏波庙的地界。至今隘口街的伏波庙尚存，现位于隘口小学校围墙旁边，是 20 世纪 90 年代村民在原址外重建的，见图 2-10、图 2-11。

图 2-10 凭祥隘口村伏波庙外部面貌

图 2-11 凭祥隘口村伏波庙内部面貌

据史料记载，清末至民国时，凭祥民间有游神的习俗。游神尤以凭祥、隘口、大连城最为隆重。其中，隘口村的伏波庙会定为农历四月十五日。在游神之前，由街村绅士指派筹备班子，收集民众捐出的米和钱，备办菜肴及香烛之类，然后组成游神队伍，鼓手唢呐在后奏乐，民众前呼后拥。经过街民门时，户主烧香点烛，祝福安居乐业。游完街后，将神像放于庙内。随后，各户在庙中置酒宴。晚上请戏班演出，歌圩亦由此开始。中华人民共和国成立后，这一活动停办。①如今隘口村伏波庙的庙会仍是农历四月十五日。

3. 崇左市江州区驮卢伏波庙

驮卢伏波庙位于崇左市江州区驮卢镇水口村东边，从镇上驱车沿着乡村小路可以直达。笔者曾于2011年5月14至16日（农历四月十二至十四）参加了农历四月十三的"伏波诞"庙会，2016年4月8日，笔者回访该庙。此庙面对左江，屹立在江岸上。该庙为砖石平房，庙门为砖砌四柱三开间牌坊结构，中开一门，门额为"伏波庙"（图 2-12）。正殿前有一庭院。正殿为砖石混合结构，悬山顶，三开间，开间之间未做槅断，为敞开式开间（图2-13）。殿门有一对联："圣德垂天地不朽，神恩与日月同明。"正中开间为神台，上供马援神像。庙内右山墙上题写捐款修庙的信众名字。左山墙上刷白底，以黑字书写伏波庙序文。序文云：

> 伏波庙堂始建于汉朝朝代，至今已有千余年历史。庙宇结构宏观，古色古香。乃左江河畔之名胜古迹。极目远眺，峰峦叠嶂，门前左江东流，碧波荡漾，山河壮丽。忆往昔，殿堂分前厅后座，其中佛像摆布井然有序，雕刻绘制工艺精致，前厅悬挂铜铸古钟，钟声洪亮，闻十里外。马援将军之大石雕置于后座正位，紧握金锏，炯炯有神，耀武扬威，格外庄严。伏波将军为捍卫祖国南疆神圣领土及维护广大民众之安危，平定越寇，创建功勋，在我国汉代历史上写下光辉的篇章，不愧为汉朝廷之良将。悠悠岁月，庙堂饱经风雨侵袭，长年失修，残缺不全。缅怀名将，共同心愿。今在南宁市桂国天香神君佛山祖庙红娘大师及南宁市梁碧云、陈润娇、黄日

---

① 凭祥市志编纂委员会编：《凭祥市志》，广州：中山大学出版社，1993年，第566页。

带、黄文理、黄琼燕等女士组织带动下，得到众乡亲及诸位仁人志士的大力支持协助，募捐数额达□万□千元之多。

图 2-12　崇左市江州区驮卢伏波庙

图 2-13　崇左市江州区驮卢伏波庙正殿

4. 崇左市扶绥县金鸡岩伏波亭与班夫人庙

金鸡岩景区位于扶绥县城西北角1千米的笔架山腰，属明代遗址，一直是众多善男信女朝拜胜地。笔者于2011年10月28日、2016年4月3日两次前往扶绥县城金鸡岩进行田野考察。金鸡岩实际上就是临江的山崖，崖上有溶洞，洞口朝左江，有103级石阶通往江畔。洞的四周林木掩映，洞口左下方有清代人邓宅镌书的"鸡岩帆影"四个大字。左侧有伏波亭，内有伏波将军塑像。主洞面积40多平方米，高4米，内设有金鸡娘娘、班夫人、花公、花婆、花木兰、孔大姐、叶家姐、土地公公等塑像。此外，还有送子观音、千手观音、佛祖等塑像。当地人依山势构建了四层楼阁，第一层为千手观音殿，第二层为送子观音殿，第三层是三圣殿，第四层是金鸡岩。岩内有金鸡娘娘的塑像以及简介："传说古时有个壮姑，生活贫苦，每天辛勤劳作仍不能温饱。母亲重病缠身，无钱求医买药，只好攀崖采药。一日攀到此岩，实在又累又饿，便就地而卧。此时一个浑身金光闪闪的姑娘来到她身边，放下一个锦囊，说锦囊中装有能治她母亲病的良药，只需服几日便可安康。壮姑蓦然一惊，睁眼一看，只见一只冠顶红火的金鸡，身着镶金嵌银的七彩衣裳，耀眼眩目，翩翩起舞，叫声响亮，悦耳。然后腾空飞翔。壮姑回家以良药治母。不日母果痊愈，从此此山有金鸡，好心赐良方，心诚则愿达。齐拜金鸡娘娘，四方来朝遂成朝觐仙境。现修建0.9米高、宽3.3米、长8.7米的神坛安放身高2.8米的金鸡娘娘全身塑像，元宝供台、香炉等。"

此外，金鸡岩班氏夫人简介载："班氏一门在汉代家族显赫，文武勋功德行学问极盛一时。西汉成帝时的班婕妤和东汉的班彪、班固、班超都名垂千古。班婕妤则是汉成帝的后妃，在宫中的贤德有口皆碑。班氏夫人美艳倾人，风韵出众，文学造诣极佳，尤其熟史事，能引经据典，擅长音律。又相传明时越南人翁茶率队入侵龙津城（今龙州县），班氏夫人倾尽所蓄钱粮，组织自卫队将翁茶队伍驱逐出境，成为美谈。后人为了纪念她，便在各地庙会仙洞塑班夫氏人观音端坐莲台，头罩头光，令人敬佩。"

很明显，这个简介应该是出自地方人氏之手，里面有不少内容是移花接木之词。比如班夫人是否与汉代班彪、班固等名人同一个家族？班夫人应该只是当地的女子，与汉代班氏家族无关。班夫人是明代人，抗击越南入侵者有功，这个说法倒是与龙州地区所流传的马援南征到龙州缺粮，班氏捐粮助军的说法有异曲同工之妙，但时间整整晚了上千年。

此外，在岩洞内有三块碑刻，时间分别是清代乾隆、光绪和民国时期的文物。伏波亭位于金鸡岩的左侧，为凉亭建筑，马援神像端坐其中（图 2-14、图 2-15）。神像的左侧写有清代当地文人冼铎的《伏波将军传略》一诗："渌城古祠宫，当年矍铄翁。瞻拜庭除上，怀古阐幽衷。叛征不奉命，将军万里攻。麒麟天上降，蝼蚁穴中空。薏苡虽遭谤，何曾掩其功。茅岭勋名在，擎天一柱铜。庙食馨香远，山水共青葱。"

图 2-14 扶绥县金鸡山伏波亭

图 2-15　扶绥县金鸡山班夫人庙

5. 南宁市平西村伏波庙

史书记载，南宁江西岸有伏波庙，建于唐朝武德初年。清朝越南使臣出使中国途经南宁时，还绘下了伏波庙的位置，如裴文禩《燕轺万里集》。2009年，南宁市江南区平西村民重建伏波庙。此庙为一进一开间，内供伏波将军马援神像，并有陪祀神。庙门外有一块《东汉名将马援及伏波庙简史》碑记，上面记载了重建此庙的缘由，文中首先介绍了马援的生平及南征历史情况，如图 2-16、图 2-17 所示。

图 2-16　南宁市江南区平西村伏波庙现况

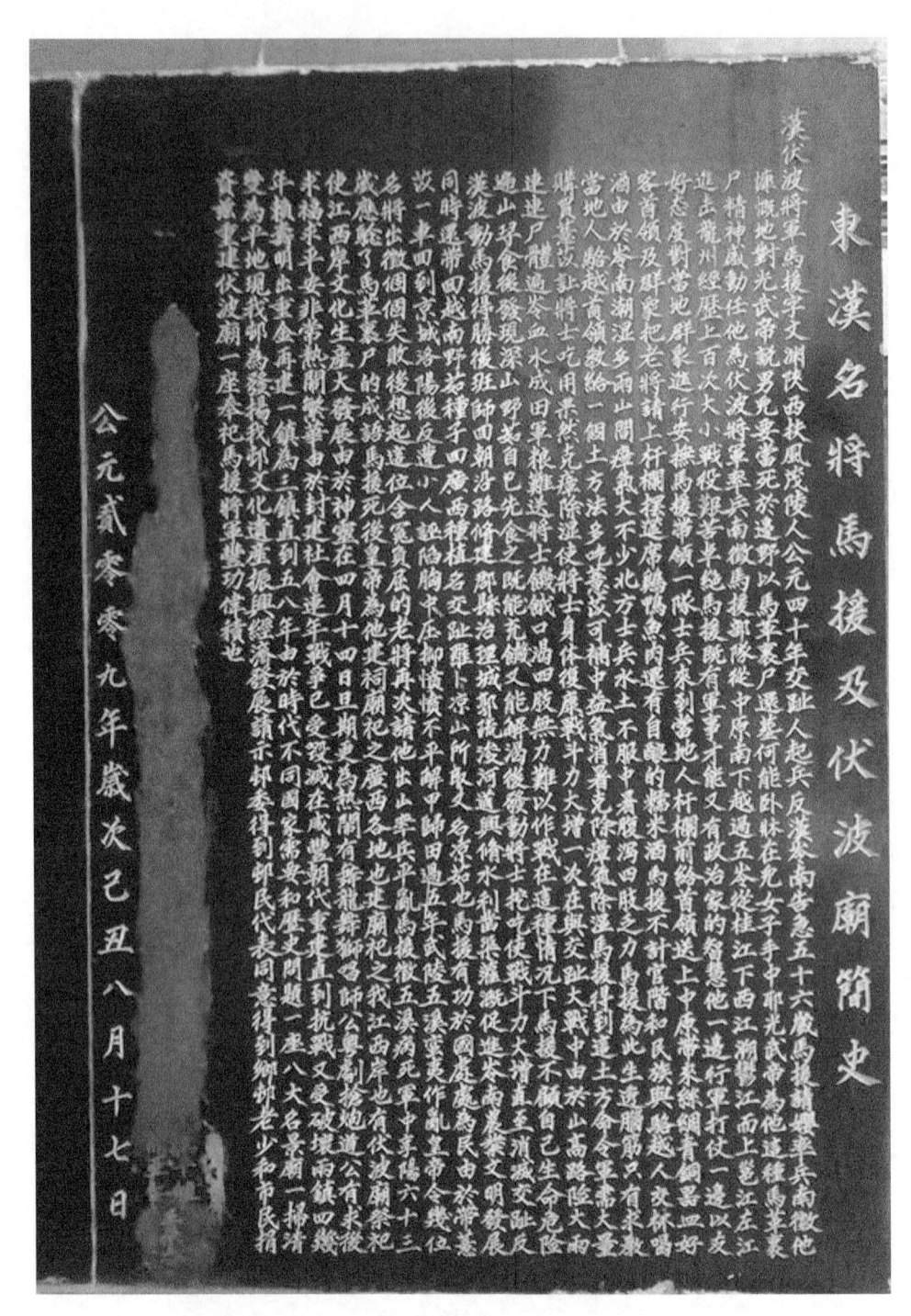

图 2-17 《东汉名将马援及伏波庙简史》碑记

第二章　明清时期伏波信仰的空间分布

东汉名将马援及伏波庙简史

汉伏波将军马援，字文渊，陕西扶风茂陵人。公元四十年，交趾人起兵反汉，岭南告急，五十六岁马援请缨率兵南征，他慷慨地对光武帝说："男儿要当死于边野，以马革裹尸还葬，何能卧床在儿女子手中耶。"光武帝为他这种马革裹尸精神感动，任他为伏波将军，率兵南征。马援部队从中原南下越过五岭，从桂江下西江，溯郁江而上邕江、左江，进击龙州，经历上百次大小战役，艰苦卓绝。马援既有军事才能，又有政治家的智慧。他一边行军打仗，一边以友好态度对当群众进行安抚。马援带领一队士兵来到当地人杆栏前，给首领送上中原带来（的）丝绸、青铜、器皿。好客首领及群众把老将请上杆栏，摆筵席，鸡鸭鱼肉还有自酿的糯米酒，马援不计官阶和民族，与骆越人交杯喝酒。由于岭南潮湿多雨，山间瘴气大，不少北方士兵水土不服，中暑腹泻，四肢乏力，马援为此生（伤）透脑筋，只能求教当地人。骆越首领教给一个土方法，多吃薏苡可补中益气，消暑，克除瘴气，除湿。马援得到这土方，命令军需大量购买薏苡让将士吃用，果然克瘴除湿，使将士身体复康，战斗力大增。一次在与交趾大战中，由于山高路险，大雨连连，尸体遍岭，血水成田，军粮难送，将士饥饿口渴，四肢无力，难以作战。在这种情况下，马援不顾自己生命危险，遍山寻食，后发现深山野茹，自己先食之，既能充饥，又能解渴，后发动将士挖吃，使战斗力大增，直至消灭交趾反汉波动（叛乱）。马援得胜后，班师回朝，沿路修建郡县，治理城郭，疏浚河道，兴修水利，凿渠灌溉，促进岭南农业文明发展，同时还带回越南野茹种子回广西种植，名交趾萝卜，凉山所取，名又凉茹也。马援有功于国，处处为民。由于带薏苡一车，回到京城洛阳后，反遭小人诬陷，胸中压抑，愤愤不平，解甲归田。过五年，武陵五溪蛮夷作乱，皇帝令几位名将出征，个个失败，后想起这位含冤负屈的老将，再次请他出山率兵平乱。马援征五溪，病死军中，享阳六十三岁，应验了"马革裹尸"的成语。马援死后，皇帝为他建祠庙祀之，广西各地也建庙祀之。我江西岸也有伏波庙祭祀，使江西岸文化生产大发展。由于神灵在四月十四日旦期更为热闹，有舞龙、舞狮、唱师公、粤剧、抢炮，道公有求，后求福、求平安，非常热闹繁华。由于封建社会连年战争，已受毁灭。在咸丰朝代重建，直到抗战又受破坏两镇。四几年赖寿明出重金再建一镇，为三镇。直到五八年，由于时代不同、国家需要和历史问题，一座八大名景庙一扫清，变为平地。现我村为发扬我村文化遗产，振兴经济发展，请示村委，得到村民代表同意，得到乡村老少和市民捐资，兹重建伏波庙一座，奉祀马援将军丰功伟绩也。

公元贰零零九年岁次己丑八月十七日

平西村伏波庙的重建，并不是靠来自上层文化精英的推动，而是村民的自发行为。在上面碑文当中，文法错误颇多，应出自当地村民之手，其中内容亦多从野史当中取而编之，内容杂芜，但亦正因为如此，才方显出村民自发重建伏波庙的朴素情怀。在碑文当中，作者对马援南征史实的叙述除了正史材料外，还有明显是根据自己的理解进行加工的。如马援与骆越人喝交杯酒以结好，马援获当地首领指点买薏苡以治瘴气等故事，即是明证。同时，对于把凉菇的来历与马援从谅山带野菇种子回广西种植的说法，正史当中并没任何记载，这应该是有着明显的臆想成分。但是对于马援南征促进南宁文化大发展以致百姓建庙纪念马援的描述，我们认为这是一种对国家正统文化的自觉认同。

6. 南宁蒲庙五圣宫

五圣宫位于南宁市邕宁区蒲庙镇团结街银峰东面脚下，因奉祀北帝、伏波、三界、龙母、天后"五圣"而得名。始建于清代乾隆八年（1743年），占地484平方米，后于乾隆五十九年（1794年）和咸丰八年（1858年）两次重修，迄今已有200多年历史。其建筑为砖木结构，双层青砖琉璃瓦，分为门厅与正殿前后两进，各有耳房。门厅与耳房之间分别设通道。门厅与正殿之间的天井设有卷棚顶，遮阳避雨。门厅和正殿均为三开间。正殿祀奉北帝，东殿祀奉龙母、天后，西殿祀奉伏波、三界神。神灵既有广西本土神灵，也有外来的神灵，既有中央王朝敕封的神灵，也有广西民间的神灵，壮汉民族民间信仰交融在一起，反映了当地文化的兼收并蓄。五圣宫被列为南宁市文物保护单位，2009年成为第六批广西壮族自治区级文物保护单位，如图2-18所示。

图2-18　南宁蒲庙五圣宫现况

7. 横县乌蛮滩伏波庙

横县伏波庙位于横县云表镇站圩村东南三千米处的郁江北岸乌蛮山脚下，坐北朝南，依山面江，相传是为纪念东汉伏波将军马援平定交趾"二征之乱"时途经横州疏河通航、平定岭南之功而建。

关于伏波庙何时始建，横县文物管理所编印的《横县伏波庙》手册的第13页认为此庙始建于东汉章帝建初三年（78年），依据是中华书局聚珍版《后汉书》卷五十四《马援传》里的"建初三年肃示使五官中郎将持节追策谥援曰忠成侯"，还有乾隆《横州志》也说："至肃宗建初三年，追谥忠成侯。横州乌蛮滩旧立庙祀立。"

笔者查阅史籍，并没有发现有始建于汉代的明确记载，仅在乾隆《横州志·名宦传》中提到马援在"肃宗建初三年，追谥为忠成侯。横州乌蛮滩旧立庙祀之"。仅靠这样模糊地一句话不能说明伏波庙就始建于汉代。目前可查的材料也就是徐霞客提及的宋庆历丙戌年（1046年）横州知州任粹写有碑记："粹初授官时，奉常二卿刘公以诗见送，有'乌岩积翠贯州图'之句。抵任，即觅之不得。遍询之父老，知者曰：'今乌蛮山即乌岩山也，昔伪刘擅广，以讳易其称，至今不改'。夫蛮乃一方丑彝，讳亦一时僭窃，遂令名贤千古庙貌，讹袭此名，亟宜改仍其旧。闻者皆曰：'喏'。遂为之修庙建碑，以正其讹。"①

任粹提到乌蛮山也称乌浒山、乌岩山。南汉政权据有岭南时，刘岩917—942年在位，后改名陟。乾亨九年据《周易》"飞龙在天"义，又造龑为名。为避讳，故将横州之地的乌岩山更名为乌蛮山。可见，从任粹的话当中可以推测在五代时，横州乌蛮滩伏波庙已经存在了。明人魏濬《峤南琐记》卷下载："《异物志》称乌蛮在南海郡之西，安南都统司之北，即乌浒蛮也。古损子国……有乌蛮滩……按，乌蛮滩在横州东十里。"②在清初顾祖禹所写的《读史方舆纪要》当中有更详细的记载："乌浒山，州东六十里。昔乌浒蛮所居之地，亦曰乌浦。后汉建兴三年郁林太守谷永招降乌浦人十余万，开置七县。熹平末合浦、交趾乌浦蛮反，光和四年刺史朱儁破之，盖是时乌浒于诸种蛮为最盛也。杜佑曰：'乌浒在南海之西南，安南府北，属朗宁郡界。'刘昫曰'今贵州郁平县，汉郁林郡广郁县地，古西瓯骆越所居，谷永招乌浒，即此地也。'今山与贵县界。相近亦谓之乌蛮山，郡志：山本名乌岩，南汉主名岩，因易为'蛮'。非是。山下有乌蛮滩。"③明嘉靖二十九年（1550年），王贞吉将乌蛮滩易名为起敬滩，但民间仍多称乌蛮滩。王济《君子堂日询手镜》和《徐霞客游记》也都只有乌蛮滩之名，清代文人题咏则多称大滩。伏波滩之名显然是因庙而得名，此名可能起于民国，至少是进入民国后才广泛使用的。

在清代文人的题咏诗文中，乌蛮滩还被称为五险滩，是因为乌蛮山附近的江段里有五处险滩，滩险水湍，极易出现事故。乾隆《横州志》记载："其滩多石而险，延亘三十余里。水道有龙门、转轨、马槽、犁壁、锁匙、挂陀等名。北涯有伏波庙，因改为起敬滩。"④为祈求平安，船只过滩前必在船头摆设香案和祭品祭祀岸上的伏波神，并且燃放鞭炮，岸上伏波庙中庙祝则撞钟相应。

横州伏波庙的等级很高，在明代和清代时均属于官祀。乾隆时，横州"于文庙、坛遗、祠宇之外，正官必祭者，曰官祀。祀凡九：曰城隍，曰土地，曰

---

① （明）徐弘祖著，朱惠荣校注：《徐霞客游记校注》，昆明：云南人民出版社，1985年。
② （明）魏濬：《峤南琐记》卷下，（明）王济《君子堂日询手镜（及其他一种）》，北京：中华书局，1985年。
③ （清）顾祖禹撰，贺次君、施和金点校：《读史方舆纪要》卷一百十，北京：中华书局，2005年，第4944页。
④ 乾隆《横州志》，光绪己亥年（1899）重刻增补本，第26—27页。

案牍，曰文昌，曰关王，曰伏波，曰炎帝，曰天后，曰雷庙"①。现存的伏波庙为明清时期的建筑，是广西仅存的五座明代木构架建筑之一。其建筑自南至北依山坡地势逐级抬升而建，沿中轴线依次是牌楼、钟楼、鼓楼、前殿、祭坛、正殿、回廊、后殿，整个建筑以祭坛为中心，形成一个封闭的院落，占地3.3万平方米，建筑面积为839平方米，其平面图如图2-19所示。

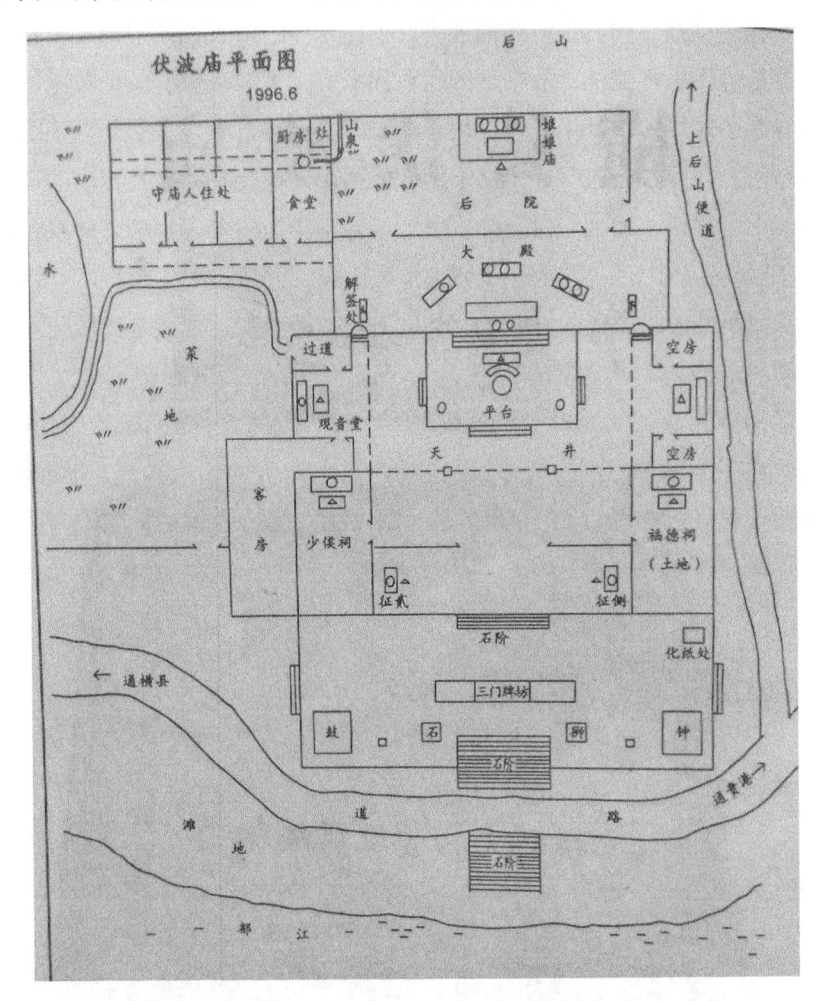

图2-19 横县伏波庙平面示意图
资料来源：李劲草，农仕荣：《横县伏波庙》，内部资料，时间不详

庙前有石阶伸向郁江边，为了便于通行，今人在庙前修了一条路，码头台

---

① 乾隆《横州志》卷八《秩祀志》，光绪己亥年（1899年）重刻增补本，第136页。

阶就从此路通向江边。庙就建在路旁的台基上。台基前还摆放着十几块历代重修庙宇的碑刻。游人坐船来到码头，拾阶而上，面庙而立，映入眼帘的是一座气势恢宏的四柱三开间式牌楼，庑殿式屋顶，下设斗拱，飞檐翘角，展翅欲飞。牌楼左右各有两石狮对峙。牌楼左为钟楼，右为鼓楼。钟、鼓楼以砖砌成方形楼阁，二楼用四根石柱支撑歇山顶屋顶，一楼原先设门，内有台阶可登二楼挂钟和鼓之处，如今已经封闭。钟鼓楼前还有两根两米高的华表。前殿为硬山顶，三开间，以檐柱重拱承托檐檩，有精致的雀替和石狮，大门正中有"伏波庙"门匾。前殿屋脊有各式彩塑，其中还有一块彩塑上有文字"石湾奇玉造"，说明彩塑来自广东石湾。门廊左右各有一个女子塑像，据当地村民介绍这是越南的征侧、征贰姐妹。出了前殿，即到祭台，为方形，祭台正中为一个大香炉。从祭台拾阶而上即到正殿，为歇山顶，屋面平缓微翘。殿内有 2 根石立柱、8 根木立柱，均立在垂莲状或是鼓形、塔形的柱础上，柱础工艺古朴美观。梁架是优质硬木，有各式精美雕刻。殿内有伏波将军神像，屋脊正中为二龙戏珠雕塑，前殿与正殿四周有东西回廊连通，回廊檐上有各式陶雕，多为戏曲人物故事或双龙戏珠等各种吉祥物的花草虫鱼图案。后殿原已毁坏，今天所见的后殿是后人所建，内祀伏波娘娘葛氏。如图 2-20、图 2-21、图 2-22、图 2-23、图 2-24、图 2-25、图 2-26、图 2-27、图 2-28 所示。

图 2-20　横县大滩伏波庙全貌

图 2-21　横县大滩伏波庙牌坊

图 2-22　横县大滩伏波庙左面的钟楼

图 2-23　横县大滩伏波庙右面的鼓楼

图 2-24　横县大滩伏波庙正殿

图 2-25 横县大滩伏波庙正殿内的马援神像

图 2-26 横县大滩伏波庙后殿的伏波夫人葛氏娘娘神像

图 2-27　横县大滩伏波庙前的碑刻

图 2-28　横县大滩伏波庙前的华表与石狮

庙中有不少碑石和名人题刻。门廊下有四根花岗岩石柱，上有"万里精忠悬二柱，千秋灵迹护长滩"之楹联。此外，清光绪十七年（1891年）皇帝为祠书写"铜柱勋留"匾额一方。牌坊匾额为"肃然起敬""狂澜保障"。明清至民国时期名人题刻甚多，以陆荣廷的"风清波平""力挽狂澜""佑我平安"和李宗仁的题匾"铁胆心寒"颇为有名。[①] 每年农历四月十三至十四日，这里要举行盛大的庙会，昼夜演师公戏，来自本县百合、云表、校椅等乡镇的一些大型师公戏班组，都纷纷来到伏波庙演出二十四孝故事。成千上万的群众从四面八方赶赴伏波庙祭拜，特别是渔家船民都不辞辛劳赶赴伏波庙来祭祀礼拜，通宵达旦，络绎不绝，人们用进香、烧炮、歌咏、舞乐等方式表达对马援将军的崇敬之意和怀念之情，并祈求马援赐福。2007年6月，广西公布了第一批区级非物质文化遗产名录，横县壮族伏波庙会入选。

8. 东兴罗浮峒伏波庙

位于今东兴市东郊社区（原为罗浮村）的伏波庙，建于清光绪十六年（1890年），是桂西南地区影响较大的伏波庙。此庙的历史沿革已无明确史料记载，据调查获悉，是从中越界河北仑河对面的越南六林村迁回的。民国初年村里的私塾以此庙为校舍。中华人民共和国成立后，此庙成为小学校址，故得以保存至今。

如今的伏波庙在2001年重修，共有20个村民小组捐资。重修后的庙宇为两进歇山顶式建筑，庙门正中的门额题写"伏波庙"三个大字，大门有一对联："马援南邦勋铜柱，侯在东汉著金榜。"后殿分为三开间，正中亦写有"伏波庙"，两旁对联为："泽被南郊流五洞，名成东汉炳三都。"后殿正中供奉着伏波将军马援之神像，马援端坐圈椅，右手持宝剑，脚踏两小人。马伏波像前有造型古朴的石香炉两只，其中较大的一只石香炉上有"伏波庙"等字样，说明其有较长的历史了。马援神像两侧各有一陪侍，据当地村民介绍，此二陪侍分别是马援副将施胜马、黄万定。三尊神像背后挂有一镜匾，正中写着"东汉敕封新息侯伏波将军马援之神位"，左书："汉封平夷大夫合浦太守黄万定之神位"，右书："军南征交趾文笔师爷施胜马之神位"。至今伏波庙一直由东郊村居民施、黄两姓共同管理、维护。每年正月初四至初八是伏波诞

---

① 廖子良编著：《广西地域文化和地区百科全书》，桂林：广西师范大学出版社，2014年，第113页。

辰，如图 2-29 所示。

图 2-29 东兴罗浮峒伏波庙

9. 钦州横山伏波庙

钦州的康熙岭镇横山村有一座伏波庙，其庙名今称"波玉光宫"，其内殿从左至右依次为伏波将军马援、玉林大帝、华光大帝神位。据横山村伏波庙庙碑记载，1784 年，横山村一带民众，为敬仰纪念伏波将军，群策群力建立了横山伏波庙 1 座，面积 10 多平方米。1885 年，民族英雄冯子材在抗法战争胜利归来后，为报答马援精神之恩典，拨款扩建横山伏波庙。2011 年 8 月 29 至 31 日，该庙扩建至 20 余间，竣工后举行了隆重的安龙、过红门、开光庆典。现今，庙宇正门有一副对联："铜柱树分茅，寇可靖，蛮可平，勋标万载；琼花辉满地，民则康，物则阜，法现千秋。"具体如图 2-30 所示。

图 2-30　钦州康熙岭镇横山村伏波庙

10. 钦州乌雷伏波庙

钦州市犀牛脚镇乌雷村乌雷岭伏波庙位于钦州市钦南区犀牛脚镇东南面，距犀牛脚镇约3千米。伏波庙建在岭上，唐宋时碑记林立。后来移建于岭下，并经清康熙十四年（1675年）、嘉庆年间、道光八年（1828年）、光绪八年（1882年）、民国十二年（1923年）历次修建，均以恢复旧观为宗旨。1959年，整座古庙被夷为平地。1983年，村民在原址搭建起一间不足2米高、不足2平方米的小庙，继续祭祀伏波将军。1992年村民又自行捐款扩建小庙。2000年，伏波庙再次重建，即如今的庙貌，如图2-31、图2-32、图2-33所示。农历二月十八是乌雷伏波庙的主祭神——伏波将军的诞辰，也是伏波庙最为隆重的日子。

图 2-31　钦州乌雷伏波庙正门

图 2-32　钦州乌雷伏波庙大门对联

图 2-33　钦州乌雷伏波庙正殿的伏波神像

11. 钦州小董镇

钦州小董镇大王庙又称伏波庙，位于糖行街（四街），内祀主神是马援。据民国《钦县志》载，此庙建于清代道光年间。小董大王庙（伏波庙）坐东北向东南，庙门临江。笔者于 2012 年 3 月 10 日和 2016 年 8 月 1 日两次探访该庙。据现在管庙的庙祝陈大叔介绍，古代时交趾（今越南一带）部落反叛朝廷，经常出入钦防一带骚扰掠夺，百姓不得安宁。伏波将军马援奉命征讨，将交趾叛军逐至分茅岭以南地方。交趾叛军于是不敢再来骚扰，百姓得以安居乐业，并为马援建庙祭拜。庙及塑像在"文化大革命"前已被捣毁，2002 年由群众捐资重修。现为一座庭院式庙宇，分二进上下座，两侧通廊，基本重现原貌。大门外有柱联："思马援纪马援永留千般感化育，礼将军敬将军竟是万古崇文明。"门额为：伏波殿。门联为："英风永在，浩气长存。"一进院落格局，正殿为一开间。正殿前柱有一柱联："马援扬威功垂宇宙留青史，伏波安汉德遗中华贯古今。"上有匾额"浮天镇海"。正殿正中是马援神像。其左为地藏菩萨像，其右为南海观音像。前厅为一开间，内有圆柱四根。左右柱联为："德仰浮天赫濯声灵常有感，威嘉镇海英雄气概尚如生。"均是颂扬伏波将军保疆安民的功绩。每年马援的诞辰，会有隆重的祭祀仪式，如图 2-34、图 2-35 所示。

图 2-34　钦州小董镇大王庙掠影

图 2-35　钦州小董镇大王庙正殿

第二节　岭南以外的伏波信仰空间分布

一、湖南境内的伏波庙空间分布①

马援南征后,他又有另一壮举,即征讨五溪蛮,并病卒于五溪蛮地区,最

---

① 此小节详见拙文《清代湘西地区伏波信仰探析》,《广西师范大学学报》(哲学社会科学版)2015 年第 2 期,第 88—92 页。

第二章 明清时期伏波信仰的空间分布

终实现了"马革裹尸"的壮志。因此,湖南境内也有伏波庙的分布。

东汉初年,湘西五溪蛮起义,光武帝派兵平定,无果。建武二十三年(47年)春,伏波将军马援请缨率军南征。建武二十五年(49年)三月,他进驻壶头山,与义军对峙,后病卒于湘西,并因谗言被收侯印,死不归葬。尽管马援卒于沅江边,但余威还在,"群蛮虽凭高守险,然挞伐之余,方深悚惧"[①]。马援病卒后,军士多因温湿疾病而病亡过半,监军宋均大胆设计,"矫制调伏波司马吕种守沅陵长,命种奉诏书入虏营,告以恩信,因勒兵随其后。蛮夷震怖,即共斩其大帅而降,于是入贼营,散其众,遣归本郡,为置长吏而还"[②]。宋均的矫制招降的策略实际上也是借了马援之军威方才得以顺利完成。

五溪蛮地区,是马援实现他马革裹尸豪言之地,湘西地区不少群众将马援奉为神明。马援征战五溪蛮的壶头山附近有伏波祠,辰州府壶头山"今建庙,肖像祀伏波将军于银壶山上游……神灵甚,舟人过者,必割牲、酾酒以祭。辰、沅诸处,庙祀尤多"[③],这是清人的记载。实际上早在宋代之前湘西地区已经有马援庙,唐代诗人刘禹锡有《经伏波神祠》可为证:"蒙蒙篁竹下,有路上壶头""乡园辞石柱,筋力尽炎州,一以功名累,翻思马少游。"[④] 宋人王象之的《舆地纪胜》载:"(澧州)马援城,在澧阳东五十里。《类要》云:援征南时所筑。"[⑤] "(黔阳县)新息王庙,在麻阳,即马援行祠也。"[⑥] 元代马端临的《文献通考》也记载:"真宗咸平元年,辰州言,汉伏波将军新息侯马援庙水旱祈祷有应,诏封新息王。"[⑦]说明唐宋时期湖南境内早已有了专门祭祀马援的伏波庙。

明代时,湖南伏波庙的记载在方志中多有记录。有研究表明,明清时期武陵地区及周边的伏波庙有36座,其中湖南29座,贵州2座,重庆4座,湖北1座[⑧]。笔者遍寻清代至民国时期的湖南史志文献,发现其数量远多于此。现将

---

① (南朝·宋)范晔:《后汉书》卷24,北京:中华书局,1965年,第842—844页。
② (南朝·宋)范晔:《后汉书》卷41,北京:中华书局,1965年,第1412页。
③ (清)段汝霖撰,伍新福校点:《楚南苗志》卷2,长沙:岳麓书社,2008年,第58页。
④ (唐)刘禹锡:《刘梦得文集》卷3《律诗·经伏波神祠》,上海:商务印书馆,1929年四部丛刊本。
⑤ (宋)王象之:《舆地纪胜》卷70《荆湖北路·醴州》,北京:中华书局,1992年,第2388页。
⑥ (宋)王象之:《舆地纪胜》卷71《荆湖北路·沅州》,北京:中华书局,1992年,第2409页。
⑦ (元)马端临:《文献通考》卷103《宗庙考十三》,北京:中华书局,2011年,第1916页。
⑧ 杨洪林:《从国神到家神:武陵地区伏波信仰变迁研究》,《广西民族研究》2012年第3期,第71—78页。

清代湖南境内的伏波庙列为表 2-4。

表 2-4　清代湖南境内伏波庙分布表

府（州、厅）	地理位置及修建情况	资料出处
辰州府	壶头山马援庙神灵甚，舟人过者必割牲洒（醨）酒以祭，辰、沅诸处庙祀尤多	（清）段汝霖《楚南苗志》卷 2
	沅陵县马伏波祠，一在县沅江南，一在壶头山，名青平庙，祀汉马援	光绪《湖南通志》卷 74
	泸溪县伏波庙在县北门，祀汉马援	光绪《湖南通志》卷 76
	辰溪县伏波将军祠，在县西二里，祀汉马援	
	溆浦县伏波将军祠在县治北，宋建，内有大观楼、流芳阁，祀汉马援	
常德府	名宦乡贤祠，在学东，嘉靖八年知府方仕迁建于涤牲池畔。十四年知县钟銮改迁于儒学后大街，为堂三间，大门一间。祀名宦八人：汉伏波将军马援、武陵守应奉、唐朗州刺史温造、元达鲁花赤总管哈珊、明知府应履平、朱缙、王绩、冯杰。乡贤八人……俱经抚按官批允，乃祀	嘉靖《常德府志》卷 10
	伏波庙，府城南江浒，伏波将军马援征五溪蛮有功，因祀之，俗称马王庙。久废，址存，今改为三贤祠	
	桃源县马伏波祠，一在县东高吾铺，临沅水；一在县南三里	光绪《湖南通志》卷 48
	武陵县马伏波祠在县南沅水上	
岳州府	华容县马伏波祠在县南门外	
永顺府	靖县伏波庙在县南，祀汉马援	光绪《湖南通志》卷 77
	龙山县伏波庙在县东南，祀马援	
	永顺县伏波庙，在县东南会溪上，祀汉马援	
	永（顺）、保（靖）、龙（山）、桑（植）四县土人境内，处处皆有伏波庙，极壮丽，祀事甚虔。每年三月三日，醵金购牡羊，倩巫击鼓，人执羊，昂其首刺颈喷血，另一人跪献酒，以将诚敬	（清）段汝霖《楚南苗志》卷 6
沅州府	麻阳县伏波将军祠，一在县东浮石山，一在县南，祀汉马援	光绪《湖南通志》卷 77
	黔江县（治今湖南黔江西南）有伏波庙	光绪《湖南通志》卷 79
	沅州府黔阳县三忠祠在北门外，相传旧有祠，祀汉伏波将军新息侯谥忠成马公、汉前将军汉寿亭侯谥壮缪关公。后于祠下水内得楚三闾大夫屈原像，土人迎之祀于祠，因易今名，康熙五年（1666 年）重修，今圮	同治《沅州府志》卷 18
衡州府	衡阳县伏波将军庙在县北丞江西岸	光绪《湖南通志》卷 48
	伏波将军祠，在蒸水北	嘉靖《衡州府志》卷 4
宝庆府	城步县（治今地）伏波将军庙在县南	光绪《湖南通志》卷 48
凤凰厅	凤凰厅马伏波祠，在厅东门外，祀汉马援	光绪《湖南通志》卷 77

续表

府（州、厅）	地理位置及修建情况	资料出处
乾州厅	乾州厅伏波将军祠，在厅镇溪上，祀汉马援	
靖州（治今靖县）	靖州马王庙有二，一在州治后，一在州南演武亭左。诚州有马神庙，宋元丰间本州奏其神即伏波将军，夷人畏信之，乞加爵号昭灵王。或云庙本湖南马氏所办，盖马氏自谓伏波后裔，欲以夸示蛮徭，弹压溪峒（峝）云	光绪《湖南通志》卷48
澧州	安福县伏波将军庙在县南	光绪《湖南通志》卷77
	永定县伏波庙在县观音桥东，祀汉马援	
	安乡县伏波将军庙在马波，汉马援征蛮屯兵于此，后人因祀之	
长沙府	安化县伏波庙在县西二百五十里圭溪坪，祀汉马援	
	浏阳县马伏波庙在黄基塘，祀汉马援	
	湘阴县伏波庙在县西笙竹驿东，祀汉马援	
	醴陵县马伏波祠在县西昭灵，建于宋代。治北渌口伏波岭有伏波庙，唐建，清咸丰十一年（1861年）重建	民国《醴陵县志·宗教志》
桂阳州	临武县伏波祠在县东北四十里马侯岭，祀汉马援以援征南时曾经其地故也	光绪《湖南通志》卷77
郴州	伏波庙，在兴宁县（治今湖南资兴）泷头，祀马援	《大清一统志》卷378

笔者曾做过研究，清代时湖南的伏波庙共计31座；湖北4座；四川（含今重庆）6座，贵州3座[①]。因后又有史料检获，伏波庙的数量应不止这些。据表2-4可知，湖南境内的伏波庙共为35处。

清人李苞在他的诗文集《敏斋诗草·次湘阴》一诗云："古县吴昌通要津，潭南岳北往来频。平湖水逼汀洲小，横海灵存庙宇新。此处垂杨堪系马，多情舞燕欲随人。汨罗江畔黄陵口，烟景茫茫已暮春。"[②]作者特地在庙宇新后加了一行注文，说明江岸有伏波庙。可见，伏波庙并非仅在湘西地区才有。

随着历史的变迁，相当数量的伏波庙已经灰飞烟灭，但是仍有一些保存至今。株洲市渌口区伏波庙，相传是为纪念汉代伏波将军马援南征交趾叛乱时在此屯兵而建。1927年2月，毛泽东同志赴湘潭、湘乡、衡山、醴陵、长沙五县进行实地考察时，曾在这里考察并住宿一晚。

吉首的伏波宫，位于吉首市城西向阳街伏波潭东岸，有正殿三间、厅三

[①] 此数据是在拙文《清代湘西地区伏波信仰探析》（《广西师范大学学报》（哲学社会科学版）2015年第2期，第88—92页）的基础上增补而成。

[②] （清）李苞：《敏斋诗草》卷上，清嘉庆二十二年（1822年）刻本。

间、戏台一座，其始建年代不详，乾隆六十年（1795年）遭到废毁，嘉庆三年（1799年）重建，今存正殿和戏台。怀化市中方镇荆坪村伏波庙，始建年代无考。明万历四十五年（1617年）重建，大门正面上额嵌有隶书"伏波宫"石匾，左墙镶该年重建伏波马援侯祠碑记一方，现为怀化市文物保护单位。洪江市伏波宫即辰沅会馆，是洪江十大会馆之第六，始建于清康熙八年（1669年），是辰州、沅州两府商人会馆，祭祀汉新息侯伏波将军马援，现保存完好。泸溪县浦市镇是沅江中游重要的物资集散地，是湘西四大古镇之一，亦有伏波庙。古丈县红石林镇老司岩村的东、北、西三面环绕酉水，明清时因其地理位置优越，各方商贾云集，有"小南京"之誉。村内建于咸丰年间的伏波庙现在仍存。

此外，湘西地区马援遗迹数量不少。如城步县插旗岭，武陵县司马错城，溆浦县马援红旗山，澧州伏波渡、马波湖、七星台、古城堤、铁坑、马援城，桃源县利兵桥、马王溪，长沙南门外蚂蚁巷，沅江清浪滩南北岸伏波避暑室等。相关传说也多，如临武马侯岭下伏波庙有大鼓，直径约四尺多，"鼓之匡系全木挖成，周缭约数抱。相传为石岭樟枝所制。今其鼓音亮，则天必晴明。暗然沈抑，则必雨。以此占之，历历不爽。农家谓之信鼓"①。安化县的伏波庙也是颇有灵异。"旧志，伏波庙在县西二百五十里四都圭溪坪，相传有晨起牧马者遇沙帽朱衣人，询之，曰征五溪蛮者。明旦复遇，乃为立庙以祀。府志载，伏波征五溪蛮，曾驻于此，居民立庙以祀，有祷辄应。康熙五十年庙圮，有馆师数见红袍人甚伟，倏忽往来，恍惚与语。众重新庙宇，乃不复见。"②

二、西南地区伏波庙的分布

除岭南地区和湖南之外，在四川、重庆、云南、贵州等地也有马援遗迹的记载。王元林教授的研究表明，这应该是湘西马援崇拜扩散的结果③。宋人乐史的《太平寰宇记》载："铜柱滩，《周地图记》云：'涪陵江中有铜柱滩。昔人于此维舟，见水底有铜柱，故名铜柱滩。滩最峻急。一云马援始铸柱于

---

① 光绪《湖南通志》卷末11《杂志十一》，南京：凤凰出版社，2010年。
② 光绪《湖南通志》卷末11《杂志十一》，南京：凤凰出版社，2010年。
③ 王元林：《明清伏波神信仰地理新探》，《广西民族研究》2010年第2期，第112—118页。

此。'"①清代，荆州府（治今地）的长江两岸的马伏波祠有三：一在"江陵县东草市，一在石首县西南，一在监利县北八十里"②。沔阳州（治今仙桃市西南）马侯庙，"在州西北五里，祀汉伏波将军新息侯援。庙后同知沈友儒建，平政厅多所题咏，今废。庙之建无考，按故志，庙食已久，沔潦辄祷之。洪武庚戌郡卫增修，岁久颓。正德间知州濂重建"③。

四川省夔州府奉节县城有"义正祠，在白帝城上，明正德七年巡抚林俊毁公孙述像，祀马援及川神土神，改曰三功祠。嘉靖十一年巡抚朱廷立祀蜀先主，以孔明配，改曰义正祠。嘉靖三十六年，巡抚段锦以关张配，改曰明良殿。"④白帝城有昭烈庙，"原祀昭烈皇帝，以武侯、关、张配食。林俊改三功祠，三功者，后土氏、江渎之神，汉伏波将军马援也。乃知此地曾祀子阳及伏波矣"⑤。虽然其名称不同，但实际上都是同一个庙宇，庙内祀有马援神位。彭水县有三贤祠，祀汉伏波将军马援、唐太傅长孙无忌、宋史官黄庭坚⑥。酉阳州东九十里麻旺场河侧有伏波祠系嘉庆年间里人私祀⑦。秀山县石堤有伏波祠，祀汉新息侯马援，土氓马、白、彭、李、蔡、田六姓之人以为公祠。⑧涪州（治今重庆涪陵）伏波祠在州南，祀汉新息侯马援。⑨其南乌江江畔的彭水（治今地）西壶头山之麓，也有伏波祠。⑩涪州有马援坝，在州南五里，相传马伏波征五溪蛮曾住此，因名。⑪保靖县有伏波庙碑，唐咸通八年（867年）左武卫兵曹参军崔遂撰。⑫

---

① （宋）乐史撰，王文楚等点校：《太平寰宇记》卷120《江南西道十八·涪陵》，北京：中华书局，2007年，第2391页。

② （清）穆彰阿等：《嘉庆重修一统志》卷345《荆州府》，北京：中华书局，1986年。

③ 嘉靖《沔阳州志》卷10《秩祀》，台北：成文出版社，1975年。

④ 雍正《四川通志》卷28，清雍正十一年（1733年）刻本。

⑤ 雍正《四川通志》卷28，清雍正十一年（1733年）刻本。

⑥ 嘉庆《四川通志》卷35，南京：凤凰出版社，2011年；嘉庆《四川通志》卷37，南京：凤凰出版社，2011年。

⑦ 同治《酉阳直隶州总志》卷9，《中国地方志集成·四川府县志辑》第48册，成都：巴蜀书社，2011年。

⑧ 光绪《秀山县志》卷7，《中国地方志集成·四川府县志辑》第48册，成都：巴蜀书社，1992年。

⑨ 雍正《四川通志》卷28，清雍正十一年（1733年）刻本。

⑩ （清）穆彰阿等：《嘉庆重修一统志》卷388，北京：中华书局，1986年；（清）穆彰阿等：《嘉庆重修一统志》卷417，北京：中华书局，1986年。

⑪ 雍正《四川通志》卷26，清雍正十一年（1733年）刻本。

⑫ 雍正《四川通志》卷27，清雍正十一年（1733年）刻本。

清代时，云南省也有伏波庙，大理府的伏波庙在府城南龙尾关，"相传武侯驻兵濞水，一军皆瘴祷于伏波，乃愈即此庙也"[①]。贵州省思南府伏波庙，"在府城东，最灵。宋田祐恭母方妊，梦神降其宅，乃生祐恭。祠不复灵。及卒，人见援跃马入祠，灵如初"[②]。平越府白马庙在馀庆县草坪，祀汉伏波将军马援。[③] 铜仁府伏波庙在禹王宫内，祀汉新息侯谥忠成马援[④]。这些地区伏波庙应是湘西马援崇拜的扩展。

第三节　伏波信仰在越南的分布情况[⑤]

马援南征，在其所途经之地留下诸多遗迹、遗址和传说。马援南征的主要战场为今天越南北部地区，在越南甚至老挝也都曾有伏波庙分布，有些还保存至今。

一、越南境内伏波信仰的由来

越南与中国的地缘政治关系向来很密切，从秦至唐代，均属中国历代政权的管辖。唐初岭南道下设安南都护府，始称为安南。968年，丁部领建立丁朝，国号为大瞿越。北宋时封其王为交趾郡王，南宋时改封安南国王，此后即称其国为"安南"，成为中国的藩属国。1884年6月，法国逼迫阮氏王朝签订了第二次《顺化条约》，确立了法国对越南的殖民占领。同年8月，中法战争全面爆发。1885年6月，清政府和法国签订了《中法会订越南条约》，承认越南是法国的"保护国"。至此，中越宗藩关系正式结束。

如前文所述，马援南征对于交趾地区来说颇有历史意义，在越南历史文献当中也有马援的记载。《越史略》是现存最早的越南历史文献，成书于越南陈朝（1225—1400年），作者不详，是现存最早的越南正史，其在学界的

---

① 雍正《云南通志》卷15，清乾隆年间刻本。
② 康熙《贵州通志》卷26《祠祀》，南京：凤凰出版社，2010年。
③ 乾隆《贵州通志》卷10，《中国地方志集成·贵州府县志辑》第4册，成都：巴蜀书社，2006年，第201—203页。
④ 光绪《铜仁府志》卷3，《中国地方志集成·贵州府县志辑》第4册，成都：巴蜀书社，2006年。
⑤ 此节参见拙文《清代以来越南境内的伏波信仰研究》，《民族文学研究》2012年第5期，第166—176页。

分量极重。该书是这样记载马援生平的："后汉光武建武十六年，麓泠县人征侧，雒将之女也，嫁为朱鸢县人诗索妻，性甚雄勇，所为不法，太守苏定绳之以法，侧怒，乃与其妹贰起峰州兵，攻陷郡县，九真日南皆应之，略定汉南外六十五城。自立为王，都麓泠。十七年，汉拜马援为伏波将军以击之。十八年，援缘海而进，随山刊道千有余里，至浪泊上与侧战。侧不能支，退保禁溪。十九年，侧益困，遂走，为援所杀。追击其余党至居风，降之，乃立铜柱为极界，分其地为封溪、望海二县。援又筑为茧城，其圆如茧。二十一年秋，援还汉。"① 此书所记载的马援功绩与中国的同期或更早期的史书的记载相同，只是补充了马援筑"茧城"的内容，这个应该是对正史当中所称的马援"治城郭"的有力补充。

越南陈朝爱州（今越南清化省）人黎崱，后归附元朝，"采摭历代国史、交趾图经，杂及方今混一典故"，写成《安南志略》，是书卷19《图志歌》曰：

> 安南版图数千里，少是居民多山水。东邻合浦北宜邕，南抵占城西大理。古来五岭号蛮夷，肇自陶唐有交趾。其在成周为越裳，重译曾来贡白雉。秦名象［郡］汉交州，九真日南接其地。汉初赵佗总雄据，乃命为王免诛徙。……武皇一怒［奋］天戈，千里精兵扫凶秽。路侯博德勇有谋，破越如同破竹势。分为九郡置官守，南越从兹国乃废。中华闻化遍免收，渐教远人通礼义。光武初除新室难，未遑选擢南方使。［麓］［泠］二女逞奸雄，姊名征侧妹征贰，招呼要党据南［交］，威服百蛮无与［比］，侵边［寇略］六十城，壹立为王壹为帅。堂堂汉将马伏波，苦战三年常切齿，分军驱逐到［金］溪，贼首授首悉平治。广开汉界极天南，铜柱高标传汉史，命官遣［将］镇其民，德政清新多惠施。②

他用"奸雄"来称呼征氏姐妹，用"广开汉界极天南，铜柱高标传汉史"去盛赞马援南征，还用了"德政""惠施"这些字词去缅怀马援功绩。可见，马援在越南也是备受崇敬的。

---

① 《越史略》卷一，上海：商务印书馆，1936年，第3—4页。
② （越南）黎崱撰，武尚清点校：《安南志略》卷19《图志歌》，北京：中华书局，2000年，第431页。

在岭南地区，伏波庙众多。是否在越南也有伏波庙呢？著名目录学家张秀民先生（1908—2006年）写过一篇《马援传》，文末的后记中提到越南人民因马援对越有功，故同内地两广、浙江一样，也设立马伏波庙，以纪念其恩德。"元代安南人家门首，必有小祠，刻木为象，朔望陈于庭，老稚罗拜，其神曰'马大人'，盖即马伏波也。至清代仍有伏波庙，其灵爽视明英国公张辅尤赫。自国王以下，罔不望门瞻礼，岁时祷祠。呜呼！其威德深远矣！明太祖以援讨交趾，其功甚大，故特遣使往安南祭之，千载之下，犹使人追念其勋烈如此。""在陈朝家家祭拜马大人像。黎朝、阮朝把马伏波改称'本头公'，南北各处均供奉本头公极虔敬。"① 可惜张先生没有列出具体的史料证据。所幸，笔者在越南汉喃研究院与法国远东学院合作出版的《汉喃铭文拓片总集》第一集翻检到一组位于现河内还剑郡行帆街内的白马庙的碑铭拓片，可为证。这些碑刻均是刻立于清朝，如表2-5所示。

表2-5　《汉喃铭文拓片总集》所收录的越南河内白马庙碑铭简况表

序号	碑名	朝代	碑记时间
1	白马神祠碑记	后黎朝	正和八年（1687年）大庆月□日
2	重修汉伏波将军祠碑记	后黎朝	正和八年（1687年）菊月谷日
3	文址碑记	后黎朝	景兴三十五年（1774年）九月初九日
4	皂隶碑记	后黎朝	景兴三十年（1769年）四月二十日
5	重修白马庙碑记	阮朝	明命元年（1820年）正月二十日
6	重修白马庙签题录	阮朝	明命元年（1820年）正月二十日
7	建造方亭碑记	阮朝	明命二十年（1839年）十月二十七日
8	雕漆方亭碑记	阮朝	明命二十一年（1840年）八月二十日
9	祠址宴老碑记	阮朝	明命二十一年（1840年）八月二十日
10	重修碑记	阮朝	嗣德元年（1848年）七月十一日
11	香火屋碑	阮朝	嗣德元年（1848年）十月初十日

这些碑刻均立于白马神祠（白马庙）内。河内白马庙主祀神的由来到底是所祀何人？据表2-5当中所收录的刻立时间最早碑刻是《白马神祠碑记》，全文如图2-36所示。

---

① 张秀民：《马援传》，《中越关系史论文集》，台北：文史哲出版社，1992年，第174—175页。

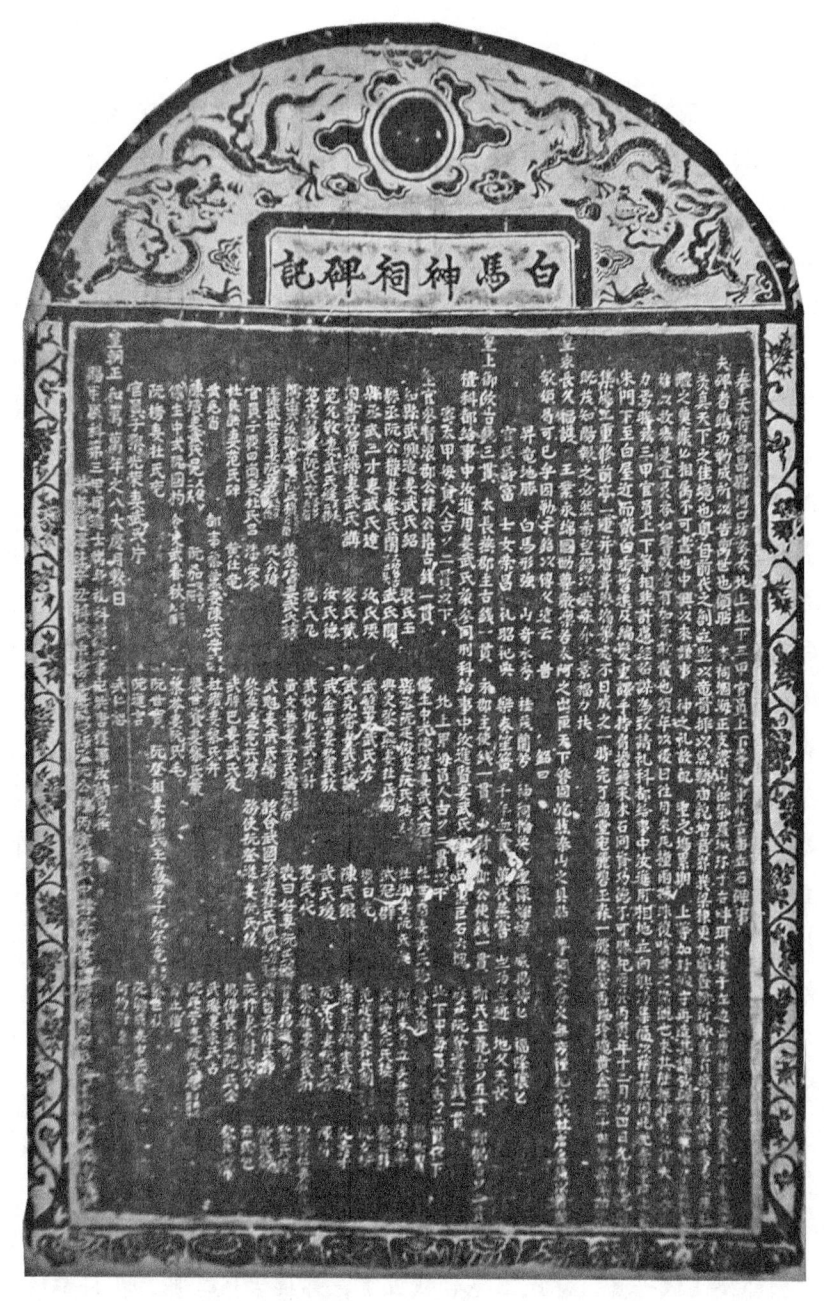

第二章 明清时期伏波信仰的空间分布

图 2-36 后黎朝正和八年（1687 年）《白马神祠碑记》[1]

---

[1] 越南汉喃研究院主编：《越南汉喃铭文拓片总集》第一册，河内：越南文化通讯出版社，2005 年，第 195 页。

白马神祠碑记

奉天府寿昌县河口坊密太、北上、北下三甲官员上下等□重修古庙立石碑事。夫碑者，所以镌功勒成、所以告万世也。顾昭本祠涧海正支，浓山余气，罗城环于右畔，珥水迤于左边，岳渎钟星宿之灵，宾主尽东国之灵，真天下之佳境也。粤自前代之创立，竖以龙骨，插以鱼鳞，庙貌增贲巍峨，梁栋更加雕画，辄祈辄应，有感有通，岁时□□之陈壮礼之奠，靡必相属，不可尽也。中兴以来，谨事神之礼，该祝圣之场，累期上等加封，峻宇再造，其诸颁赐冠盖章服祭器供具，难以枚举，是宜灵答如响，敬信有加，不敢慢也。须年以后，日往月来，风撞雨撼，非复畴昔之伟观也。求其能振作者，必待大指事之力焉。□兹三甲官员上下等相与计虑，经始谋为致，请礼科都给事中汝进用相地立向，兴工集福以藉其成。因此风奋蜇声，上至朱门，下至白屋，近而戴白垂髫，远及编发重译，手持肩担，钱米木石，同资功德，不可胜纪。乃于丙寅年十二月初四日，允契龟兆背，集雕工重修前亭一连，并增葺渗漏等处，不日成之，一时完了。锦堂宏丽，碧玉森一，簇楼台香槛，玲珑黄金，映三十世界，谅阴功之既茂，知阳报之必然。希望锡以洪麻，介以景福，力扶皇家，长久福护，王业永绵。国世尊严，凛若太阿之出匣；天下磐固，屹然泰山之具贴。尊祠之香火无穷，禋祀不泯，其声名益以著矣，歌颂曷可已乎？因勒于铭以传久远云。旨铭曰：

升龙地胜，白马形强。山奇水秀，桂茂兰芳。神祠伦奂，圣像辉煌。威扬赫赫，福降穰穰。

官民寿富，士女荣昌。礼昭祀典，乐奏笙簧。千年血食，万代蒸尝。之功之迹，地久天长。

皇上御颁古钱三贯，太长燕郡主古钱一贯，永郡主使钱一贯，少尉□郡公使钱一贯，郑氏王苋古钱五贯，郑棍古钱二贯，礼科都给事中汝进用妻武氏叶、参同刑科给事中汝进贤妻武氏明、□氏熏巨石六块，府尹阮登遵古钱一贯。

第二章 明清时期伏波信仰的空间分布

密太甲每员人古钱二贯以下，北上甲每员人古钱二贯以下，北下甲每员人古钱二贯以下。

上官参督滚郡公陈公椿古钱一贯，儒生中式陈瑆妻武氏瑄，杜氏□妻武氏□，潘文翊，杨世胄，知县武兴造妻武氏绍，裴氏王……

皇朝正和万万年之八大庆月谷日赐甲辰科第三甲同进士出身礼科都给事中洪唐获泽汝讷夏撰，洪唐获泽社辛丑科试中书□□□县丞阮公权，丙寅科试中书算内书□黄燕内□□，儒生中式汝□忠□□。

此碑提及白马庙"顾昭本祠涸海正支，浓山余气，罗城环于右畔，珥水迤于左边，岳渎钟星宿之灵，宾主尽东□之灵，真天下之佳境也"，而且此庙"辄祈辄应，有感有通"。庙内神灵在历次重修中均获赐封，"累期上等加封，峻宇再造，其诸颁赐冠盖章服祭器供具，难以枚举"。因此，此次重修得到了上至朱门，下至白屋的大力支持，皇帝还御捐古钱三贯，太长燕郡主、古永郡主、少尉□郡公、郑氏王尧、郑棍等达官贵人的名字出现在捐资者行列当中，作为统治阶段，他们是希望"锡以洪庥，介以景福，力扶皇家，长久福护，王业永绵"，让国世尊严，天下磐固。此碑没有提及庙内所祀为何人，所幸，第二块碑文《重修汉伏波将军祠碑记》详述了所祀之神为伏波将军马援，如图2-37所示。

重修汉伏波将军祠碑记

稽古之勋臣良将，显当时、垂后世者，皆具不世之才能，建非常之业，始获流芳百代，明祀千秋者焉，夫汉之伏波将军是矣。当初，莽之候，英杰并起，彼际识真主于雒阳，知神器之有命，责隗嚣、诛王莽、北出塞漠、南渡江海，可曰无攻不克，何敌不从，咸靖中原，泽弘天地。将军诚汉世之雄豪，千古之英表也。以致振古于斯，明烟弗朽。第京都之东，有白马祠，其来远矣。神威赫奕而仰之弥高，佑商庇民则祷之必应，不有胜于当日崇报功之典欤！奈今岁之年深，风雨飘摇，栋壁朽颓。吾侪知沐洪庥有日，宁敢以袖手旁观，任定其摧残落落而已。兹于丙寅年拾月谷旦集众捐资，鸠工重修。幸一时庙貌辉煌，逮顿成威严凛肃，堪中外之依皈、四方之祷叩也。但恐修葺之后，未免复有倾

图 2-37　后黎朝正和八年（1687 年）《重修汉伏波将军祠碑记》[1]

---

[1] 越南汉喃研究院主编：《越南汉喃铭文拓片总集》第一册，河内：越南文化通讯出版社，2005 年，第 194 页。

第二章　明清时期伏波信仰的空间分布

圯之虞。然今之可能继昔，犹望后之亦效今也，尚赖诸君子有以成之，俾将军享祀于日月同增，忠勋（若）乾坤并永矣。所以勒石为记，所有功德、各处姓名开陈于左。

计：

一江西、广东、福建、湖广、江南、云南等处。

一兴工江潮海妻、黎氏科、范氏娘女子、江氏祝孙、黎睹外亲母、范氏榜等。

一功德各信士詹仲联、梅长芳、涂亦舜、谢德裕、苏耀璋、丘廷举、薛盛高、黄大舍、黄吾元、揭存胜、龙正显、李宜、黄如琏、吴良臣、施允元、林凤翔、刘肇周、郭益祖、苏胜祖、谢旭奉、魏日翼、黄安生、任光安、蔡沛如、梁子辉、黎秀雍、冯翰瑜、蔡昭侯、刘振生、李其佳、江浩清、招伯涵、何达喜、胡大泮、詹之林、周祥庆、张文明、汪淮喜、黄文炳、廖景进、隆孔轮、方晋成、饶庆麟、陈超较、陈振万、张日升，太医院都医正陈超蛟，字玄泰，男福临、福安。

黎朝正和万万年之八岁在丁卯菊月谷日造，内殿首合侍内书写侍□番挺江写，广西桂林灵石匠局春禄刊。

此碑文一开头就点明了祠内所供即是伏波将军马援，"始获流芳百代，明祀千秋者焉，夫汉之伏波将军是矣"。此处所说的伏波将军即是东汉伏波将军马援。马援一生当中功绩显赫。对于岭南地区来说，马援的功绩之大者莫过于平定交趾"二征之乱"。东汉时，交趾地区征侧、征贰姐妹起事，伏波将军马援奉命南征，平定了交趾地区，功绩颇丰。"援所过辄为郡县治城郭，穿渠灌溉，以利其民"，修正越律，约束越人，"自后路越奉行马将军故事"。朝廷封马援为"新息侯"[①]。岭南地区的民众们不仅口耳相传马援南征之故事，还建了许多伏波庙以供奉马援。越南北部是马援南征的主要战场，伏波庙亦曾存在过，河内的白马祠建祠就是为了"崇报功"和"神威赫奕而仰之弥高，佑商庇民则祷之必应"，重修是为了能"俾将军享祀于日月同增，忠勋若乾坤并永"。

---

① （南朝·宋）范晔：《后汉书》卷二十四《马援列传》，北京：中华书局，1965年，第838页。

白马庙即是祀伏波将军马援的专庙，相关旁证还有不少。如在《新订较评越甸幽灵集》一书的《白马神庙传》中征引了《重修汉伏波将军祠碑记》的说法："京都河口坊有庙曰白马者，记云：'东汉光武时，伏波将军姓马讳援也。'予滥叨天爵，每得履检京邦，且莫知之，亦诚以为然。及谒庙，阅碑碣，内祀载汉伏波神，以为福国庇民，而未详神记祀于何代，事实之由来，及兴创于何朝？其碑时正和岁在丁卯菊月书耳。祠宇岁久，栋壁摧朽。北商詹仲联等集众捐资，鸠工重修，庙貌涣（焕）然日新。"[①] 由此来看，作者应是赞同白马庙是马援专庙的说法的，但是作者话锋一转，通过引证《岭南摭怪录》《粤甸幽灵集》《王气君灵应传》等文献，却提出了另一个观点，认为白马祠奉祀的神灵实为"广利王，即龙肚王气之神，非伏波将军"。

明命元年（1820年），白马庙得以再次重修。侍中学士黎朝己亥科进士适安侯范适撰写了《重修白马庙碑记》，在碑文当中，白马庙的主神出现了明显的变化，由伏波将军变为了白马大王，而且它还成为城隍神，如图2-38所示。

> 白马最灵祠也，龙城诸灵神，白马大王为最，所在坊甲多祀之。其在河口密泰、北上、北下三甲者，香火为最盛。岁久，甲人重修之。来征文且曰：祠古矣！自正和年间稍增其制，今材木损坏，又旧址颇卑，吾甲谋修之，求神签得吉。于是各出所有，以供役神，素著灵应。北客列庸诸号及商舶北来者多于祠祈祷，闻是役也，愿出银助之。所得凡三千余两，故得肆力营造，增其制而广之，培其基而高之。以乙卯年正月日起工，至是年十月日告竣。极为壮丽，盖前此所未有也。按《神祠考证序》备述神之灵迹，其称号大同而小异，要之，盖升隆城城隍神也。升隆于今为都城，于古为畿甸，凡递年迎春鞭牛礼必于祠，其礼亦隆矣。国俗故尊神，虽一村一邑之神所以崇奉之者无不至，而况主千里之封圻、应百王之礼秩。其福国庇民之功，盖都邑是赖，岂惟三甲！是役诚不可少也。

[①] 陈庆浩，郑阿才，陈义主编：《越南汉文小说丛刊》第二辑《新订较评越甸幽灵集》，台北：学生书局，1992年，第113—115页。

第二章 明清时期伏波信仰的空间分布

图 2-38 明命元年（1820 年）《重修白马庙碑记》[1]

---

[1] 越南汉喃研究院主编：《越南汉喃铭文拓片总集》第一册，河内：越南文化通讯出版社，2005 年，第 192 页。

从此碑起即难觅白马庙祀伏波将军马援的蛛丝马迹,取而代之的是白马大王。其变化过程究竟是怎样的,因为相关史料缺乏,难以考证。所幸有一些旁证材料。2002年,美国康奈尔大学出版了一本介绍18世纪越南北部宗教与社会生活的书籍,此书的作者是一位意大利神父,他在越南生活了近30年(1738—1765年),将其见闻录成此书,而且书中主要是分析中国与越南北圻地区的宗教信仰,美国学者奥尔加·德罗尔将此书的拉丁文版本译为英文[1]。此书名译为中文为《一篇中国人和东京人之间的小论文：十八世纪中国和越南北部的宗教研究》。在书中,这位意大利神父认为越南河内白马庙所祀的白马大王是龙肚神,是河内城的守护神,而不是伏波将军马援。他援引14世纪李济川的《粤甸幽灵集》一书,指出白马庙里的主神名曰"龙肚",与唐代节度使高骈有关。到李朝太祖李公蕴迁国都至升龙(今河内),筑城屡倾,遂令官员到白马庙祈祝祷,"见白马从祠中出,绕城一周,四蹄蹋陷,随地落痕,入祠而没,依其迹筑之,城遂不圮"。此后该龙肚神以新称"白马大王"之名重新出现。奥尔加·德罗尔认为"白马大王"这种称呼的出现应是受到印度文化的影响,这种印度文化的影响的来源有两方面：一是来自于自中部移居河内附近的占族；二是来自于汉传佛教的影响。他认为白马庙所祀神灵有两种可能：一是先祀白马后合祀龙肚；二是先祀马援后祀白马。他认为后一种可能性较大,这是因为马援为越南带来了文风法制,所以有可能被当地人建庙纪念,直到越南建立自主政权后,被视为侵略者的马援不再受到欢迎,所以白马代替了马援的神位,为了强化白马的神威,透过传说又将龙肚与其结合。

许文堂先生认为白马大王是龙度神,最迟是在李朝出现的城隍。马援被崇祀的年代并不清楚,很可能早在东汉马援离去之时已经受到崇祀,也可能较晚。至于白马大王与马援被混合崇祀是只有在以华人聚居的行帆街76号白马殿才有的状况,其他以白马大王为保护神的亭并不出现这种状况。[2]

王柏中先生认为,白马祠在唐代高骈治安南之前,就是供奉伏波将军的神祠,从高骈开始至李朝前期,直到后黎朝正和及阮朝的明命、嗣德年间,该庙

---

[1] Father Adriano di St. Thecla, *Opusculum de Sectis apud Sinenses et Tunkinenses*（*A Small Teatise on the Sects among the Chinese and Tonkinese*）: *A Study of Religion in China and North Vietnam in the Eighteenth Century*, Olga Dror, trans. New York: Southeast Asia Program Publications of Cornell University, 2002.

[2] 许文堂:《越南民间信仰——白马大王神话》,《南方华裔研究》2010年第4卷,第163—175页。

或重建，或增修，不但祠庙的规制迭新而愈恢、礼祀的品秩屡封而愈高，在不断敕赠神祇名号的过程中，对其神性也出现了截然不同的解读。除了沿袭伏波神的奉祀传统外，李朝以后的历代官方政权，依据《岭南摭怪录》和《越甸幽灵集》的神话，更倾向其为龙肚之精。①笔者认同许、王两位先生的观点。越南河内白马庙实际上就是伏波将军马援的专庙，只是后来出现了名称以及主神的变化而已。其变化原因，详见后文第五章第二节的分析。

二、明清以来越南境内伏波庙的分布

明朝时期越南河内的白马庙仍存，其他地方也有伏波庙，笔者查阅到明人严从简所写的《殊域周咨录》一书，此书约成书于万历二年（1574年），书中记载：

> 安南，古交趾也。宋、元以来俱国，今为都统司。秦时为象郡，后属南越王赵佗。汉武帝平南越，置交趾、九真、日南三郡，又置交趾刺史。建武中，任延、锡光为交趾、九真守，教民耕种，制为冠履，渐立学校，始知婚娶。女子真侧反，马援讨平之，立铜柱为界。相传在钦州古森洞上有援誓云："铜柱折，交趾灭。"交人过其下，必掷土石培壅之。抵思明府南。又日南郡亦植二铜柱，各有伏波庙祠援。又王守仁《宿伏波祠下》诗曰："楼船金鼓宿乌蛮，鱼丽群舟夜上滩。月绕旌旗千嶂静，风传铃柝（析）九溪寒。荒夷未必先声服，神武由来不杀难。想见虞庭新气象，两阶千羽五云端。"则其祠不止日南也。②

可知，在越南的日南郡有伏波庙，而且不止此一处。清初著名学者屈大均（1630—1696年）在《广东新语》一书中"伏波庙"词条称："伏波祠广东、西处处有之，而新息侯尤威灵。其庙在交趾者，制狭小，周遭茅茨失火，庙恒不及，交趾绝神之。交趾人每惧汉人诉其过恶于侯而得疫病，于是设官二人守庙，不使汉人得入。而其君臣入而祭者，必膝行蒲伏，惴惴然以

---

① 王柏中：《"伏波将军"抑或"龙肚之精"——"白马大王"神性问题辨析》，《世界宗教研究》2011年第4期，第152—157页。

② （明）严从简著，余思黎点校：《殊域周咨录》卷5《安南》，北京：中华书局，1993年，第168页。

侯之诛殛为忧。侯之神长在交趾，凡以为两广封疆也。"①由是可知，在越南也是有伏波庙的，颇为灵验，周遭茅屋失火，但是伏波庙从未被波及。而且若是汉人到庙里诉交趾的过错则会引发疫病，所以交趾派人守庙不让汉人随便进入。交趾君臣祭祀时，态度十分恭敬。屈氏生活在清初，至迟在他写书之时，也就是明末清初时期，越南境内是有不少伏波庙的。只是屈大均所记的交趾有伏波庙位于何处，没有写明。从文中语意来推测，应该是在交趾国都。是否只有一处庙宇？该书未记载。

《清文献通考》卷296《四裔考》中记载："安州有鬼门关，马伏波庙在焉。朝使过者，例得致祭。"②此处的鬼门关是在今天越南谅山省，是中越贡道必经之地，山上有伏波庙。康熙七年（1668年），安南国王黎维禧擅兵进攻安南都统使莫元清，莫元清逃入云南。此事传到北京，康熙皇帝派秘书院侍读李仙根（1621—1690年）为正使，持节赴越平息边境战事。李仙根奉使安南，对安南君臣晓之以大义，最终让越南君臣按清廷的三跪九叩之礼接受了康熙的圣谕，并退还了莫元清高平之地。李仙根第二年返回北京，呈上他根据在安南时所见所闻的调查所写的《安南使事纪要》四卷本。书中提及谅山的鬼门关伏波庙，并记录了过鬼门关祭神的情况："十二日过鬼门关，具祝文猪羊酒物祭马伏波将军，旧例也。""自南关至交州约四百八十里许，惟谅山至鬼门关百里间，山环林密，绝无人烟，涧溪九十余渡，余俱平衍大道。"③李仙根所说的过鬼门关祭祀马援的做法是旧例，说明鬼门关伏波庙应该存续多年，是中越两国外交使臣往来必祭之庙。

越方的史籍也证明了这一点。嘉隆二年（清嘉庆八年，1803年），清政府册封阮福映为越南国王。1804年，阮朝使部录事武希苏使清，写有《鬼门关庙》一诗："路八枝陵遇畏天，拜瞻神像自巍然。勋劳绩著旋车日，矍铄神留上马年，管甚珠犀成贝锦，永将铜柱奠山川。云台大室令何在，万古崇祠屹翠巅。"标题下有一段小字，介绍了鬼门关上伏波庙的由来："庙在谅山温州枝陵社，奉马伏波将军。康熙二十二年，钦使周灿来锡封，名畏天关。使臣有事

---

① （清）屈大均：《广东新语》卷6《神语》，北京：中华书局，1985年，第211页。
② 《清朝文献通考》卷296《四裔考》，上海：商务印书馆，1936年。
③ （清）李仙根：《安南使事纪要》卷一，清康熙八年（1669年）刻本。

往来，例有谒见致祭。"① 越南阮朝高伯适（1809—1854年）撰写的《敏轩说类》也记载了鬼门关上有伏波庙："鬼门关，北人云：'鬼门关，行路难，十人去，一人还。'言恶地也。在温州。北客立马伏波将军祠于此。"②

除了有越南文人的记载外，还有道光十五年（1835年）秋台湾澎湖进士蔡廷兰的亲身探访为证。蔡廷兰于当年秋由厦门渡海回澎湖，被风飘到越南，次年初夏，才由陆路入广西回到福建。他在由北宁省谅江府途经鬼门关达谅山省城的路上也详细描绘了鬼门关的情形："'鬼门关，十人去，一人还'。俗传有鬼市，过午则群鬼出关贸易，人犯之辄病。小憩关下，觉阴风袭肌，毛发欲竖。关侧有伏波将军庙，甚灵异（凡使臣往来，必诣庙进香），庙前皆薏苡（即马援当时所饵，能胜瘴气、解水毒，人呼干坤草，余掇取盈橐）。"他在考察谅山府石山时还记录了一处马援遗址，"自城东过溪，见东北一石山，拔地峕然，名飞来山。相传马援筑城于此，基即定，经宿，忽起一山，乃徙城溪南，发一矢射此山，矢穿石过，今山头穿隙宛然云"③。可见，马援庙以及相关遗址在越南也是存在的，越南谅山鬼门关伏波庙的记载是真实的。

实际上，马援的祠庙在越南并非仅谅山鬼门关和河内白马庙这两处。清朝道光二十一年（1841年），越南国王阮福皎薨，阮福曋即位，遣使告哀。清廷任命广西按察使宝清率团出使越南册封。1842年，宝清率团从桂林坐船，顺漓江而下出使越南。他从镇南关出差后进入越南文渊、谅山地区至河内。在越南境内他记录了所见到的伏波庙情况："至文渊州。州牧跪接道旁甚谨，饬有憪然悚惕之状，又四十里至谅山省城。城用砖砌之，谅山巡抚率布按两司跪迓，城旁有伏波将军庙，请予躬诣拈香。"④ "由谅仁公馆起行，一路众峰罗列……道水皆不深，编竹为桥，三十里至柡榔……关中有街衢……其间又五里至伏波将军庙……用砖石封砌之，该陪臣请予躬诣伏……过畏天关，即古称鬼

---

① （越南）武希苏：《华程学步集》，中国复旦大学文史研究院、越南汉喃研究院合编：《越南汉文燕行文献集成（越南所藏编）》第九册，上海：复旦大学出版社，2010年，第194页。
② 陈庆浩、郑阿才、陈义主编：《越南汉文小说丛刊》第二辑，台北：学生书局，1992年，第201页。
③ 高启进、陈益源、陈英俊：《开澎进士蔡廷兰与〈海南杂著〉》，澎湖：澎湖县文化局，2004年，第159—160页。
④ （清）宝清：《越南纪略》，道光二十二年（1842年）刻本，第10页。

门关也。"① 也就是在谅山和桄榔均有伏波庙。这则史料是就目前笔者所见的史料当中第一次提及桄榔和谅山有伏波庙的记载。

另外，据奥尔加·德罗尔的考察，越南清化省，北宁省清平村，福安省石陀县黄社、螺湖，河内市许多条街道均有马援庙。他还曾亲往福安省石陀县黄社访查，据当地一名看管灵庙的阮氏唐女子介绍，村里确实有过马援庙，但在 1946 年已毁。据她回忆，该村没有任何华人居住，她也无法解释为什么马援会被祭祀，她只知道信奉马援的习俗是当地人多个世纪以来的传统。奥尔加·德罗尔由此认为供奉马援是越南人的宗教信仰，长期以来越南人把马援视为众多保护神之一。另据许文堂先生的介绍，越南北宁省、河东省、富寿省、山西省、永安省、河东省、兴安省等地之村社均有供奉马援的庙宇。②

除了前人的研究成果外，笔者还查阅到一则报道，可作为越南伏波信仰的旁证。曾经担任法国侬族互助总会会长，现为法亚友谊总会会长的陈润威先生是一名华侨。他出生在越南芒街，父亲是中国广西人，年轻时来越南做生意，遂落户于此。越南海宁省（今广宁省）原居住着大批汉人，他们自称"艾人""山艾"，意思是"山林里的人"，实际上是讲艾话（客家语）的汉人，多是 17—20 世纪从广东的钦州、廉州、防城、灵山一带先后移居该地，被称为"海宁侬"。他们素来奉祀东汉马援伏波将军，每年都要参拜伏波庙，庙会时间是正月初六。在越南、老挝以及法国的侬族均设坛立庙。甚至一些侬族军人在每次出击作战时，事先必馨香三炷，祈求伏波将军保佑平安。陈润威先生在接受采访时就说在法国侬族互助总会在会址内专门设有伏波将军神坛，供族人祈福祭拜。"海宁侬"祖籍中国北部湾地区，把伏波将军马援当成是守护神，所迁到之处均建有伏波庙。由此可以推测，清代时，越南境内应该有不少伏波庙。对于越南境内伏波庙的存续及变化情况，详见后文第五章的分析。

在越南的邻国老挝，也有伏波庙的踪影。2011 年 12 月 29 日，笔者在万象见到该庙，庙内以伏波将军神像为主神，并祀神灵有乌雷大王、案首公公、邓通大王、黑山大王，见图 2-39。

---

① （清）宝清：《越南纪略》，道光二十二年（1842 年）刻本，第 12 页。
② 许文堂：《越南民间信仰——白马大王神话》，《南方华裔研究》2010 年第 4 卷，第 163—175 页。

第二章　明清时期伏波信仰的空间分布

图 2-39　老挝万象华人社区的伏波庙

此伏波庙现属老挝万象中华理事会的下属单位。万象中华理事会是老挝华人的全国性社团。其前身为"万象（永珍）华侨公所"，创建于1934年。万象中华理事会以联络华侨华人感情、维护华人权益、热心社会公益、促进中老友好为宗旨。理事会属下有寮都公学、永珍善堂、伏波庙、福德庙、妇女会、少狮团、校友会等机构和产业。庙内有一块1973年"伏波将军新庙筹建序言"镜匾曰：

窃维，信奉宗教，祈福邀庥，乃我中华民族数千年传统。兹有同胞发起为永珍侨社建立伏波将军庙，以期广邀圣佑集福迎祥，工商咸赖，四民同安，乃呈请永珍中华会馆，察核俯允，并转呈当地政府备案。而建庙之来由始末，实有一叙之必要。回忆我等同胞自先人入越侨居历史悠久，不知几许年代矣。迨至法军治越之际，我们以环境利便，投入法军服役。当时计有吴真生、郑日兰、黄英、庞寿业、郑伯兰、殷进禄等共数百人之众，一致佩奉伏波将军、观音娘娘，随身祀奉，以祈神明庇佑，合众平安。于"一九五四"年，世事突变，乃追随法军，抛乡离井，别越来寮。初到"沙湾市场"，安居两年。嗣后法军解散，再迁来永珍谋生，乃在新街市后面建庙祀奉，十有余年，香烟不辍。当日众议付托童子吴真生负责，年年祀奉，月月朔望斋成膜拜。讵料童子真生，竟返西竺，一延至今，未有新童承继。矧以前之庙宇狭小，善信出入参拜，殊感不便。因此邀众决议，筹建新庙宇，乃于一九七三年二月二十七日、农历癸丑年正月二十五日兴工修建，至国历七月三十一日、农历七月初二日庙宇落成，焕然一新，接神升龛，众信崇拜，香火鼎盛。①

此序文透露了一个重要信息，也就是建庙者均是华人，他们很早就迁居越南，后来参加法国雇佣军，在军中佩奉伏波将军和观音以作为保护神。1954年后因法国从越南撤退到老挝，这些雇佣军当中的华人亦随之进入老挝沙湾。老挝独立后，法军撤回，一部分华裔雇佣军定居于老挝万象，并建伏波庙以庇佑。伏波庙每年有两次伏波诞辰：一是农历正月十五，岁首祈福；一是农历七月初二，为建庙纪念日。

笔者在考察时，遇到庙宇管理员唐世明。据他介绍，他现年60多岁，祖籍广西钦州。他的叔叔在20世纪初与许多广西人在越南做法国雇佣兵，20世纪40年代末时把他从广西带到越南，并且在20世纪50年代时随队伍撤退到老挝，最终定居万象。撤入老挝后，广西籍的华人为了联络乡谊，自发集资兴建了这一座伏波庙。他说自己的故乡广西钦州就有许多伏波庙，叔叔和同乡们在越南做雇佣兵时，都是随身携带伏波将军庙内的香棍以求护身。

为何在20世纪70年代在老挝万象的华人社团新建伏波庙，其原因何在？伏波庙大门前的两副对联或许可以给我们一些启示："伏波名忠诚昭明神秘庇万象，将军心淳厚浩荡正义振千秋。""风调飘飘紫气神祇显赫伏以扬圣德，雨顺沛沛甘霖庙宇巍峨波腾证福缘。"老挝万象的伏波庙应该是越南伏波庙的扩散结果。

综上所述，明清时期越南不少地方是建有伏波庙的，并不仅是河内白马庙一处。可惜的是，现今越南境内已全无伏波庙的踪迹。至于其中的缘由，后文会有专门章节进行分析。

---

① 此则材料是2011年12月29日笔者在老挝首都万象伏波庙收集整理而成。

第三章　伏波信仰的主神职及祭礼

马援生前作为忠义之臣的代表，虽深受薏苡之冤，仍坚持为国家鞠躬尽瘁、死而后已。后人敬其忠诚之心，为其立庙，形成伏波信仰。而统治阶级上层又借此来教化民众，故伏波信仰列入祀典，并因应时代变化而出现主神职能的嬗变。但就其主神职能而言，主要是以社稷神、水神的形象示人。

第一节　伏波信仰的主神职

一、守土安边之社稷神

按《礼记》入祀的标准，真实历史人物成为神灵多因其忠诚而获祀。对此，英国著名的汉学人类学家王斯福说过一段较精辟的话："在中国人的地方节庆中，所敬拜以及所刻画的都是实际的历史人物。……他们一般都是为了某种忠诚信念而献身的历史人物。对他们的怀念，便是对那一种忠诚的强调，同时也是对一种特定传记的说法以及那种忠诚的特殊性的强调。……这是对朋友的忠诚、对行为原则的忠诚、对皇帝或朝廷的忠诚、对家庭以及荣誉的忠诚。"[①] 在古代中国，对朝廷之忠是衡量文臣武将身后名声的标准。在地

---

① （英）王斯福著，赵旭东译：《帝国的隐喻：中国民间宗教》，南京：江苏人民出版社，2008年，第4页。

方秩序建构的过程中，前代有功于地方的官员往往会因其对朝廷之忠诚以及造福一方，而被地方百姓或是后任的地方官员以各种方式塑造为英雄神灵。出于维护地方的安定和边疆的稳固的需要，朝廷也会通过后世的封赐神号、敕建庙宇、颁发匾额等形式，确立该神灵在国家和地方上的正统地位。朝堂与乡野对于神灵崇拜共同造神，地方秩序建构和国家祭祀相互作用，完成了神灵从国家到地方、从英雄到亲近民众的过程，其间国家政权的引导和教化作用不可低估。伏波将军马援的神灵化可为证。

马援征交趾，让交趾社会秩序得到恢复，他终其一生，效忠国家，文治武功，功勋卓著，战死疆场，实现了他的名言"马革裹尸"，其忠心彪炳千秋，成为后代士人和将士效仿的榜样。但是他死后却受诽谤，悲剧英雄的结局成为后代流贬官员和士人讴歌的主题之一。自汉至近现代，咏马援之诗文不计其数。马援受冤死不归葬，云阳令同郡朱勃为他上疏鸣冤，可谓是对马援一生最好的评价：

> 故伏波将军新息侯马援，拔自西州，钦慕圣义，间关险难，触冒万死，孤立群贵之间，傍无一言之佐，驰深渊，入虎口，岂顾计哉！宁自知当要七郡之使，徼封侯之福邪？八年，车驾西讨隗嚣，国计狐疑，众营未集，援建宜进之策，卒破西州。及吴汉下陇，冀路断隔，唯独狄道为国坚守，士民饥困，寄命漏刻。援奉诏西使，镇慰边众，乃招集豪杰，晓诱羌戎，谋如涌泉，势如转规，遂救倒县之急，存几亡之城，兵全师进，因粮敌人，陇、冀略平，而独守空郡，兵动有功，师进辄克。铢锄先零，缘入山谷，猛怒力战，飞矢贯胫。又出征交阯，土多瘴气，援与妻子生诀，无悔吝之心，遂斩灭征侧，克平一州。间复南讨，立陷临乡，师已有业，未竟而死，吏士虽疫，援不独存。夫战或以久而立功，或以速而致败，深入未必为得，不进未必为非。人情岂乐久屯绝地，不生归哉！惟援得事朝廷二十二年，北出塞漠，南度江海，触冒害气，僵死军事，名灭爵绝，国土不传。海内不知其过，众庶未闻其毁，卒遇三夫之言，横被诬罔之谗，家属杜门，葬不归墓，怨隙并兴，宗亲怖栗。死者不能自列，生者莫为之讼，臣窃伤之。
>
> 夫明主醲于用赏，约于用刑。……臣闻《春秋》之义，罪以功除；圣

王之祀，臣有五义。若援，所谓以死勤事者也。愿下公卿平援功罪，宜绝宜续，以厌海内之望。①

朱勃通过历数马援为国尽忠的功绩来为马援死后蒙冤而鸣不平，高度赞扬马援完全符合了入祀之要求，希望帝王能为马援平反并为其建祠入祀，以慰藉功臣以及世人之心。这实际上也是在高度肯定马援作为守土安边的社稷之臣的地位。《后汉书》的作者刘晔对朱勃的行为也表示了高度肯定："勃位不过县令。援后虽贵，常待以旧恩而卑侮之，勃愈身自亲，及援遇谗，唯勃能终焉。肃宗即位，追赐勃子谷二千斛。"②后来汉章帝对朱勃的行为也表示了赞赏，他下诏："告平陵令、丞：县人故云阳令朱勃，建武中以伏波将军爵土不传，上书陈状，不顾罪戾，怀旌善之志，有烈士之风。《诗》云：'无言不仇，无德不报。'其以县见谷二千斛赐勃子若孙，勿令远诣阙谢。"③汉章帝对朱勃行为的赞赏，实际上也是反映了统治者对马援忠君护国行为的肯定。

不仅仅是朱勃为马援鸣不平，后世的文人们写有诸多凭吊马援的诗文，这也成为我们研究马援神灵化的绝好材料。马援守土安边有功，后代王朝多把他树立为社稷功臣予以积极的倡导以行教化。北宋司马光写有《五哀诗》组诗中有《马伏波》："汉令班南海，蛮兵避郁林。天涯柱分界，徼外贡输金。坐失奸臣意，谁明报国心。一棺忠勇骨，漂泊瘴烟深。"④司马光用"谁明报国心""一棺忠勇骨"来表达了他对马援个人遭遇的深怀遗憾，对其忠君爱国之心充满敬意。

北宋大文豪苏轼也是对马援南征功绩盛赞有加。北宋绍圣四年（1097年），苏轼被谪迁海南，从雷州渡海。为求渡海顺利，他到雷州伏波庙祭祀，并写有《伏波庙记》。苏轼是这样评价马援的："汉有两伏波，皆有功德于岭南之民。前伏波邳离路侯也，后伏波新息马侯也。南越自三代不能有秦，虽远通置吏，旋复为彝。邳离始伐灭其国，开九郡。然至东汉二女

---

① （南朝·宋）范晔：《后汉书》卷24《马援列传》，北京：中华书局，1965年，第847—849页。
② （南朝·宋）范晔：《后汉书》卷24《马援列传》，北京：中华书局，1965年，第850页。
③ （南朝·宋）范晔：《后汉书》卷24《马援列传》，北京：中华书局，1965年，第850页。
④ （宋）司马光：《温国文正司马公文集》卷6，上海：商务印书馆，1929年，第55页。

子征侧贰反,岭南震动六十余城。世祖初平天下,民劳厌兵,方闭玉关谢西域,南荒何足以辱王师?非新息苦战,则九郡左衽至今矣。……铭曰:至险莫测海与风,至幽不仁此鱼龙。至信可恃汉两公,寄命一叶万仞中。自北而南洗汝胄,抚循民彝必清通。自南而北端汝躬,屈信穷达常正忠。生为人英没愈雄,神虽无言意我同。"[1]苏轼盛赞马援之功,认为"非新息苦战,则九郡左衽至今矣",这是对马援南征后促使汉文化南传之功的最好肯定。

宋末元初,陈仁子在对萧统《文选》做补遗时,收录了朱勃《讼马援书》,并做了一段注。

> 致堂胡氏曰:"人臣进退,当于义而已。援事世祖二十年,自用人论之,位不称才,爵不酬忠。光武非简贤者,必以其女为太子妃,逆防示然,故不授以重任。自致身论之,伐先零,守陇西,出塞漠,平交趾,勋劳鞅,掌亦既勤矣,固非尸禄素食无报效者。及年衰齿暮,旅力既愆,则可以乞身于君,告老而去。马革裹尸之志,虽曰壮,猷不几于冯妇之所为乎?卒使谗言得行,主眷不终。此君子所以贵,于时行则行,时止则止也。"愚曰:"人之智易料于生前,而难料于身后。马援以智谋之雄士,平生晓兵,与光武合,遂游二帝,择主而事,知去就之义。高谈二祖辨论短长,知成败之理。聚米为山谷,知形势之曲折。铸铜为马式,知相马之骨法。以至知王磐之败,知吕种之祸,可谓绝人独至。受梁松拜,不如子仪之待卢杞;载薏苡而归,不若鲁男子之于婺女,此则援之所不能知也。虽然吾不以责援,而深以此责光武也。光武疑功臣,其生也,不能尽其用;其死也,不能明其枉。援平生尚义散财,岂有自私明珠者,特阔远有大略而忽小节,非援不知身后之祸,而光武不知身后之枉。此难与共安乐之讥,世间不但一勾践也,而况智不如光武者乎!"[2]

陈仁子认为马援一生功绩赫赫,不论是伐先零、守陇西,还是出塞漠、

---

[1] (明)黄佐:《广东通志》卷43《艺文》,广州:广东省地方史志办公室,1997年,第1069页。
[2] (宋)陈仁子编:《文选补遗》卷15,上海:上海古籍出版社,1979年,第288页。

平交趾，可谓为国家马革裹尸，死而后已。但是他却深受谗言之冤，错在于光武帝多疑，导致马援"位不称才，爵不酬忠"，言语之间全是为马援抱不平之意。

元代时为马援鸣不平的诗文同样不绝于书。元朝诗人张湖山的《伏波山歌》诗中有言："桂林有山名伏波，苍崖翠壁高嵯峨。山根阴峒透水府，神奸物怪交揓诃。我来登山复寻峒，直涉风浪攀藤萝。无谁可问得名始，赖有残碣堪摩挲。为言新息昔事汉，老矣矍铄犹操戈。提师振旅蹴蛮国，下潦上雾宁尤那。仍闻薏苡能御瘴，采之返载数骆驼。一朝明珠肆馋口，倒囊投弃兹山阿。"①同样也是赞扬马援为国尽忠、至死不渝的精神。类似的诗文还有很多，在此不一一列举。

明清时期，马援作为国家社稷神的形象更加丰满。洪武元年（1368年），安南陈日煃遣使奉表来朝贡方物。洪武二年（1369年）六月抵达京师。明太祖赐宴，并派侍读学士张以宁、典簿牛谅赴安南封陈日煃为安南国王，并赐驼纽涂金银印。张以宁到安南时，陈日煃已去世，其侄陈日熞嗣位。陈日熞遣大臣阮汝亮来迎请诰印，张以宁等人认为安南王位的承袭不合规矩，拒将诰印交予对方。于是，陈日熞遣杜舜钦等人赴南京请命。洪武三年（1370年），明太祖朱元璋接见了杜舜钦，并再次派编修王廉前往安南吊祭，并派遣吏部主事林唐臣赴安南封陈日熞为王。王廉出发前，"帝以汉马援立铜柱镇南蛮，厥功甚伟，命廉就祀之"②。可见，明太祖朱元璋对于马援立铜柱以表汉南界的行为是赞赏的。洪武十四年（1381年），五溪蛮叛乱，老臣周德兴自动请缨率兵平叛，明太祖朱元璋深受感触，并亲赐手书曰："赵充国图征西羌，马援请讨交阯，朕常嘉其事，谓今人所难。卿忠勤不怠，何忝前贤，靖乱安民，在此行也。"③可见，朱元璋是极为肯定马援守土安边之功绩的。

王廉祭祀横县伏波庙之事被收录在明人李文凤的《越峤书》中，是书记载："初王君廉使安南，奉上旨就赍白金若干两，具牲牢代祀马援于横州之乌蛮滩。

---

① （清）汪森编辑，桂苑书林编辑委员会校注：《〈粤西诗载〉校注》卷6，广西人民出版社，1986年，第2册，第176页。
② （清）张廷玉等：《明史》卷321《安南列传》，北京：中华书局，1974年，第8310页。
③ （清）张廷玉等：《明史》卷132《周德兴传》，北京：中华书局，1974年，第3861页。

至则睹其庙貌颓坏，因斥余金，俾有司缮修之。功毕始藏事，盖以遂事为之也。廉还白于廷臣，或谓非上本旨，格不敢闻。乃洪武四年二月十三日丁卯，上御大本堂太师韩国公及礼部太常翰林诸臣咸在焉。廉因奏对之，顷具言修援庙事。上曰：'援当时杀戮群蛮过当，故蛮俗今犹不共其祀耳，为之修庙，良是也。'于是廷臣乃题之，谓廉善为使云。"[1] 虽然朱元璋也表示马援南征有杀戮过当的嫌疑，但是认为其目的是为了维护国家的统一，仍肯定其功绩。他派使臣祭祀马援，是借此表达对马援忠臣护国行为的一种肯定，更是暗含着对安南的一种管辖权的宣喻。

在伏波将军神灵化的过程中，国家的倡导作用不可低估。在分析马援死后所形成的大众崇拜和官方崇拜的原因时，苏堂棣（Donald S.Sutton）认为马援崇拜与文人、官员以及大众有关，文人个人的信奉特别重要，因为集资修筑寺庙和维修寺庙、官方赞助都依靠他们。他分析了唐代以来的诗文后指出，十几个世纪以来，范晔所塑造的马援身上那种有很强的个人主义、敏感的、善于表达的儒家英雄形象激励了无数文人，伏波崇拜成为沟通不同世界之间受过教育的人、未受教育的人、官员以及普通百姓的桥梁[2]。对此，笔者非常赞同。伏波将军马援的形象在历代岭南地区的诗文当中均是国家英雄的形象。即使是马援实现马革裹尸之地的湘西地区，伏波神在地方大吏眼中也是忠烈之士的形象。

明代理学家薛瑄被派去湘西监管沅州银场，他到任后大赞马援对国家之忠："夫其韬晦自养，散财济难，公之大志也。鄙斥奸豪，独归真主，公之大识也。奇谋勇略，光辅中兴，公之大功也。不怀晏安，以死勤事，公之大节也。世之人臣，四者有一焉，犹足以名当时而垂竹帛，公乃兼而有之，而又本之，以忠诚积久之心，其功盖一时，名垂后世而血食无穷。"湘西祀马援的习俗已经逾千年，其民仍知马援威名，"有以祀公，斯又足以见忠义之感人心""有司以时行事，无敢怠弛。人有水旱疫疠，则祷焉"[3]。薛瑄咏马援有大志、大识、

---

[1] （明）李文凤：《越峤书》卷17《表笺》，《四库全书存目丛书·史部》第162册，济南：齐鲁书社，1996年。

[2] Donald S.Sutton, A Case of Literati Piety: The Ma Yuan Cult from High-Tang to High-Qing, *Chinese Literature: Essays, Articles, Reviews*, Vol.11, 1989, pp.79-114.

[3] 光绪《湖南通志》卷48，南京：凤凰出版社，2010年，第202页。

大功、大节，实际上就是希冀借马援行教化之事。康熙五年（1666年）正月，黔阳县知县张扶翼在《修三忠祠记》中盛赞马援："伏波佐光武成大业，自以为未足也，征交趾，平五溪，纪功铜柱，何其烈欤。乃明珠苡薏毁谤欤焉。顾伏波以丈夫当马革裹尸死边疆，推其志不有其身，何爱于实。烈士徇名身死，良可悲矣。""黔之人皆悲之思之，久而不忘于其祠也。"①由此可知，马援是以忠臣的形象示人。

在桂西南地区，马援的神灵化亦离不开历代知识分子和地方官绅们的大力倡导与推动。笔者从2010年至今一直致力于收集各地伏波庙的碑刻，从目前所能收集到的材料情况来看，横县伏波庙现存不少明清碑刻，而且多是地方大吏所题写的，是分析马援作为社稷神变化历程的绝好史料。

嘉靖六年（1527年），兵部尚书王守仁奉命率兵平定田州土司岑猛之乱。王守仁途经横州乌蛮滩，上岸拜谒伏波庙。他写有多首题咏马援的诗作。其中有《梦中绝句并序》云："此予以十五岁时梦中所作，今拜伏波祠，宛如梦中，兹行殆有不偶然者，因识其事于此。卷甲归来马伏波，早年兵法鬓毛皤。云埋铜柱雷轰折，六字题诗尚不磨。"《谒伏波庙诗》曰："四十年前梦里诗，此行天定岂人为。徂征敢倚风云阵，所过须同时雨师。尚喜远人知向望，却惭无术救疮痍。从来胜算归廊庙，耻说干戈定四夷。"②"楼船金鼓宿乌蛮，鱼丽群舟夜上滩。月绕旌旗千嶂静，风传铃柝九溪寒。荒夷未必先声振，神武由来不杀难。想见虞廷新气象，两阶千羽五云端。"③王守仁所写的诗词当中不乏有希望国家在边疆秩序建构中利用神灵的力量以实现对地方的教化之功。因庙貌年久失修，王守仁遂命南宁郡守蒋山卿重修伏波庙。嘉靖七年（1528年）三月重修完工，嘉靖八年（1529年）南宁郡守蒋山卿为此撰写碑记，现仍存于横县伏波庙前（如图3-1所示）。在碑文当中，蒋郡守极力颂扬伏波将军马援的丰功伟绩。全文如下：

---

① 同治《沅州府志》卷18《艺文中》，《中国地方志集成·湖南府县志辑》第66册，南京：凤凰出版社，2013年，第589页。

② （清）谢启昆修，胡虔纂，广西师范大学历史系中国历史文献研究室点校：《广西通志》卷146《建置略21》，南宁：广西人民出版社，1988年，第4186页。

③ （明）曹学佺：《广西名胜志》卷8，崇祯三年（1630年）刻本。

图 3-1　嘉靖八年（1529 年）横州《伏波将军庙碑》[①]

[①] 此碑现仍立于广西横县站圩伏波庙前，碑文收录于乾隆《横州志》，笔者于 2010 年 5 月 1 日拍摄，标点为笔者所加。

第三章 伏波信仰的主神职及祭礼

伏波将军庙碑

古之豪杰任大事而立奇功，足以利国家、垂永久者，其大致有三：曰几，曰忠，曰智，而神存乎其间矣。当炎汉中兴，赤符再启，光武提一旅之师，扫除莽贼，芟刈群雄，恢复旧物，如取之掌。于时，征侧以孱然一女子，盗弄甲兵于荒服之外，汉方弃置不顾。将军知时不可失，毅然请往。帝不可抑，众不可挠。此则乘时应会，而先夺其心者也。夫是之谓几。交趾隔绝岭海，深入百粤，汉之士马，往往冒炎蒸，触瘴雾，物故过半，人鲜轻入，将军独犯难不顾，督楼船之军，跨海而进，破贼于浪泊之上，此则謇謇匪躬志死国事者也，是之谓忠。及诛征侧，余党悉平，驱逐交蛮，还之故地，界岭分茅，标题铜柱，以限南北。此则识度超迈，处置得宜，筹算计略，已岿然为不世之规矣！是之谓智。呜呼！方将军之请行也，帝以老之，及据鞍上马之将，则已毅然有分茅之志。楼船南下，指挥所及，风行草偃。迄今所向如故，千百年来交人顾视铜柱，信如耆龟，终不敢逾跬步，以争尺寸之地。自有非者神明以寓乎其间，乌能然哉？迹其平生学问，尝感激思自奋拔，以树功名于世。兄语之曰："女大器当晚成，良工不示人以璞。"既遂游陇蜀，知不足以共大事。一见光武而识帝王之真，从容数语，臣主契合，遂倾心北向，攀鳞附翼，以有爵土。而汉家事业，终亦赖之，无负于君择臣、臣亦择君之说。是岂区区浅浅为丈夫者之所能及哉！将军有庙，在横州乌蛮滩之北涯，所谓以死勤事，以劳定国，于法所将祀者。兹土之人，岁时伏腊必祷焉，水旱札瘥必祷焉。诸往来者亦血荐惟谨。岁丁亥十二月，总制尚书都御史新建伯王公来治思田事，过谒庙下，慨叹卑陋，不称显名。爰命州府增饰栋宇，作而新之。初事庀材，有大木二，湍流涌抱，自出滩下，人皆以为神明。年戊子三月，庙成。郡首蒋山卿敬书其事，以诏来世。是役也，冯推官衡宝经始之，州判姜琏亦有劳焉，是不可以不附，故记。

嘉靖八年己丑十一月丁巳中宪大夫、守南宁郡、前尚书、刑部郎中、吴人蒋山卿撰并书。

同知东莞陈志敬，通判□阳赵宣，推官龙山冯衡，判官崑山张熙秀、学正永州石尚，训导海阳陈高立石。军□□副使雷□□，田□赵相，□□□□□。

蒋山卿笔下的马援是机、忠、智兼具之人，善于相机行事，又忠于国家，而且智谋高超，他立铜柱以分汉廷南界，是守疆功臣。蒋山卿盛赞马援"界岭分茅，标题铜柱，以限南北，此则识度超迈，处置得宜，筹算计略，已岿然为不世之规"，铜柱一立，"千百年来交人顾视铜柱，信如蓍龟，终不敢逾跬步以争尺寸之地"。虽然他是奉王守仁之命重修此庙，实际上作为地方官员的蒋山卿也是在碑文当中充分表达了中央对边地的管辖权。

正是因为统治者们大多认同马援的历史功绩，所以，嘉靖二十八年（1549年）任南宁府知府的江西泰和人王贞吉在嘉靖二十九年（1550年）立一石碑于庙前，上有"起敬滩"三个大字，其后还有一行小字："此滩昔名'乌蛮滩'，今更'起敬'，往来士民请再勿呼旧名。"[①] 起敬，即有肃然起敬之意，是对马援功绩表达敬意，亦是在借以行教化之事。如图3-2所示。

图 3-2 《起敬滩碑》

[①] 此碑现仍立于广西横县站圩伏波庙前，笔者于2010年5月1日拍摄。标点为笔者所加。

第三章 伏波信仰的主神职及祭礼

王贞吉将乌蛮滩改名为起敬滩,是希望过往的行人能见伏波庙而肃然起敬。以改滩名来表达对伏波将军马援的敬意的做法在宋代时早已有之。崇祯十年(1637年)八月,徐霞客在广西考察时途经乌蛮滩,他记录了上岸入庙所看到的碑刻情况:

> 乌蛮滩在横州东六十里,上有乌蛮山、马伏波庙。志谓:"昔有乌蛮人居此,故名。"余按,乌浒蛮在贵县北,与此不相及。而庙前有碑,乃嘉靖二十九年知南宁郡(府事)王贞吉所立。谓"乌蛮非可以渎前古名贤之祠,易名起敬滩。"大碑深刻,禁人旧称,而呼者如故。余遍观庙中碑甚多,皆近时诸宦其地者;即王文成《上滩诗》亦不在。而庙外露立一碑,为宋庆历丙戌知横州(事)任粹所撰,张居正所书。碑古字遒。碑言:"粹初授官时,奉常二卿刘公以诗见送,有'乌岩积翠贯州图'之句。抵任即觅之,不得也。遍询之父老,知者曰:'今乌蛮山即乌岩山也,昔伪刘擅广,以讳易其称,至今不改。'夫蛮乃一方丑夷,讳亦一时僭窃,遂令名贤千古庙貌,讹袭此名,亟宜改仍其旧。闻者皆曰:'诺。'遂为之修庙建碑,以正其讹。"其意与王南宁同。而王之易为起敬,不若仍其旧更妙。①

徐霞客在庙外看到宋代横州知州任粹所写的一块碑刻,按碑中所言,任粹刚被授予横州知州一职时获友人赠诗,其中写到"乌岩积翠贯州图"。乌岩是为何地?他到任后遍询当地人,获悉诗中的乌岩山即是乌蛮山,乌岩山南汉时因横州属南汉管辖,为避南汉君主刘姓之名讳而更名为乌蛮山。任粹认为这让伏波庙蒙羞,应该恢复旧名。他的意见得到了众人的支持,任粹遂修庙建碑,恢复乌岩山之旧名。幸得徐霞客对此事的记录,让后人得以了解乌蛮山、乌蛮滩名称的变化过程,宋代任粹恢复乌岩山之名的行为与明代王贞吉更乌蛮滩为起敬滩的用意相同,均是希望通过恢复原名来实现教化之功。只是人们对乌蛮山名称习惯了,不愿意改回去罢了。可见,作为国家正祀神灵的伏波将军马援在神灵化的过程中,并非一蹴而就。

横州伏波庙因其地理位置处于中国与越南交通必经之地,因而得到特殊

---

① (明)徐弘祖著,朱惠荣校注:《徐霞客游记校注·粤西游日记二》,昆明:云南人民出版社,1994年,第469页。

关注。从皇帝下诏修庙致祭再到历年重修，均是为了宣扬马援功绩，也是为了强调中央对边地的控制力。万历三十年（1602年）十月，南宁府推官张邦教倡议重修横州乌蛮滩伏波庙，并撰写了《重修乌蛮滩马伏波庙碑记》，详见图3-3。

图3-3　万历三十年（1602年）横州《重修乌蛮滩马伏波庙碑记》[①]

[①] 此碑现仍立于广西横县站圩伏波庙前，笔者于2010年5月1日拍摄。标点为笔者所加。

重修乌蛮滩马伏波庙碑记

余镜《西粤通志》乌蛮旧称乌浒山，滩曲而锐，水激而长，千艘万楫往来必经。滩之上古无祠也，盖自汉伏波将军征交趾，驻兵此地，见滩石横错如戟，不便利涉，令军士平之，以故舟楫免奔覆之虞。后人追勋报德，崇祀春秋，遍□□□伏波庙，历唐宋入我皇明。翰林学士王廉奉命封安南，诏修庙致祭，详在郡志中。嗣是递圮递修，经今几三百季，所凡舟所经，靡不肃然瞻拜，仰藉神体，盖灵震殊方已也。

今上庚子岁，余吕邕李代庖于横。乌蛮，盖横境也。驿丞陈升条陈庙圮状。余苾恒仰止伏波公忠勋，因言恻然动念，往视之，坚者摇，隆者挠，翼者折，廉者刓，非大更张不足垂久远。志实切，而力未能，遂与堂翁薛公议。薛公力主其决，因俸以倡好义者。会上思乡缙绅宋廷重愿助重赀，经费大略具矣已。而珠□内相李公过捐金二十。横守柳君继所不足，辄以俸助，则经费益饶用。是卜吉经始，工必中程，枓必中度，黉厅序次庭轩，缭以周垣，堂堂井井，苦更更而壮，湫隘更而爽垲，陂陀更而廉隅，庙貌焕然改观。是举也，董其役者，乌蛮驿丞陈升，而始终经营，爰集厥事君之力为多也。工既落，众请树碑记之。余谓古今惟忠义在人心，不容磨灭，伏波天矍铄之忠贞，招携怀贰，标铜柱以镇蛮方，民到于今受安澜之赐。今去伏波不知几千百载，乃一倡鼎新，万心响应，轮奂翚飞，耿炎如在。彼图形□，何如此庙之长系人心，烝尝不绝哉。余观今之安南，夫非昔之安南也，遵我约束，修彼常礼，厥惟旧矣，而何今渐渝也。抚今追昔，壮哉！马革裹尸之忠勇，令人彷徨想慕而不能忘焉，遂援笔记之，属司驿者勒石于庑东。

赐进士南宁府推官张邦教顿首拜撰记，横州知州柳国桢、州判周万善、乌蛮驿丞陈升仝立。

万历三十年十月。

张邦教在碑文当中对马援功绩极为推崇，盛赞"伏波天矍铄之忠贞，招携怀贰，标铜柱以镇蛮方，民到于今受安澜之赐。今去伏波不知几千百载，乃一倡鼎新，万心响应，轮奂翚飞，耿炎如在。彼图形□，何如此庙之长系人心，烝尝不绝哉"。另外，因为明朝永乐年间放弃安南事件，所以张邦教在文中也感慨万端，"余观今之安南，夫非昔之安南也，遵我约束，修彼常礼，厥惟旧矣，而何今渐渝也。抚今追昔，壮哉！"言语之中颇有遗憾。

时隔一年后，横县伏波庙又再获重修，此次重修是由广东顺德人薛藩来主持。薛藩于万历二十九年（1601）出任南宁府知府，到任后于万历三十一年（1603年）重修伏波庙，并撰有碑记，全文如下：

重修马伏波将军庙碑记①

赐进士出身、中顺大夫广西南宁府知府、前钦赐一品服、奉使宣谕朝鲜行人司行人、顺德薛藩撰，奉政大夫奉敕整饬临元等处兵备、云南按察司佥事、前南京陕西道监察御史、郡人施懋篆额，奉直大夫、南京淮安府海州知州、郡人邓国材书。

辛丑之岁，余以民部使出守晋兴，故汉新息侯出征交南旧壤也。余标政无何，诸茸祛缁蠹，悉藉寅长张公六翮之恃，缭意共图之。而张公司理最先，其树功于邕最卓，其攸报功之典范，最隆。先是邕属横槎境乌蛮滩，上有马将军祠临之。滩故澎湃轰涌，巉岩险兀，即是建宇以祠将军，旌曰"伏波"，示镇也。凡躅逴来，咸效明禋若节，春秋享祀，不匮牵丝。于今庙貌即非，佩薜帷尘，而桐禳恒堵，不无咏秋风落日者。张公蹴然曰："夫以将军茂陵扶风之诘，当建武中元间，秉钺戎行，破西州，定陇右，锄先零，诱羌戎，陷临乡，出万死不顾，一生以勤王事。至交南瘴疠，远疲婆，孤生诀而无悔。迄今铜柱高擎，越裳重译，不改粤峤之被天和食地，真去□胸以耀于光明者，非将军万世功哉！"趋撰朝即祭于庭，亨于禘祫，侑于清庙，如汉唐宋所以隆功臣者，今与中山王诸君子匹功垺配，固其所也。何至山祠犹然萎满，奚以明将军不朽！遂捐赀鸠工重修葺之。继而横州柳守佐赀集事，而李中常侍采榷珠浦，取道于斯服，糜金益之，阅岁竣工，祠宇巍峨，钟鼓铿鞳，山菁献秀，水色恬流。张公轩然曰："岂不谷是为将军功德，实然抑以固吾围也。惠邀将军之灵震叠鸣阳罔象，俾三老长年泛兹洲者，获有宁宇，以不颠顷于汹涛屼壑，是赖且藉矍铄余威，迄今海波不扬，烽燧不警。雕题凿齿之邦，无复黄巾赤眉故态，又孰非将军万世功哉？"是举也，固张公隆报功之典于将军，而其树功于邕者，足窥一斑已。厥工肇于万历三十一年三月朔日，落成于三十一年七月念九日，而费不及帑，

---

① 此碑现仍立于广西横县站圩伏波庙前，笔者于2010年5月1日拍摄。标点为笔者所加。

骚不及民，余心甚嘉之，爰纪以勒贞珉，用揄厥美云。

横州知州潮阳柳国祯、州判金溪周万善，带管巡捕云南吕黄，乌蛮驿肇庆陈升、巴陵彭天民仝立。

皇明万历癸卯岁仲秋之吉

碑文赞扬马援一生"以勤王事"，不论是破西州，定陇右，锄先零，诱羌戎，陷临乡，还是至交南，"孤生诀而无悔"，有万世功。重修伏波庙不仅仅是为了纪念马援功绩，还是借此神力来"固吾圉"，以"获有宁宇"和"海波不扬，烽燧不警"。对于马援身上的那种爱国精神，许金英在《最新楹联全书》第七篇"庙宇"楹联收录了余小霞题横州大滩伏波庙联，应该可以作为经典概括："铜柱镇鸢飞，顾盼生风意气真能吞浪泊；金门留马式，男儿报国姓名何必与云台。"①

清代时，横县伏波庙也屡获重修。其庙门厅左侧现存有一组碑刻，现存两块的碑额写有"重建伏波"四个字。从语意上来看，此组碑刻应该不止两块。现存的两块，第一块为序言，是提督广西全省学潴周学濬所撰的《重建大滩伏波庙碑记序》，第二块是题列捐资者姓名。此两块碑均没有立碑时间，从第一块碑所刻的序文当中，可以知此庙重修于1847年，1849年落成，由此可以推测此碑立碑时间应该是1849年，详见图3-4。

重建大滩伏波庙碑记序

本庙坐子向午兼壬丙，分金丙子、丙午，坐危宿三度，向张宿七度。

十里仙风来画艇，久通南北衣冠。一龛香火供贤侯，永享春秋俎豆，作槎江之锁匙。地脉潜回，垂汉室之勋名，人纲默护，诚贻谨敕钦哉。百世之师书助廉，公允矣千秋之范，而乃铁船通道，使洪蒙未凿之山川引星辰而直上，铜鼓靖蛮，令声教顿开之边徼揭日月以常昭。迄今侧贰消宁，投诚者犹祗畏乎二柱之遗珠犀解，释齐志者常太息夫一车之谱。此新息侯伏波将军之功德，与昌黎尊孟子不在禹下同，符宜横州大滩庙祀不替也。惟是钟尘鼓纲，岁月积而响籁微沉，栋缺榱残，风雨飘而支撑欠固。道光丙午，耆节柏英奉天子命西巡严晋谒，发意倡修，属州牧德兴为嚆矢。时简阳绅士粤海官商各矢真诚，共襄美

---

① 许金英编：《最新楹联全书》，吉安：现实教育研究社，1942年，第48页。

图 3-4　1849 年《重建大滩伏波庙碑记》①

---

① 此碑现仍立于广西横县站圩伏波庙前，笔者于 2010 年 5 月 1 日拍摄。标点为笔者所加。

举。詹丁未冬重建,越己酉春落成。潜视学邕南,两经其地,循阶瞻拜,亦捐廉俸助梓材,而登览周遭,见夫址犹旧也,宇聿新焉,堂基寝殿,形势庄严,亭廊廊房,规模革而翚飞,竹苞而松茂,鱼鱼雅雅,炳炳麟麟,洵足以壮观瞻,妥灵爽,为起敬之津梁行人所凭式,丛树万年不拔之基焉。广文枢居横日久,得与身亲其事,请序于予。予凤慕将军伟业超垂,神威广布,而读书以轶贤追圣为心,筮仕以爱国忠君为念,托风云身依日月,诚有如王文成梦寐潜通者。若大滩,尤为将军沐雨栉风所利导,披荆剪棘所奠安,而虎踞龙蟠,鸾翔凤翥,嶙刚滩声浩瀚,是将军之将卒兔趋而咳垂风生也。滩容笋翠,滩势奔腾,是将军之一神不散而两化无穷也。其英灵清常萃于斯,使彼都人士、行旅往来诚求立应者,此岂云台烜赫所能争哉!是役也,工费浩繁,固官绅商民愿捐之力,而顺德监生陈国贤出身督募,功尤巨焉。董其事者如进士施绍文、贡生吴善从、生员陈耀爵、李锡珍等殚衷筹画,均无负节,相创修至意州牧心,是皆安有成劳,例得书丹至乐助芳衔,众擎共举,并寿贞珉,将见庙貌巍峨,匹驼峰而鼎峙,神灵奠定,驾铜柱以恒辉。是为序。

钦命翰林院编修、榜眼及第、提督广西全省学政乌程周学潜拜撰

敕授文林郎、壬午科乡进士、拣选知县、借补横州训导、绣江杨朝枢拜书

大总理陈国贤顺德监生、泰丰当、李锡珍、吴善从、城内首事施绍文、刘泰龙、陈耀爵、同孚当、南兴号、祥泰号、公安号、同泰当、广丰号、联发号、远丰号、总理正昌号、华茂号、合聚号、协泰号、罗义记、会隆号、安利号、同合号、益记号、忠盛号,北岸石洲村首事宁廷就、宁定国,北岸上平村首事杨永佳、刘瑞邦,南岸村首事梁有求、麦南基、谢绍添、谢显成,督理卢澄汉、谢学伸、钟应元、刘汉智、谢恩洪、谢绍宪、麦世元、谢赵均、谢见方、刘永生、谢长有、刘汉元、谢赞猷、谢志曾、陈金凤、谢长忠、麦朝运、陈廷聚、陆建龙、刘汉积、杨应就、谢有合、麦南颜、麦南武、梁有宗、陈学德、麦廷耀、陈英彬、麦世高。

两广总督部堂耆捐银四十两,广西提督学院周捐银一十两,左江兵备道承捐银五十大员,即用道糜捐银二十大员,左江总镇都督府盛捐银一封,署南宁府正堂何捐银一封,特授横州正堂德捐银四大员,署横州正堂彭捐银一封,前署云南迤东道铨选湖北督粮道施道生捐银一十两,署左江镇标左营千总陈振凤捐银三两,左江道缉捕委员代理大滩分司沈捐银一两,特授横州儒学正堂李捐

银三大员，借补横州儒学训导杨捐银五大员，调署横州右堂陶捐银二两，驻防横州城守总司黄捐银五大员，协防横城守副总部王捐银一封，即补府张捐银二十大员，署理思恩府刘捐银十大员，署宁明州正堂兼署明江分府王捐银十大员，灵山县正堂双捐银二十大员正，特授湖北通城县正堂张锡田捐银六大员，前任山东武定府东陵县知县梁本檀捐银二两，广东侯升县施道彬捐银二两，钦州营参府恒捐银二大员，署理左江镇标右营守备雷振坤捐银一大员，钦州营中军府守府翟士彪捐银二大员，钦州营城守分府彭正邦捐银一大员，平南城守江学海捐银五大员，钦州儒学正堂冯兰捐银四大员，钦州儒学训导王兆泰捐银二大员，钦州营右部总司卢建元捐银一大员，钦州右堂章铭捐银二大员，特调思恩府百色分司陈捐银一大员，署向武州汉堂郭捐银二大员，署灵山县教谕黄东云捐银二大员，署灵山县黄史李垣生捐银二大员，钦署百色分司颜捐银二大员，精膳司谢捐银一封，俸满百色巡检胡成宗捐银二千文，检发县左堂百色委员韩凤梧捐银一两，越南国陪臣裴櫕王有光捐银一十两，直隶苏州张福捐银一十大员，侯选布经州梁友兰捐银五大员，百色埠裕济堂捐银一十两，钦州总局捐银六大员，钦州海关税馆捐银四大员，劳帅俭堂捐银二两，临桂吕宗祥捐银一两二钱五分。

周学潘在碑文中赞扬马援南征，使"铁船通道，使洪蒙未凿之山川引星辰而直上，铜鼓靖蛮，令声教顿开之边徼揭日月以常昭"，伏波将军之功德"与昌黎尊孟子不在禹下同"。周学潘认为："将军伟业超垂，神威广布，而读书以轶贤追圣为心，筮仕以爱国忠君为念，托风云身依日月，诚有如王文成梦寐潜通者。"重修伏波庙，是因为"夙慕将军伟业超垂，神威广布，而读书以轶贤追圣为心，筮仕以爱国忠君为念，托风云身依日月，诚有如王文成梦寐潜通者"。字里行间，我们不难看出作为官员的周学潘是非常赞赏马援忠君爱国的行为，这种忠君思想对于朝廷维持运行来说是极为重要的。

有意思的是，桂西南地区的伏波将军马援往往因其具备的守土神职，在一些特殊的情况下被士绅有意识地创造其显灵的神迹。横县乌蛮滩伏波庙正殿内墙有一块碑刻，题为《新息马侯庙碑颂》，立于同治十三年（1873年），详见图3-5。

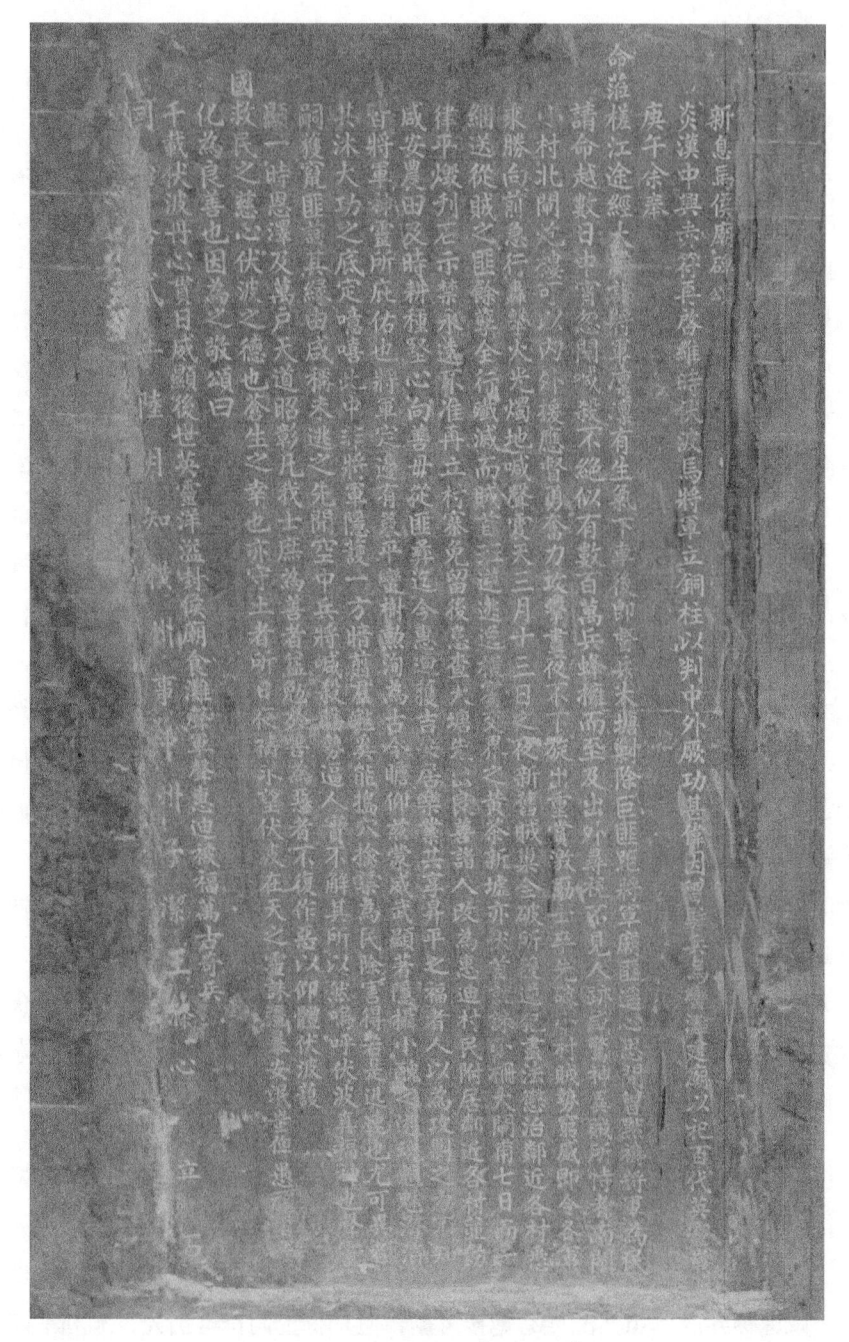

图 3-5 《新息马侯庙碑颂》①

---

① 此碑现立于广西横县站圩伏波庙前，笔者于 2010 年 5 月 1 日拍摄。标点为笔者所加。

新息马侯庙碑颂

炎汉中兴，赤符再启。维时伏波马将军立铜柱以判中外，厥功甚伟，因曾驻兵乌蛮滩，建庙以祀百代英灵。岁庚午，余奉命莅槎江，途经大滩，谒将军凛凛有生气。下车后即督兵大塘剿除巨匪，距将军庙匪遥，心思间，曾默祷将军为民请命。越数日中宵，忽闻喊杀不绝，似有数百万兵蜂拥而至，及出外寻视不见人迹，咸惊神异。贼所恃者，南闸小村、北闸炮楼可以内外援应。督勇奋力攻击，昼夜不下，旋出重赏激励士卒，先破小村，贼势穷蹙，即令各军乘胜向前急行轰击，火光烛地，喊声震天。三月十三日之夜，新旧贼巢全破，所获逆犯尽法惩治，邻近各村悉捆送从贼之匪，余孽全行歼灭。而贼首班逆逃逸横宾交界之黄荼新圩，亦伏首就诛。小栅大闸甫七日而一律平毁，刊石示禁，永远不准再立村寨，免留后患。查大塘先出良善诸人，改为惠迪村，民附居邻近各村，并饬咸安农田，及时耕种，坚心向善，毋从匪彝。迄今惠迪获吉，安居乐业，共享升平之福者，人以为攻剿之力，不知皆将军神灵所庇佑也。将军定边有策，平蛮树勋，洵为古今瞻仰，兹蒙威武显著，隐摄小丑之游魂，魑魅潜消，共沐大功之底定，噫嘻！此中非将军隐护一方，暗翦群寇，奚能捣穴擒渠为民除害，得若是迅速也。尤可异者，嗣获窜匪，询其缘由，咸称未逃之先，闻空中兵将喊杀，声势逼人，实不解其所以然，呜呼！伏波真福神也！声灵显一时，恩泽及万户，天道昭彰，凡我士庶为善者益勉于善，为恶者不复作恶，以仰体伏波护国救民之慈心。伏波之德也，苍生之幸也，亦守土者所日夜祷求，望伏波在天之灵，诛疆暴安氓萤，俾凭顽者蛋化为良善也。因为之敬颂，曰：千载伏波，丹心贯日，咸显后世，英灵洋溢；封侯庙食，滩声军声，惠迪被福，万古奇兵。

同治十二年六月知横州事中州子洁王涤心立石。

按碑文记载，此事颇有灵异。王涤心赴横州就职时途经大滩拜谒伏波将军，见神像"凛凛有生气"，刚到任就奉命去大塘剿除匪患，遥祈伏波将军"为民请命"。"越数日中宵，忽闻喊杀不绝，似有数百万兵蜂拥而至，及出外寻视不见人迹，咸惊神异。"虽然匪徒有炮楼可据，但是将士们奋勇当先，顺利平剿。对此，王涤心将功劳归结于"皆将军神灵所庇佑"，因为逃窜他处的匪徒顺利抓获，询其缘由，咸称"未逃之先，闻空中兵将喊杀，声势逼人"。因此，王涤心赞叹伏波将军马援是"真福神"，有护国救民之慈心，这既是"苍生之幸也，亦守土者所日夜祷求"，直言期望伏波在天之灵可以"诛强暴安氓蛊，俾凭顽者蛋化为良善"。在这个碑文当中，马援作为护国庇民有功的功臣的形象栩栩如生。

马援作为忠臣护国庇民的显灵事迹不绝于书。无独有偶，龙州伏波庙正殿左墙内嵌有一则光绪十一年（1885年）刻立的《王大人捐资碑记》也是记录了马援显灵的神迹，详见图3-6。笔者将其全文誊录如下：

王大人捐资碑记

钦命头品顶戴、赏穿黄马褂、统领恪靖定边楚军、前福建布政使达冲阿巴图鲁、随带军功加三级王德榜，于光绪九年冬奉天子命，以法越构兵，饬率兵援属藩，经汉伏波新息侯王昔年立功之地，城厢市镇，均建王祠，士民争敬，有求必应，功德与日月同光。榜军谅山，士卒未能奈瘴，纷纷亡故。当求王大发仁慈，佑我将士去疾立功，许新王庙。蒙怜悯，渐次安全。十年六月，法人求和罢战，奉朝命撤兵拨回国内。榜因法行耶稣不遵圣教，而王系汉之名臣，似不宜仍神越地，自应奉归汉土，是以在越许新王庙之念，欲在龙州建立。然龙州已有王庙，询之此方士人，问其蒸尝岁修产业多少，据称均无。榜此转念，将许新王庙之费，浼本州绅商首事丁达昭等，置店房，收租息为岁修蒸尝之费。兹买得太平街业主刘锦泉东边闸口第三间坐东向西铺一间，四大进，前至街心为界，后前挑担行为界，左邻至黄忠记为界，右邻至南邑义山会当铺为界，去价银七百两正，每岁永远收现租银两五十两。又买得太康街业主丁怡栈西边闸口第一间坐西向东铺一间，两大进，前至街心为界，后至陈宅为界，左邻与何荣利同墙，右邻至大街心为界，去价银八百两正，每岁永远收现租银五十两。二共买铺二间，二共费银一千五百两，每岁共收现租银一百两。其铺契与租息均交与本州绅商首事轮流经管，息上生息，以备岁修蒸尝之用，并札龙州厅备案。第恐年深月久，契与厅案有虫伤水湮之虞，特将买铺事由入石，俾此方士民均知底蕴，有所查考，如是为记。

光绪十一年四月上浣吉日

阖州首事同立

图 3-6　龙州县伏波庙《王大人捐资碑记》[1]

---

[1] 此碑现仍立于广西龙州伏波庙正殿左墙内，笔者于 2009 年 5 月 5 日拍摄。标点为笔者所加。

碑文所称的"王大人"即是清末抗法名将——王德榜。王德榜（1837—1893年），湖南江华县人，武将出身，同治四年（1865年）升为福建布政使。中法战争爆发后，王德榜署理广西提督，率军赴边关抗法。他到达龙州后招募新军八个营，称为定边军，随后打了几次仗，均获胜利。光绪九年（1883年）冬，他率兵援越，在行军途中，遇到南方湿热多瘴，在越南谅山时，"士卒未能奈瘴，纷纷亡故"，严重影响了战斗力。而行军所过的桂西南地区是"汉伏波新息侯昔年立功之地，城厢市镇，均建王祠，士民争敬，有求必应，功德与日月同光"。为此，王德榜向伏波将军许愿"求王大发仁慈，佑我将士去疾立功，许新王庙。蒙怜悯，渐以安全"。光绪十一年（1885年）二月八日，镇南关战役爆发时，王德榜正驻防油隘，他与冯子材等部密切配合，大胜法军。战役结束后，王德榜班师回国。回至龙州后，他为了还愿，拟新建伏波庙，只是龙州已经建有伏波庙，只是没有蒸尝岁修庙产。得知这些情况后，王德榜将修建伏波庙的资金1500两交给当地绅商负责人达昭，"置店房，收租息为岁修蒸尝之费"。从表面上看，是因为他在率军入越作战时蒙神庇护，将士得以"去疾立功"，但深层次原因并非如此简单。王德榜是在越南谅山因士卒染瘴之事而向伏波将军马援祈祷许愿，他愿意"许新王庙"。中法战争结束后，《中法越南条约》的签订使中越关系由宗藩关系变成独立的国家关系，越南沦为法国的保护国。作为封疆大吏，王德榜认为："法行耶稣不遵圣教，而王系汉之名臣，似不宜仍神越地，自应奉归汉土"，所以"在越许新王庙之念"才改为在龙州捐资重修伏波庙。这一句极不经意的话，折射出了大清王朝统治阶层代表的王德榜看待伏波信仰的原则，即伏波将军马援是中国王权统治南界的象征。另外，值得注意的是，王德榜是此次重修的倡议者，他将资金交由当地绅商管理，表明当地绅商也捐资并积极参与重修伏波庙，这说明在官员的倡导下，绅商积极参与重修伏波庙，并带领当地民众通过参与修建伏波庙、祭拜伏波将军马援缅怀其维护国家统一的功绩等活动，加强其凝聚力以维护边疆稳定。王德榜除了重修龙州伏波庙外，还倡建了凭祥伏波岭的伏波庙。此庙建于1888年，即是由王德榜倡建，后来因为王德榜调任他处，续由马盛治建成。此事被马盛治记录在碑文中，后文会谈及。

马援身上这样一种忠于国家、死而后已的精神，亦得到越南官绅阶层的钦佩。成书于14世纪30年代的陈朝《安南志略》卷19《图志歌》云："光武初除新室难，未遑选擢南方使。［麓］［泠］二女逞奸雄，姊名征侧妹征贰，招呼要党据南［交］，威服百蛮无与［比］，侵边［寇略］六十城，壹立为王壹为帅。堂堂汉将马伏波，苦战三年常切齿，分军驱逐到［金］溪，贼酋授首悉平治。广开汉界极天南，铜柱高标传汉史，命官遣［将］镇其民，德政清新多惠施。"① 其歌历数了影响越南历史发展进程的大事，黎崱高度肯定马援之功，马援平叛"二征之乱"并立铜柱以标汉界，其功之高自然不必多说，还遣将镇民，惠治德政。可见在黎崱心中，马援既是优秀的军事家，又是出色的政治家。

复旦大学文史研究院与越南汉喃研究院合编的《越南汉文燕行文集（越南所藏编）》所收录的 79 部著作当中，有 52 部著作均有题咏伏波将军马援功绩的诗文作品或行程记录，其中包括了 4 部著作是使臣出行路线图，里面均绘有其所途经的广西沿江分布之伏波庙。此套书共收录 119 首（篇）与马援有关的诗文，其主题亦是多为咏吟马援南征功绩。越南后黎朝的黎贵惇曾作《重经五险滩谒伏波将军庙》一诗：诗中历数马援功绩，盛赞"骆越千年遵教令，荒山铜柱久无声"②。阮朝黎光定（1759—1813 年）于嘉隆元年十一月至次年十二月间（清嘉庆七年至八年，1802—1803 年）任请封正使一职，偕副使黎正路、阮嘉吉出使清朝，请求清仁宗承认阮朝建国，并改国号。他在《过起敬滩题马伏波祠》一诗中明确表达了对马援的景仰："岭外遐荒广帝国，将军古庙倚岗梧，茅分天地今犹在，米聚山溪昔未芜。铜柱直将留伟绩，云台何必绘嘉谟。五滩千古经过后，为感精忠奠一壶。"当时的名臣吴时位评价其诗为："汉家宫阙已随云水，将军古庙犹倚岗梧，不知何以得此。盖啬于此者，丰于彼勇，足以平叛乱，而不能弭贝锦之谗，贵足以为天子翁，而不得与丹青之列。将军受亏于汉亦已多矣。然其英雄事业轰轰烈烈，茅分天地，过粤岭者思其功，米聚山溪，读汉书者羡其智。生有益，死有闻，以此取偿于造物，故能周流磅礴，血食南北，瞻其庙无不起敬。想其人无不歆慕。此诗写得痛快亲切，括尽将军平生，谓之诗也可，即谓将军赞也亦可。"③

---

① （越南）黎崱撰，武尚清点校：《安南志略》卷 19《图志歌》，北京：中华书局，2000 年，第 431—432 页。
② （越南）黎贵惇：《桂堂诗汇选》，中国复旦大学文史研究院、越南汉喃研究院合编：《越南汉文燕行文献集成（越南所藏编）》第三册，上海：复旦大学出版社，2000 年，第 253—254 页。
③ （越南）黎光定：《华原诗草》，中国复旦大学文史研究院、越南汉喃研究院合编：《越南汉文燕行文献集成（越南所藏编）》第九册，上海：复旦大学出版社，2000 年，第 113 页。

第三章　伏波信仰的主神职及祭礼

道光二十九年（1849年），越南阮朝使臣阮文超使清，还写了一篇《广西祭马伏波将军庙文》云："惟天降才，惟士立功，遨游择主，意气横空，四七之际，天下雷同，帝真袒愤，早识英雄。群戈既扫，列侯就封，天子解甲，独往边禺，壶口龙门，山闭水穷，何险不夷，有塞斯通。江山故步，庙宇灵从。船可沉铁，柱能毁铜，大将军名，万古英风，南邦礼义，是敬慕公，使程过此，一献致恭，尚祈神佑，一路帡幪，大川利济，惟吉之从。"① 在祭文当中，阮文超对马援的功绩评价极高，自己拜祭不仅是"敬慕"大将军的"万古英风"，而是使"南邦礼义"重归，使得"江山故步"，故才会"庙宇灵众"。这也就充分表明了伏波将军信仰当中有英雄崇拜的主题。可见，马援在越南使臣心中的形象之高大。

到了现代社会，马援的爱国形象仍然得到国人的认同，这可从现存的伏波庙对联中窥见一斑。钦州小董镇大王庙又称伏波庙，内祀主神是马援。其大门有一副对联："思马援纪马援永留千般感化育，礼将军敬将军竟是万古崇文明。"正殿柱联为："马援扬威功垂宇宙留青史，伏波安汉德遗中华贯古今。"前殿倒座柱联为："德仰浮天赫濯声灵常有感，威嘉镇海英雄气概尚如生。"钦州乌雷伏波庙的对联为："护东汉扫南蛮千古功劳千古像，驻乌雷庇头甲十分享祀十分盛。"正门上匾额刻有"乌雷伏波庙"，上联是"顾盼自雄，垂暮精神犹矍铄，东汉出英豪，拜为将称为翁"，下联是"风水专注，千秋烟祀有馨香，乌雷遗古庙，后倚山前临海"。仅就这些庙宇的对联，即可知在信众心中，马援的形象基本上沿延了正史所描绘的那个为国尽忠、守边有功的忠臣形象。

在现代社会中，乡民多用更朴素的语言来表达对这段历史的记忆。东兴罗浮峒伏波庙建于1890年，据罗浮峒村民介绍，中法战争后中越划界，以北仑河为界河，此庙即从中越界河北仑河对面的越南六林村迁回。现存的对联为："马援南邦勋铜柱，侯在东汉著金榜。"正殿对联为："泽被南郊流五洞，名成东汉炳三都。"笔者曾于2009年春节参加了东兴罗浮峒伏波庙的祭礼，记录了一些祭拜伏波将军的言语：

逢请伏波马元帅，一品当朝大将军。头戴平天五罗帽，身穿金角绣龙鳞。

---

① （越南）阮文超：《如燕驿程奏草》，中国复旦大学文史研究院、越南汉喃研究院合编：《越南汉文燕行文献集成（越南所藏编）》第十七册，上海：复旦大学出版社，2000年，第65页。

手执铜柱千斤重,战败安南五省人。铜柱扎着分茅岭,左脚踏住安南儿。甲辰年间安出世,正月十五子时生。七十三岁归阴府,如今出圣神威岭。夜街九斜民安乐,夜行经过鬼神慌。千家有求千家应,万家有求亦威灵。不贪香花传富贵,值得名声四海传。题止关南逢奏请,伏波将军降来立。
…………

虽然上述言语当中不乏谬误之处,如马援不可能身着绣有龙鳞的衣服,这是僭越之举,非马援所为。马援亦非大力士能举千斤铜柱,他享年63岁而非73岁。但是这些言语所描绘的马援作为一个为国捐躯、护佑黎民的忠臣形象通过上述言语而跃然眼前。

二、伏波安澜的水神

马援一路南征,随山刊道,水陆并进,伏波安澜。有学者指出,汉代以后至唐代,马援祠庙是国家和民众怀念其军功而建,唐代出现了马援用功于地方的雨泽丰歉和灵渠维修等主题,后来这一主题不断被放大。到宋元时,有关伏波神在庇佑水上交通安全的神职功能被淋漓尽致地表现出来,特别是在岭南琼州海峡、郁江乌蛮滩、灵渠等处,保佑水上交通安全,甚至庇佑地方水旱等方面,灵异不断,功勋卓著,封号迭加。[①] 此外,在唐代的一些史书当中就有对伏波将军名号含义的分析,如杜佑《通典》说:"伏波,汉武帝征南越,始置此号,以路博德为之,后汉马援亦为之。伏波者,船涉江海,欲使波浪之伏息。"[②] 按古代祀礼的入祀标准:"圣王之制,祭祀也。法施于民则祀之,以死勤事则祀之,以劳定国则祀之,能御大灾则祀之,能捍大患则祀之。是为大祀,谓功施于民者也。或时立其祀配享庙廷,亦是也。"[③]汉代两位伏波将军不仅是守土有功,还让江河波平浪静,助社稷安定,又可御灾捍患。可见,这个捍患,更多是从其"伏波"名号延伸出来,成为御灾捍患、护航安澜的水神。

雷州半岛徐闻县的伏波庙在讨纲村,北宋绍圣四年(1097年),北宋朝

[①] 王元林:《国家祭祀与地方秩序构建中的互动——以唐宋元伏波神信仰地理为例》,《暨南学报》(哲学社会科学版)2011年第2期,第161—168页。

[②] (唐)杜佑:《通典》卷29《职官十一》,北京:中华书局,1988年,第332页。

[③] 李学勤主编:《十三经注疏·尚书正义》卷15《洛诰》,北京:北京大学出版社,1999年,第409页。

第三章 伏波信仰的主神职及祭礼

文学家苏轼谪迁海南,从徐闻渡海,特地去伏波庙祈求伏波将军保佑渡海平安,他在《伏波庙记》中言:"自徐闻渡海适珠崖,南望连山,若有若无,杳杳一髪耳。舣舟得济,股栗魂丧海上。有伏波祠,元丰中诏封忠显王。凡济海者必卜焉,曰某日可济乎,必吉而后敢济,使人信之,如度量衡石,必不吾欺者。呜呼!非盛德其孰能然?"[1]

研究表明,广东北江流域水神神谱当中就有马援的身影,民间认为马援有降伏武溪的非凡泷夫之力,其又倡兴修水利,故民众赋予其水神神格,建庙加以祭祀。[2]

即使是湘西地区,伏波将军马援安澜护航的神性亦很突出。清代时,清水江——沅水流域的桐油、木材等土特产不断外销,水路航运的安全成为人们的普遍祈愿,伏波神的水神色彩愈发明显。如居沅水上游的洪江,上通滇黔,下达常德、长沙远及汉沪,湘黔货物运销多以它为枢纽。货物贸易以桐油和木材为最大宗。山货运销是以河运为主,但是沅水多有险滩,其中作为沅水第一险滩的清浪滩,"滩上水际有七星岸,滩口有三门滩、闪电滩,又称敬畏滩,怪石横涌,白浪拍天者三十里"[3]。清代中期的沅陵人李沆训写有《横石滩》云:"巨石横江心,激浪怒喷薄。上游船来摩肩行,下游船去压头落。篙师梢子何剽健,折入危涛船不见。饥鹰掠地忽飞起,穿过浪花立当面。"[4]虽然诗中不失夸张描述,但是此滩之险跃然纸上。洪江以下河道渐广,滩水渐险,稍有不慎,则会触礁翻船,人货难保。因此,驾排之人为洪江、黔江、辰溪、麻阳等县居民,河道之深险,熟谙于胸,亦须换人两班,方能到常。如遇洪水,木材则易被冲散;若是潮退河涸,则有些木材要一年两载方到常德,影响到销售[5]。

木材贸易尚如此,其他货物运输自然不必再提。在大自然的力量面前,客商们对神灵的敬畏与祈求是情理之中的事。因此,湖南沅水下游多以伏波将军马援为河神。辰沅本地商人的会馆(又称伏波宫)即以当地普遍信仰的伏波将军马援为主神,以求航行平安。清人唐效尧(辰溪人)《清浪谒伏波祠》可为

---

[1] (明)黄佐:《广东通志》卷43《艺文》,广州:广东省地方史志办公室,1997年,第1069页。
[2] 王焰安:《北江流域水神崇拜的考察》,《韶关学院学报》(社会科学版)2009年第10期,第5—9页。
[3] 湖南省怀化地区地方志编纂委员会编:《怀化地区志》中卷,北京:生活·读书·新知三联书店,1999年,第1243页。
[4] 佚名:《沅陵乡镇之地灵人杰凉水井》,http://hnylzdq.blog.sohu.com/306247863.html(2014-10-22)。
[5] 朱羲农,朱保训编纂:《湖南实业志》第一册,长沙:湖南人民出版社,2008年,第413页。

证:"伏波有高祠,门前两黄蘘。舟子匍拜诚,割鸡进香烛。忠节人岂知,坐飨亦同俗。遥望壶头山,莽莽云断续。须臾北风驶,百丈免尔足。踊跃舟子欢,明神祝所欲。"清朝康熙年间曾任沅陵县教谕的湖北人向兆麟《酉江竹枝词》云:"滩高水浅石嵯峨,曳纤蛮儿裸体多。牢系船头齐上崖,咚咚打鼓祀伏波。"文中描绘了清浪之险,以及沅陵纤夫打鼓祭祀伏波以求平安的场景。清浪滩伏波庙"神灵甚,舟人过者,必割牲、酾酒以祭"①。可见,马援在护航方面的神力被广泛认同。另有研究表明,酉水流域的伏波信仰从唐宋时期的国家的忠义神转变成水神,并延续到清代。古丈县老司岩村作为酉水重要的码头,其村中伏波神具有保护航运平安的功能。直至民国后,随着公路的修建以及老司岩村商业地位的丧失等综合因素,马援水神功能式微,才逐渐成为消灾祈福、主持公义的无所不能之神。②

广西境内的伏波庙多位于江河或沿海地区,而且其庙宇多面江而立,其水神色彩最浓郁。桂林兴安县城南五里有灵济庙(又名四贤祠),始建于何时不详,庙内供奉秦郡监史禄、汉伏波将军马援、唐观察使李渤、鱼孟威四人。元至正十五年(1355年)此庙重修,元人黄裳所写的《灵济庙记》对此有详细记载:"兴安灵渠,自史禄始作以通漕,既而汉伏波将军继疏之,唐观察使李渤始为铧堤以固渠。作陡门以蓄水,而防御使鱼孟威复增修之,更四贤之勤,历秦汉暨唐而后其制大备,以迄于今,公私紫其利,盖千五百有余岁,其致之者渐也。……窃惟岭南之民,好瑞祥,侈祠宇,其俗固矣。惟兹四贤,其生也,于灵渠之兴,能合智以创物;其没也,于灵渠之坏,能攘患以庇民,是在祭法所当祀者,岂与他祀比哉!庙作于至正十五年正月甲子,成于六月甲子。"③

相传马援不仅曾疏浚过兴安的灵渠,还凿通过所经地区的诸多险滩,如横州的乌蛮滩、月林湾,博白马门滩,均有此类传说。横州城东二十里的天窟山下,有月林湾,"俗传水底有铁船,大风雨间浮水面。汉马援征交趾时,用铁船开道,遗于此"④。钦州有三口浪,"在大海中,常连珠起浪,口声如雷,俗传

---

① (清)段汝霖:《楚南苗志》卷二,长沙:岳麓书社,2008年,第46页。
② 杨胜池:《清代以来老司岩伏波信仰的功能转换研究》,吉首大学硕士学位论文,2016年。
③ (清)谢启昆,胡虔纂,广西师范大学历史系中国历史文献研究室点校:《广西通志》卷142《建置略十七》,南宁:广西人民出版社,1988年,第4074—4075页。
④ 乾隆《横州志》,光绪己亥年(1899年)重刻增补本,第27页。

旧有九口，马伏波射去其六。康熙二十三年间龙门营设汛防守"[1]。在浔州也有伏波庙，而且也担负着水神的职责。据道光《平南县志》卷22《艺文四·乌江伏波除蝗庙记》载："道光十年余作宰是邦，下车询民疾苦……或告余曰：'城南滩水崩渤波相击，昼夜不绝声，屡坏客舟，常为民害。'余谓水势汹涌非人力所能为，唯神能克镇之。相传汉伏波南征时渡此，因名将军滩。是将军靖边息警，大有功德于民，允宜享祀斯土，况威灵赫濯至今犹在耶。"[2]

横州乌蛮滩伏波庙是岭南地区规模最大的伏波庙，历史悠久，是中越使臣往来必祭之庙，有着较完备的文献记载。横州乌蛮滩伏波庙在明朝初年时原定春秋二祭，但是因为此滩所在的郁溪是中越使臣往来必经之地，而且此庙是使臣按例行祭之庙，供费甚多。因此，嘉靖三十八年（1559年），知州王士楠申准各府州县官初到举行一次，以后只具香烛而已。南宁府知府方瑜特地写文记录了此庙的修建原因："公之志节伟然，大丈夫也。晚年提兵南来，平交趾之乱，功德著在岭表，是宜随地祀之。而祀之横江之□，得非以伏波威灵，于今尤烈。怪石险流，假以镇伏，而往来之人恃以无恐者也。"[3]时人认为若非伏波显灵，乌蛮滩的怪石险流难以被镇伏，往来舟船多有倾覆之虞。因此，"兹土之人，岁时伏腊必祷焉，雨旱札瘥必祷焉，诸往来者，亦血荐惟谨"[4]。万历三十一年（1603年）《重修马伏波将军庙碑记》明确指出伏波庙的神职是伏波安澜："邕属横槎境乌蛮滩，上有马将军祠临之。滩故澎湃轰涌，巉岩险兀，即是建宇以祠将军，旌曰'伏波'，示镇也。"[5]崇祯十年（1637年）八月，徐霞客至乌蛮滩，"有马伏波庙。滩高溜（流）急，石坝横截，其上甚艰。既上，舟人献神庙下"[6]，即是明证。

为何舟人到此都要上岸祭拜伏波将军？因为乌蛮山下的乌蛮滩，是西江河道上至百色、下至梧州最危险的河滩。该滩从滩头到滩底，长达10千米之多，

---

[1] 道光《钦州志》卷1《舆地志·山川》，广东省地方史志办公室编：《广东历代方志集成》，广州：岭南美术出版社，2009年，第17页
[2] 道光《平南县志》卷22《艺文四·乌江伏波除蝗庙记》，清道光十五年（1835年）刻本。
[3] 《南宁古籍文献丛书》编纂委员会编：《南宁府志》卷5《祀典志》，南宁：广西人民出版社，2008年，第199—201页。
[4] 雍正《广西通志》卷108《艺文》，清雍正十一年（1733年）刻本。
[5] 此碑现仍立于今广西横县站圩伏波庙前，笔者于2010年5月1日拍摄，标点为笔者所加。
[6] （明）徐弘祖著，朱惠荣校注：《徐霞客游记校注》，昆明：云南人民出版社，1994年，第468页。

有犁壁滩（又名铜鼓）、柳之滩、黑人大旋涡滩、隆安急流滩、耙齿滩、三门滩、转鬼滩、芝麻滩和维峡滩等险滩，滩峡弯曲流急，明石暗礁满布。据嘉靖《南宁府志》载："乌蛮滩，在州东六十里，乌蛮山下。其滩多石而险，延亘三十余里。水道有龙门、转轨、马槽、犁壁、锁匙、挂陀等名。北涯有伏波庙，因改为起敬滩。下连横石矶。知州刘斌设普济船二只，捐租四十八石，交伏波庙僧掌管，永为水手船备。"①这些险滩常有触礁沉船、贼盗匪劫、货损人亡的事故发生。翻阅清人汪森辑录的《粤西诗载》，在明清两代文人所写的题咏广西的诗歌，描绘横县乌蛮滩之险的诗文不绝于书。明人田汝成写有两首以《乌蛮滩》为名的诗，诗中用尽各种辞藻去描绘了乌蛮滩之险："百粤信多险，兹山复魁岸。飞崿杳岐嶒，悬流激湍沔。嘈嘈惊沫纤，齿齿玄矶灿。征帆卷不舒，鼓枻理犹断。临深绝手援，习坎发颠汗。已伤千里心，焉假百年观。汔济畅余欢，回眸永前叹。居易如有常，侥幸非所靳。潜然临长川，谁能写幽瘝。"②"一叶中流下，千山两岸闻。鼋鼍吹浪转，燕雀受风回。奔峭迎船出，猿啼近客哀。从来轻险绝，此涉寸心摧。"③清代两广总督阮元也曾到过此滩，写有《祭马伏波将军庙毕放船下横州大乌滩》云："百里奔流抱山转，山麓矶头抗神殿。棉红榕绿江春深，溪涧香毛鼓钟荐。群舟敲钲齐下滩，架棹挟篙如待战。怪石如林堆水面，水与石争浪花溅。滩底埋山不可见，惟见沸腾乱涡漩。滩师昂然坐船头，指点从容色不变。四时水石猜高低，总避石锋寻水线。橹枝一拨柁掾鸣，折出龙门激如箭。水强舟弱舟自摇，摇动篷窗作寒颤。津吏送我似含愁，我喜下濑飞桡便。滩遥石尽春江平，跃鲣犹惊掠波燕。庙中藏伏波将军小印，即伏波不止马一人，但印则真汉物也。"④诗中写尽渡乌蛮滩之险。

随着西江水运的发展，西江沿线伏波庙作为舟船往来必拜之所，马援作为呼风唤雨、伏波安澜之水神的神职越来越显著。清初学者广东人屈大均在《广东新语》中记载：

---

① 乾隆《横州志》，光绪己亥年（1899年）重刻增补本，第26、27页。
② （清）汪森编辑，桂苑书林编辑委员会校注：《〈粤西诗载〉校注》卷5，南宁：广西人民出版社，1986年，第33页。
③ （清）汪森编辑，桂苑书林编委员会校注：《〈粤西诗载〉校注》卷12，南宁：广西人民出版社，1986年，第338页。
④ （清）阮元：《揅经室续集》卷七，上海：商务印书馆，1935年，第210页。

第三章 伏波信仰的主神职及祭礼

伏波神，为汉新息侯马援。侯有大功德于越，越人祀之于海康、徐闻，以侯治琼海也。又祀之于横州，以侯治乌蛮大滩也。滩在横州东百余里，为西南湍险之最，舟从牂牁至广必经焉。滩有四：曰雷霆，曰龙门，曰虎跳，曰挂舵。每滩四折，折必五六里，出入乱石丛中，势如箭激，数有破溺之患。夹岸皆山，侯庙在其北麓，凡上下滩者必问侯，侯许乃敢放舟。每岁侯必封滩十余日，绝舟往来。新舟必磔一白犬以祭。有大风雨，侯辄驾铜船出滩，橹声喧阗，人不敢开篷窃视。晴霁时有铜篙铁桨浮出，则横水渡船必破覆，须祭禳之乃已，此皆侯之神灵所为云。凡过滩，每一舟拨招者四人，使舵者四人，前立望路者一人，左右侧竖其掌则舵随之。然此地仅一姓人知水道，世为滩师，余人则否，其人亦马流遗裔也。滩为交趾下流，征侧叛时，侯疏凿以运楼船，至今石势纵横，宛如壁垒，大小石分曹角斗，奇阵森然，戈甲之声，喧阗十余里外，侯威灵盖千年一日也。祠中床、帐、盘、盂诸物，祝人拂拭惟谨。居民每食必以祭，事若严君。①

可见，马援在地方维护交通、水旱丰歉、人老疾病等方面的神职，更贴切民众，已成为民众普遍接受的神灵。

在横县伏波庙正殿后墙当中立有一碑，上有诗一首："郁水贯乌蛮，楼船旧此间。伏波横海去，合浦获征还。人拜矶头庙，滩喧水底山。篙师能拨险，泼剌（剌）出江湾。"此诗落款为"嘉庆廿四年初夏宫保阮制军阅兵过此"。此处的阮制军，即嘉庆二十二年（1817 年）任两广总督的阮元。阮元在诗中即大赞马援伏波安澜之功。横州地方官员也承担着护航的责任，位于云表乡站圩上滩村南边、郁江北岸、码头西面的岩石上有石刻"道光壬午孟夏，古乌蛮驿，山阴余应松勒石并书"与"升恒履泰，道光甲辰周保之泐"的字样。"古乌蛮驿"设于明洪武三年（1370 年），是供当时送公文的人往来官员暂住、换船之处，原驿站船额 5 艘，桨夫 50 名，废于明代。清代时，横州"知州刘斌设普济船二只，捐租四十八石，交伏波庙僧掌管，永为水手船备"②。

---

① （清）屈大均：《广东新语》卷 6《神语》，北京：中华书局，1985 年，第 210—211 页。
② 乾隆《横州志》，光绪己亥年（1899 年）重刻增补本，第 26、27 页。

想了解乌蛮滩的险，我们还可以借助越南使臣出使的诗文来反观乌蛮滩与伏波庙的关系。清代时，有些越南使臣在出使文集中将出使路线用山水画法绘制出来，如后黎朝阮辉莹的《燕轺日程》、阮朝裴樻的《如清图》、阮朝裴樻的《燕台婴语》、裴文禩的《燕轺万里集》等出使文集，就将横州乌蛮滩和伏波庙均绘制得宛在眼前。

阮朝吴时位在嘉庆十四年（1809年）出使清朝，其文集当中记录了自镇南关入关经广西至湖北的行程。他写有《五险滩（总名起敬滩）》曰："曾读先兄五险诗，诗中险语我犹疑。曰蛇曰鬼今皆见，为虎为龙势实奇。浮石不如沉石，恶彼滩亦似此。"[①] 过了险滩后，他写了一首《过险歌》云：

险哉五险滩，险哉五险滩！滩左满水右促滩。一险已甚况五险，人谓过滩如登山。山高纵有数千仞，绝壁悬崖尚可攀。力舒则行倦则止，清泉饮深宜饮□。滩险往然一二里，如矢如悬人在鞍。奔腾飘忽瞬息内，顺逆安危俄倾间。我今适从五险过，请为君歌滩路难。滩名挂蛇与搏兔，龙者如龙虎如虎，复有转鬼如鬼形，合与四滩列为五。龙滩阔阔千丈涛，沸若巨鼎焚油膏。虎滩嵯峨叠危碛，两岸森森皆利刀。兔滩沉浮石三片，隐隐藏尖与伏箭。蛇滩喷激湍两条，急奔怒吼□雷电。滩师到此弩（努）力持，每过一滩如突围。船头船尾各相应，一夫当二共随□。江回水挟苦无路，滩口才容一船渡。次第从过十余船，晨光已挂西山树。险哉，险哉！山不如。今古称险名非虚，洞庭河黄吾未见，剑阁牢关也似渠。险哉，险哉！何以过？伏波将军从佑我。我行遥伏帝王灵，何险不成夷危不平。万莫言五险千万，险随在星槎皆稳。泛泛星槎咱我歌，过了五险无风波。蛇龙兔虎同时灭，鸡犬牛羊到处多。芳草晴留看钓艇，密烟冻树见人家。既平吾心爽目吾，且饮一杯歌一曲。舵工告饥吾予酒，篙师告饥吾与肉。共我艰难过得来，篙师舵工真苦哉。[②]

[①] （越南）吴时位：《枚驿诹馀》，中国复旦大学文史研究院，越南汉喃研究院合编：《越南汉文燕行文献集成（越南所藏编）》第九册，上海：复旦大学出版社，2000年，第274页。

[②] （越南）吴时位：《枚驿诹馀》，中国复旦大学文史研究院，越南汉喃研究院合编：《越南汉文燕行文献集成（越南所藏编）》第九册，上海：复旦大学出版社，2000年，第275—277页。

吴时位认为过滩比登山还难,他用华丽的诗藻描绘了过五验滩所遇到的种种险象环生,直叹"险哉"!

同样的险象环生过滩情形在阮朝明命六年(清道光五年,1825年)担任如清甲副使的潘辉注所写的出使诗集《华轺吟录》中也是跃然纸上。潘辉注《起敬滩赋》载:

> 五险滩,总名五险,一曰立壁,二曰龙门,三曰跳虎,四曰挂蛇,五曰转兔。水石冲激鸣沸。自大滩塘至此十余里,曰龙门塘。伏波庙在滩上山。明嘉靖中,王贞吉改为起敬滩。以舟行到此,无不恭虔叩祷,惕然矜惧也。季春既望,使船抵于横州之大滩津。季春既望,使船抵于横州之大滩津。薄暮戒徒,凌晨进发,蜿蜒而行十余里,江萦二水,峰簇重山,沙回渚转,流急波寒。放长舟而迅往,鼓棹响于飞湍,跨龙门于咫尺,期利涉乎危艰,不霎时至于五险,盖即所谓起敬滩也。郁彼前林,葱苍松柏,仰止高山,伏波灵迹,贴宇宙之照焄,凛威声之显赫,登菲荐以致处,冀崇禧之默锡。于是几筵卒度,绅带旋舟,举樯言迈,载泛载浮。凌危波于远渚,趋怪石于长流,纷滩师之转扒,住蛇子之移游,随江流之汹涌,极人力之绸缪,傍壁立以下滩,森石根之挂布,越冲激于龙门,度奔撞于跳虎,重卷雾以冠烟,历挂蛇而转兔。岂舟力之独疲,亦予心之畏惧。曾五更而整事,慎一敬以操持,俨衣冠之惕厉,戒舟楫之颠危。凭神麻之默格,奉王义以载驰,既仗忠而安美,自运险以成夷。维彼前途,开河万里,系此危滩,独为可畏。滚滚者流,岩岩者峙,上下浮舟,谁无敬忌。览昔贤之命名,实因景以见意,虽无往而不恭,顾戒斯其如履。触憬憬于山川,曾存存乎道理。验持守之二夫,可监观于斯水。既敬既戒,攸跻攸宁,越此艰危,履兹坦乎。薄停舟于沙碛,间停棹于芊汀,吟彩云之古句,酌绿蚁之冠觥,盼斯滩而回赋,聊解颜以怡情。①

在诗中,五险滩无处不险情连连,潘辉注一行五更天即起身敬神,终获

---

① (越南)潘辉注:《华轺吟录》,中国复旦大学文史研究院、越南汉喃研究院合编:《越南汉文燕行文献集成(越南所藏编)》第十册,上海:复旦大学出版社,2000年,第202—203页。

神佑而平安过滩,过险滩后的喜悦之情溢于字里行间。

在古代没有太多能力除险滩的情况下,过滩祈求神灵的庇佑仍是往来行人最本能的选择。因此,道光时期,时人《重建大滩伏波庙碑记序》记载:"大滩,尤为将军沐雨栉风所利导,披荆剪棘所奠安,而虎踞龙蟠,鸾翔凤翥,嶙刚滩声浩瀚,是将军之将卒凫趋而咳唾风生也。滩容耸翠,滩势奔腾,是将军之一神不散而两化无穷也。其英灵清常萃于斯,使彼都人士、行旅往来诚求立应者,此岂云台烜赫所能争哉。"①对于航行必经之地的险滩而言,有这样一座给人以安全感的庙宇,自然是好事。

越南使臣途经乌蛮滩伏波庙时,会按例上岸拜祭伏波将军马援,以求得使程水陆平安。越南后黎朝的黎贵惇(1726—1784 年)在景兴二十一年(1760 年)由翰林院侍读奉充副使出使清朝,赐爵颖城伯。《北使通录》是他于景兴二十一年至二十三年(清乾隆二十五年至二十七年,1760—1762 年)以甲副使身份出使清朝期间所撰日记体随笔。其书卷四记载了越南使团在乾隆二十六年十二月初四祭横州伏波庙的祭词:

> 维乾隆二十六年岁次辛巳,十二月乙丑朔,越初四戊辰,安南国使陈辉泌、黎贵惇、郑春树等,谨以牲礼褚币,敢昭告于天朝伏波大将军新息侯位前,曰有敬必告,礼也。兹陪臣等奉国王命,赍进岁贡,及奏事表文、仪物奉竣,钦旨回国,经由水路。今抵横州乌蛮五险滩地方,以本日进行,事并敬谨,爰具菲仪处告,伏望感通不远,相佑曲垂,俾陪臣及行人随人等命位平宁,身躬康健,雨晴风顺,及期稳进于星槎,事济功成,指日荣旋于使节,实赖尊神保佑之功德也。谨告。②

从祭文当中可以看出,伏波将军即是保佑航行平安的水神。

越南阮朝李文馥(1785—1849 年)在绍治元年(清道光二十一年,1841 年)以礼部右参知充使部正使出使清朝。北上途经横州伏波庙,按制上岸祭拜,事后他将祷文记录在他的《使程志略草》一书当中:"告于天朝大将军新息侯尊神曰,兹者恭赍国命,经过崇祠,聊申叩祷之处,冀达焄蒿之鉴,

---

① 此碑现仍立于广西横县站圩伏波庙前,笔者于 2010 年 5 月 1 日拍摄,标点为笔者所加。
② (越南)黎贵惇:《北使通录》,中国复旦大学文史研究院、越南汉喃研究院合编:《越南汉文燕行文献集成(越南所藏编)》第四册,上海:复旦大学出版社,2000 年,第 294—295 页。

尚其威灵如在，相佑孔弘，稳舟楫于济川，默运开滩之手，敏梯船于显厥，荣承湛露之濡，是赖尊神之赐也。谨告。"祷文满是祈求伏波将军马援显灵庇护过滩平安之情。在祷文之后，李文馥还记录了伏波庙的空间布局以及过滩的艰险：

> 庙在江之右岸，树木阴森，自津次历级而上，门外有二石狮，左右有钟鼓楼、二力士像。再进有左右廊，庙正中极其壮丽，深处奉伏波神像，木像魁伟，戎装甲胄，一望凛然。庙中扁额所题，如"东汉一人""铜柱高勋"等字。庙后有马少爷祠，伏波之子也。凡祭祀礼用羹献，询神所好也。又津次有一木段，腰阔约二尺，长六尺许，经已斫伐。器有似棺木者，木最灵。江流不转，人有犯之者，立死。相传伏波南来时，见铁木酷爱之，令斫为棺以为身后之用。适至北还，带将不便，仍弃之，其后木亦随而北流，直至庙前而止。凡行船过此，钱纸以祷。[①]

李文馥的汉文功底非常好，将过险滩的险象环生情景描绘得如在眼前，不论是滩石散乱，还是水击滩石发出的巨响，还是船行险滩时左右躲避的艰难困苦，他直接用了一个词"毛骨俱凛"去形容渡滩时的心情。李文馥当然知道渡滩平安是得益于熟悉险滩情形的滩师相护，但是对于伏波将军的水神神职仍给予充分的肯定。

类似的记录在李文馥之后的如清使臣的诗文笔记当中屡见不鲜。阮朝阮思僩于嗣德二十一年（清同治七年，1868年）出使清朝。过横州乌蛮滩伏波庙时，登岸入庙祭祷，写有《祭五险滩故汉伏波将军庙文》载："祭五险滩故汉伏波将军庙位前曰：'大汉中兴，维岳降神。智哉择木附翼攀鳞。启土新息，为世尊臣。乃眷南报，大师振振。徂言涉江，有石粼粼，公命凿之，利涉同人。铜柱既标，金马载陈。功在汉室，泽在生民。下价远涉，郁江之津。渺渺铁船，峨峨石鳞。怀公风烈。永世弗泯。椒酒有芬，洁牲有腯，式陈薄奠，敬祷灵甄。巨川攸济，吉祉重申。谨告。'"[②]这篇祷文就非常生动地歌颂了马援一生功绩在

[①]（越南）李文馥：《使程志略草》，中国复旦大学文史研究院，越南汉喃研究院合编：《越南汉文燕行文献集成（越南所藏编）》第十五册，上海：复旦大学出版社，2000年，第27—28页。
[②]（越南）阮思僩：《燕轺诗集》，中国复旦大学文史研究院，越南汉喃研究院合编：《越南汉文燕行文献集成（越南所藏编）》第二十册，上海：复旦大学出版社，2000年，第191页。

于守卫汉疆，而且还能伏波安澜，庇护航行平安。

想要深入了解伏波信仰的水神职能，还可以从各地现存的伏波庙捐资碑刻中管窥一斑。庙宇修建或重修时，多靠信众捐资而成。在捐资者中，商人群体往往是主力。商人无利不往，为求行商平安，他们多会见庙就拜神。因此，我们可以通过分析庙内的捐资者信息来窥知神灵的职能。乾隆二十一年（1756年）刻立的横州伏波庙《鼎建后殿碑记》不仅记录了为何要鼎建后殿的缘由，还题刻了捐资者的姓名及捐款数量。其碑及碑文如图3-7所示。

鼎建后殿碑记

乾隆七年伏波古庙向缘奉祀不得其人，甚致庙貌崩颓，神像剥落，□此乎无所凭依矣。乾隆七年冬月，蒙郡侯苏公始分拨府城大书院僧徒法企来庙住持，开辟山坡，勉力修建，广巍焉焕焉，复壮观瞻。夫人神使塑配左侧，不合体式，意拟兴建后殿，无人自兴，师徒抱憾而相营者久矣，乃荷州守谢公悉其行，心为之首倡，由自力行募化，众志成皆乐助不遗余力，而工程告竣，住僧（持）法企索记于余。予过记其事记其人而已，□□繁文，不假词饰，除宰官碑□传太守撰记外，敬将绅士客商捐助芳名镌登于碑，以昭千古长存之功德云尔。是为记。

山阴梅源氏于雯撰，曹溪僧一贯书丹

（第一行）永新埠商范式南四两，横州埠商姚立本四两，贵县埠商吴□贰两，合浦埠商叶梦奎四两，宣化总埠贰两，陆屋西省官运馆贰两，永淳总埠壹两，钦州埠商吴鸿章壹两，隆安埠商吴征仁贰两，新圩运馆张仪九壹两，思恩押运丁伸贰两，平塘总运侯元龙壹两，武缘县运馆李金安壹两，泗城府押运沈兆麟壹两，镇安府押运李化龙壹两，隆安新圩运馆吴恺壹两，进士甘玉显贰两，进士雷鸣霄壹两，举人吴道耀壹两，举人蒙武宾壹两，举人邓国五钱，贡元杨英豪壹两，贡元蒙毓彦壹两，高要县候选州同刘炽祖五两，灵山县贡元刘钜祖五两，廉州府学庠生刘纯祖五两，监元郭易泰壹两，监元谢卓冕贰两，监元谢愈嵩叁两，监元明□荣壹两八钱，监元钟□□壹两，贡元谢□□贰两。

（第二行）庠生谢卓翰贰两，庠生谢卓睿贰两，庠生谢卓陟贰两，庠生叶云锦贰两，庠生钟□纯壹两，庠生郭有权壹两，庠生陈孙瑾壹两，信绅林钟桂

图 3-7　乾隆二十一年（1756）横县伏波庙《鼎建后殿碑记》

壹两，吏员谢德芳壹两，庠生吴道煌壹两，举人周矩五钱，庠生宁裕高壹两，庠生宁淳仁壹两，庠生宁炳藩壹两，庠生陈翊平、庠生邓观文、庠生宁裕醇、庠生宁裕义各五钱，贡元萧焯四钱，贡元叶培经、庠生黄国着各三钱，庠生宁肇本五钱，庠生陈英辅、庠生郭有相、庠生邓招□、监元邓朝阶、监元邓朝庸各三钱，监元钟天中五钱，监元杨国梅、监元林坤茂、监元钟德生、庠生钟德睿壹两，举人陈孙从九钱，举人陆天然壹两，举人钟德宪五钱，举人谢士卓润、庠生钟德广、庠生钟德超以上各贰钱，山心总埠壹两贰钱，下旺司官弟韦尚慈贰两，南海领缘善士郭启鸣拾两、郭启义叁两、郭启捷拾两。

（第三行）泗城府押运王八钱，思恩府押运姚六钱，宣化运馆胡光耀五钱，武缘县押运李胜五钱，永康州押运徐五钱，镇安府押运曾士隆五钱，粤海关五钱，江南戴廷仪五两，姑苏江起瑞贰两，浙湖永思堂翁壹两，周宗仁贰两，槎江谭炳□壹两五钱，浔江陈齐贤壹两，李廷璋壹两，谢圣柏九钱，邓思贤壹两，谢宗介壹两，钟纯玺壹两，刘新祖壹两，刘芳祖壹两，刘恕壹两，刘惠壹两，罗昌耀壹两五钱，梁建业壹两，闫之声五钱，杨国梁五钱，广隆当五钱，郭有柏五钱，谭炳贤五钱，郭煜光五钱，蒙毓秀五钱，陈徐韶五钱，莫恒五钱。

（第四行）蒙义贵、谢学献各四钱，朱联升五钱，云南陈性、黄孔正五钱，郭同益三两，郭源盛贰两五钱，郭义聚贰两，大中行、永吉店、复源行、复兴行、利盛店、蔡芳店、三益店、梁泗源、百色埠、同昌行，以上壹两六钱。弘泰行五钱五分，聚源店、永合行、郭富仁、郭弘源、巨兴号、黎怡昌、大兴店、梁亮元、豫章行、永兴店、阜源店、刘士智以上各五钱，元顺行四钱。锦兴店、黎□□三钱五分。爵□□、□□□、□□□。

（第五行）郭有信、义益店、梁崇元、万成店、黄源合、潘胜昌、广德店、黄尚店、黎万全、万升店、慎兴店、大兴银铺、梁业嘉以上各助三钱，黎圣、万吉店、广信号、恒源店三钱五分，友聚店、简源店、满益店、程相店、冯胜源、光聚店贰钱五分，元益店、中兴店、聚兴店、全隆店、张裴成、满和店、高源店、黄怡聚、广华店、纯兴店。

（第六行）陈聚店、丽源店、德和店、陈利店、洪益店、两胜店、长合店、蔡广合、利昌店、巨盛号、林长源、广昌店、悦益店、恒益号、万新店、黄天聚、覃元葵、永盛店、梁万昌、泰昌店、炳盛号、恒昌店、盛隆店、张怡源、德兴号、恒聚店，盈合店、仁和堂、黄尚利、陈正益、泗隆店，壹钱八分，朱光彦一钱一分，黄隆源、陈宝盈、□盈隆、左□合壹钱五分。

（第七行）冯广源、霍万义、大盛店、元信店、廖凌标、何广隆、麦恒信、杨广吉、万和店、何新源、黄东成、永振店、成利店、中庸店、陈麒苍、信隆店、穗源店、恒升店、陶源店、日盛店以上□分壹钱，尹纶昌、泰隆店、林万隆、何镇源壹钱三分，甘荣盛、两源店、简生合、隆利店、大昌店、万合店、黎朝合、左宪章、泰源店、简广昌、冯朝群、黎□卓以上壹钱壹分。

（第八行）黄全让壹钱贰分，余国聚、李三慎、富和店、天盛店、梁启盛、粤华店、周圣魁、黄正源、文合店、潘聚隆、龙岗店、梁应干、张宪昌、王孔亮、文源店、源兴店、简尚章、陈合源、黄元茂、李悦信、颜明利、厚合店、源昌店、义和店、潘国显、黄光耀、黄洪昌、王隆盛、张洪昌、义昌店、邓大□、二中店、王琚盛、聚益店、吴仪聪以上各壹钱。

（第九行）唐泗聚三百，李德昌、罗曾盛、郑宪松、李英聚、叶永聚各壹钱，以上百色埠。泰昌店、广信店、大昌店、广义店、万源店、李瑞芳、彭则有、杜培芝以上壹两五钱，陈源生店、梁乃君、邹秩思、黎连聚、永利店以上三百文三钱，廖绍彰、郭调元、益合店、梁遇宾、万吉店、永昌店、信义店、郭万兴店、□义昌、黄朝聚、陈广萃、陈□英、聚仪店、黎□□、黎□高、黄昌店、源昌店。

（第十行）黎宗联四百，黎利昌四百，陈萃成、陈信益、叶恒昌、岑明彰、王广聚、郭发成、陈佐斗、孔生利、唐兴明、胡胜琏、黎元客、复源店、李荣君、黄兴耀、甘彝造、卢显廷以上壹百文，以上剥隘埠。郭巨隆壹钱壹分，张绍隆六钱。麦昭四钱，翰利号、永合店、刘国政三钱，陈乔仕、郑信盛、黎源店、郭隆源、何广源、□□店、□兴、广利老店、正永利、陈松胜、胡裕昌、□是店。

（第十一行）源顺店、何栈胜、何恒合、梁泰昌、广有贰百贰钱。胜源店、何泗聚、郭恒隆、黎广昌、溢隆、万昌、同兴店、何粤兴、陈悦来、吴恒益、万合、宝昌店、陈南盛、陈广利、潘聚升、黎贰文、廖广生、周泰来、达昌店、万利店、黄会全、金彰店、陈怡源、陈西源、广新店、生利店、朱殿号、信义店、叶永利、粤盛店。

（第十二行）戴源店、广源店、广达店、黄大有、陈广兴、天盛店、张聚贤、泗顺店、郭芝盛、邓大昌、朱兴隆、梁振臣、吴月池、林宗富、彭兴店、冯华昌、王听思、黄盈盛、王中和、徐华盖、郑□聚、王协宜、何应华、郑松盛、梁良明、梁有合、陈义益、郭广合、梁广升、陈万隆、灵盛店、梁良□、胜利店、杨裕昌、治兴店、黄苑公。

（第十三行）黄宪合、公信店、叶忠信、黄艺合、燕合店、黄隆合、陈又显、伦振合、唐广顺、崔全利、唐茂源、郭荣合、崔广聚、□广明、□□瑞、□□盛、□□聚、□□治、□□震、彭亮士、彭亮文、唐信兴、何五福、彭宗杰、彭贤杰、彭源远、彭贵堂、罗怡合、同盛店、义利店、麦其祥、伦景礼、莫达合、罗成利、郭弘胜、叶俊盛、孔叶合。

（第十四行）万德号、新德号、陈德隆、陈广丰、梁隆盛、仇志迁、关奇昌、陈万益、孔万盛、源胜店、永隆号、均利店、益润店、吴瑞元、冯远邦、永合号、何凤翔、李起、廖常经、欧西成、叶汪、谭国相、周源店、远盛店、欧太兴、邓祖兴、陆万合、江翰登、邓炳光、谭成、安太号、邹文典、林悦昌、赵源昌、黎献新、甘郁、义信店、麦匡健、杨端然。

（第十五行）陆昭兴、陈会昌、梁淇斯、梁联信、满盈店、陈盈昌、合源店、陈以和、李经隆、天源店、广源店、邓万彰、邓富盛、□□□、□□□、□□店、陆□□、朱怡□、梁华章、梁植杏、永兴店、盛朝烈、黎聚盛、黎合源、胜合店、赵同益、陈广生、何义恒、粤三店、潘□□、振□、奕兴店、顺昌店、陈美源、吴乐千、梁绍澧、黎义盛、仇云□、谭广合、梁兆兴、邓□□、□廷□。

莫缘僧习圣、觉慈、从解等仝立石
大清乾隆二十一年

此碑共记录了547人次（店）参与捐款重修，其中明确以是"店"为后缀名的捐款者共有158家。其他捐款者应该也有相当比例是行商坐贾身份。另外，还有些捐款者明确标出了其来源地，如南海领缘善士郭启鸣、郭启义、郭启捷，还有粤海关、江南戴廷仪、姑苏江起瑞、湖州永思堂翁、云南陈性和黄孔正。而且来自云南省富宁剥隘镇的客商共有48家。在众多捐款者当中，值得注意的是，有一些人的身份比较特殊，如永新埠商范式南、横州埠商姚立本、

贵县埠商吴□、合浦埠商叶梦奎、宣化总埠、陆屋西省官运馆、永淳总埠、钦州埠商吴鸿章、隆安埠商吴征仁、新圩运馆张仪九、思恩押运丁伸、平塘总运侯元龙、武缘县运馆李金安、泗城府押运沈兆麟、镇安府押运李化龙、隆安新圩运馆吴恺、山心总埠、泗城府押运王、思恩府押运姚、宣化运馆胡光耀、武缘县押运李胜、永康州押运、镇安府押运曾士隆。他们是来自广西各地的盐商或运盐官。为何他们会参与横县伏波庙重修的捐款？这要从清代的盐运说起。

清代初期，盐是由埠商、水客或各州县自募土著殷实商人承运。雍正年间曾实行官运官销，乾隆二年（1737年）复为商办，乾隆五十四年（1789年），两广盐运改埠归纲，改为部分大盐商统一经营，集资白银140万两做盐本，在广州设立纲局，从出资商人中选出10人，总司全局运销业务和纲饷事宜。纲局下设中、南、东、北、西、平6柜[1]。东柜在小淡水厂，西柜设在广西的梧州，南柜设在高州，北柜设在韶州，中柜在三水，平柜设在广西横州的平塘江口。局商直接收购场盐，分运各柜。广西各州县均买运梧柜及平塘江两柜盐色，唯富川、贺县二埠赴中柜买运，北流、陆川二埠赴南柜买过。[2]除了设于平塘江口的平柜外，大量粤盐通过设于梧州的西柜集散，并通过浔江、郁江销往桂中、桂西地区。平柜主要接运沿西江上运输的粤盐以及从钦江经由陆屋、沙坪到平塘江的白石场盐，并供应给桂西以及滇东部分地区。

桂西南地区的盐运主要是走西江水路。"南宁、太平府、思恩拆配中屯馆盐。崇善埠例配廉属白石场熟盐五百六十包一百三十斤，另加耗盐六斤、工火盐八斤。左州埠例配廉场熟盐一千四百五十五包零六十五斤，另加耗盐六斤、工火盐八斤。……百色埠例配廉场熟盐四千六百包零九十斤，另加耗盐六斤工火盐八斤。"[3] 桂西南以及滇东南的盐不论是从西柜配运还是从平柜配运，都要在横州平塘埠汇集，然后再溯郁江而上进入左右江运入滇东，盐的运量很大。盐运主要走水路，粤盐运输至郁江河段时，必经站圩乌蛮滩。此滩极险，

---

[1] 唐仁粤主编：《中国盐业史》，北京：人民出版社，1997年，第583页。
[2]（清）谢启昆修，胡虔纂，广西师范大学历史系中国历史文献研究室点校：《广西通志》卷159《经政略九·盐法一》，南宁：广西人民出版社，1988年，第4472页。
[3] 道光《廉州府志》卷12《盐法》，广东省地方史志办公室编：《广东历代方志集成·廉州府部（三）》，广州：岭南美术出版社，2009年，第261页。

一旦船覆，盐溶于水，基本上就血本无归。因此，行盐商们多将航运平安寄托在岸上的伏波将军庇护，故伏波庙当中的题名碑刻多见盐埠官员、盐商的捐资题名。如乾隆二十一年（1756年）《鼎建后殿碑记》中记载埠商都是盐商。乾隆四十一年（1776年）的横州伏波庙又获重修，《重塑满堂神将碑记》分为十五行题刻了捐资者姓名和捐款数量。碑中所题刻的捐资者（个人和店铺）一共257人次，其中明确以"店""号""当""堂"为名的捐资者应该都是店铺，共有183家，在全体捐资者当中占了71.2%。最值得注意的本次重塑神像事宜的缘首是"镇安埠办运盐杨锡纯"，此外还有"镇安埠颜泰来""百色埠温永裕、梁兆松""西林埠王人奕"等人，应亦是与杨锡纯同样是办理盐运的官员，或者是办理盐运的商人。在道光二十九年（1849年）《重建大滩伏波庙碑记序》中有"百色埠裕济堂捐银一十两"的记载，此人即是盐商。

可见，横州乌蛮滩伏波庙修建固然与伏波将军马援的"忠贞大义，文德武功"有关，但是郁江河道水运繁忙，对于过往客商来说，行船平安是最希冀的。立于险滩的伏波庙中的伏波将军马援亦担负起了保护航运平安之职，为此，客商纷纷捐款资助重修。可见，伏波将军马援作为水神，在庇佑商船航行平安方面有着难以估量的精神慰藉作用。

在桂西南地区，弯多水湍的险滩非常多。滩险之处，多有伏波庙。中法战争之后，一位法国外交官方苏雅被派到广西龙州担任法国领事。方苏雅本名奥古斯特·弗朗索瓦（Auguste Francois，1857—1935年），后来进入法国内务部、外交部工作，1896—1904年，他被法国外交部派往中国，先后担任了法国驻中国广西省龙州领事和云南省总领事，《晚清纪事———一个法国外交官的手记（1886—1904）》是他在中国和越南任职时写的所见所闻。他在1896年由南宁沿着左江逆水上行到达龙州。途中经过一处叫金鸡滩的险滩，他描绘了险滩的情形以及过滩的惊心动魄。

> 沿南宁府溯流而上不远，是西江与最后一条支流交汇的地方，即龙州河，或者叫龙江。右边这条最大的支流在此朝百色方向流去。如果我们离开这右边的支流，进入到龙江的话，我们几乎立即就会遇到水流湍急汹涌的金鸡滩前的峡口。

这些急流，可能出乎多数人的想像（象），它形成于平坦和开阔的地段。那儿是多岩地段的门户，受到水流猛烈地冲刷。无数的小沟壑的凹槽便是由此冲刷出来的。凹槽般的河床中，汹涌澎湃地奔腾着狂烈的水流。水流下泻时，砸向左岸岩石累累的峭壁，峭壁中怀抱着一座寺庙：马伏波将军庙。

这座寺庙镇守在激流的入口处，以保护船只。这些船只经常在此尤其是下行时遇难。该庙供奉的是马援将军。马将军曾在公元前50年（按，应为公元前41年）征服过中国南方与东京。我们沿着马援将军的部队当年行进的路线，前往云南、贵州、广西。为了纪念这位将军，当地人在沿途建有许多寺庙，尤其是河流两岸。这位将军并非好战，他推行的仁政，使受惠的人民将他一直推崇到神的高度。①

方苏雅所说的左右江的流向有一些错误，他将左江称为龙州河（龙江），并不准确。另外，右江是从百色流至南宁，而非朝百色方向流去。他所说的金鸡滩具体方位在哪里，书中并没有提及。从历史上的左江流域伏波庙分布情况来看，扶绥县金鸡岩有伏波庙，刚好也是处于一个江弯处。另外，在今天崇左市江州区驮卢镇水口村也有一座伏波庙，也是位于江弯处，庙均依山崖而建，庙下即是湍急的左江。方苏雅生动地描绘了他的船队渡过险滩时的情形。

沿着金鸡滩激流逆流而上，要求船夫们付出极大的努力。但是这还不算极度危险。帆船在河道中被急流冲得偏离航向，又被顺着河左岸往回拖，用竹竿撑着，用绳子牵着，用绞盘拉着，有些地方为了翻过某块岩石，还得抬起船身。不过，就地就能找到帮手来干这类活儿。一支特别服务队卓有成效地专吃过激流这碗饭。根据水流的状况和我们船只的吨位，要通过这水道得需要一二天时间，而且还要用一百多人。即使用这么多人，个个还要被累得高喊号子，吼声阵阵，气喘嘘嘘。

---

① （法）奥古斯特·弗朗索瓦（方苏雅）著，罗顺江、胡宗荣译：《晚清纪事——一个法国外交官的手记（1886—1904）》，昆明：云南美术出版社，2001年，第102—103页。

在下行时，那是另一种操作方法。船只根据其尺寸的大小，有节制地进入到某一湍急的人工河道，再飞快地送到闸门。对于一只像我们这么大的官船来讲，只有一条通道在宽度与深度上能够满足要求，但这条通道也是最危险的，因为在某些地段它也仅有船体那么宽。此外，该通道还有3个"U"形弯道，间隔距离不过几百米。当地人称之为"地狱三关"弯。

船老板最少请了61名劳力上船，再加上他的船员。船顶上，船舷上，四处都站满了劳力。有些人相当熟悉河床里的某块著名的暗礁，他们在船舷的某一点站定，其作用仅仅是关键时刻猛地撑出一竿，以避免船体撞上暗礁。

那时刻真感人，帆船像箭一样飞速地冲向通道走廊的尽头，转过急弯不足百米长之后，又得再转一个同样猛的急弯。

灵巧的操作包括果断地将帆船撑向岩壁，似乎要撞碎船头一般。漩涡逆流的反冲力将船只推了回来。抓住此刻的一瞬间，将船只尾部一调，这样船只便调整到与航道平行的方向。这种杂技般的技巧每几分钟后便会重复一次。给人留下深刻印象的，还是当帆船以令人晕眩的速度冲向岩石即将撞上岩壁时，60个人使出吃奶之力，伸出长竿顶住，发出魔鬼般的大叫，迫使船只调转到必要的方位。稍有犹豫，或者操作稍为不当，帆船就会像掉入破碎机中，将被打成碎片从激流的另一端漂出。就这样，无数的船只与船夫就冲了上去。当然，船夫们灵似山猿，几乎总能成功地跳上平坦的岩石，或者跃入水中。船上运送的官员可不敢冒此危险，让人用轿子抬他们过金鸡滩。

如果不按神祇的规矩办，如果不请马将军保佑，没有人敢在金鸡滩冒险。

那些逆水而上的船老板一般说来还需要跪拜，往祭台上摆上祭祀盘，上面要么装只熟鸭，或者装只熟鸡，旁边再摆上一碗米饭，少许白酒。①

方苏雅所介绍的金鸡滩是在左江河段，具体的位置待考。笔者怀疑此金鸡滩有可能就是驮卢的伏波庙。因为驮卢伏波庙所处位置就是一处险滩，今人称

---

① （法）奥古斯特·弗朗索瓦（方苏雅）著，罗顺江、胡宗荣译：《晚清纪事——一个法国外交官的手记（1886—1904）》，昆明：云南美术出版社，2001年，第104—106页。

为芙蓉滩，江弯滩险，来往船只容易触礁遇险。笔者于2011年2月6日在南宁市永和大桥底的邕江畔采访自20世纪60年代中期即寓居南宁邕江河段的龙州籍船民，获悉龙州籍的水上人士多是来自广东珠江三角洲地区的水上人士，在清代中期陆续迁居广西，最终在龙州落籍。他们从民国至20世纪60年代时都是以跑船为生。据他们介绍，在左江地区当数驮卢所在的河滩为最险。船队每次经过驮卢伏波庙时，均会烧香鸣炮祭祀伏波将军，以求保佑顺利渡过险滩。如今驮卢镇水口村仍有伏波庙。

在广西境内的伏波庙大多数有一个较共性的地理位置分布特点，也就是大多沿江河分布，特别是西江流域的伏波庙。从横县伏波滩溯郁江而上进入邕宁县，在县城蒲庙（今南宁市邕宁区蒲庙镇）五圣宫里也能见到伏波将军马援的神像。五圣宫建于乾隆八年（1743年），由广东商人捐资兴建，所祭祀的神像为真武大帝、伏波将军、冯三界、天后娘娘、龙母。乾隆五十九年（1794年）时，五圣宫获得重修，现嵌于五圣宫西墙内的《（乾隆）重修五圣宫庙宇碑记》是今天所能收集到最早的五圣宫碑记，详细记载了倡修始末。在碑文之后镌刻了捐资的218名捐资者（包括店铺），来自广东和湖南的客商赫然列于其中，有明确籍贯者，广东顺德、南海籍者有16人，湖南人有10人，店铺31家。如今蒲庙五圣宫道光十七年（1837年）孟冬所刻的石门联："联赫濯之声灵陟降共随天左右，萃神通于简阅岬幪亘荫粤东西。"落款为"信士仁义店、巨元店、茂合店、吴昌莲、成丰店、兴记店、谢玉琛、罗弼间敬送"，这就是西江水道商贸繁荣的明证。正因为如此，商人们在西江上往来，无不希望能航行平安。为此，他们在蒲庙圩建起五圣宫，除了祭祀北帝这位水神外，还特别供奉伏波将军马援，对马援水神神职的肯定与尊崇，即可见一斑。

在北部湾沿海地区，伏波将军马援多是以水神示人。马援南征是随山刊道，缘海而进，留下诸多马援平定水患的传说。钦州乌雷岭伏波庙始建于何时，嘉靖《钦州志》卷六载："乌雷庙在白皮乌雷岭下。"[1]康熙《钦州志》卷九载："所在皆为立庙，其在乌雷山者为伏波缘海进军所经之路，实握华彝

---

[1] 嘉靖《钦州志》，广东省地方史志办公室编：《广东历代方志集成·廉州府志（四）》，广州：岭南美术出版社，2009年，第79页。

天险云。"①相传马援曾经途钦州龙门七十二泾，舍三口巨浪，这在雍正《钦州志》中有记载："三口浪，在大海中，常有巨浪三口连珠而起，声响如雷，相传旧有九口，马援射去其六。康熙二十三年建龙门协，设汛，拨把总、战船、兵五十名防守。"②清道光八年（1828年），州人劳安在《乌雷伏波将军庙序》中说："凡商贾之往来，州师之出入，皆所必经焉"，又说："公之有庙于乌雷也亦最古……唐宋以来，丰碑林立，稽诸志乘，昭然可征。"③

据民国《钦县志》记载，钦州的伏波庙为数不少，"一在城南四十余里横山村。又一于乌雷庙前，有一海中小墩，曰香炉墩，俱祀马伏波神像"④。此外，在城南150里的乌雷庙也是祭祀伏波将军马援的伏波庙。民国《钦县志》记载：

> 此岭半入海中，大海茫茫，南望北海冠头岭，在缥缈间，此地正当入交趾要道。故老相传，浪有九口，舟行过之多损。昔汉马伏波征南经过，射去其六，故于此立庙祀伏波神像。现只有浪三口，声如连珠炮，正在庙前。朱志载创建年代无考。唐时碑记尚存，惜多年字迹模糊，又被无知识之乡人磨平垫坐，失去金石真迹。清咸丰初年，里人黄贞一独力出资建坊表于庙前。光绪八年，里人苏光岳等拆旧重建，并建观音堂两座于西边，增祀文昌关帝神像。二一年，里人苏恒轩等捐资增建船亭。民（国）初年，观音堂倒塌，神像毁坏，坊表亦被飓风吹倒。十二年，指挥邓本殷捐资倡首，并由里人梁绍赞、黄梁光劝捐，重建两边两廊坊表，规复旧观焉。⑤

邑人冯敏昌写有《汉马伏波将军别传》，多沿袭《后汉书·马援列传》之内容，并补充了马援在钦防一带的传说："其在钦州，则祀君于名宦，又有庙在乌雷庙□前，乌雷岭斗入海中，时有浪三口，声如连珠炮，正在庙前，又谓

---

① 康熙《钦州志》，广东省地方史志办公室编：《广东历代方志集成·廉州府志（四）》，广州：岭南美术出版社，2009年，第158页。
② 雍正《钦州志》卷2《地理志》，广东省地方史志办公室编：《广东历代方志集成·廉州府志（四）》，广州：岭南美术出版社，2009年，第336页。
③ 此材料摘自2011年10月5日笔者在钦州乌雷伏波庙考察时庙管委会赠予的《乌雷庙史话》小册子。
④ 民国《钦县志》卷二《建置志》，广东省地方史志办公室编：《广东历代方志集成·廉州府志（七）》，广州：岭南美术出版社，2009年，第408页。
⑤ 民国《钦县志》卷二《建置志》，广东省地方史志办公室编：《广东历代方志集成·廉州府志（七）》，广州：岭南美术出版社，2009年，第408页。

之三口浪泛。故老云，浪有九口，舟行遇之多损。君曾射去其六，故于此祠君，而交趾人尤畏君威神云。"[1]此外，凡过往伏波庙的外地船只或本地新船首次出海，船主都要备"三牲"或杀狗拜祭，或鸣炮或鸣笛呼应，以表示对伏波神的敬意，并希望伏波将军保佑平安和渔业丰收。新船出海前，船主都先到伏波庙给伏波将军敬香。类似的传说还很多，比如游神时必下雨；不拜伏波将军即打鱼无获之类的不绝于耳。

即使是在桂东南地区，伏波将军的水神神职同样是民众崇祀的主要原因之一。民国《陆川县志》记载："伏波滩，县南四十里，岸左有伏波庙，即乌江下流。案：伏波滩县南六十里，属沙井、吹塘二堡，《金通志》作四十里误。左岸有伏波庙，右岸有文昌阁，滩水湍急，下多大石，水石相击，声震如雷，远闻数里。滩下有潭宽约半里，深不可测，中心旋螺转泡，大如小山，舟行经此甚为危险，为八景之一。"[2]博白县伏波祠位于顿谷镇马门村新圩屯马门滩的西岸边上（南流江边），距县城33千米。按2002年9月27日博白县人民政府所立的《伏波祠简介》的介绍，该祠始建于东汉末年，伏波将军马援南征交趾时，路经南流江马门滩，因河道有石头阻塞不能前进，马援即停船令兵凿疏河，附近村民自发前来帮助疏河，此后村民建祠纪念伏波将军马援。室内装饰及瓦面在"文化大革命"期间被毁，现该祠屋面和室内装饰是1981年当地村民集资修复，1985年成为县级重点文物保护单位。2016年7月25日，笔者探访了伏波祠，该祠坐西北向东南，为抬梁式硬山顶一进三开间。有左右回廊。大门有砖柱，门联为："功高东汉，威振南交"。前厅分为三开间，用一大一小的拱门隔成。左右各贴一联："铜柱有余威当年执锐披坚战绩搭存交趾地，灵台虽不绘此日崇功报德馨香特荐马门滩。"左廊墙壁上绘有马援骑马画像，手执大刀，策马奔腾，威风凛凛。画像右方题"威振南交"四字，此画像为1993年当地人所绘。右廊墙上也有一幅马援骑马画像，上题"功高东汉"。正厅分为三开间，以拱门隔开。正中开间为马援神像。马援端坐椅子上，双手扶膝，剑眉飞扬，气宇轩昂，左右为其侍卫。右为观世音菩萨神位。左右隔墙上有对联两对："东汉佐龙飞中古马门留战绩，西交垂

---

[1] 民国《钦县志》卷十三《艺文志上》，广东省地方史志办公室编：《广东历代方志集成·廉州府志（八）》，广州：岭南美术出版社，2009年，第1009页。

[2] 民国《陆川县志》卷3《舆地类·山川下》，台北：成文出版社，1967年，第47页。

俊烈至今铜柱仰灵威。""伏慑诸蛮功勋高出云台上，波平一水千秋灵威库涛中。"

2007年7月，浦北县政府将百岁滩伏波庙列为县级重点文物保护单位。百岁滩伏波庙为一进一天井院落，有前厅、正厅，左右廊房。右边有厨房。前厅为三开间。正左为三开间。正中为伏波将军马援神龛。马援端坐正中，右手持宝剑，左右各有一侍卫。其身后还有四尊神像，从左依次是文官、马援、两位武官神像。神龛两侧还有对联一副："智灭隗嚣功垂万古，勇诛侧贰誉遗千秋。"左右开间也分别有马援画像。庙内现存乾隆四十二年（1777年）的《重修百岁庙碑记》记载："昔粤灵爽，显著山河，名重千古，金容不昧。于江滩百岁一庙，由来已久。忽遇洪崩塌，陈间章等发募重修，铭石□助以垂久远外者，抽用一张，以便侍香者应济舟筏以及往来庙宇也。至樵夫妇女，不时渡涉北，现钱助收。"这次重修共有214人参与捐资，捐款最多者为"博白总埠李助银一千"，总埠，即是盐埠。按清制，盐运是由官控商运，助银一千的李姓捐资者，虽然名字不详，推测应该是盐商。盐商借用水路运盐最大的风险在于损耗，为此，李姓盐商积极捐资助修伏波庙，是想得到伏波将军马援庇佑，平安过滩。嘉庆四年（1799年）刻立的一块碑刻标题仅能分辨出"神庙"二字，残文共10行，均是捐资题名的记录，共计173人次参与捐资，其中明确是店或号为后缀名的商号共计33家。可见，百岁滩伏波庙里的伏波将军也是以水神为主神职。

可见，伏波将军马援作为水神，在西江流域仍有信众。20世纪60年代中期，寓居南宁邕江河段的龙州籍船民都是以跑船为生，船队每每经过驮卢伏波庙和横县伏波庙时，均会烧香鸣炮祭祀伏波将军，以求顺利渡过险滩。2011年2月8日，笔者到横县县城走访水上人家，分别走访了姓黄、淡、刘、李的水上人家，他们均表示自己世代都是以船为家，以打鱼、运输为主要职业。每条住家船上都有祖先神龛以及各路神灵的神牌。伏波将军马援是他们一直所供奉的水神，每次行船（他们把水上运输称为行船）途经横县大滩伏波庙时必须要隆重祭祀，以求航运平安。此外，笔者走访的淡姓水上人家的神台上供着历代祖宗灵牌，同时还有一神牌，内有各路神灵的名称，其中伏波将军赫然在上，如图3-8、图3-9所示。

图 3-8　横县水上人家船上的神案

图 3-9　横县水上人家船上所供神灵

南宁市中兴桥底有一个锦露寺，此寺为硬山式砖瓦结构，三开间，每个开间均为独立的一个小庙，没有神像，只有神案，墙上嵌着刻有各路神灵名称的石碑。正中为锦露寺，左为三界庙，右为北帝关帝庙。锦露寺的主神为如来佛祖、阿弥陀佛、观世音菩萨三大宝佛，还有诸多陪祀神，其中就有伏波将军之名。如图3-10、图3-11所示。

图 3-10　南宁市锦露寺

图 3-11　南宁市锦露寺所供神灵

综上所述，在地方秩序建构过程中，前代有功于地方的官员被塑造成人物神，升格为英雄神灵，其与地方上一般的"乡贤祠""名宦祠"不同。国家为了维护地方的安定和边疆的稳固，通过后世的封赐神号、敕建庙宇、颁发匾额等形式逐渐确立这类神灵在国家和地方上的正统地位。在神灵的构建中，地方社会也不断创造出这些英雄人物不断显灵的故事，他们庇佑一方的平安，因而成为当地的保护神。地方秩序建构和国家祭祀相互作用，完成了神灵从国家到地方、从英雄到亲近民众的过程。马援从历史上真实的伏波将军慢慢变化成神，因其个人品德以及历史功绩成为守土安边的国家社稷神，同时又因其"伏波"的名号成为庇护航行平安的水神，这个神职的变化过程实际上是国家力量与地方社会力量互相配合发展而成的。

第二节　伏波祭制的变迁

伏波信仰形成后，因其忠君报国的忠义形象，被列入正祀。有研究表明，如何推动正统信仰和列入王朝祀典的祭祀对象进入广西地区，逐步改变岭南土著民族原有的信仰祭祀习惯，是检验广西纳入王朝体系"内地化"进程的一个重要标尺，地方官无疑是推动王朝信仰祭祀制度的关键所在。[①] 对于伏波信仰何时纳入王朝祀典，学界大多是从历代王朝对伏波庙所祀的马援的封号进行分析。对于马援死后进入官祭的时间，东汉建初三年（78年），汉章帝派使臣持节追策马援，赐谥号为"忠成侯"。民国《钦县志》就直接采纳了这一观点，认为从汉章帝赐马援谥号后就为其立庙。不过，笔者有些疑惑，是否皇帝赐马援谥号就算是列入王朝祀典呢？学界对此也未做深入分析，甚至有些研究成果直接推定为从建武三年（78年）以后，广西的伏波庙即是由地方政府出资支持修建的。笔者认为应该厘清伏波信仰列入王朝祀典的历程，这样才可以更好地理解为何伏波信仰历经千年岁月传承至今的深刻原因。

从目前可以查获的史料来看，从唐代中期开始，马援就屡受恩宠，配享于武成王庙"七十二弟子"之列。《唐会要·武成王庙》对马援入祀有详细记载："上元元年闰四月十九日敕文：'定祸乱者，必先于武德；拯生灵者，谅在于师贞。昔周武创业，克宁区夏，惟师尚父，实佐兴王，况德有可师，义当禁暴，稽诸古昔，爰崇典礼，其太公望可追封为武成王，有司依文宣王置庙。'仍委中书门下，择古今名将，准文宣王置亚圣及十哲等，享祭之典，一同文宣王。……今年五月十五日敕武成王庙配享人等，宜令史馆参详定名闻奏

[①] 郑维宽：《从制度化到内地化：历代王朝治理广西的时空过程研究》，桂林：广西师范大学出版社，2016年，第88页。

者。又准开元十九年四月敕，宜拣取自古名将充十哲，七十二弟子（……伏波将军新息侯马援……）"①

从唐代中期开始，马援开始享受官方祭祀的待遇。到宋代时，伏波庙实行官祭。此事载于万历《雷州府志》卷十一《秩祀志》：

> 伏波庙，在郡治西南一里许。西汉邳离侯路博德、东汉新息侯马援二公并建，皆伏波将军号，有功于岭南，雷人立祠祀之。南汉、宋、元皆封谥为王。……元丰诏书，凡祠庙之有灵应者，所在以闻，咸秩以封爵。广西宪使彭公奏论伏波灵验事，敕书赐封曰"忠显王"。是年冬，时亮被命赴琼管调祠下，监场海康主簿李思常丐文以志锡封之岁月，遂刊诏于石而颂之。庙宇岁久颓坏。弘治丁巳太监陈荣、参议任谷捐赀鼎建，置田一十六亩以供祀事。嘉靖戊戌，郡守洪富修，增以春秋二祭。庙复颓败，署府事戴嘉猷重修。万历二十三年郡守伍士望捐金修葺，改直门路。②

从上述府志中所收录的宋人李时亮对雷州伏波庙并祀两位伏波的记载来看，雷州伏波庙从原来单祀路博德到宋代时出现了并祀马援的变化，元丰年间因朝廷有诏，"凡祠庙之有灵应者，所在以闻，咸秩以封爵"，时逢广西宪使奏议伏波将军多有灵验事迹，所以伏波将军被赐封号"忠显王"，李时亮被派到雷州祭祠。可见，这是一种官方的献祭行为。在宋代时已经形成了官祭的做法，一直沿袭到明清时期。

洪武元年（1368年），明太祖朱元璋"命中书省下郡县，访求应祀神祇。名山大川、圣帝名王、忠臣烈士，凡有功于国家及惠爱在民者，著于祀典，令有司岁时致祭"③。清代沿袭明制，只是作了微调。忠臣名将入祀是有功于国，有惠于民。官祭的做法不仅仅是在雷州伏波庙出现，在广西境内也是这样。桂林城东伏波山下的伏波庙，祭祀伏波将军马援。明朝天顺五年（1461年）重修，有孙元肃作记："汉伏波将军马援，建武中交趾蛮夷背叛，光武特遣将兵击之。时闻薏苡可以御瘴，因取以利边用。叛夷既平，凯旋经广右，适遭明珠之谤，遂投掷于城东山洞间。今山名伏波，洞名还珠者，盖以此也。后

---

① （宋）王溥：《唐会要》卷23《武成王庙》，北京：中华书局，1955年，第435—436页。
② 万历《雷州府志》卷11《秩祀志》，明万历四十二年（1614年）刻本。
③ （清）张廷玉等：《明史》卷50《礼四》，北京：中华书局，1974年，第1306页。

人思其功，虽没世不能忘，因面山作庙以祀之。果大阐厥贶而有麻于是邦。逮宋元丰初，提刑彭次云以祷雨有应，状于朝，赐'忠显王庙'额。宣和既加以'佑顺'，绍兴又加以'灵济'，至元尤敕'崇奉'。庙之作，殆越千数百年，不知其几兴废矣。"①从孙元肃的记载当中，我们可以知晓伏波神的封号不断变化，故马援受推崇的程度亦可见一斑。

横县乌蛮滩上的伏波庙也是在明代才有了明确的国家祭祀行为。据明代广西宜山人李文凤在嘉靖年间所写成的《越峤书》卷十七《书代祀马援颂后》记载："初王君廉使安南，奉上旨就赍白金若干两，具牲牢代祀马援于横州之乌蛮滩。"② 王廉出使安南，过郁江乌蛮滩伏波庙祭祀，这是受皇帝之命而做。与李文凤同期的严从简在《殊域周咨录》书中补充了王廉到横县乌蛮滩献祭的情况，并深入剖析了明太祖派使臣去献祭的原因："按志载，马援既平交趾，谓官属曰：'吾弟少游常哀吾慷慨有大志，叹曰："士生一世，但取衣食才足，为郡县吏，守坟墓，使乡里称为善人足矣；至求赢馀，自苦耳。"吾在浪泊西里间贼未灭时，下潦上雾，毒气熏蒸，仰视飞鸢，跕跕堕水中。念少游语，何可得也！'夫援之劳苦王事如此，后且不免薏苡明珠之谤，大丈夫立功外域，岂易易哉！我圣祖念及追祭，不惟表其勋于一方，亦可白其心于千载，其崇前劝后之意亦独至哉。"③马援南征交趾实属不易，因为那里瘴疠横行，"下潦上雾，毒气熏蒸"，飞鸟飞过都被毒薰堕水，更何况行军平叛？但是马援仍完成了平叛任务，严从简也感慨马援在异域立功之艰辛。他认为朱元璋派使者追祭，其目的不仅仅是表彰他在岭南所立的卓越功勋，更想借此举来表扬马援报国的一片赤诚之心，以对臣民行教化之功。

马援之所以能配飨帝王庙，与康熙皇帝有关。康熙六十一年（1722年），康熙皇帝发布谕令，调整入庙的帝王及历代配飨功臣的入选标准，认为历代配飨功臣只要是"有治安之世辅佐有功者，应量加增补"。马援功勋卓著，彪炳千秋，自是有治世辅国之功，入选配飨功臣行列也是顺理成章之事。到清代

---

① （明）林富修，黄佐纂，攸兴超等点校：《广西通志》卷33《坛庙》，南宁：广西人民出版社，2009年，第415页。

② （明）李文凤：《越峤书》卷17《书代祀马援颂后》，《四库全书存目丛书·史部》第163册，济南：齐鲁书社，1996年，第259页。

③ （明）严从简著，余思黎点校：《殊域周咨录》卷5《安南》，北京：中华书局，1993年，第171页。

时，马援还进入帝王庙祀典当中。乾隆朝《钦定大清会典则例》卷 82《礼部·中祀二》中有非常详细的记载：

> 顺治二年，定每岁春秋仲月诹日遣官祭帝王庙。增辽太祖、金太祖、金世宗、元太祖、明太祖五帝；增金代功臣斡鲁宗翰、宗望，明代功臣徐达、刘基等从祀。康熙六十一年谕："历代帝王每朝不过崇祀一二君，或庙飨其子而不及其父，或配食其臣而不及其君，应将凡曾在位除无道、被弑亡国之主外，尽宜入庙崇祀。又谕明愍帝无甚过失，国亡乃伊祖所致，愍帝不可与亡国者例论。神宗、光宗、哲宗三君不应入祀。其历代配飨功臣，有治安之世辅佐有功者，应量加增补，钦此。"十二月，世宗宪皇帝祇遵圣祖仁皇帝谕旨，增祀帝王，各立神牌，每代合原祀为一龛，增祀功臣亦各立牌位，合原祀入两庑依次安设。……东庑增祀功臣仓颉、毕公高、仲山甫、魏相、耿弇、宋璟、裴度、李沆、王曾、富弼、文彦博、李纲、文天祥、布呼密、常遇春、杨士奇、于谦、刘大夏，十有八人。合原祀风后、傅说、召公奭、召穆公虎、张良、曹参、周勃、房元（玄）龄、李靖、许达、李晟、韩世忠，十有二人。并原祀西庑夔伯夷、伊尹、邓禹、诸葛亮、郭子仪、曹彬、宗翰、穆呼哩（木华黎）、徐达十人移入东庑，按朝代序次，共四十人。西庑增祀仲虺、吕侯、尹吉甫、刘章、丙吉、马援、赵云、狄仁杰、姚崇、李泌、陆贽、斡鲁、吕蒙正、寇准、范仲淹、韩琦、司马光、赵鼎、托克托、李文忠、杨荣、李贤，二十二人，合原祀力牧、周公旦、太公望、方叔、萧何、陈平、杜如晦、张巡、岳飞九人，并原祀东庑皋陶、龙伯益、冯异、耶律赫噜、宗望、巴延、刘基八人移入西庑，按朝代序次，共三十有九人。东西共增祀四十人，合原祀以次分列，共七十有九人。又定正殿每代设笾豆一案，五帝龛统改三案，共十六案。其礼神制帛仍每位一端，每案设帛篚一。两庑四位共一案，末案三位一案，素帛每位一端。两庑各增帛篚二，并增香案二、炉二。其上香仪，皇上亲祭一上香。遣官致祭，三皇位前三上香。雍正二年，世宗宪皇帝亲祭帝王庙，改从三上香仪。①

---

① （清）允祹等：《钦定大清会典则例》卷 82《礼部·中祀二》，清乾隆二十九年（1764 年）刻本。

雍正皇帝继位后，严格遵守康熙皇帝的做法，而且还亲制祭文。《清朝文献通考》卷119《群庙考》载：

> 世宗宪皇帝御制祭文……历代名臣亦皆川岳钟灵，为时辅佐，功在社稷，德协股肱，比诸从龙之彦，何多让焉。而尚论未详，明禋久旷，其为缺略也大矣。夫钦崇往哲，景企前徽，明德可怀，羹墙兴慕，睹流风之所被，洵历世而勿谖。若乃扩追远之鸿规，破拘墟之臆见，自非忠厚立心，宽仁为量，卓识超于千古，盛德冠于百王，未有能论及此者。典礼修明，有待今日。然则圣祖皇帝之重加厘定，公当周详，诚千万世莫及之仁心，而千万世不易之定论也。①

雍正皇帝非常重视对帝王庙的拜祭。正如其亲制的祭文所说的那样："历代名臣亦皆川岳钟灵，为时辅佐，功在社稷，德协股肱，比诸从龙之彦，何多让焉。"因此，在帝王庙里增祀功臣，是希望能供后人知晓其生平而生景仰之情。《钦定大清会典》卷45《礼部》载："凡祭前代帝王之礼为庙，于皇城之西，殿曰景德、崇圣。内设七室……两庑各以其名臣配飨。……岁以春秋仲月诹日遣官致祭，皇帝特行崇典，则亲诣行礼。"②《清朝通志》卷40《礼略五》补充了祭礼的概况："雍正二年三月亲祭历代帝王庙，七月谕礼部，嗣后亲祭时，卤簿大驾，俱由庙门映壁外行。三年九月，四年二月，五年三月，七年二月，皆亲祭行礼。"③

马援忠君爱国，所以得以配飨帝王庙，除享受国家正祀外，各地官府所设立的名宦祠里也多有马援的神位，享受官祀。明清时期，全国各地建立孔庙，学宫往往依附于孔庙，为此又称为庙学，清代时又称为学宫。学宫内戟门之左设名宦祠，右设乡贤祠。名宦，即曾在本地做官，有一定政绩的官员，可入名宦祠立碑；凡县之德高望重或才艺出众之人，可入乡贤祠立碑。但均需由知县具文遂级呈报朝廷审批，方可入祠立碑纪念。明初规定："凡建学必立庙以崇祀先圣，群贤从祀于两庑，庑外有门以列戟，如王者之

---

① 《清朝文献通考》卷119《群庙考》，上海：商务印书馆，1936年，第5883—5884页。
② （清）允裪等：《钦定大清会典》卷45《礼部》，清乾隆二十九年（1764年）刻本。
③ 《清朝通志》卷40《礼略五》，杭州：浙江古籍出版社，1988年，第6977页。

仪。"①清代沿袭这种做法。祭祀乡贤、名宦具有崇德报功、教化民众的社会意义。名宦祠依附于庙学，是庙学的一个组成部分。明清时期祭祀名宦祠的行为属于官祭当中的祭祀先师礼仪之一，由朝廷派官祭祀，行少牢礼。各地供奉有马援神位的名宦祠里并不少。如湖南常德的名宦祠里就有马援神位。据嘉靖《常德府志》卷十《祠祀志》记载："名宦乡贤祠，旧在学东，嘉靖八年知府方仕迁建于涤牲池畔。十四年知县钟銮改迁于儒学后大街，为堂三间，大门一间。祀名宦八人：汉伏波将军马援、武陵守应奉、唐朗州刺史温造、元达鲁花赤总管哈珊、明知府应履平、朱缙、王绩、冯杰。乡贤八人……俱经抚按官批允，乃祀。"②

而作为伏波庙分布最多的广西地区，供奉马援神位的名宦祠为数不少。如广西梧州府苍梧县名宦祠在庙学的东庑前，"明正德十年建，国朝雍正元年重建，祀汉邳离侯路博德、刺史罗宏、太守杜穆、新息侯马援……凡五十五人"③。除此之外，该县还有三公祠，"旧在光孝寺东，嘉靖初知府周任建，祀路伏波博德、马伏波援、狄武襄青，今并为鄂公祠"④。即使是在桂西地区的田州，也能找到伏波信仰的史迹。田州的五公祠建于明朝，原只是"祀宋狄青、明王守仁、林富、张祐，名四公祠，崇祯末寇毁。国朝康熙五十一年，迁建今所。雍正间，增祀汉伏波将军马援"⑤，故更名为五公祠。

桂西南地区的南宁府三公祠，原祀宋朝狄青、孙沔、余靖，"洪武中重修后增苏缄、谭必，又增马援，并为六公"。"明弘治间重建，增祀苏缄、谭必，为五公祠。周孟中有碑记。国朝康熙十八年，镇南将军蟒吉图恢复南宁，郡人思其德，请入祠奉祀，今为六公祠。"⑥六公祠的祭祀时间为每年"附祭于府学名宦祠。乾隆六年，知府苏士俊定以春秋仲月戊日致祭"⑦。

---

① （明）蔡云翰：《重修平乐府学记》，（清）汪森编辑，黄盛陆等校点：《粤西文载校点》卷 27《学校记》，南宁：广西人民出版社，1990 年，第 287 页。
② 嘉靖《常德府志》卷 10《祠祀志》，明嘉靖十四年（1535 年）刻本。
③ 乾隆《梧州府志》卷 6《建置志》，清同治十二年（1873 年）刊本，第 138 页。
④ 乾隆《梧州府志》卷 7《建置志》，清同治十二年（1873 年）刊本，第 153 页。
⑤ （清）谢启昆修，胡虔纂，广西师范大学历史系中国历史文献研究室点校：《广西通志》卷 143《建置略十八·坛庙三》，南宁：广西人民出版社，1988 年，第 4136 页。
⑥ （清）金鉷等：《（雍正）广西通志》卷 42《坛庙》，南宁：广西人民出版社，2009 年，第 649 页。
⑦ （清）谢启昆修，胡虔纂，广西师范大学历史系中国历史文献研究室点校：《广西通志》卷 145《建置略二十》，南宁：广西人民出版社，1988 年，第 4182 页。

第三章　伏波信仰的主神职及祭礼

郁江畔的横县乌蛮滩伏波庙在清代一直都是实行官祭。据乾隆《横州志》记载："官祀于文庙、坛遗、祠宇之外，正官必祭者，曰官祀。祀凡九：曰城隍、曰土地、曰案牍、曰文昌、曰关王、曰伏波、曰炎帝、曰天后、曰雷庙。"[①]作为享受官祀的伏波庙每年实行春秋二祭，不过因"往来部使行祭，供费甚劳。嘉靖三十八年知州王士楠申准各府州县官初到举行一次，以后只具香烛而已"[②]。不过，清代时仍有地方官员对伏波庙享受春秋二祭提出意见，认为这不足以彰显马援的丰功伟绩。光绪十六年（1890年）十一月八日，广西巡抚马丕瑶就专门上奏折请求将在广西各地的伏波庙进行秋季专祀。光绪十七年（1891年），横州知州文星昭写有《大滩伏波庙碑记》记录了此事。全文如下：

大滩伏波庙碑记

为恭刊碑记以昭功德事：案奉广西巡抚部院马檄行：照得本部院于光绪十六年十一月初八日具奏为功德在民，群思报祀，请将汉臣马援、明臣王守仁，凡广西各属已有庙祀书院之处，列入春秋祀典，并请颁发御书匾额，恭折具陈，仰祈圣鉴事。

窃广西地极南徼，土汉杂居，自秦汉以来，达人杰士，垂勋布惠者，代不乏人，而能使千百年后，村野之丁男妇孺，土属之椎髻瑶壮，无不感慕讴思，旷代如新，争出其纤毫力作之资，私为创造祀庙书院，则惟汉臣伏波将军马援、明臣两广总督王守仁为最著。臣校阅所经南宁府城及所属，多为马援、王守仁祠庙，而横州之乌蛮滩马伏波庙尤著灵异，水旱患难，祈祷辄应。思恩府城土民所建阳明书院，祀王守仁，今犹重加修葺，讲学其中。至马援庙祠，各府据尤伙，士人拜彝崇奉不绝。臣尝读汉史，马援征交趾，讨征侧，定六十余城，所过辄为郡县治城廓，穿渠灌溉以利民。又《明史》称：王守仁总督两广，破断藤峡八寨，降土酋庐苏王，受抚其众七万。宗传以致良知为本，弟子盈天下，至今粤民犹追思乐道两人之遗事于弗衰。臣惟教养之泽入人心，故报祀之隆，永于身后。马援、王守仁均与有功德于民，则祀之例相符。查王守仁后祀文庙，

---

① 乾隆《横州志》卷8《秩祀志》，光绪己亥年（1899年）重刻增补本，第136页。
② 《南宁古籍文献丛书》编纂委员会编：《南宁府志》卷5《祀典志》，南宁：广西人民出版社，2008年，第199—201页。

久荷恩褒，祀典已极隆重，无可再加。然俎豆虽公百代之馨香，而肸蚃难已一方之私祝，似并行而不悖，因发劝而易从，与马援均足以兴起顽懦，合无（亚）仰恳天恩俯准，颁赐御书匾额两方，交臣敬谨悬挂横州乌蛮滩马援祠庙及思恩府王守仁书院。凡所属各府州县，前已建有马援、王守仁祠庙书院之处，饬令地方官春秋专祭，以顺舆情，而宏治化。出自逾格鸿施，所有请汉将臣马援、明臣王守仁列入春秋专祀缘由，谨会同两广督臣李瀚章恭摺具奏，伏乞圣上圣鉴训示，谨奏。

兹于光绪十七年正月二十七日，奉到硃批："著准所请，礼部知道。钦此。"并奉御书"铜柱勋留"匾额一方，颁发乌蛮滩伏波祠，合就恭录檄行，钦遵查照，并将匾额敬悬挂具报。等因，奉此，窃惟昔余文襄为广南经制使，孙给事为广南安抚使，狄武襄为广南经制使，皆非守土吏也，民到于今怀之，得非经画救时，堪垂久远耶！而伏波将军之功德为最古，入人为尤深，今抚部安阳公惓怀先烈，上达宸聪、焜耀天题，洵堪辉增岭表，昭示来兹。爰恭录疏辞，勒之贞珉，以垂不朽云。

光绪十七年

碑文中所说的"广西巡抚部院马"，即是马丕瑶（1831—1895年）。他是河南安阳县蒋村人，于光绪十三年（1887年）八月任广西布政使。光绪十五年（1889年）八月，任广西巡抚。光绪十六年（1890年）十一月初八日，马丕瑶上奏折请求将在广西各属的祭祀汉臣马援、明臣王守仁的已有庙祀书院列入春秋祀典，其理由非常充分。他在考察了广西各地的名宦祭祀情况后，感慨在广西的历史上有功于民的名宦在死后被百姓世代感恩，争相捐资为其造祀庙和书院，其中当属马援和王守仁的祠庙和书院最盛。为了"顺舆情"和"宏治化"，马丕瑶联合了时任两广总督的李瀚章一起联名上奏，请求将马援和王守仁列入秋专祀，并特别为横州乌蛮滩伏波庙和思恩府王守仁书院乞御赐匾额两方，最终获朝廷批准。横县伏波庙获光绪帝御书赐匾"铜柱勋留"一方。可见，明清时期伏波庙一直享受官祭的待遇。

不过，随着时代的变迁，官祭已经成为历史，广西各地的伏波庙如今是以民众自由献祭为主，桂西南地区现存的伏波庙也是以民间祭祀为主。如凭祥的伏波庙在清末至民国时均有游神的庙会习俗。"隘口四月十五日为伏波旦；大连城五月十三日为关帝旦。游神前,由街村绅士指派筹各班子,收集民众捐出的米和钱,备办菜肴及香烛之类……组成游神队伍,抬神像,僧巫在前念经,鼓手唢呐在后奏乐;民众前呼后拥……经过街民门口时,户主烧香点烛,燃放鞭炮,洒酒迎神降临,祝福安居乐业。游完街后,将神像放于庙内。随后,各户在庙中置酒宴……晚上请戏班演出,歌圩亦由此开始。"①中华人民共和国成立后,伏波庙游神习俗遂止,而改为当地村民自行组织祭拜。龙州伏波庙也是以民众自祭为主。每年农历四月十二至十四日的横县伏波庙庙会也是如此,连续三天,通宵达旦,前来祭祀的各地香客络绎不绝。总之,桂西南地区伏波庙祭祀情况,见表3-1。

表3-1 桂西南地区现存伏波庙祭祀时间一览表

伏波庙	庙会	祭俗
龙州伏波庙	每年农历四月十二至十四	自由祭拜;斋醮
凭祥隘口伏波庙	每年农历四月十五	自由祭拜;斋醮
崇左驮卢伏波庙	每年农历四月十三	自由祭拜;斋醮
扶绥金鸡岩伏波亭	每年农历四月十五	自由祭拜;斋醮
南宁平西村伏波庙	每年农历四月十四	自由祭拜;斋醮
南宁蒲庙五圣宫	每年农历三月十二	自由祭拜;斋醮
横县伏波庙	每年农历四月十二至十四	自由祭拜;斋醮
东兴罗浮垌伏波庙	每年农历正月初四至初六	自由祭拜;斋醮
钦州横山村伏波庙	每年农历正月十五至十六	自由祭拜;伏波将军游神巡境;斋醮
钦州乌雷庙	每年农历二月十八	自由祭拜;斋醮
钦州小董大王庙	每年农历二月二十七日	自由祭拜;斋醮

从表3-1中可知,桂西南地区伏波庙的祭祀时间存在区域内的差异,左江流域主要是以农历四月十五为伏波诞辰,而北部湾地区的伏波诞辰时间基本上集中在正月至二月,诞辰时间不统一。为何会形成这种区域内的差别,还需要更深入的研究。

---

① 凭祥市志编纂委员会编:《凭祥市志》,广州:中山大学出版社,1993年,第566页。

第四章　明清时期桂西南地区马援铜柱及其政治隐喻

马援在交趾行德政，得民心，其品德而被后世文人不断歌咏，湖南、广西、广东、海南乃至越南北部地区民众遍立庙宇纪念他，还出现了许多与他有关的典故，如马援铜鼓、马援铜柱、马留人等，这其中又以马援铜柱的说法最为吸引人，桂西南地区尤多。有意思的是，从马援立铜柱之说出现之后，直至明清时期，马援铜柱地望的变化总是与中原王朝在南方的疆域盈缩密切联系在一起。因此，本章专门对明清时期桂西南地区的马援铜柱传说以及地望变化进行分析，试图观察其背后所隐藏的政治隐喻。

第一节　明代之前马援铜柱之说及地望

一、宋代之前马援铜柱之说及其地望

《后汉书·马援传》里有马援平定交趾"二征之乱"的事迹，却没有提及马援立铜柱以标汉界之事。此事最早见于哪部史籍？唐代徐坚在《初学记》辑录了西晋张勃的《吴录》当中对铜柱的记载："象林海中有小洲，生柔金，自北

南行三十里有西属（屠）国，人自称汉子孙，有铜柱，云汉之疆场之表。"①张勃仅是说西屠国有铜柱，未说明是谁所立，不过就交趾的历史来看，此铜柱应该是马援所立。我国学者王元林先生认为始于西晋张勃的《吴录》②。黄文娟则认为现今所见的《吴录》已经失传，无法断定是否确有如此记载，如今看到的"铜柱"内容是由唐人徐坚录在《初学记》里的，应该是借以阐述其本人的看法，认为象林之地有铜柱以及马留人的存在，为此铜柱的最早记载应该是在《水经注》里③。笔者更倾向于前者的观点。西晋的《广州记》中也提到："援到交趾，立铜柱，为汉之极界。"不过，此书没说明铜柱的具体地址。《晋书》卷15《地理志下》载："象林。自此南有四国，其人皆云汉人子孙。今有铜柱，亦是汉置此为界。贡金供税也。"④此说法与《吴录》极为相似。《晋书》卷97《四夷列传·南蛮》"林邑国"条又称："林邑国本汉时象林县，则马援铸柱之处也，去南海三千里。"⑤

被学界征引最多的马援铜柱的史料，是北魏郦道元所著的《水经注》当中的记载。该书中有"郁水"一词条："郁水又南自寿泠县注于海。昔马文渊积石为塘，达于象浦，建金标为南极之界。《俞益期笺》曰：马文渊立两铜柱于林邑岸北，有遗兵十余家不反，居寿泠岸南而对铜柱。悉姓马，自婚姻，今有二百户。交州以其流寓，号曰马流。言语饮食，尚与华同。山川移易，铜柱今复在海中，正赖此民，以识故处也。《林邑记》曰：建武十九年，马援树两铜柱于象林南界，与西屠国分，汉之南疆也。土人以之流寓，号曰马流，世称汉子孙也。"⑥《水经注》所引的《林邑记》中的"马流人"与《吴录》中所载象林海中的小洲人都自称汉子孙，并以铜柱与西屠国分疆，两书关于铜柱位置记载一致，可知马援铜柱是在越南中部象林地界。象林为西汉日南郡最南一县，东汉林邑国在此立国，"林邑"原为秦汉之象林县地。林邑国的大体位置治今越南的广南一岘港

---

① （明）徐坚：《初学记》，北京：中华书局，1962年，第117页。
② 王元林，吴力勇：《马援铜柱与国家象征意义探索》，《中南民族大学学报》（人文社会科学版）2011年第2期，第87—90页。
③ 黄文娟：《疆界变迁下的历史记述：马援铜柱"北移"问题研究》，广西民族大学硕士学位论文，2012年。
④ （唐）房玄龄等：《晋书》卷15《地理志下》，北京：中华书局，1974年，第466页。
⑤ （唐）房玄龄等：《晋书》卷97《四夷列传·南蛮》，北京：中华书局，1974年，第2545页。
⑥ （北魏）郦道元著，陈桥驿校证：《水经注校证》卷36《温水》，北京：中华书局，2007年，第840—841页。

省一带。这个说法得到了后来官修正史的采信。《梁书》卷 54《诸夷列传》载："林邑国者，本汉日南郡象林县，古越裳之界也。伏波将军马援开汉南境，置此县。其地纵广可六百里，城去海百二十里，去日南界四百余里，北接九德郡。其南界，水步道二百余里，有西国夷亦称王，马援植两铜柱表汉界处也。"①《南史》卷78《夷貊传上·海南诸国》也持马援在林邑立铜柱之说。

隋大业元年（605年），大将刘方率军进击交趾，《隋书·刘方传》称："进至大缘江，贼据险为栅，又击破之。迳马援铜柱，南行八日，至其国都。林邑王梵志弃城奔海，获其庙主金人，污其宫室，刻石纪功而还。"②

唐代时，武德五年（622年），将原先的交趾郡改为交州总管府，调露元年（679年），改交州都督府为安南都护府。驩州治所在九德。《旧唐书》卷41《地理志四》载：

> 古越裳氏国，秦开百越，此为象郡。汉武元鼎六年，开交趾已南，置日南郡，治于朱吾，领比景、卢容、西捲、象林五县。吴分日南置九德郡，晋、宋、齐因之。隋改为驩州，废九德郡为县，今治也。后汉遣马援讨林邑蛮，援自交趾循海隅，开侧道以避海，从荡昌县南至九真郡，自九真至其国，开陆路，至日南郡，又行四百余里，至林邑国。又南行二千余里，有西屠夷国，铸二铜柱于象林南界，与西屠夷分境，以纪汉德之盛。其时，以不能还者数十人，留于其铜柱之下。至隋乃有三百余家，南蛮呼为"马留人"。其水路，自安南府南海行三千余里至林邑，计交趾至铜柱五千里。③

宋人欧阳修、宋祁编修的《新唐书》也主张马援铜柱在林邑，并有所补充："环王，本林邑也，一曰占不劳，亦曰占婆。直交州南，海行三千里。地东西三百里而嬴，南北千里。西距真腊雾温山，南抵奔浪陀州。其南大浦，有五铜柱，山形若倚盖，西重岩，东涯海，汉马援所植也。又有西屠夷，盖援还留不去者，才十户。隋末孳衍至三百，皆姓马，俗以其寓，故号'马留人'，

---

① （唐）姚思廉：《梁书》卷54《诸夷列传》，北京：中华书局，1973年，第784页。
② （唐）魏征等：《隋书》卷53《刘方传》，北京：中华书局，1973年，第1358页。
③ （后晋）刘昫等：《旧唐书》卷41《地理志四》，北京：中华书局，1975年，第1755页。

与林邑分唐南境。"①奔浪陀州在今越南南部藩朗。《新唐书》卷222上《南蛮传上》载："安宁城有五盐井，人得煮鬻自给。玄宗诏特进何履光以兵定南诏境，取安宁城及井，复立马援铜柱，乃还。"②不过已经有学者指出马援不可能到云南立铜柱③。王元林和吴力勇先生也认为这个安宁铜柱非马援所立铜柱的位置，而应为唐代西南边境的界标而已④。

除了"林邑说"外，马援铜柱地望还有一个说法，就是在爱州。《岭表录异》载："铜柱：旧有韦公干为爱州刺史，闻有汉伏波铜柱，以表封疆，在其境。公干利其财，欲摧镕货之于贾胡。土人不知援之所铸，且谓神物，哭曰：'使者果坏是，吾属为海人所杀矣。'公干不听。百姓奔走，诉于都督韩约。移书辱之，公干乃止。"⑤土人视铜柱为神物，一旦损坏，即被灭族。这个说法与之前的马援铜柱的说法相同。

马援立铜柱，到底立了多少处？这是一个很有意思的问题，因为铜柱的数量及其地理位置在某种意义上是代表着朝廷统治的边界。《吴录》《广州记》《晋书》当中未提铜柱数量，郦道元在援引《林邑记》中所到铜柱有两处。《南史》也是持二铜柱之说。《隋书》刘方征交趾时也未提及马援铜柱数量。唐人编修的《旧唐书》是持二铜柱之说，到宋人欧阳修编修《新唐书》时，铜柱的数量变为五个。

值得注意的是，在唐代时，马援铜柱出现了新立的情况。《旧唐书》卷157《马总传》载："元和初，迁虔州刺史。四年，兼御史中丞，充岭南都护、本管经略使。总敦儒学，长于政术，在南海累年，清廉不挠，夷獠便之。于汉所立铜柱之处，以铜一千五百斤特铸二柱，刻书唐德，以继伏波之迹。以绥蛮功，就加金紫。"⑥《新唐书》卷163《马总传》也云："元和中，以虔州刺史迁安南都护，廉清不挠，用儒术教其俗，政事嘉美，獠夷安之。建二铜柱于汉

---

① （宋）欧阳修，宋祁：《新唐书》卷222下《南蛮传下》，北京：中华书局，1975年，第6297页。
② （宋）欧阳修，宋祁：《新唐书》卷222上《南蛮传上》，北京：中华书局，1975年，第6270页。
③ 李埏：《马援安宁立铜柱辩》，《思想战线》1990年第3期，第82—85页。
④ 王元林，吴力勇：《马援铜柱与国家象征意义探索》，《中南民族大学学报》（人文社会科学版）2011年第2期，第87—90页。
⑤ （唐）刘恂撰，商璧、潘博校补：《岭表录异校补》卷上《铜柱》，南宁：广西民族出版社，1988年，第41页。
⑥ （后晋）刘昫等：《旧唐书》卷157《马总传》，北京：中华书局，1975年，第4151—4152页。

故处，镌著唐德，以明伏波之裔。"①

马总建二铜柱于汉故处的具体地点，《旧唐书》和《新唐书》均没有明确记载，也很难考证，但有一点是可以肯定的，也就是唐代安南包括汉时其南部象郡、九真郡，但没有包括林邑郡。《旧唐书》认为马总担任的职务是岭南都护，《新唐书》却认为是安南都护。鉴于唐朝在岭南未设都护府，故《旧唐书》的记载并不准确。唐朝统一全国后，于武德五年（622年），在原隋朝交州地区设立交州总管府。武德七年（624年），改为交州都督府。贞观元年（627年），改归岭南道管辖。调露元年（679年），改置安南都护府，为岭南五管之一，治所位于宋平（今越南河内），都护由交州刺史兼任。至德二载（757年），改名镇南都护府，永泰二年（760年），复名安南都护府。

王元林先生认为，马援铜柱这一历史事件在唐朝和五代统治者、政客的提携和利用下得以附会成形。马援铜柱成为统治者对少数民族征服和统治的"铁证"，也逐渐成为疆土统一的一种象征②。笔者赞同其观点。安南都护使马总借用马援立铜柱之举，有着很深的文化象征隐喻。《旧唐书》与《新唐书》对马总立铜柱的意图的说法略有不同，《旧唐书》说是"以继伏波之迹"，应是希望能继承马援的功绩。《新唐书》是说"以明伏波之裔"，主张马总以马援后裔自称，有恢宏先祖之功。

安史之乱后，唐朝各地藩镇力量非常强大，外又有吐蕃、回纥、南诏等外患。因此，自唐德宗、唐顺宗后登基的唐宪宗励精图治，重用贤良，改革弊政，取得了元和削藩的巨大成果，并重振朝廷的威望，史称"元和中兴"。国家要在边疆地区宣扬威信，确立唐王朝的统辖，在强大的政治和军事力量显示之余，还应该通过各种文教的方式来教化百姓，从而在该地区形成文化认同。对此，有诸多唐代文人墨客赞颂马援铜柱的诗文，足以为证。如唐代李绅在《逾岭峤止荒陬抵高要》一诗中写道："天将南北分寒燠，北被羔裘南卉服。寒气凝为戎虏骄，炎蒸结作虫虺毒。周王止化惟荆蛮，汉武凿远通犀颜。南标

---

① （后晋）刘昫等：《新唐书》卷163《马总传》，北京：中华书局，1975年，第5033—5034页。
② 王元林，吴力勇：《马援铜柱与国家象征意义探索》，《中南民族大学学报》（人文社会科学版）2011年第2期，第87—90页。

第四章 明清时期桂西南地区马援铜柱及其政治隐喻

铜柱限荒徼，五岭从兹穷险艰。"[1]湖南邵阳人胡曾《咏史诗·铜柱》一诗曰："一柱高标险塞垣，南蛮不敢犯中原。功成自合分茅土，何事翻衔薏苡冤。"[2]晚唐诗人曹松《南游》一诗云："直到南箕下，方谙涨海头。君恩过铜柱，戎节限交州。犀占花阴卧，波冲瘴色流。远夷非不乐，自是北人愁。"[3]以上的诗文均有一个共同的特点，也就是将马援铜柱视为华夷分界。

这种仿马援立铜柱之举以标示国家统一和宣扬教化的做法在后代再次出现。五代时期，楚王马希范讨伐溪州洞蛮彭士愁，"士愁以五州乞盟，乃铭于柱。希范自言汉伏波将军援之后，故铸铜柱以继之"[4]，"溪州刺史彭士愁、五溪酋长等乞降，已立铜柱于溪州，铸誓状于其上，以《五溪铜柱图》上之"[5]，"希范乃立铜柱以为表，命学士李皋铭之"[6]。马希范所立铜柱现今还矗立于酉水中部河岸边。铜柱铭文开首便载马援及其事："我烈祖昭灵王，汉建武十八年，平征侧于龙编，树铜柱于象浦。其铭曰：'金人汗出，铁马蹄坚，子孙相连，九九百年。'是知吾祖宗之庆，胤绪绵远，则九九百年之运，昌于南夏者乎？今五溪初宁，群帅内附。古者天子铭德，诸侯计功，大夫称伐，必有刊勒，垂诸简编，将立标题，式昭恩信。敢继前烈，为吾纪焉。"[7]其谋臣李宏皋[8]专为此事写有《铜柱辞》云："招灵铸柱垂英烈，手执干戈征百越。诞今铸柱庇黔黎，指画风雷开五溪。五溪之险不足恃，我旅争登若平地。五溪之众不足平，我师轻蹑如春冰。溪人畏威思纳质，弃污归明求立誓。誓山川兮告鬼神，保子孙兮千万春。"[9]其对马希范开五溪之功大加赞颂，把马希范安定溪州之功与马援征南蛮之绩相提并论。在铜柱上铸马援之功德，既是马希范对"祖先"马援的尊敬和怀念，也是统治者维护统治的需要。

---

[1] （清）彭定求等：《全唐诗》卷480《李绅》，北京：中华书局，1980年，第5463页。
[2] （清）彭定求等：《全唐诗》卷647《胡曾》，北京：中华书局，1980年，第7427页。
[3] （清）彭定求等：《全唐诗》卷716《曹松》，北京：中华书局，1980年，第8223页。
[4] （宋）薛居正等：《旧五代史》卷133《世袭列传二》，北京：中华书局，1976年，第1758页。
[5] （宋）薛居正等：《旧五代史》卷79《晋书·高祖纪五》，北京：中华书局，1976年，第1046页。
[6] （宋）欧阳修：《新五代史》卷66《楚世家第六》，北京：中华书局，1974年，第826页。
[7] 罗维庆：《〈复溪州铜柱记〉校释》，《吉首大学学报》（社会科学版）1987年第1期，第27页。
[8] 李洪皋，《旧五代史》《新五代史》均记为李皋，《宋史》记为李洪皋，《全唐诗》记为李宏皋，为马希范天策府十八学士之一。
[9] （清）彭定求等：《全唐诗》卷762《李宏皋》，北京：中华书局，1980年，第8648页。

从目前所见的史料来看，宋代之前，文人官绅们对于马援立铜柱之举均持肯定态度，认为铜柱代表的是汉廷之南界，是王朝统治的象征。不过马援铜柱的地理位置在史书当中语焉不详，众说纷纭，主流观点基本上均认为铜柱在安南境内。

二、宋代马援铜柱地望之说

宋代以后，马援铜柱地望之说不断变化。五代至北宋时期，在《旧唐书》《新唐书》《旧五代史》等书当中仍多持"林邑说"。但是到了南宋时期，铜柱地望出现了变化，出现了铜柱地理位置往北移的迹象。

南宋乾道八年（1172 年），赴广西任钦州教授的周去非所著的《岭外代答》中载有"铜柱"这一词条：

> 汉马伏波平交趾，立铜柱为汉极南界，唐马总为安南都护，夷獠为建二铜柱于伏波之处，以明总为伏波之嗣，是铜柱在安南矣。又唐何履光定南诏，复立马援铜柱。按南诏今大理国，则是铜柱复当在大理。又占不劳之地，南有大浦，有五铜柱，山形若倚盖，西重岩，东崖海。按占不劳今占城也，然则铜柱又当在占城。闻钦境古森峒与安南抵界，有马援铜柱，安南人每过其下，人以一石培之，遂成丘陵。其说曰，伏波有誓云："铜柱出，交趾灭。"培之惧其出也。又云，交址境内有数铜柱，未知孰是。①

周去非在这一段文字里一共记录了马援铜柱地望的几种说法，或是在安南，或是在大理国，或是在占城，或是在钦州古森峒。他并没有对这些说法做出自己的判断，只是存疑。不过，钦州古森峒的说法是第一次出现。

祝穆在记录邕州古迹时也提到铜柱，其《方舆胜览》一书载："汉伏波将军马援征蛮，立柱界上。又唐马总为安南都护，僚夷安之，建二铜柱于汉故处，镌着唐德，以明伏波之裔，故今左、右江各有其一。又其一在钦州蛮界，其刻云：'铜柱折，交人灭。'至今交人来往，累碎石于下不绝。吕伯

---

① （宋）周去非著，杨武泉校注：《岭外代答校注》卷 10《古迹门·铜柱》，北京：中华书局，1999 年，第 404 页。

第四章　明清时期桂西南地区马援铜柱及其政治隐喻

恭作铭曰：'溪葛洞僚，惕息奉诏，约桔牛闲马，不敢饮啜汉刍水。'"①此书认为铜柱是在广西左右江，各一。同时也指出另一种说法是铜柱在钦州之说，但未提及具体方位。所幸，此书"钦州古迹"部分还记载了钦州铜柱："汉马伏波平交趾，立铜柱为极西界。唐马总为安南都护，夷僚为建二铜柱于伏波之处，以明总为伏波之嗣，是铜柱在安南矣。按钦境有古森洞，与安南抵界，有马援铜柱，有誓云：'铜柱折，交人灭。'安南人每过其下，人以一石培之，遂成丘陵。"②两两相较，会发现此时的铜柱的具体地理位置变得非常清晰，也就是在古森峒。

古森峒在哪里？《岭外代答》卷一提到钦州之西南，"接境交趾，陆则限以七峒，水则舟楫可通"。这里所说的七峒设于宋代。据嘉靖《钦州志》记载："博是峒，在如昔都丫葛村，宋时为长官司，有黄令钦者为峒主。""鉴山峒，在如昔都罗浮村，宋时为长官司，有黄令宜者为峒主。""贴浪峒，在贴浪都思牙村，宋为长官司，有黄令鉴者为峒主。""时罗峒，在时罗都，宋为长官司，有黄令岳者为峒主。""渐禀峒，在贴浪都思禀村，宋为长官司，有祖黄令谢为峒主。""如昔峒，在如昔都思勒村，宋为长官司，有祖黄令德为峒主。""古森峒，在贴浪都，宋为长官司，有祖黄令祚为主。"③以上的钦州七峒的名称在崇祯《廉州府志》当中的名称稍有不同。七峒即贴浪峒（今防城港市防城区扶隆乡）、时罗峒（今防城港市防城区防城镇）、思勒峒（又写为如昔峒。今东兴市江平镇思勒村）、丫葛峒（又写为博是峒，今东兴河洲村）、渐禀峒（又写为思禀峒，今防城港市防城区那良镇）、罗浮峒（又写为鉴山峒，今东兴市东郊社区）、古森峒（今防城港市防城区峒中镇）。两书的七峒名称略有区别，对照其具体的地理位置后，获知博是峒即是丫葛峒，鉴山峒即是罗浮峒，如昔峒即是罗浮峒，如图4-1所示。

从图4-1中可以清晰地看到明代的编修者们在分茅岭上标上了"铜柱"二字，以示方位。为何会出现这样的变化？这要从宋朝与交趾的关系变化说起。

---

① （宋）祝穆撰，祝洙增订，施和金点校：《方舆胜览》卷39，北京：中华书局，2003年，第710页。
② （宋）祝穆撰，祝洙增订，施和金点校：《方舆胜览》卷42，北京：中华书局，2003年，第758—759页。
③ 嘉靖《钦州志》卷6《兵防》，广东省地方史志办公室编：《广东历代方志集成·廉州府部》，广州：岭南美术出版社，2009年，第88页。

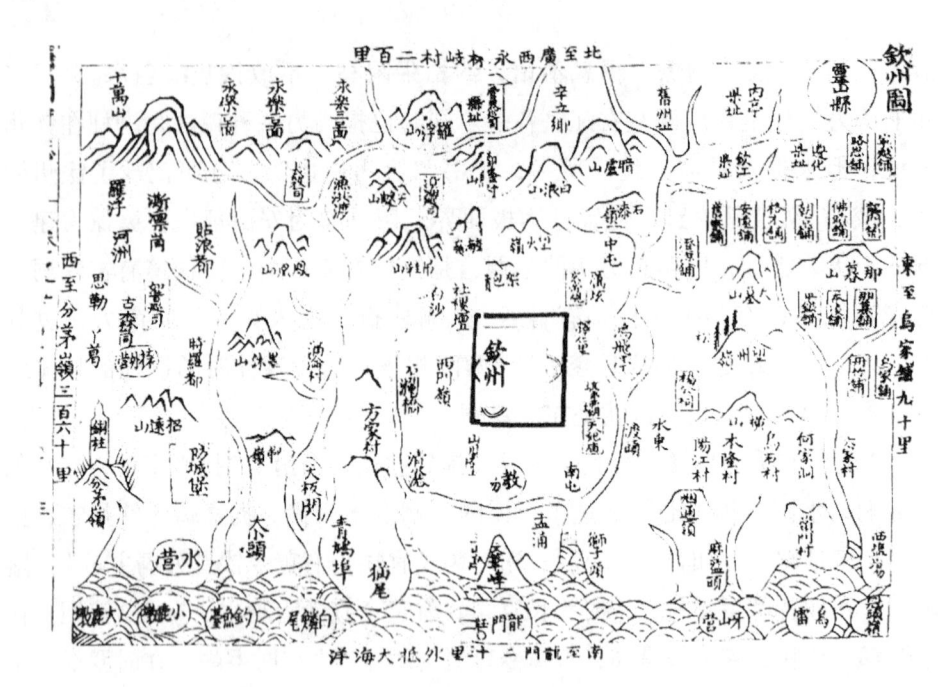

图 4-1 崇祯《廉州府志》所载钦州七峒方位示意图

宋代岭南边疆出现的一个最大变化,就是交趾的独立。关于交趾独立的时间问题,学者们迄今尚未完全统一。唐末,中原王朝对交趾地区已无力控制,当地土豪曲氏割据交州,自称节度使,交趾开始脱离中原王朝独立。后晋天福三年(938年),交州吴权在白藤江击败南汉军队,次年称王,宣布脱离南汉,独立建国。因此,有学者认为五代时期交趾独立始于906年,唐哀帝授予曲承裕静海军节度使,名义上仍臣属于中原王朝,称静海军节度使[1]。但是,更多的学者认为始于宋乾德六年元年(968年),丁部领削平十二使君,建立"大瞿越"[2]。开宝六年(973年),丁部领遣使入贡,宋太祖诏以丁琏(丁部领之子)为安南都护、交趾郡王,视大瞿越为列藩。南宋淳熙元年(1174年),大瞿越入贡,宋孝宗诏赐国名为"安南",以李天祚为安南国王,正式承认了安南独立国家的地位,自此,宋朝与安南正式建立了宗藩关系。

---

[1] 郑维宽:《宋代中越关系变动下的岭南边疆治策探析》,《社会科学战线》2012年第1期,第113—119页。

[2] 孙宏年:《清代中越陆路边界桂粤段交涉述论(1644—1885)》,《中国边疆史地研究》2001年第2期,第49—57页;李桂华、齐鹏飞:《中越边界问题研究述略》,《南洋问题研究》2008年第4期,第90—100页;杨保筠:《中国文化在东南亚》,郑州:大象出版社,2009年,第12页。

第四章 明清时期桂西南地区马援铜柱及其政治隐喻

交趾地区独立，使两宋时期西南边疆地区地缘政治关系出现明显变化，宋朝与交趾之间的关系由原先的国内关系变为宗主国与藩属国关系，原先的行政区域界线转变为国家边界，并形成了传统习惯边界。广西由以前岭南边疆的腹地变成了边疆的前沿，成为宋朝与交趾毗邻的直接区域。据《岭外代答》记载：安南国"永安与钦州为境……苏州、茂州皆与邕管为境。其国东西皆大海，东有小江，过海至钦廉。"[①]此处的"小江"，即是北仑河。安南的永安州为先安，后在李朝时改为潮阳。苏州、茂州应为苏茂州，在今天越南高平、谅山一带。可见，此时的宋朝与交趾之间已经形成边界。

交趾与中原王朝的关系由原先的中原王朝直接管辖的地方行政区变为保持宗藩关系的独立国家。虽然两国之间保持着较为密切的宗藩关系。作为一个新独立的国家，从丁部领建立大瞿越后，交趾政权更迭频繁。交趾刚开始时是以红河流域中下游为中心立国，随着国家意识不断增强，为了扩充疆域，除了和占城争夺土地外，还不断蚕食宋朝的西南边境。端拱年间，大越国黎桓掌权，"屡为寇害，渐失藩臣礼"。此后又有交州战船百余艘寇钦州如洪镇，"略居民，劫稟实而去"。夏天，又有苏茂州乡兵五千寇邕州所管的绿州[②]。《大越史记全书》本纪卷一《黎纪》载："遣杜亨如宋报聘，时宋惮于征役，帝负山海险固，稍纵边民，侵掠宋境。是年春，宋广西路转运使张观、钦州如洪镇兵马监押卫昭美皆上言：'交趾战船百余艘寇如洪镇（即如洪寨，今钦州市康熙岭镇长墩），掠居民，劫稟食而去。'是夏，我苏茂州又以乡兵五千侵宋邕州，为都巡检杨文杰所击而还。宋帝意在抚宁，不欲用兵，置之不问。"[③]作为安南正史的《大越史记全书》用了"侵扰"等词，表明这些军事行动均是不义之仗。

因此，面对交趾对边境地区的频繁侵扰，如何有效维护自身的边界，强化对边境地区的管理，成为摆在宋朝统治者面前的重大问题。方铁先生在研究宋朝与大理国的关系时，曾有过精辟的论断，认为宋朝有"守内虚外"的统治思

[①] （宋）周去非著，杨武泉校注：《岭外代答校注》卷2《外国门上·安南国》，北京：中华书局，1999年，第55页。

[②] （元）脱脱等：《宋史》卷488《交趾传》，北京：中华书局，1977年，第14062页。

[③] （越南）吴士连等撰，陈荆和编校：《大越史记全书》本纪卷一《黎纪》，东京：东京大学东洋文化研究所附属东洋学文献中心刊行委员会，1984年，第194页。

想，在他们看来，前代祖宗留下的疆土当慎守之，而开疆拓土或经营边徼则会劳师动众，得不偿失。两宋统治者对继承了南诏疆土的大理国的基本态度就是以大渡河划界，尽量疏而远之；对广西则积极经营。[1]实际上，宋朝与交趾的关系何尝不是如此？面对大越国的侵扰，宋朝统治者"志在抚宁荒服，不欲问罪"。[2]景德三年（1006年），邵晔献上邕州至交州水陆交通图，宋真宗拿给近臣看并说："交州瘴病，宜（邕）州险绝，若兴兵攻取，死伤必多。且祖宗开疆广大若此，当慎守而已，何必劳民动众，贪无用之地？如照临之内，忽有叛乱，则须为民除害也。"[3]可见，宋真宗对边境的管控是持"慎守"主张。宋大中祥符七年（1014年）九月，广南西路转运使上奏："'交趾贼泊如洪寨江口，已戒邕、宾州巡检使臣防护边境。'诏止于界上设备，无或生事。"[4]面对交趾的侵扰，宋廷的态度是"意在抚宁，不欲用兵"，只是在必要时才予以反击，更多时候是严阵以待，"止于界上"。

虽意在抚宁，但边疆总是需要守住。如何守好边疆，宋廷做了一些工作。广西的钦州与交趾的永安接壤，邕管与苏州、茂州接壤，受到的交趾侵扰最多。为此，宋廷加强了对广西边境地区的建设。首先是在宋交边境地区构筑严密的边防体系。邕州、钦州是宋朝与交趾的边防前沿之地，海陆相接，地形复杂，为此，宋廷在钦州设置了沿海巡检司，还在接壤地区设置溪峒巡检使。其原因在于："钦、廉皆号极边，去安南境不相远。异时安南舟楫多至廉，后为溺舟，乃更来钦。今廉州不管溪峒，犹带溪峒职事者，盖为安南备尔。廉之西，钦也。钦之西，安南也。交人之来，率用小舟。既出港，遵崖而行，不半里即入钦港。正使至廉，必越钦港。乱流之际，风涛多恶。交人之至钦也，自其境永安州，朝发暮到。钦于港口置抵棹寨以谁何之，近境有木龙渡以节之，沿海巡检一司，迎且送之，此其备诸海道者也。若乃陆境，则有七峒，于如昔峒置戍，以固吾圉。"[5]设立钦州七峒是为了戍边固圉，可见宋廷还是比较关

---

[1] 方铁：《论宋朝以大理国为外藩的原因及其"守内虚外"治策》，《中央民族大学学报》（哲学社会科学版）2000年第6期，第47—51页。
[2] （元）脱脱等：《宋史》卷488《交趾传》，北京：中华书局，1977年，第14062页。
[3] （清）徐松辑，刘琳等校点：《宋会要辑稿》蕃夷四，上海：古籍出版社，2014年，第9786页。
[4] （清）徐松辑，刘琳等校点：《宋会要辑稿》蕃夷四，上海：古籍出版社，2014年，第9789页。
[5] （宋）周去非，杨武泉校注：《岭外代答校注》卷1《边帅门·钦廉溪峒都巡检使》，北京：中华书局，1999年，第53页。

注南部边疆秩序的维护。

桂西南地区的邕州是宋交两国陆地边境的前沿阵地，境内有有左、右两江。"左江在其南，外抵安南国；右江在西南，外抵六诏、诸蛮。两江之间，管羁縻州峒六十余，用为内地藩，而内宿全将五千人以镇之。凡安南国及六诏、诸蛮有疆场之事，必由邕以达；而经略安抚之谘询边事，亦惟邕是赖。"①而邕州的左江永平、太平寨由于直接与交趾接壤，成为边防重地。为此，宋廷在平定侬智高起义后，将广、邕、宜、融分为三路，邕州知州兼任本路安抚都监一职，极大提升了邕州的军事地位。而且还实行土丁戍边，即"邕、钦与交阯为境，自昔二郡土丁，杂官军戍边。邕州土丁戍边之事未详，钦之抵棹寨，以安远县土丁百人更戍，季一替"②。又有峒丁戍边之制："羁縻州之民，谓之峒丁，强武可用。溪峒之酋，以为兵卫，谓之田子甲。官欲用其一民，不可得也。唯钦州七峒峒丁，为官戍边。盖七峒权力弱于邕管，故听命也。旧制，钦峒置巡防使臣一名，以官军百人戍如昔峒，以备交阯。因官军虐之，峒酋乞不用官军，愿自以峒丁更戍，以故钦州独有峒丁之戍。"③可见，钦州七峒是为固守桂西南边陲之需而设。

要守边不能仅靠军事防御工事，还需在民众心中树起王权管辖的意识。要守土安边，就要树立精神榜样。为此，东汉伏波将军马援平定交趾"二征之乱"、立铜柱以标汉界的历史就成为统治者们最好的资源。黄文娟认为随着宋交关系的演变，宋朝南部边界线比之前大大北缩，代表边界符号的马援铜柱也相应发生了北移，马援铜柱被抽象化，成为一种游移的边界符号，以边界标志的形象出现。马援铜柱在古森峒的说法被创制出现并迅速流传，目的是为了让新的疆域现实合理化。④的确，在宋朝守内虚外的治边思想影响下，昔日的"王土"交趾已经独立成国，曾被视为汉廷极界的马援铜柱所在之地已经非我

---

① （宋）周去非著，杨武泉校注：《岭外代答校注》卷1《边帅门·邕州兼广西路安抚都监》，北京：中华书局，1999年，第47页。
② （宋）周去非著，杨武泉校注：《岭外代答校注》卷3《□□门·土丁戍边》，北京：中华书局，1999年，第132页。
③ （宋）周去非著，杨武泉校注：《岭外代答校注》卷3《□□门·峒丁戍边》，北京：中华书局，1999年，第133—134页。
④ 黄文娟：《疆界变迁下的历史记述：马援铜柱"北移"问题研究》，广西民族大学硕士学位论文，2012年，第16页。

国土。宋人刘克庄在《伏波岩》中感慨："缅怀两伏波，往事可追纪。铜柱戍浪泊，楼船下湟水。时异非一朝，地去亦万里。"①马援当年立铜柱的交趾中部地区已非宋廷疆土，故刘克庄叹息不已。因此，作为一种政治符号的马援铜柱的地理位置自然应该移到宋交边境之地。

第二节　明清时期马援铜柱地望

一、明清时期马援铜柱地望变化

蒙古贵族统治的元朝是一个以开疆拓土为己任的王朝，长期致力于对外扩张。1257 年，兀良合台奉兵出兵交趾，虽然受到安南陈朝的强烈抵抗，元军仍是占据优势，1261 年，陈光昺纳款质子，被忽必烈封为安南国王，保持了原有的宗藩关系。但是元朝统治者要将安南作为直接辖地的决心未变。《钦定越史通鉴纲目》载："陈圣宗绍隆十五年夏四月，命员外郎黎敬夫会元人辩疆事。元使兀良来问铜柱旧界，帝命敬夫往会勘，言马援所立铜柱处，岁久堙没，不详何处。事遂寝。"②可见，兀良是借问铜柱旧界来暗示安南曾属中原王朝旧疆，为其收复旧疆寻找历史依据。不过，安南已非昔日的交趾，所以直接回复说："岁久堙没，不详何处。"1285、1286 年，元军两次征安南，但均没有如愿，最终不得不维持与安南的已有宗藩关系。

明朝洪武时期与安南保持了宗藩关系。永乐三年（1405 年），明朝出兵安南。1407—1427 年，交趾进入了属明时期。但明廷的统治并不稳固，宣德二年（1427 年）放弃安南，两国宗藩关系重新恢复。

明初，铜柱地望出现了"思明府说"。洪武二十九年（1396 年），思明土官黄广成遣使入贡并称：

　　本府自故元改思明路军民总管所，辖左江一路州县峒寨，东至上思州，南至铜柱。元兵征交趾，去铜柱百里，设永平寨军民万户府，置兵戍守，

---

① （清）汪森编辑，桂苑书林编辑委员会校注：《〈粤西诗载〉校注》第一册，南宁：广西人民出版社，1988 年，第 126 页。

② （越南）潘清简：《钦定越史通鉴纲目》正编卷 7，顺化：越南阮朝国史馆，1884 年，第 14 页。

命交人供其军饷。元季扰乱,交人以兵攻破永平寨,遂越铜柱二百余里,侵夺思明属地丘温、如嶅、庆远、渊、脱等五县,逼民附之,以是五县岁赋皆土官代输。前者本府失理于朝,遂致交人侵迫益甚。及告礼部,任尚书立站于洞登,洞登实思明地,而交趾乃称属铜柱界。臣尝具奏,蒙朝廷遣刑部尚书杨靖核其事,《建武志》尚可考。乞敕安南,俾还旧封,庶疆域复正,岁赋不虚。①

朱元璋派遣行人陈诚、吕让往谕安南其王陈日焜,令还思明地,但是安南并没有归还之意。面对廷臣认为安南抗命应当派兵征讨的建议,朱元璋以"蛮人怙顽不悛,终必取祸,姑待之"为考量而罢此议。明初,中越交界土人争夺土地是以土地是否归属在铜柱界内来区分疆界。

铜柱在思明府的说法到弘治年间仍有人主张。《大明一统志》卷八十五载:"铜柱在府界,汉伏波将军马援立。宋陶弼诗:'玺书行绝域,铜柱入中原。'"② 弘治十五年(1502年),明朝以安南久不进贡的名义拟派兵征讨。左侍郎唐胄上疏谏言,提出了不宜用兵征讨以恢复安南进行朝贡的七个理由,其中之一就是:"若谓中国近境,宜乘乱取之。臣考马援南征,深历浪泊,士卒死亡几半,所立铜柱为汉极界,乃近在今思明府耳。先朝虽尝平之,然屡服屡叛,中国士马物故者以数十万计,竭二十余年之财力,仅得数十郡县之虚名而止。况又有征之不克,如宋太宗、神宗,元宪宗、世祖朝故事乎?此可为殷鉴。四也。"③ 不过具体是在思明府哪个地方,唐胄也没说明,他的说法也较少见诸其他史书当中。

相较于铜柱在思明府的说法而言,铜柱在分茅岭的说法仍然是主流观点。李贤在《大明一统志》中对于铜柱的地望也只是列举前人的说法,如《大明一统志》卷八十二认为:"铜柱在分茅岭下,汉马援立以界钦州安南,或云柱在安南,安南人过其下,每以石培之,遂成丘陵。援有誓云:'铜柱折,交趾灭。'培之,惧其折也。"④ 该书第八十五卷又记载:"铜柱,汉伏

---

① (清)张廷玉等:《明史》卷318《广西土司二》,北京:中华书局,1974年,第8234页。
② (明)李贤等:《大明一统志》卷85,西安:三秦出版社,1990年,第1304页。
③ (清)张廷玉等:《明史》卷203《唐胄传》,北京:中华书局,1974年,第5358页。
④ (明)李贤等:《大明一统志》卷82,西安:三秦出版社,1990年,第1252页。

波将军马援征蛮，立柱界上。又唐马总为安南都护，獠夷安之，建二铜柱于汉故处，镌著唐德，以明伏波之裔。故今左右江各有其一，又其一在钦州蛮界，刻云：'铜柱折，交人灭。'至今交人来往，累碎石于下不绝。"①可见，分茅岭之说是较受推崇的。嘉靖十四年（1535 年），戴璟修、张岳纂修的《广东通志初稿》也是主张马援铜柱在分茅岭，"分茅岭，在州治西南三百六十里远，接十万山。汉马援征交趾立铜柱于上，与之分界，山顶茅分为两岐，南北异向，至今犹然"②。嘉靖《钦州志》认为马援铜柱应该是在分茅岭："分茅岭，在州治西南三百六十里，贴浪都与交趾分界，世传其巅茅生分南北向，故名。未知然否。汉马援平交趾，标铜柱其下以表汉界。宣德间陷于安南，今在交趾新安州界。"③

邝露（1604—1650 年）在《赤雅》下卷中收录有"马林铜柱"："伏波铜柱，一在凭祥州，思明府南界，一在钦州分茅岭交趾东界，马文渊又于林邑北岸立三铜柱为海界。林邑南，立五铜柱为山界。唐马总安南都护建二铜柱于汉故地。五代马希范平蛮，立二铜柱于溪州。何铜柱之多，皆出于马氏也。"④邝露的观点实际上是将铜柱在思明府之说与铜柱在分茅岭之说结合起来。

清代时，仍有人主张马援铜柱在林邑境内。如明末清初的学者顾炎武就持这种观点。顾炎武（1613—1682 年）在崇祯十二年（1639 年）以后开始着手撰写《天下郡国利病书》，康熙初年编成初稿，后又不断修改。此书很详细地记录了马援铜柱地理位置的不同说法，还专门做了马援铜柱地望的"铜柱考"。全文如下：

《水经注》：杨孚《南裔异物志》："昔马文渊积石为塘，达于象浦，建金标为南极之界。"《林邑记》："建武十九年，马援植两铜柱于象林南界，与西屠国分汉南疆。《晋·地理志》：日南郡象林注：今有铜柱，汉立此为界贡金供税。《隋书》：大业元年，刘方经略林邑，迳马援铜柱

---

① （明）李贤等：《大明一统志》卷 85，西安：三秦出版社，1990 年，第 1300—1301 页。
② （明）戴璟修，张岳纂：《广东通志初稿》卷 2《山川下》，明嘉靖十四年（1535 年）刻本，第 45 页。
③ 嘉靖《钦州府志》卷 1《山川》，广东省地方史志办公室编：《广东历代方志集成·廉州府部（四）》，广州：岭南美术出版社，2009 年，第 11 页。
④ （明）邝露著，蓝鸿恩考释：《赤雅考释》，南宁：广西民族出版社，1995 页，第 174 页。

第四章 明清时期桂西南地区马援铜柱及其政治隐喻

南，八日至其国都，刻石纪功。《唐·南蛮传》：林邑南大浦有五铜柱，山形若倚，盖西跨重岩，东临大海，汉马援所植也。至明皇时，诏何履光以兵定南诏，取安宁城及盐井，复立马援铜柱，乃还柳汶。安南都护张舟复立铜柱。《酉阳杂俎》：马伏波壮还，留遗兵十余家居寿泠岸南，而对铜柱，悉姓马，自相婚姻，至隋有三百余户。交州以其流寓，号曰"马流"，言语衣服，尚与华同。山川移易，铜柱入海，马流人常识其处。《马总传》：元和中，以虔州刺史迁安南都护，廉清不挠，用儒术教其俗，政事嘉美，獠夷安之，建二铜柱于汉故处，镵著唐德，以名伏波之裔。《五代史》：晋天福五年，楚马希范平群蛮，自谓伏波之后，立铜柱于溪州。即历代史册考之，则伏波铜柱当植于交趾、九真、日南三郡之外，所谓林邑界上者是已。今分茅岭之铜柱已不可见，惟指近岸海中积石若丘阜处目之，不应表立汉界反在内地。按：《水经注》言铜柱在林邑，不言在钦江，疑分茅铜柱，马总所植也。崇祯九年，张国经遣峒官黄守仁查访铜柱远近形状，六阅月回，称无有。到其地者有贴浪老叟，名黄朝会，谓万历二十四年亲至其地而见之，其茅果分两边而垂下。分茅岭去铜柱之所尚多一望之远，颇斜向交趾。夷人年年以土石培之，今高不满一丈，见者皮骨寒，不敢近前，其大不知几许，字之有无亦不得知。问其道径所遥，则曰自贴浪、扶隆至板蒙一日，板蒙至那蒙、那来一日，那来至观狼、动罗一日，动罗至江那一日，江那至北榄一日，北榄至北癸一日，北癸至新安一日，新安至八尺石桥尚行八日，方见分茅铜柱。自过江板蒙起，沿途俱夷地，贴浪要十六日，钦州要二十日方到。守仁遂执笔记之，以报是铜柱一耳，未尝有别铜柱也。[①]

按顾炎武的说法，马援铜柱有多处地点，一是象林，一是林邑，一是溪州，一是钦州分茅岭。溪州铜柱是马希范所立，自然不是真正的马援铜柱。马援铜柱是在林邑还是在钦州分茅岭，顾炎武对此持存疑的态度。虽然在钦州分茅岭有相关的铜柱传说，但是他认为马援立铜柱是为了定汉廷的南界，汉代时钦州属内地，从情理上是不可能的，分茅岭的铜柱应该是唐代马总所

---

① （清）顾炎武撰，黄坤等校点：《天下郡国利病书》，上海：上海古籍出版社，2012年，第3276—3278页。

立。他还记录了崇祯九年（1636年）张国经派遣峒官黄守仁查访铜柱之事。黄守仁并没有探访到马援铜柱，反而听到一个传说，贴浪峒有一个老人名叫黄朝会，自称在万历二十四年（1596年）曾亲自在分茅岭看到马援铜柱。上面是否有文字，黄朝会说不清楚。当被问到从贴浪峒到分茅岭的距离时，黄朝会说要16天才到。黄守仁也只是把这个故事记录下来，并未对此事的真伪进行判断。

顾炎武在书中的其他地方还记载了马援铜柱的地理位置之说。"建武十六年，女子征侧反，马援讨平之，立铜柱为界。相传在钦州古森洞上，有援誓云：'铜柱折，交趾灭。'交人过其下，必掷土石培壅之。抵思明府南，又日南郡西，亦植二铜柱。"①在这里，他明确指出马援铜柱地理位置或在钦州古森峒，或在日南郡。不过，他也对马援铜柱在钦州的说法提出了一些质疑：

> 占城国，古越裳氏界，本秦象郡林邑县地，汉为象林县，属日南郡。其地西去广州二千五百里，东滨沧海，西际徐狼，今爪哇。南接扶南，今真腊。北连九德，今安南。东西五百里而赢，南北千里。城去海百二十里，去日南界四百余里，其郎湖浦口有秦象郡，墟城犹存。其南界水，步道二百余里，有西屠夷，亦称王，马援因植二铜柱以表汉界。马援北还，留遗兵十余家寿泠岸南，而对铜柱，悉姓马，至隋有三百余户。交州以其流寓，号曰"马流"，言语衣服，尚与华同。山川移易，铜柱今复在海中，马留人常识其处。《林邑记》："建武十九年，马援树两铜柱于象林南界，与西屠国分汉之南疆。"又云："铜柱山周十里，形如倚盖，西跨重岩，东临大海。"屈璆《道里记》："林邑大浦口，有五铜柱焉。"按《水经注》言铜柱在林邑，不言在钦江，疑铜柱在钦者，唐马总所植。②

从以上记载来看，顾炎武仍然主张马援铜柱应该是在林邑。

顾祖禹《读史方舆纪要》一书也有马援铜柱的记载：

> 铜柱山，在林邑境。《新唐书》林邑有浪沱州。其南大浦有五，浦旁有铜柱山，周十里，形如倚盖，西跨重岩，东临崖海，马援植铜柱处也。

---

① （清）顾炎武撰，黄坤等校点：《天下郡国利病书》，上海：上海古籍出版社，2012年，第3777页。
② （清）顾炎武撰，黄坤等校点：《天下郡国利病书》，上海：上海古籍出版社，2012年，第3800页。

第四章　明清时期桂西南地区马援铜柱及其政治隐喻

《隋书》："刘方击林邑，过马援铜柱南，八日至其国都，林邑王梵志寻弃城走入海。"是铜柱在林邑北也。杜佑曰："林邑南水行二千余里有西屠夷国，马援所树两铜柱表界处也。"宋白："建武二十九年马援置两铜柱于象林南界，与屠夷国分境。计交州至铜柱五千余里，为汉之南疆，是铜柱在林邑南矣。"意者铜柱在汉象林县之南，今占城之北，西屠夷之地，地已为林邑所并欤。《南越志》："日南郡西有西屠夷国，援尝经其地，植二铜柱表汉界。及北还，留十余户于柱下，至隋乃有三百余户，悉姓马，谓之马留人。"《太平御览》"马援立铜柱于林邑岸北，有居民十余家，不反，居寿泠岸，南对铜柱，后生息渐繁。交州号'留寓'曰'马留'。山川移易，铜柱已没海中，赖此民在识故处"云。①

顾祖禹引经据典，从《新唐书》《隋书》《南越志》到《太平御览》，充分论证了铜柱在林邑的理由。

顾炎武和顾祖禹都认为马援铜柱应该是在林邑。《大清一统志》卷四百七十二也提及铜柱"在凭祥土州南接交阯界，相传唐时安南都护马总所立"②。按此说，铜柱应该是在凭祥以南。但是此书的卷五百五十三又有"铜柱"一词条，则更详细列举了马援铜柱地望的不同记载：

《后汉书·马援传》：援击九真贼征侧余党都羊等，自无功至居风，斩获五千余人，峤南悉平。注，无功、居风二县并属九真郡。《广州记》：援到交阯立铜柱，为汉之极界也。《寰宇记·岭表录》，韦公干为爱州刺史，有汉伏波铜柱以表封疆，在其境，公干利其财，欲椎镕货之于贾胡。土人不知援之所铸，且谓神物，哭曰："使君果坏是，吾属为海神所杀矣。"公干不听，百姓奔走诉于都督韩约。约移书辱之，公干乃止。《明统志》，马援既平交阯，立铜柱为汉界。相传在钦州古森洞（峒）上，有援誓云："铜柱折，交阯灭。"唐马总又建二铜柱，镌著唐德，以明其为伏波之裔，今未详所在。按《林邑记》，林邑大浦口，有五铜柱，唐天宝中，何履光伐云南，收安平城，立铜柱以定疆界，亦未详所在。又按《寰宇记》，骠

---

① （清）顾祖禹撰，贺次君、施和金点校：《读史方舆纪要》卷 112，北京：中华书局，2005 年，第 5018 页。

② （清）穆彰阿等：《嘉庆重修一统志》卷 472，北京：中华书局，1986 年，第 24162 页。

州九德，后汉遣马援讨林邑蛮，援自交趾寻海隅，开侧道以避海难，从荡昌县南至九真郡，自九真以南随山刊木，开陆路至日南郡，又南行四百余里，至林邑国，又南行二千余里，有西屠夷国，援至其国，铸二铜柱于象林南界，与西屠夷分境，以纪汉德之盛。其时以不能还数十人，留铜柱之下，至隋乃有三百余家，南蛮呼为马留人。其水路自安南府南海行三千余里至林邑，计交州至铜柱五千里。①

从这段史料当中可以看出，铜柱地望有九真说、钦州说、林邑说。即使是官修的全国一统志，史官们也是莫衷一是。

林邑说仍有支持者。唐代诗人杜牧曾做过《送容州中丞赴镇》一诗云："交趾同星座，龙泉似斗文。烧香翠羽帐，看舞郁金君。鹢首冲泷浪，犀渠拂岭云。莫教铜柱北，空说马将军。"杜诗所说的马援铜柱应该是在交趾境内，但具体在哪里？杜牧没有给出答案。倒是清人冯集梧在为杜牧的诗集作注时，对马援铜柱的地望做了详细考证：

> 《后汉书·马援传》：拜伏波将军，击九真贼，斩获五千余人，峤南悉平。援与越人申明旧制以约束之，自后骆越奉行马将军故事。注《广州记》曰：援到交阯，立铜柱，为汉之极界也。《通鉴·隋纪》：刘方击走林邑，引兵追之，过马援铜柱南，八日至其国都。注《新唐书》：林邑奔浪陀州，其南大浦，有五铜柱山，形若倚盖，西重岩，东涯海，汉马援所植也。杜佑曰：林邑南水步二千余里，有西屠夷，马援所树两铜柱表界处也。铜柱山周十里，形如倚盖，西跨重岩，东临大海。宋白曰：马援讨交趾，自日南南行四百余里至林邑，又南行二千余里，有西屠夷国。援至其国，铸二铜柱于象林南界，与西屠夷分境，计交州至铜柱五千里。宋杜之说，铜柱在林邑南，今此所记，则林邑在铜柱南。按《梁书·海南诸国传》，亦是铜柱在林邑南，惟云：南界水步道二百余里，有西国夷。语为不同。②

冯集梧所做的注也是将清代所流行的马援铜柱地望之说一一列举出来，基

---

① （清）穆彰阿等：《嘉庆重修一统志》卷553，北京：中华书局，1986年，第27203页。
② （唐）杜牧著，（清）冯集梧注：《樊川诗集注》卷二，上海：上海古籍出版社，1998年，第142—143页。

本上也是持林邑说。

另外，还有铜柱在凭祥南之说。清代学者赵翼考证了马援铜柱之说，他在《陔余丛考》中说：

> 马援所立铜柱在林邑国，《唐书·环王传》：本林邑地，海行三千里至其国，南有大浦，援所立五铜柱在焉。援留十户于其地，隋末蕃衍至三百，皆姓马，俗号为马留人。此汉时所立铜柱在交趾者也。马总为安南都护，建二铜柱于汉故处，鬻著唐德，兼以明伏波之裔，此唐时所立铜柱亦在交趾者也。《五代史》：马希范攻溪州蛮，降之，乃立铜柱为表，命学士李皋铭之，此五代时所立铜柱在五溪者也。皆马氏故事。按今广西太平府镇南关外尚有铜柱。据《明史》：广西思明州土官黄广成上言：元设思明府，南以铜柱为界，元末交人越铜柱二百里，侵夺思明地，乞敕安南还侵地，仍以铜柱为界。此所谓铜柱，即今广西镇南关外之铜柱，与思明相近者也。然《唐书》所谓林邑国，则在广东之南，离镇南关甚远。岂援所立铜柱本在林邑，而今镇南关之铜柱则总所立耶。①

赵氏笔下所记录的马氏铜柱有三处：一是东汉马援所立，在林邑国。一是唐代马总之所立，在交趾。一是五代楚国马希范所立，在五溪地区。而镇南关外的铜柱在明史当中有记载，是为何人所立，赵翼认为这应该不是马援所为，而是唐代马总所立。雍正《广西通志》卷五《凭祥土州舆图》直接把铜柱的位置标在了镇南关附近，可为佐证。如图 4-2 所示。

在清代时，更流行的是马援铜柱在钦州分茅岭的说法。清人屈大均也在《广东新语》里辟有专门的词条"铜柱界"，详细分析了他对铜柱地望的看法。

> 钦州之西三百里，有分茅岭。岭半有铜柱，大二尺许。《水经注》称：马文渊建金标，为南极之界。金标者，铜柱也。《林邑记》云：建武十九年，马援植两铜柱于象林南界，与西屠国分疆。铭之曰："铜柱折，交趾灭。"交趾人至今怖畏。有守铜柱户数家，岁时以土培之，仅露五六尺许。铜柱不一，考唐、晋皆立铜柱，马援所立，在林邑南大浦，其铜柱五。唐

---

① （清）赵翼：《陔余丛考》卷十九《马氏铜柱有三》，上海：商务印书馆，1957 年，第 374 页。

凭祥土州 至府城二百三十里

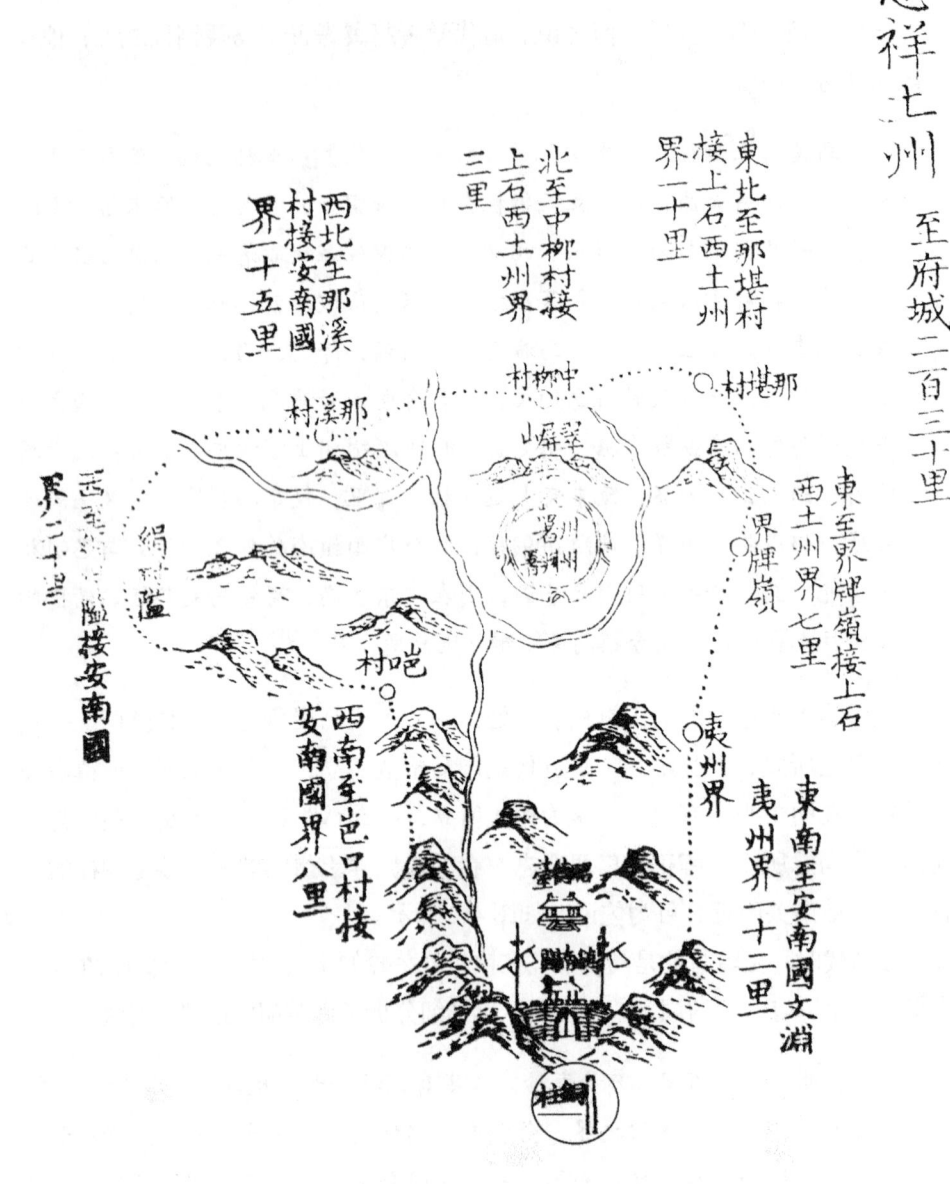

东北至那堪村
接上石西土州界
三里

东至界牌岭
接上石西
土州界七里

西北至那溪
村接安南国
界二十五里

东北至上石西土州
界二十里

西至那隆接安南国
界二十里

东南至安南国文渊
夷州界二十二里

西南至芑口村接
安南国界八里

铜柱

图 4-2 雍正《广西通志》卷五《凭祥土州舆图》上的铜柱位置[①]
注：此图系笔者据雍正《广西通志》卷五《凭祥土州舆图》改绘而成

---

① （清）金𫓯修，钱元昌、陆纶纂：《（雍正）广西通志》卷五，南宁：广西人民出版社，2009 年，第 76 页。

第四章 明清时期桂西南地区马援铜柱及其政治隐喻

开元时,何履光以兵定南诏,取安宁城及盐井,复立铜柱。其后安南都护张舟,立铜柱。元和中,马总为安南都护,又立二铜柱于汉故处,镌著唐德,以名伏波之裔。晋天福五年,楚马希范平群蛮,自谓伏波子孙,立二铜柱于溪州。铜柱故不一。马援所立在林邑,则分茅岭铜柱,必马总之遗也。今人但知为马援铜柱,岂以后人所立,亦即前人之所立乎?然柱之以铜何也?吾粤不多产铜,而伏波所为铜物,处处多有。吾意古时蛮里多以铜为兵,伏波既平交趾,或尽收其兵销镕,既铸铜柱五以表汉疆。又为铜船五、铜鼓数百枚,遍藏于山川瘴险之间,以为镇蛮大器。于钦州北,又铸铜鱼为窆,今有铜鱼之山焉。而伏波善别名马,又尝以铜铸马式上于朝,而合浦之北铜船湖,复有一大铜牛,时浮出水。横州乌蛮滩,亦有铜船,每风雨晦冥,有铜篙、铜桨冲波而出,声若震雷,舟人往往见之,是皆铜之物也。伏波故有神灵,为徼外蛮首所畏,自汉至今,恪遵约束,岁时腊膢,或祭铜柱于西屠,或祠铜船于合浦。其涉乌蛮之滩,渡朱崖、儋耳之海者,亦必精心祈祷,乃得安流。今虽山川移易,铜柱湮沉,而蠢尔趾夷,犹惴惴然以遗谶为忧,不敢埋没故迹,盖震慑将军之威灵若此。……明弃交趾,使铜柱旧封,日沦异域。极目关河,非复元封、建武之盛。使有伏波其人者出,安知不可荡平,复为衣裳礼乐之地耶![1]

屈氏首句即说铜柱在分茅岭,随后又列举了历代史书当中对马援铜柱的记载。他认为历史上铜柱应该有五处:一是马援所立的铜柱;二是唐代何履光在安宁立铜柱;三是唐代张舟立铜柱;四是唐代马总立铜柱;五是晋楚王马希范立铜柱。他认为马援所立铜柱是在林邑,分茅岭的铜柱应该是唐代马总所立的。他还专门考证了铜柱的地望:"考伏波铜柱,一在钦州东界,一在凭祥州南界,三在林邑北为海界,五在林邑南为山界。林邑者,秦之林邑县,地属象郡,汉之象林县,属日南郡者也。"[2]上文列举到第三根铜柱的地理位置,按理说应该再介绍第四根在哪里,但原文当中没有写"四"而是写为"五"。疑笔误或是原文有脱文,因难以找到材料佐证,在此先存疑,待后来学人考订。

屈氏对马援铜柱地理位置的看法实际上与明人所认为的马援铜柱在钦州分

---

[1] (清)屈大均:《广东新语》卷2《地语》,北京:中华书局,1985年,第39—40页。
[2] (清)屈大均:《广东新语》卷2《地语》,北京:中华书局,1985年,第41页。

茅岭和思明州的说法相同。作为马援铜柱在分茅岭之说的钦州，地方官员在编撰地方志时自然也对铜柱的地望予以高度关注。雍正《钦州志》卷14《外纪志·铜柱考》载：

《水经注》：杨孚《南裔异物志》：昔马文渊积石为塘，达于象浦，建金标为南极之界。《林邑记》：建武十九年，马援植两铜柱于象林南界，与西屠国分汉南疆。《晋·地理志》：日南郡象林注今有铜柱，汉立此为界，今尚存。《隋书》：大业元年刘方败林邑，经马援铜柱南，八日至其国都，刻石纪功。《唐·南蛮传》：林邑南大浦有五铜柱，山形若倚盖，西跨重岩，东临大海，汉马援所植也。至明皇，特诏何履光以兵定南诏，取安宁城及盐井，复立马援铜柱，乃还柳文。安南都护张舟复立铜柱。《酉阳杂俎》：马伏波北还，留遗兵一十余家，居寿泠岸南，而对铜柱，悉姓马，自相婚姻，至隋有三百余户。交州以其流寓，号曰马流，言语衣服，尚与华同。山川移易，铜柱入海，马流人常识其处。《马总传》：元和中以虔州刺史迁安南都护，廉清不挠，用儒术教其俗，政事嘉美，交僚安之，建二铜柱于汉故处，镌著唐德，以名伏波之裔。《五代史》：晋天福五年，楚马希范平群蛮，自谓伏波之后，直铜柱于溪州。即历代史册考之，则伏波铜柱当植于交趾、九真、日南三郡之外，所谓林邑界上者是已。今分茅岭之铜柱已不可□，惟将近□海中积石若□□处目之，不应表立汉界，反在内施。按《水经注》言，铜柱在林邑，不言在钦江处。疑分茅铜柱，马总所植也。崇祯九年，张国经遣内官董守仁查访铜柱远近形状，六□月回称，无有到其地者。有贴浪老叟，名黄朝会，万历二十四年亲至其地而视之，其茅果分两边□垂下，分茅岭去铜柱之所，尚多一望之远，颇斜向交趾。僚人年年以土石培之，今高不满一丈，见者皮骨都寒，不敢近前，其大不知几许，字之有无亦不得知。问其道径所由，则曰自贴浪、扶隆至板蒙一日，板蒙至那蒙、那来一日，那来至观狼、动罗一日，动罗至江那一日，江那至北榄一日，北榄至北癸一日，北癸至新安一日，新安至八尺石桥尚行八日，方见分茅铜柱。自过江板蒙起，沿途俱獞地，贴浪要十六日，钦州要二十日方到。守仁遂执笔记之，以报是铜柱一耳，未尝别有铜柱也。①

这段史料与顾炎武在《天下郡国利病书》里的记载基本上一致，文字也相差无几。笔者猜测应该是雍正《钦州志》参考了顾氏之书，也是持铜柱在分茅岭之说。

马援铜柱在分茅岭之说在许多地方志上不断被引用。如雍正《钦州志》收录了州人吴邦琼所写的诗文《分茅岭铜柱行》一篇：

南交西际渺何许，迷惘冥蒙飞瘴雨。彝夏之限郁嵯峨，岭曰分茅卓铜柱。遥摩星日擎南天，永奠冈陵巩王土。我问伏波汉将军，铜马有帝识真主。入蜀公孙笑井蛙，攻嚣山谷成米聚。蠢兹小丑敢觑张，征侧征贰两蛮姥，浪泊一战海峤平，九真林邑截其所，申明约束骆越和，何以表识俾聋瞽。尔时郡县税供金，加以峒獠输铜鼓。爰开炉冶铸金标，预敕陇茅归部伍。驻役鬼神执赭鞭，改柯易叶盈陂路。北茅北向南茅南，中外区分同类辅。镕精炼质铜柱成，雕琢非斤亦非斧。呼吸阴阳变化生，自跃瑶池升元圃。山中木客吟啼声，幽壑蛟龙敢起舞。自是诸番测海来，万邦为宪诵吉甫。君不见孝武帝平粤郡，珠崖金茎十丈承仙露。又不见胶东高审尽图形，云台安在愁雀鼠。窃怜马总希范徒，纷纭建立绍乃祖。妄自尊大曾所唾，小子碌碌何足数。莫疑薏苡是金珠，分茅岭上铜柱兮长千古。"②

吴邦琼认为马援铜柱应该是在分茅岭上，这个观点应该说是当时最流行的说法。夏文广《铜柱歌》可作为佐证：

秦氏金人人争非，汉家仙掌亦可讥。燕然勒石更黩武，不如铜柱宣皇威。忆昔征侧逞□□，长蛇封豕妖氛横。将军大展蚩尤旂，榄枪扫落烽烟净。爰标铜柱警瞶声，岭茅南北分相从。奇踪异迹有天助，蛮人万古钦王风。柱惟六字作铭勒，曰铜柱折交人灭。交人年年积土壅，只有丈余壅不得。贴浪老人不敢欺，凿凿自言亲见之。陵谷沧桑多变改，神物风云足护持。唐宋元明

---

① 雍正《钦州志》卷14《外纪志·铜柱考》，广东省地方史志办公室编：《广东历代方志集成·廉州府部（四）》，广州：岭南美术出版社，2009年，第475—476页。
② 雍正《钦州志》卷13《诗赋志》，广东省地方史志办公室编：《广东历代方志集成·廉州府部（四）》，广州：岭南美术出版社，2009年，第463页。

千余载,诸番职贡无敢怠。几人□□□□街,犹道铜柱英灵在。我朝圣慈继当阳,禁中□□□翱翔。方叔名虎备藩卫,雕题穷发俱来王。不从周宣歌石鼓,只效虞庭舞干羽。文德覃敷守四夷,何必车攻颂告甫。①

雍正年间任太平府知府的甘汝来写有《铜柱》一文载:

> 丽江炎荒之锁钥,南控安南壤相错。距关一舍分茅岭,汉家铜柱高岑崿。伏波峻业何峥嵘,英风万古震寥廓。当日楼船下交阯,疾扫狂童等残箨。二征授首传京师,九真革面复疆索。郡县其地中土同,螳臂安敢复张攫。五季凌迟世多故,部领邪行乃横作。宋元师征屡无功,包荒无乃太屏弱。蛮夷犷悍本性习,朝廷驾驭藉方略。将帅岂乏英雄姿,推毂无能专委托。有明英公亦人杰,功与伏波庶相若。中官继镇求珠犀,纨绔握兵拥帷幕。遂令封豕肆狂噬,内地旁州恣侵掠。惜哉用武功不究,议阻捐之满台阁。爵予世及用羁縻,国威如斯亦稍削。今代圣神御区寓,六合以内并包络。况乃近地非辽绝,岁修贡职尤谨恪。我来行部视边徼,义取诸豫严关柝。顾瞻前烈绩未湮,来者树立当奋跃。肯念平生马少游,畏此毒气薰蒸瘴乡恶。②

通过文中"距关一舍分茅岭,汉家铜柱高岑崿"这一句话,可知甘汝来也是力主铜柱在分茅岭。他缅怀马援南征后立铜柱定汉廷南界的功绩,对明朝前期重新将越南纳入管辖范围予以了肯定,也表达了对放弃安南事件的遗憾。乾隆《横州志》也称:"立铜柱为汉界:一在钦州之西三百里分茅岭东界;一在凭祥州南界;一在林邑北为海界;一在林邑南为山界。铭之曰:'铜柱折,交趾灭。'交人往来叠石以固之。"③综上所述,明清两代,马援铜柱的具体地理位置已经北移到了钦州分茅岭和凭祥一带。

1941年,王逊志主编、廖竞存辑的《广西边防纪要》把马援铜柱的地理位置记录为在宁明的爱店汛。"据说:伏波将军的铜柱,是立在爱店附近的山

---

① 雍正《钦州志》卷13《诗赋志》,广东省地方史志办公室编:《广东历代方志集成·廉州府部(四)》,广州:岭南美术出版社,2009年,第467—468页。
② (清)金鉷等:《(雍正)广西通志》卷125,南宁:广西人民出版社,2009年,第2058—2059页。
③ 乾隆《横州志》,光绪己亥年(1899年)重刻增补本,第171页。

巅，但是现在没有一个人知道是在哪里？有的说铜柱是立在大木间屯渌附近的山顶，和芒街附近的海岛上，此说较为可靠，因为屯渌以上所住的人民，是和桂边的人民一样，都是土人，以下就不同了，都是安南人，芒街也是一样，过来这边的都是住着中国人，过去便是安南人了。"[1] 此书是用百姓的族群身份来佐证铜柱地理位置的可靠性。不过这种推理有很大的漏洞，就是族群并不是一直固定在一个位置的，中越之间存在诸多本是同根生的跨境民族，壮族与越南的越族之间其实是同源异流的。因此，本书认为此书的说法仍是沿袭了明清以来对马援铜柱地望在分茅岭的主流观点。

今人张秀民先生并不赞同后世所称的铜柱位置的钦州、凭祥、谅山之说，他认为这些说法"实为大误"，他援引《水经注》《旧唐书》《后汉书》等史书记载认为：

> 凡此均足证铜柱之在林邑，而林邑固在交州南也。象林县，据越人《大南一统志》，以为在今平定省，而《一统志》又以富安省上（在平定南）之大岭，即《唐书·环王传》之铜柱山，为援植铜柱处。今虽不能确指其在平定、富安与否，要必在北纬十六度以南，即汉日南郡以南地，而决不能在相去数千里外之两广，以铜柱为广越交界之表记者，宋明以后士大夫之陋见也。铜柱铭文多作："铜柱折，交趾灭。"惟唐李宏皋云：平征侧于龙编，树铜柱于象浦，铭曰"金人汗出，铁马蹄坚，子孙相连，九九百年。"又安南境内铜柱，仿援而作者，唐马总以铜一千五百斤建二铜柱于汉故处，以明伏波之裔，张舟亦建铜柱，今均不可考。[2]

可见，张先生认为马援铜柱应是在今越南中部地区，在中越边境之说实是谬误。

二、越南史籍中所见的马援铜柱及其地望

在讨论马援铜柱时，我们还需要特别关注越南史书当中对马援铜柱地望的记载及其变化，因为它与中越关系的变化密切相关。明清时期关于马援铜柱的

---

[1] 王逊志主编，廖竞存辑校：《广西边防纪要》，1941年，第123—124页。
[2] 张秀民：《马援传》，《中越关系史论文集》，台北：文史哲出版社，1992年，第174页，个别标点符号系笔者自加。

地望主要有两种说法，思明府之说（或说凭祥州，或说镇南关）和分茅岭之说，与明清同期的越南史籍也多沿袭中国史籍上的说法。

撰于越南陈朝（1225—1400年）年间的《越史略》是现存最早的越南历史文献，只是提到马援立铜柱为极界，但未细说其具体位置。越南陈朝人黎崱（约生于13世纪60年代，约卒于14世纪40年代），撰有《安南志略》，书中称："刘昭云：交趾，安阳国。汉马伏波平交趾，立铜柱，为汉界。唐马总为安南都护，又建二铜柱，以总为伏波之裔。昔传钦州古森洞（峒），有马援铜柱，誓云：'铜柱折，交趾灭。'交人每过其下，以瓦石掷之，遂成丘。……占城界亦有铜柱。"[①]书中主张铜柱在古森峒。

由吴士连等人编纂的《大越史记全书》成书上于后黎圣宗洪德年间（1470—1497年），收录了自鸿庞氏时代以来的传说及史实。书中称："铜柱，相传在钦州古楼洞上。援有誓云：铜柱折，交州灭。我越人过其下，每以石培之，遂成丘陵，恐其折也。唐马总又建二铜柱于汉故处，记著马德，以明其为伏波之裔。今未详所在，左右二江合有其一。"[②]古楼洞，应为古森峒之误。

阮朝高伯适《敏轩说类》一书载："蓝城山，在兴元县，一名铜柱山。山上有城，黎太初围明将于此。城既陷，城主死之。黎太祖嘉其志节，封宣义王，故亦名宣义山。城中有坎，相传马援所立铜柱之一。明人郡县我国，怒其不服，以援有'铜柱折，交趾灭'之语，故掘去之。"[③]兴元县，即古林邑地。据《大南一统志》卷十四记载，熊山"古称铜柱山，一名宣义山，一名蓝城山。顶上有插旗坎，相传古铜柱处"。陶维英认为咸驩城可能就在蓝城山或熊山地区，该处是民间传说马援立铜柱的地方。蓝城位于入罗江的叉口附近，地当蓝江流域的要冲[④]。

潘辉注在《历朝宪章类志》中对马援铜柱提出了自己的看法："窃想当时所树必在极南，而钦州□□中土，不应于此表界，古森之柱，疑是后人所立。元和中，都护马总立铜柱于汉故处，此或是总所树，而后世遂以为伏波之遗

---

① （越南）黎崱撰，武尚清点校：《安南志略》，北京：中华书局，2000年，第29—30页。

② （越南）吴士连等撰，陈荆和编校：《大越史记全书》外纪卷三，东京：东京大学东洋文化研究所东洋学文献刊行委员会，1984年，第127页。

③ （越南）高伯适撰，黄文楼校点：《敏轩说类》，陈庆浩、郑阿才、陈义主编：《越南汉文小说丛刊》第二辑，台北：学生书局，1992年，第158页。

④ （越南）陶维英著，钟民岩译：《越南历代疆域》，北京：商务印书馆，1973年，第88页。

第四章 明清时期桂西南地区马援铜柱及其政治隐喻

迹,今□录之,以备参考。"①潘辉注没有对马援铜柱的地望做出明确的定位。不过,值得注意的是,明代时,马援铜柱地望之说已经以思明府、分茅岭二说最流行,故越方学者们也因应中越之间的关系变化,力主思明说和分茅岭说。

洪武二年(1369年)六月,明太祖朱元璋册封安南陈日煓为安南国王,派翰林侍读学士张以宁、典簿牛谅出使安南完成册封仪礼。张以宁一行并不顺利,同年十月他们到达中越边境时,陈日煓已经去世,陈日坚嗣位。安南人要求改封陈日坚为王。张以宁以此事不合于礼而拒绝,并要求安南先派人赴北京告丧、请封。朱元璋得知此事后,亲撰祭文,派翰林编修王廉、吏部主事林弼前往吊祭陈日煓,册封陈日坚为安南王。陈日坚继位后,政权并不稳固,陈日煓之兄恭定王陈叔明发动政变夺取皇位。陈叔明即位后,推行的是具有民族独立意识的政策,而且重用有着强烈民族主义意识的外戚黎季犛。洪武二十七年(1394年),陈叔明病逝,黎季犛辅政,把持朝政。黎季犛"自有法度,不遵宋制,盖以南北各帝其国,不相袭也"②,他积极向北拓疆,不断侵扰广西边境地区。

安南侵占思明府之地,将史传的马援铜柱之地侵为己有,还将原属思明的洞登(应为今天越南的同登)占为己有,并设为驿站,并称洞登是在铜柱南界。这是明王朝所不能容忍的。因此,洪武三十年(1397年),明太祖派遣行人陈诚、吕让出使安南交涉,要求安南归还思明府故地。陈诚与安南当局多次交涉,未能形成共识。因为翻译的问题不甚如意,陈诚与安南王陈日焜选择了以书信往来讨论此事,刚好为后人留下关于马援铜柱被政治化的绝好材料。

> 遗其王日焜曰:迩者思明府土官黄广成奏言安南侵据壤地,朝廷稽典册,考图记,遣使告谕,俾还所侵。自诚到王国宣布上意,开陈事理,而执事所执逾月,未肯听从。今以前代载籍所纪疆场利害,为执事陈之。按志,交阯古交州地,后汉时女子征侧作乱,光武遣马援率师平之,遂立铜

---

① (越南)潘辉注:《历朝宪章类志》卷一,越南汉喃研究院藏手抄本,第5页B面—第6页B面。
② (越南)吴士连等撰,陈荆和编校:《大越史记全书》本纪卷7《陈纪》,东京:东京大学东洋文化研究所附属东洋学文献中心刊行委员会,1984年,第439页。

柱纪功，亦所以限内外也。在唐则为五管之一，统以都护。宋时李乾德寇边，郭逵将兵征之，擒伪太子洪真，乾德惧而割广源门、州良、苏茂、机榔之地以降。则当是时，此地尚为中国所有，况铜柱以北丘温等地乎。元世祖时，而祖光昺入款称臣，及日烜嗣立，失臣子之节，于是世祖兴问罪之师。日烜蒙荆棘伏草莽，生民殆尽，城郭几墟。日燇嗣立，祈哀请罪。世祖遣使降诏，谕令入朝。当时诏书有还地之语，而日燇云：向者天使辱临小国，惧有侵越之罪，往往辞之。丘温以北之地共属思明，亦明矣。今安南乃逾，渊脱、如嶅、庆远如尽有之，抑乘元之乱，侥幸而待之者乎。行人下车之日，王之君臣皆曰此地旧属安南，而不知所属之由，黎陈二国王相及何执政，亦执前说，以为祖宗之地未审，何所据而然也。苟如执事所言，则志书所纪日燇之言无乃，但为浮说耶。抑王惧有侵地之罪，固执无稽之言以饰也。皇上天锡勇智，表正万邦，怙终者虽小过不赦，改过者虽重罪亦释。《传》曰：过而能改，则复于无过。又曰：过而不改，是谓过也，改过致祥。往岁，龙州赵宗寿之事是也，吝过召殃，近岁南丹奉议诸蛮酋是也，是皆明效，大验所共知共闻者。王能避殃迎祥，归其侵地，岂惟宗社之安，一国生民之幸也。释而不图，争而不让，是为怙终自祸矣。惟执事图之。①

陈诚不仅博古通今，还引经据典援引了马援立铜柱以标汉界的典故，把安南从汉朝到元朝的历史演变写得清清楚楚、滴水不漏，他强调思明府是马援铜柱之地，宋代时广源州、苏茂、机榔之地均是中国所有，更不用说铜柱以北思明府所辖的丘温等地。陈诚对安南国王晓之以理、动之以情，用和平手段劝说安南国王退还所侵之地，另一方面他又不放弃以武力相挟的劝说。不过，安南当权者断章取义，否认历史，在《安南国王复书》中提出了一些无理之说辞：

　　日煃以书复诚等曰：昨辱惠书谆谕不少，所据思明书云，天使累造小国迎送止丘温一节。此说迎送之事，非疆界之事也。盖丘温当其要冲，往时自思明而入禄州道，时自凭祥入洞登道，皆小国林野之地，不便立站于

---

① （明）李文凤《越峤书》卷10《书疏移文》，《四库全书存目丛书·史部》第163册，济南：齐鲁书社，1996年，第73—74页。

第四章 明清时期桂西南地区马援铜柱及其政治隐喻

丘温，以当县之中有县管，管待故也。至于交割夫骑，则各于疆界，如今坡罗唯关是也。当元之初丘温，已为小国之地，思明乃当元季扰乱，始越铜柱二百余里，而来侵其丘温等五处，观此则思明人之言不足信矣。见诬若此，其他可知。所称志书自汉唐以来迁变不一，其可以往昔之事而质之于今日耶？余具回启，不敢复赘。①

安南国王陈日熞将侵占丘温之事轻描淡写，称这只是事关迎送且与疆界无关。而且还咬定丘温在元代时已经是越南的疆土，思明府趁元末政局动荡侵占了丘温等地，此举已经越过铜柱二百余里，言外之意也就是认为马援铜柱是在思明府。

安南王的说辞并未得到陈诚的认可。谈判僵持不下，陈诚回国。黎季犛担心明朝会有进一步的军事行动，直接上书明朝，为自己辩护：

> 伏见上司为思明府奏侵壤地，遣行人陈诚、吕让特咨文至下国，令还所占地。下国窃惟丘温、如嶅、庆、渊、脱五县自昔以来，供输下国，赋役世世相传，而洞登乃渊县之地，天使往来之路，其思明府凭祥人每岁与下国渊县人交割夫骑于凭祥界坡罗唯关，今思明府人乃谓下国于其地洞登立站，侵占何其庋也。夫站侵占，将图得其地与其人民也。今其地其民，古昔至今，既已有矣，又何用立站为哉。夫站之废立，随地之便，随时之宜。站之长存丘温，地之便也。站之暂立洞登，时之宜也。此时任尚书吴观等，以有把截边界之役，故令草起房屋，以便歇宿。已而复彻，何预于侵哉。苟不原其地，与其人民，而欲图侵占，乃下假何时，攻战何时破灭，而此时且站其土地与其人民，乃拱手而视，不敢谁何，又从而供其赋役，何其灵异至于如此哉。又谓元时大军二次捕交，回军设立永平寨，拨军守镇交边，着落交阯供给粮饷。窃照二次大军之将帅，惟镇南王，不止而戕归。元史虽讳而不详至其归也，则曰镇南王傍关，贼兵大集，以遏归师。王遂由单已县趋蠡州道以出，观此则军势可知，归路可辨，岂有回军永平而拨军守镇，又责交阯供给粮饷者哉。

---

① （明）李文凤《越峤书》卷10《书疏移文》，《四库全书存目丛书·史部》第163册，济南：齐鲁书社，1996年，第74页。

又谓下国越过铜柱二百余里,而侵占所属丘温等五县者。谨按汉建武十九年马援讨交阯征氏女,立铜柱,时至今一千三百余岁,千载之下,陵谷迁变,谁复能辨。又谓拘问老人黄伯颜供说云云者。伯颜亦思明人,岂不同愿欲。虽千伯颜色,将何信耶。又谓因前土官失于申明,乍袭收职画图具呈,及以建武志为说者,岂有广成之高曾祖父不识古事,不能申明,而广城昨日始至,乃能见识古事而申明耶?下国与思明接境,思明人往往侵占,下国疏远,难于告诉。思明狃于小获,乃图大利而诬。至于下国,畏首畏尾,自守之不暇,何敢有侵占之事哉。夫苟有侵占,岂难退还。今不侵占,何以退还。此五县者乃下国世世相传所守之地,惟知固守,何敢以先世所守之地而付之思明。当各守定界,以事天朝,何敢觊望,与夺以烦上司。惟圣天子一视同仁,与天地同德,故下国以此自恃,而敢倾心,陈恳烦渎,台听罪焉。敢逃。今回启申禀,伏冀阁下上体天子之至德,下矜下国之远人,审察鉴裁,下国幸甚。①

这篇上书看似在讨论中越两国在洞登设站是否合乎规矩,但是实际上也牵涉马援铜柱的问题。黎季犛强调丘温、如嶅、庆、渊、脱五县历来是越南的世辖之地,洞登是使臣往来必经之地。他认为之前明朝每年与越南都是在凭祥坡罗唯关交接使臣出使事宜,现在思明反而称越南越过铜柱二百余里,侵占丘温等五县,这是没有道理的。他质疑马援铜柱的真实性,称已经过了一千多年,谁能辨清铜柱所在位置?即使是有思明当地老叟黄伯颜昔日曾去探访铜柱的证词,但是他认为黄伯颜身为思明府人,其证词的真实性是值得怀疑的。

越南官绅对马援铜柱的真实性以及地理位置的怀疑实际上不绝于书。后黎朝阮辉滢(1713—1789年)在景兴二十六年(清乾隆三十年,1765年)受命为正使,北行入岁贡。景兴二十六年二月他随使团来到宁明州。"城旧名思明,近因忌其意义,改名宁明。地多土山,有摩天岭、马泡泉、伏波铜柱。"② 在他的笔下,伏波铜柱在宁明州,但未言具体地理位置。这个观点得到了西山朝

---

① (明)李文凤:《越峤书》卷10《书疏移文》,《四库全书存目丛书·史部》第163册,济南:齐鲁书社,1996年,第74—75页。
② (越南)阮辉滢:《奉使燕京总歌并日记》,中国复旦大学文史研究院、越南汉喃研究院合编:《越南汉文燕行文献集成(越南所藏编)》第五册,上海:复旦大学出版社,2000年,第29页。

第四章　明清时期桂西南地区马援铜柱及其政治隐喻

工部侍郎的灏泽侯武辉瑨（1749—？）的肯定。武辉瑨于阮氏光中二年（清乾隆五十四年，1789年）奉命出使中国。他在《华原随步集》中写有诗《望铜柱感怀古风一首》云："晓出明州城，寻访铜柱迹。土人遥指点，青青双堆石。嗟乎此铜柱，我邦旧址宅。在昔征壬辰，伏波为中画。脂粉自英雄，万古犹礦礦。可怜染鼎夫，割献无顾惜。故疆遂沦没，于今年数百。烟雾共朝昏，徒然慨今昔。此旁有分茅，天为南北桥。久分终当合，岂虚此异迹。"[①]此处的"明州城"是指宁明州。铜柱就是宁明州境内，武辉瑨对此非常感慨，认为原是"我邦旧址宅"被伏波将军马援夺走后，沦没为他乡。其观点完全违背了历史事实，倒是可以从中看出在清代时，随着越南国力的增强，其民族国家意识也在不断增强，历史为政治服务的倾向越来越明显。

除了铜柱在思明州、宁明州的说法外，越南还有一些人主张铜柱在分茅岭。（西山朝）吴时任（1746—1803年）在景盛元年（乾隆五十八年，1793年）奉命使清，他率使团入镇南关沿左江至南宁，著有《皇华图谱》，书中对分茅岭进行了考证。"《分茅岭》：在衡山县界。一带青山楚粤交，黄茅驿路是认分。茅路上有扁，题分茅岭，岭上分茅南北向。天书不尽衡山界，礼王制南不尽衡山，衡山者，楚之望也。地气还浮雁泽毛，回雁峰在衡湘江岸。湘江北流，雁毛秋落，递流而南，浮于滩江。征侧剑芒开洞府，洞迟之南有征侧庙，征氏拒马援于洞南，相持数月，后与援交口峰败绩于湘阴，而没今有庙，俗称婆侧庙，甚着灵异。吴时任认为分茅岭在湖南的衡山县，其诗将分茅岭和征侧庙的地理位置错误地写为是在湖南境内，显然是不正确的，分茅岭分明是在钦州。

"分茅岭"一词多出现在明清时期的文献当中，嘉靖《钦州志》对于分茅岭的描述则较为详细："分茅岭：在州治西南三百六十里贴浪都，与交趾分界。世传其巅茅生分南北向，故名。未知然否。汉马援平交趾，标铜柱其下，以表汉界。宣德间陷于安南，今在交趾新安州界。"[②]

另外，越南有些官绅还主张马援铜柱早已失传，难以考证其真实地理位

[①] （越南）武辉晋：《华原随步集》，中国复旦大学文史研究院、越南汉喃研究院合编：《越南汉文燕行文献集成（越南所藏编）》第六册，上海：复旦大学出版社，2000年，第304—305页。

[②] 嘉靖《钦州志》卷1《山川》，广东省地方史志办公室编：《广东历代方志集成·廉州府部（四）》，广州：岭南美术出版社，2009年，第11页。

置。嗣德二十九年（清光绪二年，1867年）礼部侍郎裴文禩出使中国，著有北使诗文集《万里行吟》。他在《横州谒伏波将军庙》一诗中说："平生肯少悔游言，大志何衰老不谖。裹革男儿余慷慨，知兵女子为频烦。云台寂寞神如在，铜柱推移庙独存。此日江河倾注海，铁船不起障横索。"诗中提及的"铜柱推移"是非常贴切的。为此，裴文禩有一段按语，是对马援铜柱真伪的分析。"按铜柱，《新唐书》：林邑南有大浦，有铜柱山，西重岳，东大海，马援所植也。宋《太平寰宇记》：马援自日南行四百余里至林邑，又二千里余至西屠夷，立二铜柱于象林界，与夷分境。《大清一统志》：在钦州古森洞（峒），一在太平之左江，思恩之右江各一。未知孰是，今皆不存。《水经注》：山川移易，铜柱已没入海中。理或然也。旧说援开滩日有铁船沉江底，风雨之滩夜或浮出焉。"①裴氏对马援铜柱地望的考证，实际上都是对王朝教化南界的讨论，铜柱地望从林邑之说到古森峒之说，均隐含着越南北界不断北移的深意。阮简宗建福元年（1884年）始行刊布的《钦定越史通鉴纲目》也称："铜柱……今按野史载，富安有沱演江，其南大浦，浦之西南石碑山，周可十里，西接大岭，重峦叠嶂，东临海山，岭上一石，孤高如削。据《通典》《唐志》等书所载，铜柱疑当在此。惟此山岭上一石孤高约十丈，广六七丈，近山居民言岭上石乃天生一石峰，非人所立，恐不可指为铜柱。《水经注》山川移易，铜柱没入海中，理或然也。"②可见，此时的越南学界采用《水经注》的观点，表明越方已经主动认同了马援铜柱难考证地望的说法。

清道光十五年（1835年）秋，台湾澎湖人蔡廷兰由厦门渡海回澎湖，被风飘到越南中部的广义省思义府菜芹汛。次年初夏，他由越南中部走陆路回到福建。蔡氏从越南中部上岸，纵穿越南大半国土，所经历之地从国都至省城、府州治所、县城，小至汛屯，一路上的所见所闻，全都记录在《海南杂著》一书当中，成为我们研究清中后期中越关系史的重要史料。道光十六年（1836年）二月，蔡廷兰在到达谅山省城的路上，途经鬼门关，此关是中越陆路交通的必经之地，甚为险要。蔡廷兰有诗为证："'鬼门关，十人去，一人还'。俗传有鬼市，过午则群鬼出关贸易，人犯之辄病。小憩关下，觉阴风袭肌，毛发欲

---

① （越南）裴文禩：《万里行吟》，中国复旦大学文史研究院、越南汉喃研究院合编：《越南汉文燕行文献集成（越南所藏编）》第二十一册，上海：复旦大学出版社，2000年，第197页。

② （越南）潘清简：《越史通鉴纲目》前编卷二，顺化：越南阮朝国史馆，1884年，第12—14页。

第四章 明清时期桂西南地区马援铜柱及其政治隐喻

竖。关侧有伏波将军庙，甚灵异（凡使臣往来，必诣庙进香），庙前皆薏苡（即马援当时所饵，能胜瘴气、解水毒，人呼乾坤草，余掇取盈橐）。去庙东南二里许，有石山，铜柱在焉（铜柱有二，其一在钦州分茅岭）。高丈余，大过十围，望之与石同色，鸟粪堆积，土人言常有奇禽宿其上。"[1]他还记录了一处谅山府马援遗址："自城东过溪，见东北一石山，拔地岿然，名飞来山。相传马援筑城于此，基即定，经宿，忽起一山，乃徙城溪南，发一矢射此山，矢穿石过，今山头穿隙宛然云。"[2] 蔡廷兰笔下的马援铜柱有两处：其一就是在他所途径的鬼门关；其二就是钦州分茅岭。不过，这里的鬼门关铜柱之说，并没有得到越方史料的佐证。虽然蔡廷兰所记载的鬼门关作为中越两国外交往来驿路的必经之地，鬼门关的伏波庙亦是中越两国使臣共同参祭的祠庙，但是出使中国的越南使臣的燕行文集当中并没有鬼门关上有马援铜柱的说法，是否鬼门关真有马援铜柱，仍有待查阅更多的越文史籍。

正如前所分析的那样，马援铜柱的地望随着中越两国关系的变化而出现了明显的北移态势，这是越南国力增强以及国家民族意识增强后的一种文化策略，只有将铜柱北移才能说明自己立国的依据是充足的。同时，为了说明其对占有中国疆域的合法化，越南官绅们还努力去否定铜柱的真实存在。

第三节　马援铜柱地望变化的政治隐喻

本书在大致梳理了马援铜柱的具体地望及真实性后，研究的重点放在桂西南地区的民众是如何理解马援铜柱的问题之上。因为这能让我们更好地理解伏波信仰与马援铜柱之间的关系，能从中窥知围绕马援铜柱的象征意义而表达出来的国家认同与民族认同。有学者指出，从汉唐到明清，历代统治者均是欲借马援铜柱宣扬统一的国家观念，加强对边疆的统治。对于明清时期的中国官员来说，对马援立铜柱以标汉界之事的大力宣传，是中央王朝在西南边疆开展教化的一部分，国家意识形态以此为渠道向地方社会扩张和渗透，铜柱是把地方

---

[1] 高启进，陈益源，陈英俊：《开澎进士蔡廷兰与〈海南杂著〉》，澎湖：澎湖县文化局，2004 年，第 159 页。

[2] 高启进，陈益源，陈英俊：《开澎进士蔡廷兰与〈海南杂著〉》，澎湖：澎湖县文化局，2004 年，第 160 页。

认同与国家象征结合起来的纽带。①的确如此，在史书当中特别是在中越两国的文人题咏伏波庙的诗文当中，总是出现铜柱的主题。马援铜柱具体地望的讨论实际上也带上了明显的文化隐喻。

方铁先生指出，中国封建王朝对边疆及徼外诸族实行"来则纳之，去则不追"和重赏朝贡者以收羁縻之效的政策，以致古代边疆成为一个意义含混且地域范围不甚明确的区域，这个区域可以用"弹性边疆"来代称②。如前所述，越南使臣裴文禩用"铜柱推移"来形容马援铜柱的地理位置变化。铜柱地望从最先的位于林邑不断向北推移到思明府、分茅岭，这一推移变化历程实际上反映了中越之间存在着一个"弹性边疆"区域。这个"弹性边疆"应该始于宋代交趾独立建国后。宋至道二年（996年）春，"我潮阳民文勇等为乱杀人，出亡宋钦州如昔镇（如昔与如洪相邻）。镇将黄令德匿之。帝命潮阳镇将黄成雅追捕，令德不还。尧叟至如昔，诘得藏匿之由，尽以所匿男女老少百十三口，召成雅交付还之。"③黄令德是如昔峒长，其职位源自中原王朝的赐封，但他还会包庇交趾的流贼，表明尽管宋交之间已经形成传统上的边界，但此时仍没有较为清晰的边界划分，边民的国家认同意识也不够强烈。

到元代时，安南陈朝继续遣使纳贡，与蒙元政权保持了宗藩关系。边界也基本维持宋朝的格局，钦防溪峒峒长仍沿袭下来。元至元二十九年（1292年）闰六月，上思州土司黄圣许叛，攻陷防城七峒之地。至元三十一年（1294年），贴浪峒峒主黄世华击黄圣许有功，被授予金牌印信，世袭峒长。安南向北拓疆的侵扰行为一直在持续。如元仁宗皇庆二年（1313年）正月，安南步兵约三万多人、骑兵二千多骑侵扰镇安州云洞、攻陷禄洞、知洞等处，虏掠牲畜及居民财产后退兵，还分兵三道犯归顺州，屯兵未退。四月，"交趾世子亲领兵焚养利州官舍民居，杀掠二千余人，且声言：'昔右江归顺州五次劫我大源路，掠我生口五千余人；知养利州事赵珏擒我思浪州商人，取金一碾，侵田一

---

① 王元林，吴力勇：《马援铜柱与国家象征意义探索》，《中南民族大学学报》（人文社会科学版）2011年第2期，第87—90页。

② 方铁，张维：《古代治边观念的研究内容与主要特点》，《中国边疆史地研究》2006年第1期，第28—34页。

③ （越南）吴士连等撰，陈荆和编校：《大越史记全书》本纪卷一《黎纪》，东京：东京大学东洋文化研究所附属东洋学文献中心刊行委员会，1984年，第194—195页。

千余顷，故来仇杀'"①。六月，中书省俾兵部员外郎阿里温沙、枢密院俾千户刘元亨一同到边境地区巡察，刘元亨等亲到上、中、下由村询问民情，并牒谕安南责问："昔汉置九郡，唐立五管，安南实声教所及之地。况献图奉贡，上下之分素明；厚往薄来，怀抚之惠亦至。圣朝果何负于贵国，今胡自作不靖，祸焉斯启。虽由村之地所系至微，而国家舆图所关甚大。兼之所杀所虏，皆朝廷系籍编户，省院未敢奏闻。然未审不轨之谋谁实主之？"②不料，安南呈上丰厚财物，并回牒诡称："边鄙鼠窃狗偷辈，自作不靖，本国安得而知？"③刘元亨再次写信斥责安南巧饰辞不实，拒绝了安南的进献。刘元亨认为安南的咄咄逼人之势是"因交人向尝侵永平边境，今复仿效成风"，他认为应该"遣使谕安南，归我土田，返我人民，仍令当国之人正其疆界，究其主谋，开衅之人戮于境上，申饬边吏毋令侵越。却于永平置寨募兵，设官统领，给田土牛具，令自耕食，编立部伍，明立赏罚，令其缓急首尾相应，如此则边境安静，永保无虞。事闻，有旨，俟安南使至，即以谕之。自延祐初元以及至治之末，疆场宁谧，贡献不绝。"④可见，元代时，中原王朝对于恢复铜柱之界的管辖已力不从心，还是以守边为己任，力主在宋代以来形成的传统边界上设官置兵以保疆场安宁。

明朝初年，"凭祥，宋为凭祥洞，属永平寨，元属思明路。洪武十八年，土蛮李升归附。置凭祥镇，授升巡检，属思明府。永乐二年置县，以升为知县。成化八年升为州，以升孙广宁为知州，直隶布政司"⑤。凭祥由宋代的洞，变成镇，又升为县，再升为州，并直属广西管辖。为什么会不断提升其行政等级？考其原因，在于凭祥是明朝与安南边界上的一个重要节点。因为地处边境重地，所以永乐二年（1404年），凭祥巡检李升言："其地濒安南，百姓乐业，生齿日繁，请改为县，以便抚辑，从之。以升为知县，设流官典史一员。"⑥

弘治十五年（1502年），唐胄反对用兵征讨以恢复安南的朝贡，共列举了

---

① （明）宋濂等：《元史》卷209《外夷二·安南传》，北京：中华书局，1976年，第4651页。
② （明）宋濂等：《元史》卷209《外夷二·安南传》，北京：中华书局，1976年，第4651页。
③ （明）宋濂等：《元史》卷209《外夷二·安南传》，北京：中华书局，1976年，第4651页。
④ （明）宋濂等：《元史》卷209《外夷二·安南传》，北京：中华书局，1976年，第4652页。
⑤ （清）张廷玉等：《明史》卷318《广西土司二》，北京：中华书局，1974年，第8238页。
⑥ （清）张廷玉等：《明史》卷318《广西土司二》，北京：中华书局，1974年，第8235页。

七个理由，其中的一个理由是：

> 古帝王不以中国之治治蛮夷，故安南不征，著在《祖训》。一也。太宗既灭黎季犛，求陈氏后不得，始郡县之。后兵连不解，仁庙每以为恨。章皇帝成先志，弃而不守，今日当率循。二也。外夷分争，中国之福。安南自五代至元，更曲、刘、绍、吴、丁、黎、李、陈八姓，迭兴迭废，而岭南外警遂稀。今纷争，正不当问，奈何殃赤子以威小丑，割心腹以补四肢，无益有害。三也。若谓中国近境，宜乘乱取之。臣考马援南征，深历浪泊，士卒死亡几半，所立铜柱为汉极界，乃近在今思明府耳。先朝虽尝平之，然屡服屡叛，中国士马物故者以数十万计，竭二十余年之财力，仅得数十郡县之虚名而止。况又有征之不克，如宋太宗、神宗，元宪宗、世祖朝故事乎？此可为殷鉴。四也。①

唐胄认为安南独立已经是事实，派兵征讨并纳入版图早已在永乐年间有过尝试，事实证明是无用之举。即使是以马援铜柱标汉界为名去征讨安南，但是随着时间的推移，铜柱已经移至思明府，再去耗费大量人力物力，只得几十个郡县的虚名，于国家无利。所以他反对用兵安南。由此可以看出当时放弃安南的主张还是颇有支持者的。

明朝中期，中原王朝对安南的控制力已经式微。嘉靖《钦州志》收录了一首仅署名"前人"的诗歌《望铜柱有感》曰："迢递交南去路长，望中铜柱觉微茫。伏波事业今谁继，空倚危亭叹夕阳。不见当时马伏波，英雄千古事难磨，只今边境多烽警，控御无人可奈何。"②此诗作者生平不详，应为早于林希元之前的人。诗中所叹伏波事业无人继，边境多烽警，无人可控御。这实际上说的就是宋明时期中国对越南北部实际控制力的削弱之事实，钦州四峒的叛附安南就是明证。

明初廖永忠等率军平定广西时，钦州七峒峒长均投款献诚，仍获印信。但是此时廖永忠做了一件事，引发了连锁反应。"时以七峒地方人民不多，不复给予新印，革去长官职事，仍称峒长，以此各峒长内怀觖望。至宣德二年弃交

---

① （清）张廷玉等：《明史》卷 203《唐胄传》，北京：中华书局，1974 年，第 5358 页。
② 嘉靖《钦州志》卷 9《拾遗志》，广东省地方史志办公室编：《广东历代方志集成·廉州府部（四）》，广州：广州：岭南美术出版社，2009 年，第 120 页。

第四章　明清时期桂西南地区马援铜柱及其政治隐喻

趾布政司，澌禀峒黄金广与古森峒黄宽、鉴山峒黄子娇、博是峒黄建以四峒二十九村二百九十二户叛附安南，邀求官职。黎氏封黄金广等为经略使、经略、同知、佥事等官，世袭守把本峒地方。以钦州贴浪都地置新安州，迁万宁县于如昔都，寻改为州。又迁永安州于时罗都佛淘巡检司故址。"[①] 四峒叛附的原因在于廖永忠将长官司职革除，不再颁发新印，这等于是取消了峒长的世袭特权，导致峒长心有不满，故有此叛附之举。

四峒叛附安南对于钦防地区的边疆秩序来说影响重大，四峒的叛附导致中越两国实际控制线发生了变动，当时安南的万宁州已经移治江平，澌凛、罗浮、丫葛、古森、思勒五峒皆其辖地，如昔巡检司仅存时罗、贴浪二峒，而且峒民常受安南流寇的劫掠，对中原王朝治边极为不利。朝廷要守疆卫土，就应该先解决峒民叛附之事。从正统年间至嘉靖年间的一百多年里，明朝就钦州四峒叛附之事做了许多工作。正统五年（1440 年），巡按御使朱鉴（1390—1477 年）奉命巡按广东，至钦之边境时罗都，登上滩凌山，建黄旗，揭榜招四峒叛民。嘉靖《钦州志》收录了巡按御使朱鉴写了招叛民黄金广等人的榜文：

　　尝谓华夷有中外之分，而圣君之仁则同；疆域有彼此之异，而忠臣之义则一。夫普天之下莫非王土，率土之滨莫非王臣。君既以仁而抚乎民，而民不以义而报乎君。此天理之所不容，而人神之所共怒者也。稽之于古，若伏波之讨平，以分茅铜柱为界。揆之于今，若洪武之开国设丫葛、思勒等关，所以镇彼疆我土之限，定中华外夷之分，铭诸典籍，载于志书，凡有耳目者皆可得而见知也。后因有司不得其人，抚宇失宜，以致民人黄金广等忘背父母之邦，窃献中华之地，率二百九十二户之良民胥变为夷，挟二千四百余口之男妇背使短发，滥受伪官，虚縻（靡）廪禄，无廉无耻，不孝不忠。洪惟皇上体二仪生物之心，敷一视同仁之惠，释其罪怨不念，咨愿节次，差人招抚复业。每称国王拘留不放，首鼠市恩于两主，犹豫暗怀于二心，意怫民情，行同畜类。今奉敕书既行国王知会，又谕尔等复业，抚字谆谆，眷顾恋恋，虽慈母之于爱子，殆不过是也。奈何玉音远临于边境，有若銮舆俯降于茅茨衡，正当匍匐远迓，不为过礼。碎首伏罪，未足

[①] 嘉靖《钦州志》卷9《历年》，广东省地方史志办公室编：《广东历代方志集成·廉州府部（四）》，广州：岭南美术出版社，2009 年，第 115 页。

释怨,却乃佯为不知,方且拥兵抗拒,岂礼也哉,何答如之?且尔辈钦州一介小民,敢尔辜恩背德,虽圣意不忍加诛,而神明实所不宥。……今皇上恤刑之意频下,蠲租之诏屡颁,如春之涵,如海之育,量之所包者广,而德之所及者众,譬犹雷霆之轰烈,岂与蚯蚓闻其声哉。不必妄生狐疑,自致猜忌……果不复招抚,吾当请敕诣王取其田地,复其人民,则王之贤德由此而益彰,尔辈之罪逆由此而深重,各悛乃心,毋贻后悔。归尔乡,复尔业,无蹈外夷之风;宜尔室,乐尔家,共享中华之治。①

这篇榜文非常有意思,朱鉴在文中一开篇就强调华夷有别。安南是如何从夷变为夏,朱鉴认为马援铜柱确立了铜柱以北地区均为王土,此地的百姓即为臣民,自当要以义报君。但是宣德二年(1427年)放弃安南之事的政治影响太大,导致于丫葛、思勒关成为夷夏分界线,安南实际上也就被划为了"夷"的行列。朱鉴希望能通过对边疆民众施以道德教化之感召力实现招抚之功。这个道德教化之感召力如何去渲染?朱鉴在文中严厉批评了黄金广背弃父母之邦、窃土献越之行为,指责这样的行为是让"华"变为"夷",实在是无廉耻、不孝忠。这样的罪名,可谓深重至极。声色俱厉地声讨完毕后,朱鉴的笔锋一转,历数朝廷多次招抚复业,"恤刑之意频下,蠲租之诏屡颁",彰显了皇恩之浩荡,可惜黄氏"佯为不知,方且拥兵抗拒",非常无礼。因此,朱鉴假以严词:"不服招抚,吾当请敕诣王取其田地,复其人民,则王之贤德由此而益彰,尔辈之罪逆由此而深重,各悛乃心,毋贻后悔。"文末他呼吁叛民趁早归国,以免"蹈外夷之风",以"共享中华之治"。

方铁指出,中原王朝治理边疆施用的文化软实力,是中原王朝综合实力的一部分。治边文化软实力的基础是夷夏有别观和用夏变夷观。用夏变夷观主要源自儒家的德化观,中原王朝对夷狄推行德化政策,实现以夏变夷,是企望用道德的力量与良好形象,通过和平的手段争取夷狄的认同,以稳定边疆和羁縻四夷,取得不战而屈人之兵的效果。② 朱鉴所写的榜文实际上反映了中原王朝

---

① 嘉靖《钦州志》卷9《历年》,广东省地方史志办公室编:《广东历代方志集成·廉州府部(四)》,广州:岭南美术出版社,2009年,第115—116页。

② 方铁、黄禾雨:《论中原王朝治边的文化软实力》,《中国边疆史地研究》2013年第2期,第19—31页。

第四章　明清时期桂西南地区马援铜柱及其政治隐喻

治边文化软实力的应用。他还专门写有一首诗以责备叛附安南的四峒之人：

> 皇天生我兮男子，君王任我兮御史。志为国兮忘家，气如无兮敢死。秉白简兮霜飞，持玉斧兮直指。荷锡封兮龙章，沐菁义兮麟趾。触奸邪兮斩佞，怀忠义兮拊髀。祝圣寿兮无疆，怡亲颜兮甘旨。乌思报兮反哺，羊知情兮跪乳。恨贼子兮辜恩，何违天兮害理。忘君父兮事仇，苟衣禄兮不耻。名虽窃兮伪官，行实同兮犬豕。幸圣恩兮天宽，降金书兮玉趾。宜输诚兮服罪，叹归欤兮故址。能改过兮自新，任耕凿兮更始。□草莽兮□□，反深构兮高垒。具猖獗兮上陈，悔嗟咦兮徒耳。请天戈兮吊民，驱席卷兮千里。倒贼室兮无遗，殄渠魁兮乃已。吁嗟！叛民偷生，譬犹天之蚍蜉而江汉之蝼蚁。①

朱鉴用鸦反哺、羊跪乳的典故来反衬出四峒叛民的忘恩负义行为，虽获伪号，但行为可耻。若能改过自新，仍可同享中华恩泽。参议王恺和都指挥王清分别写诗应和朱鉴的招抚行为。

只可惜，招抚未奏效。正统五年（1440年）十月，钦州民黄宽诱胁居民二万九十余户并田土投献安南，明廷曾派巡按御史及三司官赍敕抚谕。正统五年（1440年）十月，朝臣具奏："宽等不服招抚，及考本州图志，自汉马援讨平，以铜柱界之于西南，以分茅岭限之于西北。其界限之内，自洪武以来，俱隶钦州。今分茅岭之内三万余里，铜柱之内二万余里，悉为安南所侵。如遣敕谕安南王，令还所侵地，则民不招而自还矣。"②兵部对此事合议后，认为："宜俟安南国遣使朝贡之日，敕其国王，还所侵地。仍晓宽等，如能效顺挈家来归，悉宥其罪。并饬守边者，不许侵轶，以构边衅。"③最终，明英宗采纳了这种意见。

正统七年（1442年），明英宗等来了安南国王黎麟的使者，让他带回敕谕："往年广东廉州府钦州民黄金广等为尔国人所诱，昧其非，妄称贴浪、如

---

① 嘉靖《钦州志》卷9《历年》，广东省地方史志办公室编：《广东历代方志集成·廉州府部（四）》，广州：岭南美术出版社，2009年，第115—116页。
② 《明实录·英宗实录》卷72正统五年十月甲申条，台北："中央研究院"历史语言研究所，1962年，第1397—1398页。
③ 《明实录·英宗实录》卷72正统五年十月甲申条，台北："中央研究院"历史语言研究所，1962年，第1398页。

昔二都地方旧属安南，诡言惑尔父，遂于本州丫葛村立卫置军，凡胁从者二百八十一户，侵轶疆境，诱胁人民，此必出尔下人所为，非尔父子所知也。夫二百八十一户于此非有损，于彼非有益，但信义之重，天不可欺。敕至，其即遣黄宽等二百八十一户，仍令钦州管属，其罪亦宥不问。尔所立卫悉革如旧，庶敬天事大之道，尔亦享福于无穷。"①明英宗给安南黎氏留足了面子，认为他是受人误导才将四峒纳入辖区。明英宗对这二百多户的叛民归属的分量拿捏得很准，这些人对于两个政权来说，分量并不重，但是其道义上的文化价值是无法估量的，这涉及信义问题，也反映了中原王朝的文化治边策略。只可惜，明英宗的敕谕并无实质性的效果，直至一百年后的嘉靖皇帝在位期间，四峒归属才有了实质性进展。

16世纪中叶，安南黎朝局势发生重大变化，1527年，黎氏政权重臣莫登庸杀黎恭帝，自立为王，史称莫朝。安南进入了南北朝纷争时期。嘉靖十七年（1538年），明世宗应黎氏之请派兵，命仇鸾、毛伯温率军讨伐莫氏，莫登庸遣阮文泰至镇南关请降。钦州四峒的归复让明朝意识到需要明确边疆界线。因此，明廷与莫氏政权"立石定誓，铁勒以潭鳞溪为界，丫葛以茫溪江为界，湴廪以三岐江为界，古森以古森江为界"②。四峒归复，结束了长达115年的疆土之争，最终通过明朝与安南交涉后划定了中越边界钦防段边界，此边界到晚清中法战争之前基本保持下来。作为边界的分茅岭落入安南境内，据嘉靖《钦州志》记载，它"今在交趾新安州界"。谭其骧先生编《中国历史地图集》所载的明万历十年（1582年）的广东地图，也反映出四峒复籍后的明朝与安南边界的大致情形。

明末时期，廉州府知府张国经曾经派人在钦州境内寻找铜柱进而查访分茅岭："分茅岭，州西南三百六十里古森洞（峒）与交趾分界。山顶茅草南北异向。昔传马援平交趾于岭下，立铜柱以表汉界。崇祯九年，张国经访铜柱远近，得贴浪老叟黄朝会云：万历间曾至其地，见茅果分垂两边，岭去铜柱尚远。其道里所经则自贴浪、扶隆至板蒙一日，至那蒙、那来一日，至观

---

① 《明实录·英宗实录》卷90正统七年三月己巳条，台北："中央研究院"历史语言研究所，1962年，第1808页。

② 崇祯《廉州府志》卷2《乡都》，中国科学院图书馆选编：《稀见中国地方志汇刊》第49册，北京：中国书店，2012年，第37页。

狼、动罗一日,至江那一日,至北榄一日,至北癸一日,至新安一日,至八尺石桥再行八日,方见此岭。"① 老叟黄朝会所行是在万历二十四年(1596年),距崇祯九年(1636年)只有40年,从黄朝会所经之路线与路程来看,分茅岭远在当时的钦州境外。依据此次实地考察的情况来分析,分茅岭应处于西南方向,其大概方位应在当时的安南新安州境内。

中国的统治者是借铜柱来表达对南疆的控制。而越南方面的历朝统治者实际也是在巧妙地借铜柱地望的北移来扩张疆域,虽然其国家利益不同,但是对铜柱象征意义的运用是一致的。铜柱的地理位置实际上已经成为一种象征,要实现对边界的真正管理,还是需要一些切实可行的具体举措。比如勘界,早在明朝成化八年(1472年)五月,太平府的上下冻州已经有了划界之举。

> 广西太平府上下冻州居民言,安南国太源州人树立排栅,占过上冻冈陇委村之田,今已撤栅归田矣。又龙州居民言,与安南下思郎州接境,中有山冈横亘为界,山南石岭属龙州,山北土岭属下思郎州。今亦被交人植立排栅……巡抚都御史韩雍以闻,且谓龙州与下思郎州各执一词,非彼此会勘,事终不白。于是兵部复奏,宜令广西布政司移咨安南国王,谕以大义,令其保守故疆,不许侵越召衅。且令遣人来与广西三司官复勘明白,设立界址,永为遵守。故有是命。②

明朝时,中越之间更多仍是保持传统的非线性的疆界形式,遇到突发事件才明确两国疆界。真正的国界划定是在清末中法战争后中越重新堪界,分茅岭的具体位置在中越划定边界时也给清朝官员带来了不少的疑惑。光绪十三年(1887年)正月二十二日,邓承修曾发一封电报给张之洞,询问分茅岭的具体位置:"按郡志,分茅岭在州西南三百六十里,自宋时已沦入夷界。又云:按郝《通志》,崇祯九年,张国经访铜柱,仅得老叟黄朝会云,自贴浪行十六日方见此岭。据此则距州治甚远。《通志》三百六十里之说,恐不足为据,云云。此次各绘员以修切属凿险穷幽,临濒九死,往返五十余日,逐询土人,莫能指点,又

---

① 道光《钦州县志》卷一《山川》,广东省地方史志办公室编:《广东历代方志集成·廉州府部(五)》,广州:岭南美术出版社,2009年,第30页。
② 《明实录·宪宗实录》卷104成化八年五月,台北:"中央研究院"历史语言研究所,1962年,第2048—2049页。

无碑碣可访。修徒耳食，无从臆指，公或别有所据，乞示。"①从这段电文中可知，分茅岭具体位置的确定在当时的划界工作中尤为重要，但是邓承修等根据旧志所云，通过实地考察，未能找出分茅岭的具体位置。

张之洞对此回了电报，指出了分茅岭的所在地：

> 铜柱在分茅岭，分茅岭在古森峒，古森峒在三不要地，距州西南三百六十里，新旧府志在各种舆地书甚明。重规叠矩刊本，明姚虞《岭海舆图》，十万山之南画一大山，标曰：分茅岭。下注云：西至茅岭三百六十里。雍正五年，孔毓珣奏，案谓：三不要地与安南河口接壤。又称，该地有土名曰：北仑。是其地当在今北仑隘西南，直抵新安江口，此数百里中大山连绵，即岭所在正与西南三百六十里准望符合。至郝志崇祯老叟所云，过新安一日到石桥，又八日见此岭之语殊诞妄。过新安九日，西抵北宁，南到海防矣。地平河广安有岭哉！一叟之说，不如郡书之可证也。铜柱必久沦没，惟有即指北仑隘外大山为此岭，似可约略山势就能划断处，画之再不要之名，即是铁案，越地教民亦所习闻。顾名思义，三不要，皆应三界共之。今即划界，自宜合广东广西越南三分之方允，断无一家独要之理。该地我得其二，分茅自在其内，管见如此，请酌。②

根据张之洞对分茅岭的看法，老叟之说的证据是不充分的，是指其所察得之地"地平河广"不符合郡书所说的关于分茅岭的地貌特征。他从历史文献中的记述出发，认为分茅岭当在"三不要"地，是北仑隘西南至新安江口数百里大山中的一处，分茅岭所在之地与文献记载的"三百六十里"符合。"三不要之地"亦称为"瓯脱之地"，安南占领钦州西南一隅后，并没有严格的守备，而且在划界后钦州西南极界与广西上思州、安南古森河口接壤处双方均守卫松散，并最终使得这块区域被双方政府一度视为即广东不要、广西不要、安南不要的"三不要"地，这一带即今北仑河附近地区，清"（雍正）六年二月，以三不要之地归钦州"③。

---

① 萧德浩，吴国强编：《邓承修勘界资料汇编》，南宁：广西人民出版社，1990年，第85页。
② 萧德浩，吴国强编：《邓承修勘界资料汇编》，南宁：广西人民出版社，1990年，第85—86页。
③ 道光《钦州县志》卷10《事纪》，广东省地方史志办公室编：《广东历代方志集成·廉州府部（五）》，广州：岭南美术出版社，2009年，第192页。

第四章　明清时期桂西南地区马援铜柱及其政治隐喻

光绪十三年（1887年）七月，邓承修在《邓承修、张之洞、吴大澂、李秉衡奏粤桂边界已与法国划定折》中介绍了与法方划定钦防一带的边界情况：

> 臣承修与法使计会议十七次，迟至十三年三月，该使始允将钦州西界之嘉隆、八庄、三不要地、十万山以及分茅岭处，划归于我。查分茅岭距钦州三百六十余里，与舆地志乘所载道里远近吻合。其山后连北仑，前抵嘉隆，跨地甚广，最高之岭，横亘特出，中高旁低，即所谓分茅岭，亦名伏羲岭。北六里有南碑村旧传有碑迹，岭东二里为老邦隘，有伏波庙，旧址现存。此岭特高而多茅，岭面平数十亩。西南俯峒中、平寮、新安。东北关障重重，为八庄门户。板蒙、康历等十五村环岭而处，地饶民悍，军械最多，若不收归我境，将来屯聚勾结，无论扰华扰越，皆为边患。经派员亲往体察履勘，隘口极为险要，其岭脊为水分流之所……此岭之西分界似属明显清晰，法使屡次反复折辩，半月而始定。遂将广东界东起竹山，西迤板兴，至峒中之北三里。广西界东起派迁山，西迤各达村接滇界，即日绘图书约，彼此画押。先后联衔电奏各在案。此广西全界、广东钦州西界历年办理之详细情形也。[①]

中越划界经过多番争议，条约规定原钦州西南"三不要"之地划归清朝所有，清朝收回嘉靖年间钦州西南方向丧失之地。嘉隆河、八庄（1891年改为板八，今板八乡）、板兴于1887年划归清朝，峒中镇于1893年立界收回。[②]有研究表明，明清以来，世人对钦州西南一角的历史记忆是人们"心理边疆"的一个反映，分茅岭说更是人们对此地的一个情感寄托。[③] 故此，在清末中越正式划分边界时，张之洞感慨："铜柱画界之语，海内妇孺皆知。若将分茅岭铜柱之地，至今日我辈在事，弃与法人，其名万不可居之。"[④] 在光绪《防城县小志》的舆图当中，特别把分茅岭及铜柱位置标示出来，而且两者并列在一起。其寓意应就是张氏所说的用以划界之意。

---

① 萧德浩、黄铮主编：《中越边界历史资料选编》下册，北京：社会科学文献出版社，1993年，第762—763页。
② 黄国安：《近代中越关系史资料选编》，南宁：广西人民出版社，1988年，第424—484页。
③ 黄文娟：《疆界变迁下的历史记述：马援铜柱北移问题研究》，广西民族大学硕士学位论文，2012年。
④ 萧德浩、吴国强编：《邓承修勘界资料汇编》，南宁：广西人民出版社，1990年，第34页。

伏波铜柱有何政治隐喻？也许应该用清初广东人屈大均的话来概括：

> 伏波既平交趾，或尽收其兵销镕，既铸铜柱五以表汉疆……伏波故有神灵，为徼外蛮酋所畏，自汉至今，恪遵约束，岁时腊膢，或祭铜柱于西屠，或祠铜船于合浦。其涉乌蛮之滩，渡朱崖、儋耳之海者，亦必精心祈祷，乃得安流。今虽山川移易，铜柱湮沉，而蠢尔跣夷，犹惴惴然以遗谶为忧，不敢埋没故迹，盖震慑将军之威灵若此。吾观交趾之山，其脉发自贵州，贵州为川之余，其山自巴蜀而来，大率过龙，如波涛万叠，奔腾不止，直至交趾而后结成国土。云南为其后门，广西为其前户，东界则广东钦州也。其地城郭不完，兵止徒卒，器止交枪，绝无中国长技。向者乘我艰危，阻绝天使，某将军以数百骑突之，夷椎数万，跟跄溃走。所乘象，闻丛雷大炮，亦辄崩奔，其脆弱可见矣。汉弃朱崖，今朱崖为文物奥区，名公卿比肩而出。明弃交趾，使铜柱旧封，日沦异域。极目关河，非复元封、建武之盛。使有伏波其人者出，安知不可荡平，复为衣裳礼乐之地耶！①

屈大均感慨铜柱已沦为异域，他希望能光复马援铜柱之地。

但是马援铜柱在越南官绅眼中却有着另外一种政治隐喻。越南自宋代立国至法国殖民入侵之前，国家—民族意识不断增强，对于铜柱的地望及其真伪也就出现了明显的态度变化。1802年，阮福映称帝，建立阮氏王朝，同年派使臣至北京纳贡，并请赐封号及请改国号为南越。1803年，清仁宗批复，将其自请国号"南越"改为"越南"。1804年，清仁宗封阮福映为越南国王。随着越南国力强盛，其国家意识也不断增强。阮朝嗣德元年（1848年），礼部右参知裴樻出使中国，《燕行总载》即是他出使文集。在过关后，对受降城以及铜柱之事感慨颇多，作诗一首云："步步云山新客眼，朝发幕府暮降城。古楼贴浪今何处，前胡后莫污留史。铜柱茫茫无问津，百年何日申疆事。"诗中还有对铜柱的注解：

> 铜柱疆界世远迹湮，陈初元人两度来问，无从查验。按《隋史》刘方伐林邑，过马援铜柱南八日，至其国都。《粤志》日南西有屠夷国，马援

---

① （清）屈大均：《广东新语》卷2《地语》，北京：中华书局，1985年，第39—40页。

第四章　明清时期桂西南地区马援铜柱及其政治隐喻

至其地立铜柱二，以表汉界。我国儒先以为当在义安界。考明洪武二十九年，思明土官黄广成奏思明府东至上思州，南至铜柱，元初设永平寨，去铜柱百里。我国攻破永平寨，遂越铜柱二百里，侵夺思明属邱温、如嶅、庆远、渊、脱等五县。又同登实思明地，而我国指属铜柱界，乞敕还旧疆。明太祖遣行人陈诚、吕让往谕，令还其地。陈人往复议论，久而不决。参之野史，铜柱有三：一在左江，一在右江，均属南宁府；一在钦州。黎福泰五年（清顺治四年），郑清王梐以明国内乱有并两广意，遣少保峻郡公郑橄驾海略地至廉州，清人已遣马都督来镇其地，不许越境。我国移文，言本国旧境自分茅铜柱至梧州、南宁、太平、镇安、思明、思恩各府州县，已差兵巡按，乞仍守旧疆。马督不报。郑亦还师。呜呼！铜柱之说，纷纭不一，当阙之，以俟博洽君子。方今南北修睦，关隘截然，固不可构开边衅。然我国文明日盛，风气日开，安知将来不有一番能申其事者，天岂故以南关限我哉。①

裴槜对铜柱的地望之争有不同的看法，对于先前越南学者所持义安界的说法，他表示了反对，提出铜柱或是在左江、右江、钦州三地。16世纪初叶，黎朝重臣莫登庸称王，黎庄宗在南方中兴，在得到郑氏之助后消灭了莫氏，但随后安南进入北方的郑氏集团与南方的阮氏集团纷争的时代。"郑清王梐"（1623—1657年），被封为清都王，授元帅总国政，后改封清王。郑梐"以明国内乱有并两广意"，便"遣少保峻郡公郑橄驾海略地至廉州"，遇到清军，即写文申诉"本国前境自分茅铜柱至梧州、南宁、太平、镇安、思明、思恩各府州县，已差兵巡按，乞仍守旧疆"，被拒。裴槜在征引完此事后，大为感慨，他虽然深知"南北修睦，关隘截然，固不可构开边衅"，但内心深处还是希望随着国家"文明日盛，风气日开"，未来能有人去重申铜柱北界越过分茅岭之事，以消除铜柱的政治影响，让天朝上国无法再来"以南关限我"。由此可见，以他为代表的越南官绅们在国家意识的影响下，对铜柱的地望实际上是持着一种为国家政治利益服务的态度。持这样的看法的越南官绅不在少数。

如今，马援铜柱的故事仍在广西边境地区流传。2009年1月31日（正月初

---

① （越南）裴槜：《燕行曲》，中国复旦大学文史研究院、越南汉喃研究院合编：《越南汉文燕行文献集成（越南所藏编）》第十六册，上海：复旦大学出版社，2000年，第11—13页。

六），笔者前往东兴市东郊村罗浮峒参加伏波庙会。东郊村 97 岁的施吉祥老人、施吉政老人（80 岁）向笔者绘声绘色地说起了马援南征到防城的故事。因为采访时是随意而为，所以老人们的叙述较为零乱，在此并不加以文字的加工以表明采访的真实性：

> 马援南征回到朝廷，皇帝问他杀了多少个省，他说杀了五个省，等到见白血，就不杀了。的确，马援在越南杀到产妇，喷血为白色，即停兵。皇帝问他要什么奖赏。马援说要一箭之地。马援翻身上马射箭，此时朝中与马援有仇的奸臣偷偷藏了 72 枚针在马援的马鞍上，想谋害马援。马援一马上，马受针刺痛，狂奔而去，载着马援狂奔而去。皇帝很生气，说有去无回，得胜不回头。这就是马援为什么后来回不了朝的原因。马援手执的箭射不稳，就落在了分茅岭，变成了铜柱。分茅岭在越南。伏波将军留下了三句话：铜柱一跌，安南绝灭；铜柱一正，安南平静；铜柱一斜，安南不见一些。铜柱在地上突出一尺高，越南人很怕铜柱歪倒，所以挑土去填，可怎么也填不完，每填一些土，铜柱会自己长高一些。

虽然受访者所表达的马援故事在正史当中并无明确记载，但是就其叙事的核心内容而言，基本上是围绕着马援南征的历史功绩以及立铜柱以限汉界的两大主题而展开。在马援铜柱问题上，他们明确指出铜柱是中国统治南界的标志。马援遗言暗喻一旦铜柱倾倒，汉疆南界将不保，方才有了越南人挑土填柱之举，以保汉界不失和国族不灭。钦州康熙岭镇横山村伏波庙前立着一根铜柱，实际上也就反映着现代人对这段历史的记忆。

第五章 王权象征与信仰选择：桂西南地区伏波信仰的文化隐喻

第一节 守边与伏波信仰的征用

伏波信仰在岭南地区历史悠久，神职不断变化，而且在重大历史事件的影响下，伏波神职因应历史的变化而出现了新的特点。从明朝到清朝，特别是在清末西南边疆危机的时代背景下，伏波神成为国家王权统治的文化象征符号，并极深地影响着桂西南边疆地区地方人群的国家认同及自我族群身份的建构。

一、明代钦防四峒之民归附与伏波信仰的借用[①]

宋代以后，今越南北部出现了独立政权，且更替频繁。从宋代起，中越两国建立了宗藩关系，特别是在明代时，从永乐四年（1406年）至宣德三年（1427年）是属明时期，后恢复宗藩关系。直至清末中法战争之后，中越两国结束了宗藩关系，变成独立的国家关系。

以防城县为例，其行政沿革历经秦象郡、西汉西于县、东汉封溪县、南朝梁武帝大同元年设黄州，至隋文帝开皇十八年设钦州，明朝洪武五年（1372

---

① 本节内容详见拙文《明代北部湾钦州四峒之民的国家认同与身份选择》，《云南民族大学学报》（哲学社会科学版）2017年第2期，第128—133页。

年）分钦州府地置防城巡司，后又设如昔巡司，隶钦州管辖。黄州之得名，起于后汉建武帝马援征交趾，"留黄万定率部戍守是地，黄氏子孙，世袭分守八峒，遂以名州。黄氏之居留是州，起源于马伏波，即所谓'马留人'是也"①。钦州峒长皆黄姓，至宋皆为长官司，七峒者，即时罗、贴浪、渐凛、古森、思勒、丫葛、罗浮。明洪武二年（1369 年），置如昔巡检司，收七峒长官司印，罢为峒长，编峒民为弓兵。最终引发了宣德二年（1427 年）渐凛峒长黄金广等领峒兵与弓兵协守丫葛关后叛附安南之事。当时越南的万宁州已经移治江平，渐凛、罗浮、丫葛、古森、思勒五峒皆其辖地，如昔巡检司仅存时罗、贴浪二峒。

16 世纪中叶，安南黎朝局势发生重大变化，1527 年，黎氏政权重臣莫登庸杀黎恭帝，自立为王，史称莫朝。安南进入了南北朝纷争时期。嘉靖十一年（1532 年），安南黎氏政权被新崛起的莫登庸政权逼迫退守高平一带，情况才有所变化。嘉靖十七年（1538 年），明世宗应黎氏之请，命仇鸾、毛伯温率军讨伐莫氏。莫登庸遣阮文泰至镇南关请降。嘉靖十九年（1540 年）四月，钦州知州林希元认为需要仔细查勘莫氏是否真心投诚，他提出了莫氏投诚的四个条件："必归我四峒，必令黎宁不失位，必令黎氏旧臣若郑惟僚、武文渊者皆有爵土，必奉我正朔，能我从者降也，不然诈也。"②可见，林希元对莫氏政权的反复无常的投机心理是十分清楚的。

钦州四峒的归复是否顺利，取决于莫氏的态度。实际上莫登庸是非常不情愿的。嘉靖十九年（1540 年）十一月三日，莫登庸乞降的奏本上说："广东钦州守臣奏称：'如昔、贴浪二都，渐凛、金勒、古森、丫葛等四峒原系钦州故地。'果如所称，则是先年黎氏冒而有之，今臣愿将前地归隶钦州。"③"果如所称"四字，语气中的怀疑之情纤细毕露，可见莫氏并不认同林希元的看法。嘉靖二十一年（1542 年）八月三日，安南莫福海奏归四峒土地人民户数，但是也是颇有不甘："四峒地界，来文说系黎氏侵占。纵黎氏或小，有之，缘何彼

---

① 萧德浩，黄铮主编：《中越边界历史资料选编》上册，北京：社会科学文献出版社，1993 年，第 46 页。
② 广西壮族自治区民族研究所编：《〈明实录〉广西史料摘录》，南宁：广西人民出版社，1990 年，第 701 页。
③（明）江一桂：《安南来威辑略崇祯》，《边疆边务资料初编·西南边务》第 9 册，北京：中央编译出版社，2011 年，第 258 页。

第五章 王权象征与信仰选择：桂西南地区伏波信仰的文化隐喻

时不声罪削国，一请而许署国事，再请而寻封国王，终黎之世曾不照旧勘还。至前大头目临关授降，诸钦差列位始问及四峒。前大头目恭默以从。然奏本内言：'果如林知州所称，唯命是听。'盖欲钦差从公勘处耳，而归之者以江老爹郭令公在上不忍办也。今嗣嫡孙承祖之命开造图册奏进，而军门屡次驳回，并说及永安、安宁二州俱如昔、贴浪二都原地，令其退还。其与老爹来文有云：'属我者尺寸不可弃，不属我者尺寸无所取。'何相反之若是耶？"① 莫福海狡辩四峒之地并非黎氏侵占，若是黎氏侵占，为何明朝未派兵声讨反而是不断赐封名号。这样的辩词纯为一己之私，并无公理。实际上他的话刚好反衬出古代中原王朝的治边策略是守边治中。

钦州四峒的归复让明朝意识到需要明确边疆界线。为此，明廷与莫氏政权"立石定誓，铁勒以潭鳞溪为界，丫葛以茫溪江为界，澌凛以三岐江为界，古森以古森江为界"②。四峒归复，结束了长达一百一十五年的疆土之争，"钦州澌凛、古森、丫葛、金勒四峒，行令查照原额，编入钦州版籍，仍量优恤三年，以后一体粮差。其先后差来夷使，事毕放回。此正所谓以夷治之者也"③。随后，明朝与安南交涉，划定了中越边界钦防段边界，此边界到晚清中法战争之前基本保持下来。黄氏仍为峒长，世袭其地。

嘉靖《钦州志》当中说到七峒峒长黄氏是马援部将后裔。时任钦州知州的林希元对此写了一段近两百字的按语："七峒长官司，今其子孙俱云始祖黄万定，系山东青州人，汉时从伏波将军马援征交趾，有功留守边疆，其子七人分为七峒长官司。愚考《宋史》有黄令德者，为如昔镇将，则七峒长官司黄令钦等决非万定之子，意其远孙也。然长官司之设，莫知其所自始。至元世祖时，黄令鉴之孙有黄世华者，讨贼有功授以金牌印信，充七峒长官司。愚意，七峒长官司设于宋时，后废，或至裔孙黄世华讨贼有功，始复其职官耳。"④ 林氏写方志时的按语颇有深意："七峒长官司子孙俱云始祖黄万定，系从马援南征

---

① （明）江一桂：《安南来威辑略崇祯》，《边疆边务资料初编·西南边务》第 12 册，北京：中央编译出版社，2011 年，第 353 页。
② 崇祯《廉州府志》卷 2，中国科学院图书馆选编：《稀见中国地方志汇刊》第 49 册，北京：中国书店，2012 年，第 37 页。
③ 萧德浩，黄铮主编：《中越边界历史资料选编》，北京：社会科学文献出版社，1993 年，第 240 页。
④ 嘉靖《钦州志》卷6，广东省地方志办公室编：《广东历代方志集成·廉州府部（四）》，广州：岭南美术出版社，2009 年，第 88—89 页。

有功留守边疆。"此处的马援南征事件，即是东汉伏波将军马援南征交趾平定"二征之乱"之史事。马援南征之后，立铜柱以标汉界，并留下了一批士卒戍守南疆，被称为"马留人"。东晋时流寓交州的俞益期已有记述当地有"马流人"（又称"马留人"）。《太平御览》称："马文渊昔立两铜柱于林邑，岸北有遗兵十余家不反，居宁寿灵岸南，对铜柱，悉姓为马，自为婚姻，有二百户。交州以流寓，号曰马流。言语饮食，尚与华夏同。山川移易，铜柱今没在海中，正赖此民以识故处。"①《新唐书》卷222载："又有西屠夷，盖援还留不去者，才十户，隋末孳衍至三百，皆姓马，俗以其寓，故号马留人，与林邑分唐南境。"② 如今钦州地区有不少姓氏如黄、禤、韦等姓仍自称"马留人"，并有族谱记载为证。

钦州七峒属于东汉伏波将军马援铜柱北面之地，是历代沿袭来下的王朝辖地，其地上的百姓均为王朝臣民。虽然林氏针对黄令钦为黄万定之子的问题提出了质疑，但仍认同黄姓为马留人之说，并认同黄氏在当地的地位。不论是地方官员还是地方大姓，都很有默契地发出同一个声音，即峒长黄氏即是马留人后裔，理应守汉土，食汉禄，做汉人。因此，针对四峒叛附之事，地方官员在编纂地方志时就描绘了黄姓马留人的思乡之情。嘉靖十七年（1538年），钦州知州林希元的《陷夷旧民归正复业疏》称：

> 嘉靖十六年十一月二十九日，据本州贴浪都峒长黄里贵递到安南渐凛等峒土官黄伯银、黄福添、黄音、黄福内、黄结、黄资、黄子银七员名词状一纸，内称上祖原系广东廉州府钦州贴浪、如昔二都土官。宣德六年被安南国侵占二都土地……被伊逼令短截头发，并封祖黄金广、黄宽伪官怀远将军，经今百有余年。各人父祖时常思忆祖宗乡土，无由归还。近幸安南国紊乱，伯银并各土官人等，并率一十九村，人民见在一千二百余口心愿复业，归顺本朝，复为良民等因。臣以旧民慕归，彼国人心属在本朝。可见大兵入境，就可用为赂导。③

---

① （宋）李昉等：《太平御览》卷187，北京：中华书局，1960年，第909页。
② （宋）欧阳修，宋祁：《新唐书》卷222下《南蛮传下》，北京：中华书局，1975年，第6297页。
③ （明）林希元：《同安林次崖先生文集》卷18，《四库全书存目丛书·集部》第75册，济南：齐鲁书社，1997年，第508页。

第五章　王权象征与信仰选择：桂西南地区伏波信仰的文化隐喻

在林希元的笔下，黄姓峒长及其峒民均是被逼依附安南，虽被授予伪官职，但是被"逼令短截头发"，剪短头发意味着从华变夷。这样的文化身份变化让四峒之民难以接受，因此，他们常忆故土，苦于无法还乡。趁着安南国乱，四峒派人归国投书望能复业。这样的要求也成了作为朝廷命官的钦州知府林希元力主征讨安南的原因。

林希元还用了一千多字的篇幅介绍了黄伯银是马留人黄万定的后裔，文末曰：

> 臣闻圣人在上，外夷内夏，以及昆虫草木，无不各得其所。夷而进于中国，则华之；中国陷于夷狄，则匡之。故孔子称管仲之功曰："一匡天下，民到于今受其赐。微管仲，吾其披发左衽矣。"黄伯银等久沦夷狄，短发跣足百有余年。父祖子孙时思乡土，诚我皇上之所必匡，孔圣之所必悯也。目今有事安南，黄伯银等首先来归，求复乡土。臣谓宜乘此时宜，责安南使归我侵土，还我人民。将黄伯银等厚加抚集，以慰百年怀土之思。仍量与一官，以为远人慕义之劝。将见遐迩闻风，四郊响彻云霄，应王师所至，必有一浆倒戈之民，兵不血刃，而大功可成矣。①

林氏认为钦州四峒之民陷于安南，被迫由华变夷，百余年彼心慕归。为此，朝廷自当厚加抚集，授予官职，"以为远人慕义之劝"，这样就可以实现不战而屈人之兵之效。林氏之言揭示了中国古代中原王朝治边文化软实力施行的一般规律，即中原王朝对夷狄推行德化政策，实现"以夏变夷"，用道德的力量与良好形象，通过和平的手段争取夷狄认同，以稳定边疆和羁縻四夷。

需要指出的是，虽然四峒归复明朝，但是归复后，钦州边境并不太平。明朝万历年间后，安南国内政治局势大变，原先强盛的莫氏王朝在与南方黎氏的斗争中屡败，偏居高平。受此影响，北部湾沿海地区便常受到安南莫氏残余军事武装的侵扰。安南王莫宏翼即位，阮敬专权，莫登庸次子莫正中等人率家属奔赴钦州。阮敬诡称莫宏翼已死，以中迎莫正中为词，举兵攻钦，被参将俞大猷击败。嘉靖二十七年（1548年），阮敬的党羽范子仪、范子流纠徒袭扰钦

---

① （明）林希元：《同安林次崖先生文集》卷18，《四库全书存目丛书·集部》第75册，济南：齐鲁书社，1997年，第508页。

州，最后被俞大猷率兵击退。万历三十五至万历三十六年（1607—1608年），安南流寇先后两次大肆袭扰钦州。这些侵扰事件看似没有关联，但是从深层次来看，都与宣德年间钦州四峒叛附有关。

俞大猷认为正是因为四峒叛附，导致中越两国实际控制线发生了变动，当时安南的万宁州已经移治江平，华夷所控之地已经形成犬牙交错之势。

> 明地方之界限，办华夷之杂处，诚今日之所当急矣。新安之地不必有，万宁、永安之地是吾故物，决不可使夷人复居之也。……自今日为始，陆路以新安山为中分之界，水路以帽山为中分之界，彼此之人不得逾越。凡贡献交易之类，俱从镇门关出入，违者坐以重罪。陆路之守，除时罗都附近钦城峒长照旧外，惟贴浪都乞给义民冠带与获贼有功峒长黄文爱之子黄世邃，如昔都乞给义民冠带与获贼有功峒长黄凤阳之子黄世陪，责其团集峒民编立保甲，各自防守，仍许随都自行招集土民耕种。附近丫葛、江平等田地日久成熟，然后科差。其春兰等社近海去处及附近新安之地，任其抛荒，发木成林，以为四峒藩蔽。如此，则华夷之人，路远情隔，风马牛不能相及。年代愈远，形迹愈疏，祸阶无由起矣。①

邓钟认为必须要明确地方界限，重兵把守，不得逾越。陆路守边除了官军外，还要将地方峒民动员起来，让他们编立保甲，各自防守，重点耕种丫葛、江平等田地，对于新安之地则任其抛荒，以形成植物边墙，作为四峒藩蔽，以实现华夷远隔、边疆安定。值得注意的是，他提出对获贼有功的贴浪都峒长黄文爱之子黄世邃、如昔郡峒长黄凤阳之子黄世陪应赏给义民冠带。赏封代表着中央对地方势力的认同与招抚，彰显了文化感召力，在一定程度上可以实现守卫边疆安全的目的。可见，要实现对地方的长治久安，也离不开地方民众对国家的认同感。不管国家还是地方社会，会以不同的方式证明七峒一直都是中央政权世辖之地，以此强化当地民众的国家认同感，形成对社会各阶层的感化力与号召力。

---

① （明）邓钟：《安南图志》，《边疆边务资料初编·西南边务》第9册，北京：中央编译出版社，2011年，第182—183页。

二、中法战争后中越划界与伏波信仰

清廷沿袭旧制，黄氏仍统辖其地。但是，1885年的中法战争改变了这一地区的国家归属。中法战争之后，越南沦为法国的殖民地，中越两国正式划定边界，广西成为中国西南边疆地区，龙州、凭祥等地以及北部湾沿海的东兴、防城、钦州沿海地区重新定界。伏波信仰已经成为中国正统文化的象征，伏波庙亦因此有了不同的命运。

邓承修、王之春、李受彤成为勘界大臣，负责与法国会勘中越界务。龙州凭祥等地的划界相对顺利，但是钦防一带的划界就比较复杂，这与明朝钦州四峒叛附安南事件有关。因此，勘界的重点是北部湾沿海地区，主要围绕着钦防与越南的边界如何划定而开展工作。光绪十一年（1885年）十二月一日，张之洞给朝廷上了《钦越边界亟应改正折》，里面详细分析了钦州与越南边界的划定问题。

> 窃惟广东钦州一境，东南滨海，西北负山，有如昔、时罗、贴浪、思勒、罗浮、河洲、㵥凛、古森八峒地，向系隶属中华，与广西及越南犬牙相错。如昔、时罗、贴浪三峒密迩内地，与越境尚少胶葛。思勒、罗浮、河洲、㵥凛、古森五峒地，则自宋明以后，不设关卡，半为安南侵蚀，远非从前旧址，以致华夷参错，险要全失，殊乖固围保疆之道。从前越为属藩，中外界限尚可稍为浑涵。今该国归法人保护，此时勘界一归越壤，其土地即沦为异域，其人民即弃为侏㒖。近听边民呼吁之声，远考历朝沿革之故，不得不为圣主沥陈之。查钦越接界地方，先经臣等派通判刘保林等，又经督办钦廉防务、前广西提督冯子材派都司陶烈武等，先后带同熟悉边界土民详加履勘，以备将来勘界时辩论。兹据该员等勘毕各呈界图，并五峒绅耆廪贡生王永儒等六十人公禀，声称自广西思陵土州南境外沿十万山而南，其处名三不要地，旧志谓广东不要、广西不要、安南不要，古之瓯脱是也。自此沿丈二河东南行，经河东之峒中、永安、雁慕，新安州潭下、河桧、河西之旧街，直抵海口，两岸崇山峻岭，有险可守，居民约数万，皆华人。查系前朝古界，因越为属国，不甚拘限，地由民间自垦，就近纳税，越官仍赴钦州考试，在庠序者甚多，庐墓皆在其中，恳勿弃之异域。并云分茅岭即铜柱分界处，今名坑谢，在上思州属北仑汛外，相距约五日

程。又云据《钦州志》，明宣德间黄金广等以五峒九十九村外附交址（阯），林希元请还四峒，而罗浮峒未还，以致江平黄竹各村墟混入越界，故钦州素有八峒之名，今缺其一。又据署钦州知州余鉴海禀称，嘉道以前五峒地旷人稀，耕凿不及之区，任越垦辟，始于江平设万宁州，续于芒街设海宁府，而移万宁于河桧潭河以上，改立新安州。华民十居其九，其间绅商多欲内附，若趁勘界之便，将新安、海宁一带收回内地，则中越以海为界，有险可凭。又据调署廉州府知府李璪禀称，考府志钦州各峒黄姓世镇其地，宋为峒主，明罢为峒长。分茅岭在州西南三百六十里，即古森峒地，有汉将军马援、唐节度使马总所立铜柱，为中国交阯分界处。三不要地亦在古森峒，为水土极恶之区，又荒僻险远，难以统辖。雍正六年，督抚会疏请归钦州，就近抚绥，故北有北仑汛，东有白鸡汛，设兵戍守各等情。窃查广西上思、下思、思陵三州沿边以外，有崎岖荒僻地数百里，东为广东钦州，西为越南谅山、广安，南滨大海，有快子笼、亚婆湾、九头山、青梅头诸岛屿，北界北仑、扶隆、爱簝等隘，而十万大山盘互其中，其地总名古森峒，亦称三不要地，最高之山曰分茅岭。岭有铜柱，实为历朝中华边徼之地，远凭铜柱，近据方志，有归钦州抚绥之。案，有入钦州学籍之人，历来峒主、峒长本系华人，此时土著民居皆非异族，而又形势在所必争，边氓急于内附。按照条约亟应改正，自宜划归华界，上游紧接广西三峒、思陵土州之地，下游直出新安州海口，东包青梅头、海宁府芒街，接连竹山江平白龙尾一带，以正封域。该处山僻瘠壤，彼当不复措意，惟芒街即海宁府，滨海形势尤要，法国设有教堂，与钦州东兴汛仅隔一小河，冬令即涸。又江平近接防城墟，又在东兴之后，去州城仅百余里，均属华离要害之地，不能不与力争，应请旨电饬勘界大臣邓承修与法使勘办辩论，庶边氓不至终沦异域。而于设防固圉，实大有裨益。①

张之洞的奏折得到了朝廷的认可。光绪十二年（1886年）九月七日，张之洞又再次上了《辨认钦州老界绘图列证请旨饬辨折》，对钦越边界的复杂性大为感叹：

---

① （清）张之洞：《张文襄公奏议》卷13，《续修四库全书·史部·诏令奏议类》，上海：上海古籍出版社，2002年，第339—340页。

第五章 王权象征与信仰选择：桂西南地区伏波信仰的文化隐喻

查钦州接壤越南，有三都八峒地方，辖境甚广，自广西上思州沿边之十万大山起，历分茅岭跨二丈河而下，南至旧址，漫漶不可复识，与桂之镇南、滇之马白俨然设关戍守者不同，是以中越地势华离参错，民夷杂处。有既入越界，后行数十里复得华界者；有前后皆华界，中间斗入一线，名为越界者；有衙署里社尚存华名档案可据者；有钱粮赋税输缴本州，列名学册者；有田宅庐墓全属华人并无越民者；固由越为属藩，不甚考究，亦以边地荒远，地方官未能抚驭周密之故。今越归法护，界务一定，边防因之。钦州距廉、琼甚近，若水陆形势险要，尽为他族逼处，则他年贻患悔不可追，且华民数万户，庐墓数百年，绅民老幼泣诉环求，亦断不能置之度外。近译法人所绘越南地图，其指为新界之处，竟将钦州西南一带划入越境，若我于老界再不切实辨认，必至内地转为侵占，此臣所以悚惶忧虑而不能已者也。①

他遍查各种史料以及官方档案文书，将钦州与越南交界之地哪些属于中国旧有之边地查核后，列为十条证据。列首位的第一条证据就是分茅岭属于中国，其理由是在历代史志当中，分茅岭"属贴浪都古森峒地，为汉将军马援、唐节度使马总立铜柱之所。铜柱在新安州外，相传山脊生茅，南北异同，乃中国与交址（阯）分界处。"②第二条证据是十万大山与分茅岭北相接的"三不要地"属于中国，其理由是"雍正五年，户部议准广东总督孔毓珣奏，广东廉州府钦州西北地名'三不要'，与广西之上思州、安南之河口接壤，与广东龙门协相近，请归并钦州，以便就近抚绥。而该地有三村，曰白鸡、白鸽、白滩，又有土名曰北仑，最为险要，请于龙门协派拨千总兵丁，设汛防守，巡游弹压，从之"③。第三条证据是十万大山以南，循丈二河两岸，南抵新安州，滨临大海，皆为中国界。第四条证据，新安州江口为中国界。第五条证据，思兴水西岸潭下、河桧、六虎村一带为中国界。第六条证据，

---

① （清）张之洞：《张文襄公奏议》卷18，《续修四库全书·史部·诏令奏议类》，上海：上海古籍出版社，2002年，第418页。
② （清）张之洞：《张文襄公奏议》卷18，《续修四库全书·史部·诏令奏议类》，上海：上海古籍出版社，2002年，第419页。
③ （清）张之洞：《张文襄公奏议》卷18，《续修四库全书·史部·诏令奏议类》，上海：上海古籍出版社，2002年，第419页。

古森港海口为中国界。第七条证据，澌凛峒三歧江海口为中国界。第八条证据，芒街为中国界。第九条证据，江平黄竹为中国界。第十条证据，海面快子笼、青梅头以南至九头山附近诸岛，皆为中国界[①]。

值得注意的是，张之洞在列举十条证据论证钦州七峒是中国传统的疆界时，多是援引方志以及历代档案文书为证。

  谨按，钦州边越之地有三都八峒，曰如昔都、时罗都、贴浪都、如昔峒、时罗峒、贴浪峒、思勒峒、河洲峒、罗浮峒、澌凛峒、古森峒，是三都可统八峒，故有称都不称峒者。要皆历向中国纳赋、听讼、应试之地。其西北之分茅岭属古森峒，为汉唐立铜柱之所。其西南之新安州属贴浪都，为明设市舶司之所。三歧江等处属澌凛峒，芒街等处属时罗都，为明设佛淘泾巡司之所。江平黄竹等处属思勒峒，为乾隆间议移设州判之所。自明宣德间黄金广擅以五峒佛淘泾巡司附黎氏，嘉靖壬寅莫登庸纳款还侵地，而江平黄竹复为潘土目所私卖，官吏未及深究。国初以迁海之禁，近海居人较稀，越民渐多杂处。雍正五年始正三不要、北仑之界，华民渐复，故居江平一隅，闽广人尤伙。故乾隆间有移东兴州判于思勒，以稽察平江之案。近年越人私设土目，因萧梁海宁郡之称，设海宁府，又设万宁州等名号，并无明文至边越峒地，虽间有纳税于越者。据乾隆二年巡抚杨文乾批牍，则指明八峒皆为钦属，岁共纳丁银四十两，毋庸报垦升科，尤为明白无疑。查北起十万山南循丈二河两岸，直抵大海，西包新安州，皆在八峒之内，即古森、贴浪、澌凛、河洲诸峒之境，土民人人皆知我朝免其履亩升科，而令其纳丁银，不过体恤边氓，并非弃之度外。嗣后峒民自垦间纳越税，乃系越人之误，不得因越之违法私征，遂谓钦州历有丁银之地，应入于越也。故丈二河东之河桧潭下等处，河西之新安旧街等处，华民十居其九，或取入州学，或奖叙职员学册部照，庐墓契券，历历可据。至九头山，越人自谓非其所有，现有该国王呈文足据。综此十证，确为中国老界无疑。今勘认中国老界，自新安州以东，皆应辨明

[①]（清）张之洞：《张文襄公奏议》卷18，《续修四库全书·史部·诏令奏议类》，上海：上海古籍出版社，2002年，第419—420页。

第五章　王权象征与信仰选择：桂西南地区伏波信仰的文化隐喻

认还。若分茅古岭及岳山万注以东，芒街、江平黄竹、石角、句冬山脚等处插入腹地，图籍案卷炳然可稽，则辨认尤不容含混者也。①

特别是在讨论划界的四种可能时，张之洞特别援引了明代钦州四峒叛附安南及回归的历史，以此来强调钦州的八峒历来都是中国的疆土。清代时更是有外来移民前来垦殖并缴纳赋税。

张之洞在与王之春商定后，提出了划定中越国界的四种界线方案：

> 窃拟将钦越交界地图分为四线，第一线西北起十万大山、三不要地、分茅岭，跨丈二河两岸，历东岸之峒中、永安、雁慕、平寮，西岸之旧街、新安州至新安江口入海，海中包鸡头山、抬山诸岛，至大洋止。第二线西北亦起十万大山、三不要地、分茅岭，历峒中丈二河，沿思兴水之西里火、马头山脚、六虎、必那、大嶂、大小茅山、下棠、潭下、河桧，海中包。快子笼、青梅头、副大门、九头山诸岛，至大洋止。第三线西北亦起十万大山、三不要地、分茅岭峒，历中横抵思兴小水，沿思兴水之东循河而下，出三歧江口，包石夹、岳山、万注、芒街、竹山、江平、万尾、黄竹、石角、句冬山脚，海中亦包快子笼、青梅头、九头山诸岛至大洋止。第四线则近年中越接壤未经详辨确认之界也。即使第一线地界暂未能遽行划还，其第二、第三两线西北犹收十万大山、三不要地在内，东南远则包潭下、河桧，近犹包芒街、江平在内。洋面犹包快子笼、青梅头、副大门、九头山在内，尚存旧日水陆险要界限，亦较分明，与雍正年间部案，乾隆、道光、同治以来地方赋税学籍各案亦尚相符。②

他特别强调："第一线中越历来分疆旧址，第二线将中国老界酌议先行认还一半于边海，大势尚不甚失，第三线于老界内最切近者先行勘认数处，余再商办，第四线即现界近内地方，乃近年来中朝涵容藩服，未经详辨确认之界也。总之，第一线乃中华旧壤，土应我属，民应我护，并非格外争多，即万不

---

① （清）张之洞：《张文襄公奏议》卷 18，《续修四库全书·史部·诏令奏议类》，上海：上海古籍出版社，2002 年，第 421 页。

② （清）张之洞：《张文襄公奏议》卷 18，《续修四库全书·史部·诏令奏议类》，上海：上海古籍出版社，2002 年，第 421—422 页。

得已,第二、第三两线亦当力辨坚持,方不致弃,所固有如此,则自远而近,较有层次,届时当相机辩论,随时请旨办理。①

在划定钦防东段的中越边界时,中法双方代表对于北仑河主航道的走向产生了争议。这是因为北仑河是至东兴后是三股水流入海。1890年4月28日,中越边界划界委员会主任拉马第给印度支那总督写了一份报告,拉马第在报告中先介绍了中越界河的走向。

> 这条河流有不同的名字,上游叫博琅河,中游叫北仑河,近河口部分叫东兴河或芒街河,大体的方向是西北往东南。
>
> 到了东兴和芒街的对面,它径直往东流,在那里,它再分为两个支流,一条直往南,从芒街城前经过,在玉山(Nui Ngoc)入海。这条支流完全在东京境内,航行最方便低潮时,只有几处微不足道的激流,散步着些并不危峻的悬岩。
>
> 第二条支流继续往东,在竹山注入大海。在正常情况下,它不如第一条水深,它的水道岩石遍布,激流众多,航行困难;不过在涨潮时,大的航海帆船和汽艇可以沿该支流上下。
>
> 这第二条支流本身又一分为二,主流,也是大船可以通航的唯一这条通至竹山;较小的那条绕过陆林和紫荆山,在小狮岛的对面注入大海,但是在低潮时,它几乎到处干涸;涨潮时,也只能吃水浅的小船航行。②

拉马第的描述是无误的。北仑河自东兴后的确是分为三股水流入海。在划界时,芒街划归越南,华人回迁至东兴,两广总督张之洞在给朝廷的奏折中也介绍了芒街划归越南后东兴因势而兴的缘由:

> 因海宁之变,边氓多被法人残虐,又皆实系华民,深恐沦为异域,于是扶老携幼,纷纷内徙,远者逃至钦廉,近者栖踪原野。日环使馆朝夕啼号者以万千计。加之奸民游勇乘机麋集界上,谣诼四起,一夕数惊。此际,

---

① (清)张之洞:《张文襄公奏议》卷18,《续修四库全书·史部·诏令奏议类》,上海:上海古籍出版社,2002年,第418—419页。

② 萧德浩,黄铮主编:《中越边界历史资料选编》下册,北京:社会科学文献出版社,1993年,第575页。

第五章 王权象征与信仰选择：桂西南地区伏波信仰的文化隐喻

激之则变生，听之则不忍，若不妥筹安插，设或铤而走险，必至多生枝节。上系宸廑。当由臣之洞立即筹措恤边经费银一万两，驰解东兴。饬令道员王之春、北海镇总兵王孝祺、署钦州知州李受彤，择得竹山一带浮滩官地二十余里，筑成围堤，以工代赈，营勇合作，一则为目前糊口之资，一则为日后垦田之计。复屡次电饬地方官百计弹压，开谕总令，静候勘定，不准稍生事端。并筹拨经费于东兴街上赶造屋舍铺户数百余间，栖止流民，招徕商贾，边民感戴皇仁，渐有生理，民情稍就安帖。①

此处所说的"海宁之变"即 1886 年 11 月 27 日，先安、海宁、下街等越南群众和游勇反抗法侵略军暴行，数千人攻破海宁城，杀死法军20多人，越兵教民甚多，法国驻海宁副使海士亦被杀。受此事牵连，芒街的华人纷纷回迁至北仑河东岸的东兴镇。东兴人口剧增，游民甚多，增添了社会不安定因素。故张之洞方才筹措一万两恤边经费派地方官员选择竹山海滩涂转堤造田，以安置回迁之民。同时拨款在东兴建屋铺，还招徕商贾，发展经济。因此，东兴由原先的一个微不足道的小镇迅速发展为边关重镇。

在划定界河时，作为法方划界代表的拉马第叙述了在中法战后冯子材派人在北仑河的中间支流的陆林和紫荆山设立了哨所之事。他对此很担忧，因为法国殖民者除了想要尽可能多的地方，还拟借此扩大其对中国的经济侵略。因此，法马第在对法国印度支那总督狄隆的报告当中就直言："我打算依据文件中关于构成边界的这条河流的条文，要求得到由东兴河造就的卢克拉姆（Lwclam）这个弹丸小岛。因为这个小岛若属于中国，芒街通过该河与海上的联系将会被切断，而东兴就占便宜，所以我对事先履行这一手续就更为重视了。"②因为法国人不希望"必须经过这个海岸到另一海岸才出得海"③，在讨论陆林归属问题时，中法双方争论非常激烈，最终"边界自竹山起，系循河自东向西，到东兴、芒街，此段作河心为界限，罗浮、东兴等处分别为中国地

---

① 萧德浩，黄铮主编：《中越边界历史资料选编》下册，北京：社会科学文献出版社，1993 年，第 761—762 页。

② 萧德浩，黄铮主编：《中越边界历史资料选编》下册，北京：社会科学文献出版社，1993 年，第 1147 页。

③ 萧德浩，黄铮主编：《中越边界历史资料选编》下册，北京：社会科学文献出版社，1993 年，第 1151 页。

界，帽豸、伍任、紫京、菉林（又写为陆林）等处归春兰社管，又芒街归万春社管，此皆分别为越南地界"。①

中越边界的划定，给了边境上的百姓一个重要的选择，也就是其国民身份的选择，白龙尾、江平、嘉隆、板兴等地划归清廷，这些地区的百姓的国籍身份得到确认，而北归的侨民亦是得到朝廷的安置。"界线既定，越南界内华民，纷纷移居内地。来归者农民为多，骤失居地耕地。承修命东兴地主，以低价赁与地基建舍。又奏请赈济，划拨东兴附近之竹山、西灶官荒，以赈款雇归民辟作盐田、稻田，以工代赈。"②官府还勘丈豪丫、啼鸡、松迳等村各团官荒田土，发给执照，分为上下两等，逐年按载种数征租，以补官吏之津贴。同时，地方官发现光开荒田还不足以抵销官府运营的开销，为此，他们想尽一切办法解决这个问题，办法之一就是将原先钦防一带马留人的功田免租赋的待遇取消。

何为马留人？马留人祖籍何处？为何享受免租赋待遇？对于马留人的来历，民国《防城县志初稿》有两种说法：一是马留人为交趾族属。"濒海之豪丫、啼鸡、松径三村，黄裴阮三姓，锡有功田，见钦州牧李受彤印发官租执照。相传此三姓之祖世居此地，伏波将军征交趾，作响导从征功，是其先亦交趾民族也。"③二是马留人原籍齐鲁。"后汉建武间伏波将军马援平定交趾，留裨将黄万定、禤纯旺等，领林、简、梁、刘、陆、凌、韦七姓谪遣者，与所部士卒戍守边境，所谓马留人是也。见《黄氏家乘》及钦州旧志。邑境之有中原民族居留于此，当以伏波留戍之将士为最。初亦且最多，今以同出一祖而言，黄万定苗裔几占全县人口三分之一。考黄万定等原籍青州，则马留人所操当为齐鲁之言语。今其苗裔悉操村语，村语与壮语大同而小异。"④这段话的表述非常有意思，对于黄裴阮等三姓马留人的籍贯问题，此书前后矛盾。不过，书中更多地

---

① 萧德浩、黄铮主编：《中越边界历史资料选编》下册，北京：社会科学文献出版社，1993年，第603页。

② 黄知元：《防城县志初稿（二）》卷十四，广东省地方史志办公室编：《广东历代方志集成·廉州府部（十一）》，广州：岭南美术出版社，2009年，第860页。

③ 黄知元：《防城县志初稿（一）》卷一，广东省地方史志办公室编：《广东历代方志集成·廉州府部（十一）》，广州：岭南美术出版社，2009年，第250页。

④ 黄知元：《防城县志初稿（一）》卷一，广东省地方史志办公室编：《广东历代方志集成·廉州府部（十一）》，广州：岭南美术出版社，2009年，第254—255页。

第五章 王权象征与信仰选择：桂西南地区伏波信仰的文化隐喻

方是提到马留人是马援部将后裔，这种说法应该是主流。"缘海黄裴阮三姓，汉建武间，马伏波将军征交趾时，三姓土人作响导有功，事平，将该处田土，赏给三姓，谓之功田，豁免一切租赋。时新设县官，廉俸有限，李受彤特为之增筹津贴。以黄裴阮三姓功田，年久无稽，且漫无限制，时启事端。除仍酌留三姓功田外，此外一律勘丈给照，科纳官租，官租丁银及钱粮串票费，均拨给知县，作为津贴。"[①]黄裴阮三姓为何享有功田，原因很简单，因为他们是奉马援之命留戍南疆的马留人。黄姓始祖是"黄万定者，青州人，初从马援征交趾有功，留守边境。后子孙分守七峒，至宋皆为长官司。"[②]从书中我们还可以推断钦防地区的马留人应该是一个杂糅了本地土著民族与马援部将后裔而形成的人群，至少钦防地区的黄姓就是这样。

在关注马留人的籍贯的同时，我们还应该关注的是马留人在当地所享受的特殊待遇，即马留人世受功田，并免一切租赋。免租这是一个在传统中国社会里非常重要的待遇，能有此待遇者非富即贵。黄裴阮三姓之所以能有此待遇，是因为他们为东汉伏波将军马援征交趾时做向导有功而受赏，这是一种对其政治地位的肯定。数千年来，马留人一直有着为马援建庙祭祀的传统。光绪十三年（1887年）七月，邓承修在《邓承修、张之洞、吴大澂、李秉衡奏粤桂边界已与法国划定折》中介绍了与法方划定钦防一带的边界情况："分茅岭距钦州三百六十余里，与舆地志乘所载道里远近吻合。其山后连北仑，前抵嘉隆，跨地甚广，最高之岭，横亘特出，中高旁低，即所谓分茅岭，亦名伏羲岭。北六里有南碑村旧传有碑迹，岭东二里为老邦隘，有伏波庙，旧址现存。"[③]邓承修在折中提及分茅岭东二里的老邦隘有伏波庙，旧址现存。这是笔者所见过的在分茅岭有伏波庙的唯一史料，只可惜邓承修并没有对此庙进行更多的介绍，也未记录此庙始建于何时。但是结合钦防地区是马留人聚集地的情况，笔者认为此老邦隘的伏波庙自建立之日起，应该也是当地的马留人出于对马援的崇敬而建立的。

[①] 黄知元：《防城县志初稿（二）》卷十四，广东省地方史志办公室编：《广东历代方志集成·廉州府部（十一）》，广州：岭南美术出版社，2009年，第860页。

[②] 黄知元：《防城县志初稿（一）》卷二，广东省地方史志办公室编：《广东历代方志集成·廉州府部（十一）》，广州：岭南美术出版社，2009年，第340页。

[③]（清）王亮：《清季外交史料》第72卷，转引自萧德浩、黄铮主编：《中越边界历史资料选编》下册，北京：社会科学文献出版社，1993年，第762页。

马留人将伏波将军马援奉祀为神，将祖先神位并祀伏波神的做法来表达自己的汉将后裔的英雄祖先故事，以此来述说族群的荣耀历史，彰显族群文化地位。因为中越疆界的划定，作为世守南疆的马留人自然不能将伏波庙再留在越南，祖先之神力理应庇护中国疆域上的子孙。东兴边民将伏波庙从陆林迁到东兴罗浮渡口，光绪十六年（1890年）正式迁到东郊村，也就是现在的地址。至今伏波庙一直由东郊村居民施、黄两姓共同管理、维护。中华人民共和国成立以前，伏波庙有一定的庙产，每年的十二月底，施、黄两姓及部分村民都会到庙里进行大扫除并聚餐。庙产所得之钱部分用于年底的聚餐，剩下的就用于庙里所需的各项开支。因中越划界引发的伏波庙迁址看似平常，却暗含着伏波庙的存续事关国家认同的意味。

2011年1月15日，笔者前往钦州康熙岭镇横山村考察伏波游神习俗。据横山村伏波庙庙碑记载："伏波将军马援的英雄业绩永垂千古威震海外。近两千年来，我们这里世世代代广泛传颂着伏波将军的英雄业绩和神奇传闻，并激励人民战胜各种困难和消除诸多不幸。原于1784年间，横山村一带民众，为敬仰纪念伏波将军，群策群力建立了横山伏波庙一座，面积十余平方米。"伏波庙前所立的《横山伏波亭序》先是历数了马援的功绩："冯子材为了以马援的思想行为激励自己，教育将士，于祭纛启行之日，恭拜了钦州马侯庙，战后即奏请朝廷，御书马侯庙匾额'铜柱常新'，将马侯庙列入礼典，着地方官春秋致祭。1886年，冯子材还牵头发动了不少衙署、官绅为我横山伏波庙捐资，将原来只有10余平方米的小庙扩建至50多平方米，同时将南关战场缴获的一把宝剑赠我横山伏波庙。"[①]庙会理事会成员邱礼从伏波将军神像后取出了两把锈迹斑斑的剑让我们观看，他说大家已经不确定哪一把为冯子材所捐赠。

冯子材是否捐款资助横山村伏波庙重修，在当地的史志当中无法查获相关史料，若将法马第所提到的冯子材派兵在罗浮对面的陆林设哨所之事联系起来考虑的话，不排除冯氏会借此修庙之机来宣扬清朝对该地区管辖权的可能。就目前所见的横山伏波庙重修的叙事内容而言，它就充分反映了中法战争这场改变了中越两国传统关系的战争给边疆地区民众生活带来的明显变

---

① 此材料系笔者于2011年拍摄于钦州康熙岭镇横山村伏波庙并据照片誊录而成。

化，随着中越两国划界工作的推进，桂西南地区的民众成为真正意义上的边民，伏波将军以前世守其地的越南北部地区成为一个完全独立的国家，面对这样的社会变化，边疆民众心中亦是自觉或不自觉地将伏波信仰与国家象征联系起来。

三、中法战争后广西边防重建与伏波信仰[①]

1885年，清政府在中法战争中的不败而败，丧失了对越南的宗藩权，并被迫辟龙州为通商口岸。此后，法国在龙州设立领事馆，龙州自此成为中国西南边陲重镇。面对严峻的边疆危机，清政府在广西边疆建立了完善的边防工程体系。但是边防建设得再好也要靠士兵来防守，如果没有英勇的士兵和热爱家乡的民众的支持，那么再完善的边防工事也不起作用。守卫边防，不仅需要边防工事和物资保证，更需要一种精神力量作为支柱，最好是有精神榜样来激励将士的斗志和唤起民众保家卫国的热忱。而在广西正好有一位最佳的精神榜样——伏波将军马援，他最适合用来激励将士的斗志和唤起民众保家卫国的热忱。

光绪十四年（1888年），时任统领广西边防各军提督、广西柳庆镇总兵的马盛治随苏元春镇边，派部下继修王德榜未修成的凭祥伏波岭伏波庙。为何要在一座高山上建伏波庙？马盛治在他亲自撰写的碑文中有记述：

伏波将军庙碑[②]

明江之境，有伏波岭焉，崔嵬耸皋，为群山雄。东接牛头山、饭包岭；西接镇南关、关前隘诸山；北则屏蔽凭祥、龙州；南则俯瞰越疆，有高屋建瓴之势。其麓则陵阜缭绕，谷□岔出，可起可伏，可进可退，固战守之要地，形势之雄图也。至若烟霞变幻，朝暮无常，山鸟鸣花，白云栖树；炎暑凉快，冬雪暖晴，山灵郁礴：四时之景亦有异焉。

汉伏波将军新息侯马文渊公援征交趾蛮，尝建垒于此，故后人名之，以人

[①] 参见滕兰花：《边疆安全与伏波神崇拜的结盟——以清代广西左江流域伏波庙为视野》，《广西社会科学》2009年第12期，第83—87页；王雨，滕兰花：《中法战争后边疆安全与龙州伏波信仰的互动——广西伏波信仰研究系列之二》，《广西民族师范学院学报》2011年第4期，第24—28页。

[②] 凭祥市志编委会编：《凭祥市志》，广州：中山大学出版社，1993年，第618页。

传其地耳。光绪九年癸未夏，法夷与越藩构难，天子命帅率师赴援，主兵者咸驻于兹，用以图方略而瞰敌情，故所向克捷。越乙酉春仲，我师大破夷虏于谅山、文渊、长庆等行省，法人震慑请成，诏许之，于是越事定矣。夏四月，抚广西护使海城李公秉衡，暨统楚军前福建布政使江华王公德榜，省疆登此，因垒之。□构庙祀侯，且捐俸置买产租，以永其祀。时王公主其役，栋宇粗成，适奉命凯撒还师。盛治随督办边防广西提军苏公元春统师镇边，以斯岭为形胜也，遣其部黄忠之、陈天宋修垒成之，乃竟庙□□塑像焉。盛治思侯之征蛮也，历周一岁，而征侧、征贰就擒，越疆平，立铜柱，标汉界，拓洪荒，未辟之基，赖侯之功德在民，至今思慕勿替，于□伟矣！盛治备任边将，□维德薄能鲜。无赫赫功名震耀于时，欲以宗裔踵前徽，不恐然滋愧哉！兹仗天子威灵，竟其愚□，经画措置，长□塞上烽烟，保障边围，使侯之神灵永奠斯土，而后之颂侯者，不至为盛治訾，是其幸也。若夫以时省旅，肃拜瞻仰，发思古之情；扩恢张之志，固赖侯以启之。而览□坚之清幽，纵山川之旷远，集宾僚而燕赏，供吟眺以为娱，则此意兢兢，不敢与古人政暇行乐偶也。遂纪诸石，俾慕侯者有所考焉。

统领广西边防各军提督衔、赏穿黄马褂、广西柳庆镇总兵哈丰阿巴图鲁蒙山马盛治敬撰，参军事补用知县昭潭关钟衡书丹。

大清光绪十四年岁次戊盂夏月中浣旦立石。

撰写此碑者是时任广西提督的马盛治（1844—1902年），广西永安州（今蒙山县）人，1884年，他随苏元春从广西出关抗法，中法战争后授广西柳庆镇总兵，仍留边防统领全军，辅佐苏元春建设边防。他修筑镇南关（今友谊关）、平而关、水口关和大小连城的炮台营垒，功绩卓著。作为守边的地方大吏的他为何费心费力在伏波岭上修建伏波庙？究其缘由，主要是因为在中法战争后，法国占领了越南并在中越边境的谅山、高平等地屯兵。凭祥伏波岭"北则屏蔽凭祥、龙州；南则俯瞰越疆，有高屋建瓴之势"，战略地位重要。史传马援南征交趾时在此岭建垒守边。战后，王德榜亲自上岭视察，修筑防御工事，并捐款修建伏波庙，可惜庙未建成，王德榜即奉命北归。马盛治随苏元春统师镇边，他认为伏波将军马援征蛮"历周一岁，而征侧、征贰就擒，越疆平，立铜柱，标汉界，拓洪荒，未辟之基，赖侯之功德在民，至今思慕勿

第五章 王权象征与信仰选择：桂西南地区伏波信仰的文化隐喻

替"，所以决定完成王德榜修伏波庙未竟之志，在伏波岭新建伏波庙一座，是希望借伏波将军马援的神威实现"保障边圉，使侯之神灵永奠斯土"，并借此引导守边军民崇奉伏波将军马援，以增强边疆地区军民的凝聚力，达到维护边疆稳定进而维护国家统一的目的。

伏波岭新建伏波庙自然是为了树立精神榜样，但毕竟离边民定居之地较远，要想扩大影响力，还应让神灵贴近百姓。除了伏波岭上的伏波庙外，光绪十八年（1892年），马盛治还在凭祥隘口圩新建了一座伏波庙。

新建伏波庙碑记[①]

光绪乙酉春，法夷入寇南关，王师告捷。已而虏款请成，安南事大定。朝命大帅苏督办广西边防，而命盛治总统三军，分戍沿边千九百里。壁于关前隘，整军调度，营垒初就。地皆旷废无居人，于是招来垦辟，流亡者稍稍集焉；又久之，烟户相望。今则商贾辐辏，居然成市矣。因思粤边半属交趾，即新息侯伏波将军百战而有其地，功在生民，至今庙祀勿替。盛治追维前烈，慨然有光复铜柱之思。而将军在天之灵，当必有默为阿（呵）护以竟其志者。爰于隘口右山之麓，买民基一区为神祠之，俾居民尸视，用隆报享，且志盛治景仰之忱。祠凡上下各二楹，中翼以亭，亭之两傍为井溜，左右皆幅室，香积之厨悉具。祠之外缭以垣墉，拟建戏台以时报赛，尚有待焉。

工兴于壬辰十月，落成于癸巳四月之望。虔塑神象二尊，用示瞻礼，有严有翼，佥曰神之著也，其有斯乎？是役也。计费白金二千两有奇，皆盛治筹款举之，军民捐者什一，泐石具纪。兹于祠前买民田若干亩改浚为塘者，暂佃养鱼取租，以供岁修祀费，另纪于石。仍拟筹项购买田铺，为久远香火之资。所愿居是地者，知神之福厥斯民，长思维持祀庙，不懈岁修，此又神所凭依与盛治期望于无穷也。

总统边防各军、赏戴双眼花翎、赏穿黄马褂、记名提督广西柳庆总镇哈丰阿巴图鲁蒙山马盛治谨记。

光绪二十年岁次甲午促夏谷旦立。

[①] 凭祥市志编委会编：《凭祥市志》，广州：中山大学出版社，1993年，第619页。

马盛治在碑文中很直白地说明了建庙的缘由是为了守边。隘口村原本是荒地，因守关的战备需要，苏元春在此修建营垒，并招抚移民前来垦殖，最终形成圩市。移民实边，是古代中国常用的守边之策，作为守边的重臣，马盛治深知要树立精神榜样来激励军民护国守边，他再次找到了马援，"因思粤边半属交趾，即新息侯伏波将军百战而有其地，功在生民"，中法战争已经让当年的汉朝最南界成为异乡，虽然马盛治"光复铜柱"之地的愿望已经难以实现，但仍希望能得到"将军在天之灵，当必有默为呵护以竟其志"，也希望"所愿居是地者，知神之福厥斯民，长思维持祀庙，不懈岁修"，于是他发起倡议，捐资金新修伏波庙。

建庙，既是肯定马援守土安边的功绩，更是自上而下的造神行动，充分体现了国家力量在地方神灵塑造中的作用。这在光绪二十五年（1899年）马盛治主持隘口街伏波庙重修的碑文中表现得更加淋漓尽致。"千秋巩固，所以□妥将军之灵者，其在兹乎，其在兹乎？戎政余闲，登堂瞻拜。稽铜柱而已渺，慨金瓯之就削，辄不禁有所感焉。溯将军戡定南荒，二千年来，虽郡县藩封代有更变，率皆一车书。而奉正朔，长袭汉代衣冠，今一旦陆沉，胥沦予膻腥秽浊。遥望日南九真，曾无一寸干净土，何古今人竟不相及若此哉？后有登斯庙而览斯文者，或借以兴起安攘志气，边陲其有豸乎！噫，微斯人。吾谁与归！"①马盛治用了"陆沉"一词来感慨马援当年立铜柱以表汉界之地已经沦为他国之地。如何守边？他在为隘口伏波庙亲题的二联中给出了自己的答案："是旧坛兮，奋伐武登，百粤边陲资镇论；此汉边关，将军永镇，千秋庙宇寿河山。敢云是往哲后昆，慨慕宗风，惟期壮丁银河，洗净甲兵缕骆越；此外是边防重镇，建新庙宇，愿借将军铜柱，威行关塞慑乌蛮。"②由此可见，伏波信仰在增强军民的凝聚力及维护边疆社会稳定方面的功能已经被守边重臣充分利用起来，以凝聚民心，守边卫国。如今，隘口村的伏波庙尚存，虽然已经不复当年的庙貌，但它的存在就是对历史的见证。此碑今仍存于凭祥隘口村隘口小学旁的伏波庙前，可惜已经是断裂为几块。

即使到民国时期，在广西边境地区，马援为国尽忠、守土安边的忠臣形象

---

① 凭祥市志编委会编：《凭祥市志》，广州：中山大学出版社，1993年，第619页。
② 凭祥市志编委会编：《凭祥市志》，广州：中山大学出版社，1993年，第55页。

第五章　王权象征与信仰选择：桂西南地区伏波信仰的文化隐喻

仍然得到时人的肯定。1917年，龙州伏波庙得以重修。这次重修得到了军政商等各界人士的大力支持。此次重修有碑记，现仍存于伏庙内，重修碑分为两块，第一块碑分为序言及捐资者姓名分为八行，第二块碑分为九行，题刻捐资者姓名及捐资情况。其碑现状及碑文如图5-1所示。

图5-1　龙州县伏波庙现存的重修碑记

重修龙州伏波庙记

吾邑伏波古寨建有伏波马大将军庙，久成颓废，遗址荒芜。邑人士乃于有清道光戊申年，于斯建筑一所，为将军祀，距今六十矣。庙门俯瞰龙江，横锁东流，一天然之形胜也。伏念将军威震蛮夷，功垂华夏，为吾族历史上莫大光荣。边民感而立庙，所在皆然。然则将军庙建于此，实有纪念丰功与保存遗迹之意义。民国五年八月为旧历丙辰七月初七日也，年深月久，风雨侵蚀，庙之正座两旁及凉亭一时崩塌，木石毁坏，见者恻然。邑人李君炳垣等集议题捐，共收银若干元，由第三石碑开列，又将圩尾太平街房屋两间为庙香资租项提补修葺，是年旧历九月庀材鸠工，阅一年而始告竣。从此俎豆重新，规模如昨乌蛮滩畔无殊。庙宇辉煌，白马江头仰毂灵赫濯。是则斯举也，谓为纪念丰功可也，谓为保存遗迹亦可也。崇拜神像，迷信神权云乎哉。厥时同发起者，政界为前署宾阳县知事李炳垣、前署奉议县知事叶茂茎；绅者学商两界，农有恒、何宗点、林大年、周昭记、林景祺、彭万丰等，产亦黍其列。李君等并属以序，谨将各界题捐衔名胪列而为之序

襄理人林畅达、欧阳绍庭、邑人农有产敬撰

谭督军捐银贰佰圆，曾督办捐银肆拾圆，黄镇守使捐银伍拾圆，韦道尹久林捐银拾圆，韦道尹树模捐银叁拾圆，李知事海恩捐银肆拾圆，吴知事靖捐银肆拾圆，彭司令玉胜捐银肆拾圆，邓帮绕捐银叁拾圆理，陆税局长荣捐银拾伍圆，□管带捐银叁拾圆，李炳垣捐银叁拾圆，农盈万捐银贰拾圆，林裕和捐银贰拾圆，彭瑞生捐银贰拾圆，公和利捐银拾伍圆，广西银行、瞿团长、周局长、梁德祥、瑞丰祥、怡昌押、欧阳绍庭以上每名捐银叁圆，广得利、南栈号、丁怡栈、吕德利以上每名捐银拾伍圆，林畅达、永利号、农兆蒲、陈臣烈、蒋润生、叶茎茂、杨秀兴、黄生隆、梁广益、姚同知荣、潘昌隆、义利公司、振兴号、公祥号、孙万安、周安记、刘翰记、萃盈号、协安公司、周昭记、大有利、农庆珍以上每名捐银拾圆，邓树藩捐银陆圆，林万兴捐银陆圆，李书祥、何吉瑞、邹士华、周局长澄清、农有产、周怡和、何庆记、胡荣兴、公彰号、梁大广、绍泰昌、裕益号、黄庆敷、谭炳巨、何汉英、隆安号、曾伟兴、华章号以上每名捐银伍圆，李华生、英利号、谭时明、林大年、义兴号、隆臧祥、利成公司以上每名捐银伍圆，谭鼎诗、宋福成、甘分寿、易军法长、瑞丰栈、周万昌、罗福源以上每名捐银四圆，广万利、黄益隆、苏广兰、王尚志、张钟氏、荣源号、公有利、福成利、福利号、陆华标、郑进昌、邓安利、合利祥、元隆号、叶茂馨、祥盛栈、广万来、黄祥记、黄合记、振兴万恒隆、□隆号、坤栈号、陈广业、陆忠记、彭瑞祥、黄新隆、保和堂、广进利以上每名捐银三圆，广龙昌、农业丰、谢合兴、陈华合、苏彩荣、梁高乐、董事黄敬枫、和昌号、胜和堂、梁新记、谢德兴、侯绍勋、罗世芳、董事张其书、林畅枚、林□熙、林修盛、李耿光、冯安记、兴利隆、黄锡记、陈寓、苏氏、吴氏、黄氏、何德贵、董事苏金隆、梁协盛、何元、保安号、百春园、公源号、信昌号、广元亨、陈友记、周氏、有记、陈巨三、□□□、骆义利、盛珍栈、何恒益、闭荣利、陈荣华、钟和吉、西凌盛、叶有贤、春时和、宏德公司、梁连盛、李顺元、有昌

第五章 王权象征与信仰选择：桂西南地区伏波信仰的文化隐喻

号、百草堂、广顺号、合利号、胜隆号、佑隆号、怡昌栈、何西盛、董事农立分、黄其拘、程凤林、周□、遇安堂、潘新兴、黄堂记、陆启明、邝光源、邓景培、董事农圃、董事林新和、黄同兴、袁福、□□□、合广公司。

（碑二）

合和安捐银叁圆，陆均盛捐银贰圆，曾瑞隆、凌在霄、陆来兴、李子林以上每名捐银壹圆，杨家驹、莫土莠、郭线船、李忠秀、林伯利、邹耀贵、邓发记、王星南、潘东泰、李毓良、吴耀奎、黄庆文、梁广记、李茂英、李恩友、邹启、邝文超、成新号、品记号、甘安记、农业兴、游进益、潘有芳、陈荣记、有珍号、安贞堂、隐玉记、方万和、又启记、安行号、悦新号、钟锦隆、吕芳间、张炳珠、宋清舫、广福□、耀□楼、李启文、关子显、古朝记、甘福记、连记号、梁进原、农云州、吕敏和、张义德、

间德记、李功甫、韦敬波、梁广利、王连祥、均记号、瑞隆号、庞成记、赵泗发、黄顺记、义成隆、全利号、黄祥源、刘次帘、欧阳萃、蔡恒生、何利发、陈福记、林乔年、赵洪记、永福祥、陈南记、甘怡南、谭盛记、陈其祥、

□□□、馥□号、陈□□、刘□隆、兴利号、叶□记、万□□、区□盛、区□隆、苏锦□、卢义□、泉兴号、朝盛号、刘发记、农有敬、罗经文、邓永□、梁富兴、廖盛利、黄锦华、闭孙颜、义合号、何辉号、罗源隆、仁和记、闭正廷、

刘利和、张文泽、罗珠宝、南和号、李合珍、冯焕经、李源昌、致和祥、恒兴隆、蔡广利、闭和记、陈□福、高成智、陈佐州、信成号、温宝昌、吴金生、张义和、邓隆合、陈福利、赵兴杰、黎仁山、郑志安、农桂芬、

甘作模、甘伟名、甘作仁、吕玉良、陈义和、黄全记、农时忠、梁志安、冯新记、陈祥有、陆源和、陈连发、何绍志、胡石记、龚尚海、王荣生、广成号、黄三益、何泗记、梁泰安、陈升记、陆益和、覃怡盛、李品琦、张炳记、

陈顺发、何合记、儇伟祺、巧美号、王正和、梁宝珍、邓文彬、王益万、永合号、梁永记、冯是春、唐合和、苏益祥、黄荣昌、农有发、陶明记、何顺发、李宽隆、林润兴、关伟珠、韦顺记、吴和盛、朱日昌、李华廷、张伍利、梁皆昌、

蒙永莹、李炳记、罗昌记、黄和记、黄子荣、黄庆泰、赵安栈、马财记、黄明和、莫荣丰、莫显文、冯寿□、李广和、冯权□、曾怡成、丽生号、曾建

隆、农在勤、陈胜利、农□文、陈富和、谢华兴、林弼臣、苏冠伦、吴吉栈、农克基、

梁氏、黄氏、张氏、唐氏以上每名捐银二圆，黄长记捐银三元，农克华捐银五角。

以上共进银壹千八百零壹圆壹毫正

一进刘锦泉店、号南栈、丁怡栈丙辰丁巳两年铺租银贰佰两正伸银贰佰七十七圆八毫正，又进刘锦泉店、号南栈、丁怡栈□收戊午年铺租银壹佰两正伸银壹佰叁十八圆

合共进银贰千贰佰壹十七圆八毫正

一支砖瓦石灰木料共银贰千贰佰壹十八圆九毫正

□□共银贰佰壹十七圆贰毫正，除支之外，尚存银六毫正。

中华民国六年岁冬丁巳十月吉日阖州同立

实际上，借修伏波庙来表达守边的做法，直至民国时期仍然有人提倡。笔者在1933年7月21日广西省政府秘书处印行的《广西公报》第七十四册当中找到一则省政府发布的《本府据民政厅呈请饬凭祥县募修马伏波庙一案转饬财政厅查照办理训令》，其全文如下。

本府据民政厅呈请饬凭祥县募修马伏波庙一案转饬财政厅查照办理训令

秘字第二五二一号

为令饬事。案据民政厅厅长雷殷呈称，呈为拟饬凭祥县募修马伏波将军故庙以提高民族精神而固边圉事。

窃以伏波将军南征交趾，勋猷灿然，其事迹详载史册，古今同仰，尝考《后汉书》本传，伏波所过辄为郡县治城郭、穿渠灌溉，以利其民，与越人申明旧制以约束之。自后骆越奉行马将军故事，盖又不独其武功震铄于当时已也。

殷于去秋赴边防各县巡视吏事，驱车所至，多有所谓马伏波庙者，仰视之馀，弥钦风烈，而尤于凭祥县属之关前隘一庙，低徊不能去。庙为前清苏子熙提督督边时所建，颇称鸿构，惟以年久失修，风雨剥蚀，已多朽窳，庭除茂草，殊形荒落，念其经营用意之深，益觉国防兴感之重。当兹外侮凭陵，民气颓靡，狂飚所届，蚕食堪忧，我桂地处极南，正当国防冲要，所以诘戎筹边，巩固吾

第五章 王权象征与信仰选择：桂西南地区伏波信仰的文化隐喻

围，自非先激扬士气，提高民族精神，乌克有济。窃谓伏波将军于汉代征服蛮夷，迄今且二千年，其铜柱、古寨，在边邑犹有遗迹可寻，而其流风馀烈，所被之远，虽在安南河内，亦有为立专祠以祈福禳疫者，此其威德之感人深矣！

夫范金铸像，伊古已然，崇祠纪功，其揆则一。关前临咫尺越疆，墟集繁凑，外宾往来汽车，相接于道。为对外观瞻，以表示我国崇拜民族英雄之热烈心理，及振作边地人民，发扬其民族精神起见，似于重修该处伏波古祠，不无重大关系。拟即由厅令饬凭祥县长发起劝募，切实进行，庶几集腋成裘，克襄盛举。一面拟由职厅先行捐助三百元以为之倡，此款恳予在职厅二十一年度临时费项下提拨，如蒙俯准，并乞转令财厅查照填送，以便捐发而期简捷。所有拟请，饬县募修伏波古庙各缘由，是否有当？理合备文呈请鉴核备案训示祗遵等情，到府。当经指令呈悉，所请均予照准，候令财政厅查照发给，仰即知照此令等词，除印发外，合行令仰该厅长查照办理具报。此令。

中华民国廿二年七月十日①。

雷殷在巡视边防各县时注意到，驱车所到之处多有伏波庙，他历数了马援南征的功绩，盛赞马援平交趾，立铜柱，其功勋卓著，"流风馀烈，所被之远，虽在安南河内，亦有为立专祠以祈福禳疫者，此其威德之感人深矣"。他对凭祥隘口伏波庙特别关注，因为此庙为晚清广西提督苏元春为守边而建，可惜庙已有破损，有损国家形象。"为对外观瞻，以表示我国崇拜民族英雄之热烈心理，及振作边地人民，发扬其民族精神"，雷殷决定重建凭祥隘口伏波庙，以"提高民族精神而固边圉事"。雷殷签发民政厅令，让凭祥县长发起劝募，而且还拟从民政厅的办公费里捐助三百元。此呈文即是专为向财政厅请求拨款而作。由此可见，马援作为守土安边的社稷神的形象始终不变。

民国《龙津县志》收录有署名"繁霜"所写的《铜柱歌》云："伏波将军定南越，巍巍铜柱垂伟烈。越人爱柱胜爱国，丰年培壅防倾跌。铜柱几时折，交趾几时灭。越人引为杞忧切。岂知铜柱尚依然，安南已被人吞灭。君不见法兵荡荡西贡来，长驱直捣东京穴。城门开处缚降王，约章一纸空呜咽。又不见乞师天朝师不扬，追奔逐北横流血。嗟大中原无将才，将军当日真人杰。汉代

---

① 广西省政府秘书处：《广西公报》第74册，1933年，第24—25页。

威灵付水流，太息金瓯日渐缺。停车欲问铜柱事，怕听越人垂泪说。吁嗟！铜驼荆棘类如斯，怀古苍茫悲欲绝，安得将军复生仇复雪。"[1] 此诗的作者真名不可考，字里行间满是对中法战争中国虽胜犹败结局的痛惜，对马援立铜柱以表汉界的缅怀。

在20世纪70年代末至80年代中越关系紧张的年代，伏波将军马援再次成为国家意识在地方的体现，成为保疆卫国的民族英雄。受那段特别的历史记忆影响，伏波神再次成为百姓心中的无所为能的神。在钦州乌雷一带有这么一句俗语：不怕乌雷人，只怕乌雷神。据说伏波庙前面有许多大石块，形如驻守的士兵，那些想攻打中国的越南兵看到了都以为是伏波将军带领天兵天将下凡，驻守在伏波庙，于是慌忙撤退不敢再来攻打中国。笔者猜测这应该是受现代战争的历史记忆影响，边民们将久远的东汉马援南征的历史与现代中越曾出现过的紧张关系联系起来加以改编的一种叙事方式。

2010年春节，笔者在东兴市七星社区调研时，有老人描述了20世纪80年代邻邦炮弹轰炸边境之时，一些百姓在防空洞中怀念马援。从这个例子当中我们可以看出在战争年代，伏波将军作为保卫边疆的国家守护神的形象跃然纸上，也可以看出当地人对伏波将军的崇敬及其作为保卫边疆民族英雄的认同。由此可知，即使到了现代社会里，在特定的时代背景下，伏波将军马援南征的历史便有可能被再次复述，而且马援成为国家对边疆统治的象征。

第二节　伏波信仰在越南的沉浮探析

如前文所述，伏波庙在桂西南地区之外亦有分布，甚至在越南历史时期内亦有存在。越南北部与中国的地缘政治关系向来很密切，从秦设象郡开始，直至968年安南的丁部领建大瞿越之前，越南一直归属中原王朝管辖。此后，除了明代永乐至宣德年间属明时期外，直至1885年，中越两国一直保持着宗藩关系。长期以来，中越两国的政治、经济交流频繁，文化上亦是如此。中越两国有着许多共同的民间信仰，伏波将军马援崇拜就是其一。伏波信仰在桂西南地区仍能延续至今，但在越南的伏波信仰却最终消失。相反

---

[1] 民国《龙津县志》第九编《文化》，1960年，第185页。

第五章　王权象征与信仰选择：桂西南地区伏波信仰的文化隐喻

的是二征夫人成为越南民族英雄。究其原因，是非常复杂的。

一、从叛贼到民族英雄：越南二征夫人的神化

如前文第二章第三节所述，伏波信仰不仅在华人圈中有着很大影响，越南民众亦把它当成保护神，但时至今日，越南河内白马庙里已无任何马援崇拜的痕迹，取而代之的是一匹白马。被马援平定下去的二征夫人则成为越南的民族英雄，享受越南民众的香火。这其中原因，这还得从越南的二征夫人起事的性质谈起。

二征夫人起事到底是叛乱还是起义？中越两国的史书各有不同的写法，学者们亦各有不同的观点。中国的《后汉书·光武帝纪》《后汉书·马援传》《东观汉纪·马援传》《水经注》等虽然在细节上略有出入，但是均认为两人起事行为是叛乱，马援正是因为平叛有功而被封侯。越南人黎崱的《安南志略》（成书于14世纪）亦是持此观点："苏定，建武初守交趾，贪暴，由是征侧杀定而叛。马援平之。"[1]"征侧，交趾麋泠县雒将女也。其夫诗索，朱鸢县雒将男也。后汉太守苏定以法绳，侧（怨）[怒]，与妹征貳反，攻略六十五城，自立为王。马援斩之。"[2]但是在陈朝人武琼（1452—1516年）校订和整理的越南古代民间故事《岭南摭怪列传》一书里的二征夫人传记出现了明显的变化：

> 按《史记》二征夫人，姓本雄氏，姐名侧，妹名式，峰州麋泠人，交州雄将之女。初嫁于朱鸢诗索为妻，有雄勇，能总决事务。时交州刺史苑定贪暴，州人苦之。姐怒，率其妹举兵逐定，陷攻交州，以至九真、日南、合浦等郡皆应之。遂略定岭南六十五城，自立为越王，妹称征焉。建都于乌鸢越城。
>
> 苑定奔还南海，汉光武闻之，遂贬苑定，遣将军马援、刘隆等将军举之至谅山。夫人二姐妹扼战逾年，后见马援兵强力盛，恐不能支，遂退保禁溪，卒徒散走。夫人势孤，遂陷没于阵。州人怜之，创立祠庙于喝江口，以奉事之。人民凡遭灾难，有所祈祷，丕显神灵。

---

[1] （越南）黎崱撰，武尚清点校：《安南志略》卷7，北京：中华书局，2000年，第160页。
[2] （越南）黎崱撰，武尚清点校：《安南志略》卷15，北京：中华书局，2000年，第356页。

李英宗逢大旱,命威净禅师祷雨,感应凉冷袭人,帝喜见之,忽然而睡,梦见二人戴芙蓉冠,着绿衣朱带,驾铁马队,随雨而过。帝怪问之,神人答曰:"妾二征夫人姐妹,奉帝敕命以行雨也。"帝谆勤请益,王举手止之,忽然应梦!敕封修造祠庙,甚礼厚之。后亦托梦于上,请立祠于古来乡。上从之,敕封"贞灵二夫人"。陈朝加封"威烈制胜纯贞保顺"美字。今香火无穷也。①

《岭南摭怪列传》是越南最早的史籍之一,十五世纪以后写成的越南正史《大越史记全书》亦多有转引《岭南摭怪列传》之材料:"己亥,交趾太守苏定为政贪暴,征女王起兵攻之。……二月,王苦太守苏定绳以法,及仇定之杀夫,乃与其妹贰举兵,攻陷州治。……征氏愤汉守之虐,奋臂一呼,而我越国统几乎复合。其英雄气概,岂独于生时建国称王,没后能捍炎御患?凡遭灾伤水旱,祷之无不应。征妹亦然。盖女有士行,而其雄勇之气在天地间,不以身之没而有馁也。"②

而另一部记载越南神话传说的书籍《天南云录》收录了一篇《征王传》,其传文详细介绍了二征姐妹起事的缘由:

王姓骆,名侧。妹名贰,峰州麓冷人(今文江县),雄将之女也。初嫁朱鸢人(东安县)诗索,亦骆侯之子也。王性雄勇,有义气,能总决大事。时交州刺史苏定苛虐贪暴,州人苦之,诗索作《古今为正论》以切讽之。曰:"窃闻政者,为治之具,而政之为政,在乎得民而已。试常观之,子游宰武城,绰有弦歌之诵;子贱治单父,蔼有得人之称。近则吴公治平第一翁,治郡高第,彼诚达于政体矣。他如子路,以正名论为迂,有里哉之责,太叔以水火言为惑,遂成萑苻之悔,未识时政之宜矣。今子之为政,忠言嘉谋者先罪,奔走承顺者大赏,阉宦专其权,宫妾预其事。虽爱民之令,无时无之,而刻薄之心,愈横愈烈,浚民膏以丰其财,竭民力不胜其

---

① 陈庆浩、郑阿才、陈义主编:《越南汉文小说丛刊》第二辑《岭南摭怪列传卷三·续类》,台北:学生书局,1992年,第122页。

② (越南)吴士连等撰,陈荆和编校:《大越史记全书》外记卷三《征女王》,东京:东京大学东洋文化研究所附属东洋学文献中心刊行委员会,1984年,第125—127页。

第五章 王权象征与信仰选择：桂西南地区伏波信仰的文化隐喻

役。自谓富强，凛有太阿之势，不知倾败，诚如朝露之危。如此而不济之以宽，则危亡立至矣！"

定见大怒，以为谤己，遂执诗索而杀之。王于是愤怒激烈，乃与妹贰举兵，移檄诸郡。其辞曰："元恶大憨，久藏狼野之心；敦德仁人，庸大剿除之举。星驰寸简，雷动三军。眘言我国开基，实自雄王抚治，官安民崇，人多足下生毛；雨顺风调，麦尽一茎两穗。卜世循循较下，历年永永计千。爰及阳王聿更，赵武相时，厥德厄运，偶遭熙载、周章、魏郎之徒，更相守郡；邓让、赐光、杜牧其辈，继作牧州。故虽有贪廉不同，然未有苛虐之甚。奈兹苏孽妄肆贪残，贼苍生而贵象犀，轻贤才而重犬马。开金场而寒侵人骨，易色破皮；采明珠则涣摘敛骊，百行一反。厚敛而饔倾仓扫，烦刑而屋比乡连，民不聊生，物皆失所。予以天潢馀派，雄将后昆，悯赤子方陷时坑，不能安枕；协人谋而兴义众，正切除残。汝曹均得性灵，系同鼻祖。国仇当复，奋臂张繁彌之弓；异种悉锄，洗戟尽天河之水。鸿业以之再造雁宅以之息嗷。卫社稷，枕干戈，维其辰也。立功名，垂竹帛，顾不题矣。倘或尚狐疑，俱存犹豫，檄列明章，汝当自勉！"

诸郡闻之，悉皆响应，遂攻苏定。定大败，还南阳，汉光武大怒，贬定于儋耳而死。王于是略定岭南六十五城，自立为王，乃改姓征，都朱鸢城。①

此文后亦记载了李朝李英宗、陈朝陈太宗对二征夫人追赐封号之事。此书撰者不详，全书收录38篇神话小说，包含越南民族与事物起源的神话传说以及民间神祇传记两大类。就其内容来说，与《岭南摭怪》基本相同，但亦有所增者，估计此书的成书应该亦与《岭南摭怪》大致同期。要考证此书当中所记录的征侧讨伐苏定的檄文是否真实，实属不易。但是就两书而言，它们均对二征起事持正面评价态度，认为是反抗贪官的正义之举。可见，在李、陈两朝时，马援崇拜逐渐被淡化，二征夫人崇拜不断被加强。"征侧创剑苍开洞府，洞迟之南有征侧庙，征氏拒马援于洞南，相持数月，后与援交锋，败绩于湘阴，而

---

① 陈庆浩，郑阿才，陈义主编：《越南汉文小说丛刊》第二辑《天南云录》，台北：学生书局，1992年，第212页。

没，今有庙，俗称婆侧庙，甚著灵异。"①台湾澎湖人蔡廷兰的《海南杂著》里亦记录了二女庙："东汉光武中，女子征侧、征贰反，马援来平，二女死于月德江，其尸流回富良江，土人为立庙宇。"②

有研究者指出，东汉时，中央王朝虽然在交趾仍推行以旧俗治的初郡制度，但在行政设置上已逐渐强化对交趾地区的管理，交州刺史部的建立即是明证。但是交趾地区的地方土长并不甘心于自身权力的流失，边吏流官与地方土长的权力纠葛最终发展为二征之乱，光武帝派马援南征实际上是在解决这样的权力争夺问题。③这样的看法基本上来说代表了现在中国国内的主流观点。越南学术界并不认同此看法。曾在较长一段时间里，越南史学界把二征夫人起事认定是反抗外来侵略。

1945年9月3日，日本宣布无条件投降。越南战区由中国派出代表团去接受日本受降。中国国民党政府组成行政院越南顾问团，著名财经专家朱偰（1907—1968年）作为财政部代表参加了赴越南处理日本受降的有关金融和占领军军费等事宜。1945年9月21日，他与代表团飞抵越南河内，前前后后在越南共计有半年多时间。回国后，他写有《越南受降记》，商务印书馆于1946年10月出版。书中专门记录了越南首都河内的二征庙：

> 一月十三日……下午，访二征庙，越人称为征王祠，地颇偏僻，古称香园村，在河内东南郊外，余久访始得之。考征侧征贰，汉光武帝时反，下六十五城。越人甚重视之，尊为民族女英雄；法人又从而附和之，以法国史上之 Jeanne d'Arc（笔者按：Jeanne d'Arc 即英法百年战争中的法国女民族英雄圣女贞德，她带领法军对抗英军的入侵，最后被捕并被处决。）相比，故越南各地皆有征王祠。……余久闻二征祠之名，故特往访得之。祠前为池，有牌坊临水……颇晓古意。后为祠门，列大象及仪仗；再后为正殿，祀征侧征贰。其傍有碑，略谓二征系出名门，其祖雄王，其父雒将，

---

① （越南）武辉晋、吴时任、潘辉益：《燕台秋咏》，中国复旦大学文史研究院、越南汉喃研究院合编：《越南汉文燕行文献集成（越南所藏编）》第七册，上海：复旦大学出版社，2000年，第287页。

② 高启进、陈益源、陈英俊：《开澎进士蔡廷兰与〈海南杂著〉》，澎湖：澎湖县文化局，2004年，第158页。

③ 陈国保：《两汉交州刺史部研究——以交趾三郡为中心》，昆明：云南大学出版社，2011年，第18—19页。

第五章　王权象征与信仰选择：桂西南地区伏波信仰的文化隐喻

故能揭竿起义，下岭南六十余城。凡属血气之伦，莫不感奋。二征一为其夫，一为其姊，英风飒爽，气节干云，固不能以成败论英雄云云。右为圆明禅寺，住持皆为比丘尼，亦有碑称寺侧为征王祠，系升龙古迹，尼僧踵事增华，重修寺宇，并祀岳渎诸神，故能蔚为大观。碑中称汉军为北寇，所谓夜郎自大，不知天高地厚者是矣。考伏波征交趾，斩征侧征貳，铜柱威名，声震百蛮。乃越人附会传说，称二征为王，并以拟法之 Jeanne d'Arc，法人更从而附和之，亦可谓比拟失伦矣。余有诗云：古寺苍凉野水湄，松篁台殿下重帷。明珰翠羽今安在，宝盖灵旗有所思。巾帼多才真不忝，揭竿无仑复何辞。伏波勋业煌煌甚，铜柱威名万古垂。①

朱偰出身于浙江书香世家，其父亲朱希祖是著名历史学家。1923 年，他在北京大学学政治，辅修史学。1929 年，他在德国柏林大学主攻经济，兼修历史、哲学。其史学造诣颇深，他对东汉交趾二征夫人之史事是十分熟悉的。他专门去探访二征祠，这是目前所能见到的中国人对二征祠最为详细的记录。越南境内各地均有二征庙，越南人把两人视为民族英雄，还把二征与法国女民族英雄圣女贞德相提并论。朱偰认为这是"比拟失伦"，法国圣女贞德是率军抵抗外国入侵，而马援平交趾是国内矛盾冲突，并非外寇，所以二征祠内的碑文称汉军为"北寇"有违历史真相，二征与贞德并不能相提并论。所以他直接用诗来言志，批评二征是"巾帼多才真不忝，揭竿无仑复何辞"，盛赞马援"伏波勋业煌煌甚，铜柱威名万古垂"。

即使到了现代社会，越南史界仍有人称马援是侵略者的观点。如 1971 年越南社会科学院编著的《越南历史》一书直接称马援南征是侵略行为，认为二征夫人是爱国者，其起义是一次民族精神的觉醒，是"一个国家和民族反抗正处于兴盛时期的亚洲最大的一个帝国的吞并和同化阴谋的具有高度民族意识的一场不屈不挠的战斗"②。这种观点是特定历史时代的产物，有着很浓的政治色彩。

---

① 朱偰：《越南受降记》第 5 卷，上海：商务印书馆，1946 年，第 89—91 页。
② 越南社会科学委员会编著，北京大学东语系越南语教研室译：《越南历史》第一集，北京：北京人民出版社，1977 年，第 58—62 页。

二、从马援崇拜到龙肚神信仰的转变：越南伏波信仰的消失

岭南地区包括今天越南北部地区是马援南征的主要战场，亦是他事后花大力气重整统治秩序的区域。马援南征的功绩并不仅仅是平定了叛乱，更重要的是，他推行的举措深得民心，"援所过辄为郡县治城郭，穿渠灌溉，以利其民"，修正越律，约束越人，"自后骆越奉行马将军故事"①。纪念马援的庙宇亦在各地建立。如前文所述，越南亦有马援庙，河内白马庙就是典型代表，而且其历史悠久。

伏波庙虽然在越南曾广泛存在，但是随着越南国家意识的不断强化，马援作为真实历史人物，而且是对于越南国家独立发展历史进程来说影响重大的人物，越南官方对他的评价总的来说是以国家利益为重。因此，伏波神的神职出现了慢慢地变化。就越南都城河内白马庙而言，其主神就从原来的马援最终变为龙肚之神。这个变化的过程是很有意思的，也很值得深思。18 世纪后期成书的《新订较评越甸幽灵集·白马神庙传》对此有记载：

> 京都河口坊有庙曰白马者，记云："东汉光武时，伏波将军姓马讳援也。"予滥叨天爵，每得履检京邦，且莫知之，亦诚以为然。及谒庙，阅碑碣，内祀载汉伏波神，以为福国庇民，而未详神记祀于何代，事实之由来，及兴创于何朝？其碑时正和岁在丁卯菊月书耳。祠宇岁久，栋壁摧杇。北商詹仲联等，集众捐资，鸠工重修，庙貌涣然日新。予窃疑伏波马姓何以白马称焉？必有以也。

> 及甲午秋，予偶暇检敝簏蠹简，接得《灵集》，内载南国祀祭福神，而东都东市神广利王者，昔曾显灵于唐高骈时，及李太宗朝间。厥后凡比年迎春，椎牛祈福，必会祭于彼。询访故老，则云："神当建城时，有护国奠民之力，现白马之祥，赫濯英灵，莫可尚矣！然马慴于象，故今众兽经过其祠辄死。是以封为白马大王故耳。"而北客南商讹以为实，括土建墙，崇加褒赏。却认白马二字，以为乃是东汉平交之马伏波将军也。今以为白马王封美号，校阅字义、文理异同。稽诸封号，如利字改赖字，音同字异，是避黎朝国讳之意也。现有本神传书可拟，内书广利王，而外目录书广赖

---

① （南朝·宋）范晔：《后汉书》卷 24《马援传》，北京：中华书局，1965 年，第 839 页。

第五章 王权象征与信仰选择：桂西南地区伏波信仰的文化隐喻

王，则其义可知也。顺字改正字，避陈顺宗讳，敷字与孚字同。应字改感字者，此鱼鲁讹传之谬也。以此论之，故知确然是广利王，即龙肚王气之神，非伏波将军明矣。若云神像则何以辨别，而知要为伏波乎？盖神人在昔，前朝屡扬赫濯，为南越福德之神。以故皇恩隆赐，以雕木象。北旅是贾贩之徒，曷克广闻远识，讹传妄认以为真伏波之庙。至制衣带冠冕帷帐岫伞八供奉事，其实乃龙肚王气之神像也。兹采《岭南摭怪故录》、《王气君灵应传》，然白马字意，尚未见载；是以一并之而检拟，白马王美字封号，庶备完阅。予恐岁久，讹以传讹，犹杜大夫之为杜丈夫，王侍中之为王待中也。是以表而出之，候将来考正，使后来晓然知所踪迹。

周知是神本纪，却以为伏波神也。故笔而书之，其事迹已详《岭南摭怪录》焉。奉天府大令尹黎竹峰志云："李太宗时，有默锡功，封为广利神王；重兴元年，加封'圣佑'二字。"（其庙在奉天府寿昌县河口坊密泰、北上、北下三甲）

谨按：《外载》有曰：东汉光武建武庚子十六年，交趾女人征侧、征贰反，御州治，攻陷城邑，汉之牧守望风奔溃。于是九真、日南、合浦诸郡皆降之，略定岭南六十五城，自立为王，与汉抗衡，分屯要害。常使将士扰边邑，长沙、善化等县苦之。南边戍卒，往往告急。汉帝乃命荆梁吴楚及长沙合浦并我交州，具舟车，修桥道，通溪障，储粮谷。拜马援为伏波将军，以兄子扶乐侯刘隆为副将，将兵南侵。刘隆，刘演之子也。最闲武备，帝甚爱之。至是谓曰："交南虽小，地方数千余里，卿勿以其险远而负责成之托也。皆吾赤子，卿须用道德化其风俗，使知朝廷声教，一视同仁，无鄙也。"迨交州平，（事迹详在《岭南摭怪》）援与刘隆相议，以为圣谕在迩，岂敢有违。于是劝课农商，蠲免租赋，省徭役，褒节孝，专务以德化民，百姓悦服。援在任六年，表乞骸骨，帝乃以刘隆代之。援还后，百姓追思功德，立庙奉之。其后世代沿革，兵火相寻，庙宇残毁，惟存故址。迨唐懿宗时，交州有南诏之役，帝命高骈将兵讨平之。（事迹详在《岭南摭怪》。）骈恃唐兵势，擅作威福，百姓往往苦之。后再巡游境内，凡有天子气者，皆用术符压镇，以断其地脉，为龙肚神所挫辱。时人德神之灵，报应如响，皆钦仰慕，即于伏波故址构祠祀之。后来北商不知其故，认为伏波旧址，盖有取也。今特表详标本，以俟后世人之宏博也。[1]

《越南汉文小说丛刊》第二辑编者据《新订较评越甸幽灵集》一书中的本序，认定此书是后黎朝礼部主簿诸葛氏在陈朝人李济川《越甸幽灵集》原书的基础上，参考《岭南摭怪》再行编写的。从《白马神庙传》文中"及甲午秋，予偶暇检敝篚蠹简"一语，可以推断此文撰写的具体时间当是景兴甲午（1774 年）秋，距其全书结稿作序为时不久。这是目前笔者所见较早的对白马庙主神由来的记录。在文中，作者也承认庙内碑刻写着庙祀伏波将军马援之事，不过他并没有人云亦云，而是经过考证，认为庙主是广利王，即龙肚王气之神，并非伏波将军马援。之所以被误认为是马援，其错在于来越经商的北客（即清朝商贾）。在考证之后，作者写了一长段按语，指出马援班师回朝后，百姓追思他的功德，为他立庙奉祀，此庙历代相传到唐代后被毁，只剩遗址。唐懿宗时高骈征安南，"骈恃唐兵势，擅作威福，百姓往往苦之。后再巡游境内，凡有天子气者，皆用术符压镇，以断其地脉，为龙肚神所挫辱"，所以安南人感激"神之灵，报应如响，皆钦仰慕，即于伏波故址构祠祀之"。这就是白马庙主祀龙肚神的由来，恰好说明唐代以前河内的白马庙的前身就是伏波庙。这样的看法在后世不断被提及。明命元年（1820 年）时，侍中学士范适撰写的《重修白马庙碑记》就明确指出："白马最灵祠也，龙城诸灵神，白马大王为最，所在坊甲多祀之。其在河口密泰、北上、北下三甲者，香火为最盛。……按《神祠考证序》备述神之灵迹，其称号大同而小异，要之，盖升隆城城隍神也。升隆于今为都城，于古为职甸，凡递年迎春椎牛礼必于祠，其礼亦隆矣。国俗故尊神，虽一村一邑之神所以崇奉之者无不至，而况主千里之封圻、应百王之礼秩。其福国庇民之功，盖都邑是赖，岂惟三甲！是役诚不可少也。"[2]从此难觅白马庙祀伏波将军马援的蛛丝马迹，取而代之的是白马大王。

对于伏波信仰为何在越南没有存续下去，我国台湾学者许文堂先生指

---

[1] 陈庆浩，郑阿才，陈义主编：《越南汉文小说丛刊》第二辑第二册《新订较评越甸幽灵集》，台北：学生书局，1992 年，第 295—296 页。

[2] 越南汉喃研究院主编：《越南汉喃铭文拓片总集》第一册，河内：越南文化通讯出版社，2005 年，第 192 页。

第五章 王权象征与信仰选择：桂西南地区伏波信仰的文化隐喻

出，白马庙在 20 世纪 50 年代时还有伏波将军塑像，20 世纪 80 年代时还有马援的神位，但已并非是享祀的主角。在越南独立之前，崇祀马援的亭中存在二征女王的混合崇祀，马援为主神，二征女王为附祀之神。二征女王追求民族独立的主神性被提高之后，对马援的崇祀就日益减少了，甚至被清除。[1] 王柏中先生认为，白马大王神号的重构与神性的分裂，是越南古代民族国家出现后越南历代王朝建构自身宗教信仰并赖以培育民族意识的产物，也是两国一体发展历史的中断、共同文化传统的割裂在宗教领域的反映。[2] 笔者对此深表赞同。2011 年 11 月 14 日，笔者在东兴市东郊村伏波庙采访时，村民告诉笔者，与东郊村隔河相望的越南芒街六林村亦有伏波庙，只是后来因打仗，庙被毁了。笔者曾于 2009 年 1 月 31 日在东兴市罗浮峒伏波庙会通过翻译向在祭礼上担任"唱哈"的越南芒街民间艺人咨询越南是否有伏波庙，有一名越南妇女脱口说了声"有"，很快其同伴即以眼色暗示，后又改口说没有，其余同伴亦表示对此全无所知。究其原因，应该是有着很复杂的政治因素掺杂其中，导致伏波信仰在中越两国有着不同的命运。

　　杜赞奇说过："复线的概念强调历史叙述结构和语言在传递过去的同时，也根据当前的需要来利用散失的历史，以揭示现在是如何决定过去的。……至今还没有什么能完全替代民族在历史中的中心地位。且不谈别的，不论是作为历史学家，还是普通的个人，我们的价值观都是由民族国家所塑造的。"[3] 由是观之，越南境内伏波信仰被二征夫人崇拜所取代，是关系到国家认同之大事。在越南独立之前，越南民间对马援的祭祀的确是出于对征服者的怀德畏威之情。但是随着越南独立，其国民对自己的国家认同感越来越强烈，对马援的认识亦随之出现了明显的态度变化。为了培育独立的国家意识以及民族历史文化，他们总是用各种方式尽可能地消除与中国共同的历史和文化印记。在现代民族——国家话语权意识影响下，地方知识精英利用自己手中的文化权力，对传统的文化资源进行改造，把伏波信仰当成一个中国汉文化的象征符号不断抹

---

[1] 许文堂：《越南民间信仰——白马大王神话》，《南方华裔研究》2010 年第 4 卷，第 163—175 页。
[2] 王柏中：《"伏波将军"抑或"龙肚之精"——"白马大王"神性问题辨析》，《世界宗教研究》2011 年第 4 期，第 152—157 页。
[3]（美）杜赞奇著，王宪明译：《从现代民族国家拯救历史：民族主义话语与中国现代史研究》，北京：社会科学文献出版社，2003 年，第 3—4 页。

消，取而代之的是作为民族英雄的二征夫人信仰。越南河内白马庙是纪念东汉伏波将军马援的庙宇，在历代不断得到重修，所祀的神灵由伏波将军到龙肚之精的变化，则隐晦地折射出在中越两国关系由宗藩之国发展为平等的国家关系的时代大背景下，伏波信仰逐渐被抹消，取而代之的是二征夫人逐渐成为越南民族英雄而广为崇奉，而桂西南地区伏波信仰延续至今。这表明，民间信仰的存系与否，并非是单纯的文化过程，往往还因政治因素的渗入和影响，出现了明显的政治化倾向，最终影响到它的命运。

第六章　国家认同的隐喻：伏波故事与班夫人传说的文化意义

在讨论桂西南地区的伏波信仰时，我们还应该注意与马援南征有关而衍生出来的其他神灵崇拜问题。在东汉马援征交趾的过程中，广西的各族民众自发起来协助汉军南征。在左江流域一直广为流传着一个壮族女子班夫人捐粮助饷马援的故事，班夫人死后被左江流域的百姓奉为神灵，建庙祭祀。伏波庙和班夫人庙的存在及相关传说，反映了下层社会对马援南征历史及其影响的一种集体历史记忆。班夫人的事迹见于明清桂西南地方志，并在民间流传至今。学术界已经对班夫人信仰有一些研究成果[1]，各种成果均各有见地，但就民间信仰与国家认同、民族团结这个角度而言，尚待深入挖掘。

---

[1] 何江丽：《龙州县班夫人信仰和班氏夫人庙考》，《广西社会科学》2005年第8期，第127—129页；邓显奕：《龙州祠庙：汉文化的影响和政治色彩》，《南宁师范高等专科学校学报》2006年第2期，第7—9页；滕兰花：《女性神灵与地方社会秩序：桂西南地区班夫人庙信仰探析》，《南宁师范高等专科学校学报》2007年第3期，第1—5页；滕兰花：《从广西龙州班夫人信仰看壮族民众的同家认同——广西民间信仰研究之三》，《广西民族研究》2011年第3期，第60—66页；滕兰花：《国家认同的隐喻：广西左江流域伏波信仰与班夫人信仰共存现象探析——广西伏波信仰研究系列之一》，《广西民族研究》2010年第3期，第141—146页。

第一节 班夫人信仰的由来

一、班夫人庙的空间分布

2008 年,笔者在考察龙州伏波庙时发现伏波庙的左边建有一小庙,内供班夫人塑像。班夫人是何人?雍正《广西通志》记载,崇善县的班夫人庙"一在府城上郭,一在小西门下郭。按《一统志·班氏夫人传》,乃溪峒世家女,尝以兵助马伏波平征侧征貳,故祀之。郡人祈祷,无不灵应"[①]。整个左江流域的班夫人庙大多分布在有伏波庙的地方。现据明清两代广西方志上的记载,把左江流域伏波庙和班夫人庙的分布,列表 6-1 如下。

表 6-1 明清时期左江流域的伏波庙与班夫人庙空间分布情况表

	伏波庙			班夫人庙		
	数量	地点	资料来源	数量	地点	资料来源
龙州	5	伏波庙,一在县城东龙江南岸坡,雍正十三年(1735年)重修;一在仁字区擎村,光绪甲午年建;一在上下冻土州七行村;一在上龙土司科村狮子山;一在金龙峒金龙街	民国《龙州县志初稿》	3	班氏庙在县城东街	(清)黄誉《龙州纪略》
					班氏庙在上下冻土州官码头	民国《龙州县志初稿》
					下龙司班氏庙在治东街	雍正《广西通志》卷42
凭祥州	3	一在夏石南街,一在隘口街北端,一在上石乡练江村伏波山,均为光绪年间修建	凭祥市志编纂委员会编:《凭祥市志》,广州:中山大学出版社,1993年	1	班夫人庙位于市区东部(今市邮电局侧门处)	凭祥市志编纂委员会编:《凭祥市志》,广州:中山大学出版社,1993年
宁明州	3	明江东门宝胜街;威远庙,在西门外,祀汉新息侯	光绪《宁明州志》	0		
		海渊乡那明屯	民国《思乐县志》			

[①] (清)金鉷等:《(雍正)广西通志》卷42《坛庙》,南宁:广西人民出版社,2009年,第766页。

续表

	伏波庙			班夫人庙		
	数量	地点	资料来源	数量	地点	资料来源
崇善县	3	在府镇安门外左江边，嘉靖三十二年（1553年）建	万历《太平府志》卷1	8	班夫人庙一在上郭；一在下郭，俗传神乃溪峒世家女，常出兵助马伏波平二贼	万历《太平府志》卷1
		左州伏波庙在州城内，康熙九年知州纪镇边建	《古今图书集成》第17册		班夫人庙一在西廓，俗谓头牌庙；一在小西门外，俗谓二牌庙；一在石门闸街，俗谓三牌庙；一在驮卢镇东街；一在新圩街，俗谓五牌庙	民国《崇善县志》
		伏波庙在州治北	雍正《广西通志》卷42		江州土州班氏庙在州治西	雍正《广西通志》卷42
新宁州	1	伏波庙在观音堂右	光绪《新宁州志》	2	班氏庙在城西门内西塘西岸；在布窑圩	光绪《新宁州志》
南宁	1	伏波庙在府城西岸一里，唐武德初建，祀汉伏波将军马援	雍正《广西通志》卷42	1	班氏庙在西门内西塘西岸，祀汉班夫人	宣统《南宁府志》
	小计	16		小计	15	

左江地区是班夫人信仰的起源地以及主要分布区，共有15所专祀班夫人的庙。左江流域的伏波庙与班夫人庙数量大体相当，空间分布也大体一致，这也就充分表明了东汉马援南征与班氏助军的故事基本能契合起来。

民众为伏波将军马援和班夫人立庙祭祀，这本身就是集体记忆的一种物化方式。1935年出版的《广西游历须知·龙州名胜古迹》收录有班夫人古庙："班夫人独身不字，助马援征交趾有功，以劳卒于军，龙州下栋各处，建庙祀之。在龙城内，亦建有班夫人古庙一所。"[①] 龙州班夫人庙建于何时，已经不可考。据史料记载，班夫人庙坐落在丽江北面河滨的东街码头上，与丽江南岸的伏波庙隔河遥遥相望。因该庙位于河畔，每遇丽江水涨，往往被

---

① 赖彦于主编：《广西游历须知》，1935年，第80页。

洪水淹没冲坏，故重修多次。明末崇祯年间，清朝雍正、嘉庆、道光年间多次重修。2013 年 11 月，笔者在龙州法国领事馆旧址的东面围墙边发现了嘉庆二十三年（1818 年）和道光十四年（1834 年）两块班夫人庙重修碑记以及刻有"班夫人庙"的石匾额。石碑为数不少，但交叉叠放，难以搬挪誊录碑文，甚为遗憾。所幸，笔者在 1935 年出版的《广西游历须知》中检获班夫人古庙内的碑记一则："在龙城内，亦建有班夫人古庙一所，其碑记云：'夫人生于东汉，育自凭祥，少年有异志，积粟贮粮，人亦不知其故；至汉遣大将马援，出征交趾，劳师远伐，粮运维艰，此时虽有伏波之才，不无偶值量沙之窘！谁能指困以助成功也？乃夫人慨然输粟数十万石，军士闻之，战气百倍！一破而交趾悉平，是以皇朝褒美，封为太尉夫人（下略）。'历年重修，清嘉庆八年于庙门缀有一联云：'积粟助将军，慈闻北阙；承恩封太尉，灵护南关。'内供塑像，中立'敕封护国庇民英烈太尉班夫人之神位'一面。"① 结合民国之前的史书记载，班夫人庙内正殿供奉班夫人泥塑彩绘坐像，两边是泥塑的十八罗汉和厢房。大门两旁有一副石刻对联："积粟助将军，慈闻北阙；承恩封太尉，云护南关。"大门右侧是一片以平整光滑的青石板铺筑的路面，有码头下达河边，民国年间在临街处建一旁门，门上凸塑"班夫人古庙"六字。

当地人民对班夫人一直崇敬礼拜，香火不绝。传说农历十月初四是班夫人诞辰，据民国《龙州县志初稿》记载，每年的庙会活动由当地人称"大铺头"的殷实富商牵头，会长由商会推举，主持庙会具体事宜。资金由商会向各商号和小商贩募集，庙会会期一般为三至四天，规模更大的时候则是五年一次大会。② 民国后，仍因袭传统，对班夫人的崇敬并未稍逊。1946 年初，龙州当局捣毁神像。中华人民共和国成立后，班夫人庙左旁设图书馆和文化馆。1986 年 7 月，左江突发特大洪水，把班夫人庙冲毁。1989 年 1 月，当地民众自发组织一个重建班夫人庙筹备委员会，发起重建倡议，重建后的班夫人庙位于左江南岸伏波庙南面。后又移至庙北面。如今香火鼎盛，如图 6-1 所示。

---

① 赖彦于主编：《广西游历须知》，1935 年，第 80—81 页。
② 叶茂荃等：《龙州县志初稿》下册，1936 年石印本，第 536、545 页。

第六章 国家认同的隐喻：伏波故事与班夫人传说的文化意义

图 6-1 龙州县班夫人庙现貌

清代时，凭祥也有班夫人庙，原址位于旧邮电大楼侧门处，建于何时无考。庙宇为两进三厢砖瓦房，中间为一条上盖瓦顶的甬道，直通后进神殿。横梁屋柱均为木料，雕龙画凤，花卷屋檐。神殿中央安放班夫人塑像，高 1 米多，绘五彩衣裙，显得端庄秀丽。神座周围刻有精美的神龛。凭祥街历年歌圩及抢花炮活动均在班夫人庙举行。每年秋收后，在此举行农副产品展览会，人们将最好的谷物，最大的南瓜、甘蔗等放在庙前展览比赛，以示对班夫人护国庇民的敬意。1944 年，日寇第三次入侵凭祥时，神像被毁。1946 年底至 1947 年初，凭祥人用石膏重塑班夫人像。1953 年，庙宇拆毁，所幸，白马山下班夫人墓现仍保存完好，如今是凭祥市级文物保护单位，如图 6-2、图 6-3、图 6-4、图 6-5、图 6-6 所示。

图 6-2 凭祥班夫人墓现貌（1）

图 6-3　凭祥班夫人墓现貌（2）

图 6-4　凭祥班夫人墓现貌（3）

第六章 国家认同的隐喻：伏波故事与班夫人传说的文化意义

图 6-5 凭祥班夫人墓碑刻残片（1）

图 6-6 凭祥班夫人墓碑刻残片（2）

二、从民女到功臣：班夫人生平的考证

班夫人到底是何人？为何会有专庙？考诸正史，并无班夫人的记载，仅见于左江流域的现存明清方志中。她的生平最早见于万历《太平府志》载："班氏夫人祠，有二，一在上廊，一在下廊。俗传神乃溪峒世家女，常出兵助马伏波平二贼。"① 万历《太平府志》成书于万历四年（1576年），也就是说崇善县在此书镌刻时，班夫人庙已经存在多年。但以上记载均未说明班夫人的具体姓名以及籍贯，只模糊地称其为"溪峒世家女"，其功绩是以"兵助马伏波"平二征。此寥寥数语的说法被雍正《广西通志》和嘉庆《广西通志》转录。

据嘉庆八年（1803年）成书的《龙州纪略》记载，龙州班夫人庙建于前明，崇祯十六年（1643年）重修，有碑记。雍正十年（1732年）重建，并收录有明崇祯十六年（1643年）重建班夫人庙的碑记，此碑是目前所见最早也是最详细的有关班夫人事迹的碑刻：

> 班夫人者，左江血食神也，系出南关今之凭祥土州班村焉。东汉马伏波将军南平交趾女子征侧之乱，师久粮竭时，夫人以闺阃雄怀，输粟饷军，襄马伏波成伟绩，凯旋以闻，封太尉夫人。事虽未备于汉史，而传闻则遍于边方。即今对河垒伏波遗迹存焉，故河之东庙祀伏波，而河之西则庙祀夫人。盖此地人民受交夷赋役之毒害久矣，今则幸隶化土，祖父子孙世受其德，饮水思源，可无享报，况闻之上世自归流以来，叨荷神庥，水旱疾病，祷无不应，此岂无所凭式而然哉？夫人生为名媛，殁为明神，则以妥以佑，以享以祀，共输诚敬也固宜。然岁久庙古，几为风雨飘摇者，伊谁之责。今首事林淳嵩、招君政、周元隆等鸠工重构，不越岁而革故鼎新，由是骏奔。在庙者谓非是不足以昭感格而馨崇奉之心也，而吾独异夫？南关一带山川毓秀，不钟于男子而钟于夫人，丰功伟烈超前迈后，谓是地气使然舆。非也。天之成人固无分于为男为女，人能卓立，亦无间于为阴为阳。则夫人虽不必亲临行阵，而伟才卓识与冼夫人定霸南越、唐公主取威

---

① 万历《太平府志》卷一《祠庙》，北京：书目文献出版社，1990年，第195页。

第六章 国家认同的隐喻：伏波故事与班夫人传说的文化意义

义师后先角立，同为运会之光矣。①

此外，《龙州纪略·人物志·仙释》另有记载：

> 班夫人名靓，凭祥班村女，幼有道术，父母屡迫，不嫁。能知未来事，广储稻谷，人问其故，则曰助饷。后十余载，伏波将军征交趾女子征侧、征贰，师至缺粮，夫人倾储以助，遂获济。凯旋，伏波以闻，诏封太尉夫人，至今血食一方，灵应如响。②

凭祥白马山崖壁上现存由彭年祐刻于道光九年（1829年）的《班夫人略历碑》一块："《太平府志》书：凭祥州白马山，相传班氏夫人殁厝于此，威灵感应于驮卢峭壁山上，遂化为白马形，故名。仙释。班夫人名靓，凭祥班乡女，少有道术，父母屡迫，不嫁。能知未来事，广储稻谷，人问其故，则曰助饷。后十余年，汉遣伏波将军征交趾女子征侧、征贰，师至缺粮，夫人倾储以助，遂获济。军既平，援以其事，□□□闻，诏封太尉夫人，至今血食一方，灵应如响。恩赐征仕郎彭赞臣、庠生男孙曾孙敬刻。"③ 如图6-7所示。

可见，班夫人的生平已经基本成形。光绪年间编的《凭祥土州乡土志·班太尉夫人考》对班夫人的记载基本上沿袭《龙州纪略》，只是存在字词的细微差异：

> 夫人姓班氏，邑之班村女也，今名下柳村，在州东南一十里，系东汉时人。其父母设茶棚，贫而好义，凡遇客常施济之，不计值。夫人幼沉静，另具天倪，飘飘然有林下风，其天性然也。沈观变，常储数年粟，人询以故，则云备异日需。适马伏波将军平南，凯旋路过此，军粮告匮。夫人慨指囷以彼，厚酹之，不受，询其姓，则曰班。侦其行岁，则一守贞不字女也。大奇之，归遂书其事于牍一之，帝大嘉许，褒以太尉一品夫人。乃纶悖（绰）未到，而夫人已驾云屏逝矣。使至始揭棺，加以诰轴，葬于岜堡之阳，其精灵幻成白马，形于山后，遂名其山白马，为邑八景之一。④

---

① （清）黄誉：《龙州纪略》卷下，清嘉庆八年（1803年）刻本。
② （清）黄誉：《龙州纪略》卷下，清嘉庆八年（1803年）刻本。
③ 《中国西南地区历代石刻汇编·广西省博物馆卷》，天津：天津古籍出版社，1998年，第104页。
④ （清）佚名：《凭祥土州乡土志》，清光绪三十三年（1907年）抄本，第1—2页。

图 6-7　凭祥白马山《班夫人略历碑》

第六章　国家认同的隐喻：伏波故事与班夫人传说的文化意义

道光九年（1829年），凭祥州知州李光垂为凭祥班夫人墓立碑，上书："皇汉敕封太尉威灵感应护国庇民班氏夫人之墓"，其言道："班夫人系出南关，实产自本境班乡也，为粤西左江血食之神焉。生而奇异，端庄静一，少有道术，不字。在汉建武时，交趾女子征侧、征贰反，马伏波将军出讨；夫人逆知粮匮，夙储以济之。事平，封太尉夫人。"①

晚清文人梁章钜（1836年任广西巡抚）在其诗作《三管诗话》里也曾对班夫人的事迹进行了考证。他认为各种版本的班夫人传说当中，唯有苍梧罗大钧《松崖诗稿》中的《班女祠》一诗似可征信。他把其序及诗全录如下：

> 班氏，太平府凭祥土州处女也。少谙道术，矢志不嫁。常厚积粟，家人莫解其故。后马新息征交趾，绝粮，氏倾困助之，因获底绩。闻于朝，敕为夫人，征入大内。氏惭而怀沙。今丽江所在立祠，灵应如响。乾隆己卯春，予舟过驮卢，因题其庙，云："山下江流日夜东，乱鸦祠宇白杨风。谁知铜柱分茅绩，多是夫人赞助功。"②

至此，班夫人的生平已经形成清晰的版本，姓名、籍贯均清楚，是以捐粮而非出兵助师。光绪《新宁州志》则提出班夫人是交趾人的说法："交趾女子班氏姐妹二人，一从征侧、征贰负固反叛，其一避居山谷不肯嫁人，多种薯芋杂粮舂粉为砖以砌墙壁。适汉伏波将军马援征交趾乏粮，班氏自献其屋得以济众，既而身死英灵显著，乡人念其功，建庙祀之。"③

在龙州等地一直流传着各种各样的班夫人的传说。"后汉时，其棺忽自遁出龙州。时值河水涨，顺流至太郡之驮卢河，河水湾环流连不去。渔人见而异之，炷香默祷，作豚蹄之祝，举纲辄得巨口细鳞，置满苓箬，愈神之。归诸绅耆家告以故，谋援之岸，甫举棺，微露诰轴，骇甚，启视之，则太尉夫人也，乃畀而安厝之庙于河之浒。一时闻其事者，郡之属咸建庙祀之，馨香焉，俎豆焉，此夫人在没后时之盛事也。"④

班夫人是人是神，各地方志对其认定不一，龙州纪略将班夫人归为仙释。

---

① 凭祥市志编纂委员会编：《凭祥市志》，广州：中山大学出版社，1993年，第618页。
② （清）梁章钜著，蒋凡校注：《三管诗话校注》，南宁：广西人民出版社，1996年，第105页。
③ 光绪《新宁州志》，台北：成文出版社，1975年，第155页。
④ （清）佚名：《凭祥土州乡土志》，清光绪三十三年（1907年）抄本，第2页。

雍正年间的《太平府志》归为迁客，《凭祥土州乡土志》肯定其人的真实存在。

中华人民共和国成立后，龙州地方文化部门曾收集整理了班夫人的故事。据《龙州县戏曲志》记载：

> 传说东汉时期，马援（伏波将军）统兵南下卫戍保边，驱赶"南蛮"（旧称越南为"南蛮"）军的进犯。军队进驻龙州后，军粮中断无援。居住在凭祥（市）隘口（乡）班村的一位姓班的妙龄少女，闻知消息后，发动全村姐妹把多年囤积的"姑娘粮"（汉朝习俗，姑娘自种自收的粮食作为嫁妆之用）全部装上船，并派人押送到马援军中。将士吃得饱，挥戈出战"南蛮"，打了大胜仗，把"南蛮"军驱逐出了国境。
>
> 一天，一位老渔翁在河里（今班夫人庙对面）撒网打鱼，捞上一条女子扎腰绣边绸带，感到惊异，马上跪在船头朝天参拜，祈求神灵保佑。出乎所料，在下第二网时，网上了不少鱼，随即再下二三网，鱼儿便满满一船。随后有消息传来，说班氏不屈辱于村里的流言蜚语（有人指讽她，都说她未出门的闺女，那有这么热心，肯定行为不正，如此那般……搞得满城风雨）。班氏有口难言，无处伸辩，为表清白，含恨投河身亡。渔翁知闻，当即带上绣边绸带到马援军中，把他在河里打鱼的前因后果一五一十向马援将军叙述，正好对上日期。马援为表敬意，修书一封呈到朝廷。皇上下旨建庙，塑像立传。并把这位忠贞烈女信奉为"女神"，誉为"班氏娘娘"。从此人们就在那天（班氏殉难的农历十月四日）举行庙会，以聊表对她的怀念。①

这是民间最常见的班夫人生平的传说。

2010年5月，笔者在广西龙州县参加农历四月十三日的伏波诞祭礼时，听到了另一个版本的班夫人故事。据说班夫人是凭祥人，她献米帮助伏波将军马援南下交趾平叛有功，两人一见钟情，并约定马援回朝后来接她上京成婚。马援回朝后禀报皇帝，皇帝加封班氏为太尉夫人。马援派了使者前来接班氏，被误传为皇帝要接进宫，班氏愤然投丽江自尽，尸体在龙江码头江湾处打转，当地百姓把她就地安葬并立庙祭祀。这样的说法与前面的传说故事主线大体相

---

① 龙州县文化局编：《龙州县戏曲志》，内部资料，1985年，第81—82页。

同，区别只是后者强调班氏与马援有情缘。笔者认为应该是后人据常见的英雄救美戏剧故事情节进行的改编。

另外，扶绥县金鸡岩亦有班夫人庙及伏波庙，对于班夫人的故事，亦是说其献粮助马援南征。每年农历十月初四，该地均举行班夫人诞辰庆典。凭祥市三套集成编委会《中国民间文学三套集成·凭祥市故事集》收录了一则《班夫人的传说》：

> 班氏姑娘这日正在家中纺织，忽然伏波将军亲自登门来访。十分惊喜，连忙起向（身）迎接。班氏姑娘说："大将军今日光临，必有要事相问。因我昨晚三更时分，见门外有一伏虎进我家门。我霎时惊醒，原来是一场梦。"伏波将军向班氏姑娘作揖说："无事不登三宝殿，这几日，我军兵士半数病倒，针药不足。今边关战事告急，还望仙姑指教。"班氏姑娘说："贵军（军中）多为中原之人，到此山区，不服水土而病。凡一病必有一药，但用药不当病不能除。而且山岚瘴气，初来乍到之人，非药力所能治也。"伏波将军恳求道："望贵仙姑向天地祈祷，解我将士之病苦！"班氏姑娘说："非神鬼所降之灾，不可祈祷也。三年前，有吴国人曾经此地，也因水土不服而病。他身边带有大蒜数斤，食之则病愈。姑家求他给些大蒜为种，今已有两百余斤。大将军可拿去发给众兵士服食，健者不病，病者则愈。大蒜能驱秽邪、逐瘟疫。但其性热，易生痰动火，又散气耗血，且忌蜜，不可多服。"伏波将军又问道："除大蒜之外，还有何药？"班氏姑娘说："还有相思草，简名曰烟，能逐山里瘴气、辟秽杀虫，每日吸一支烟则可免病。但此草耗血捐元，也不可经常吸用。"伏波将军大喜道："多谢贵仙姑指教，此草何处有之？"班氏姑娘说："此草易打，我村户户皆种。"她说完起身入房，搬出几箩大蒜放在伏波将军面前说："大将军稍坐片刻，奴家就来。"她边说边出门外不到一刻她与姐妹们挑来几担烟草，放在自家门口。伏波将军走出门来，向班氏姑娘道谢说："多谢仙姑及众位乡亲的帮忙。这些烟草和大蒜要多少钱？"班氏姑娘和众姐妹齐声说："送给将士们为药，不收大将军分文。"伏波将军感激地向班氏姑娘和众姐妹作揖道谢说："民心可敬、可敬啊！"然后令众将把大蒜烟草挑回军营。回到军营之

后，伏波将军令将士每人服食一些生蒜，每人每日吸一支烟。从此病者痊愈，全军健壮。①

在这则班夫人的传说里，班氏姑娘有着未卜先知的本领。马援率领的汉军驻扎于凭祥几日，兵士因不服水土而多数病倒，随军医官束手无策。有谋士建议马援前往班村向班氏姑娘拜求能治病良方。班氏送给了马援大蒜和烟草以防治瘴疠。故事情节自是颇为动人，但不见得真实。马援南征是在东汉时期的事，而烟草原产于南美洲，史学界一般认为烟草是明代万历年间传入中国的，不可能在汉代即传入，可见这则故事的改编至少不早于明朝中期。因此，可知班夫人的传说有着明显的后人加工痕迹，移花接木意味浓厚。不过，本书的研究不在于分析班夫人传说的真实性，而是重在透过传说故事去分析隐藏在故事里的社会记忆，即它反映出民间社会对马援南征这段历史的记忆，以及在对马援仰崇心理支配下创造出来的地方神灵。也就是说对于马援这样一位东汉朝廷命官，他被塑造成一个在边远蛮荒地区用军功护国安邦、用道德化育百姓的伟人，是中原正统文化的象征，更重要的是马援南征随着中越两国关系的变化而带上了国家正统统治的象征色彩。官方力量在不断推动伏波信仰的地方化，桂西南地方社会在接受了伏波将军作为国家正统神灵的身份时，也借马援南征的历史构建出地方百姓拥军的人物代表——班夫人。

三、班夫人信仰的形成

洪武元年（1368年），明太祖明确规定为："名山大川、圣帝名王、忠臣烈士，凡有功于国家及惠爱在民者，著于祀典，令有司岁时致祭。"② 这种做法被清代沿袭。但凡符合要求的，均为国家正祀。那些不在官方规定之列的民间信仰，则统称为淫祀。

按理说，班夫人的生平存在许多待考之处，又非忠臣烈士，其庙宇应列为"淫祠"，理应不被列入祀典，否则将会扰乱正统。但是在万历《太平府志》中有其庙的记载，崇祯十年（1637年）十月六日，徐霞客曾因选择入滇路线，特地到太平府班夫人庙求签，"庙在大西门外，临江。其神在郡极著灵

---

① 凭祥市三套集成编委会：《中国民间文学三套集成·凭祥市故事集》，1988年，第6—7页。
② （清）张廷玉等：《明史》卷50《礼四》，北京：中华书局，1974年，第1306页。

第六章 国家认同的隐喻：伏波故事与班夫人传说的文化意义

异，家尸而户祝之，有司之莅其境者，靡不严事焉"①。另外，清代雍正和嘉庆年间编的两部省志都收录有班夫人的事迹及其庙宇，谢启昆编修的《广西通志》还明确把班夫人庙列入"坛庙"部分。对此，谢启昆这样解释："祠庙关于祀典，宜斥淫祀。《金志》所载，殊少别择，今多删削。惟苍梧之三界庙、崇善之班夫人庙、永康之大王庙，土人奉之甚虔，而神果能福其民，则亦不得以不经废之，亦因俗从宜之义也。"②谢启昆肯定了班夫人在当地居民心中的影响力。

班夫人以她对国家的忠诚，谱写了一曲动人之歌，地方官绅们也深知这种忠诚的教化意义，所以在地方志书当中予以收录，这种收录是很具有文化象征意义的。正如英国著名的汉学家、人类学家王斯福所指出的那样，对于地方人士为国贡献的事迹，历来被地方官绅大加褒扬而收录于方志当中。从某种意义上说，方志是实施道德控制的手段，以此来弘扬先人的作为。③本书所研究的班夫人信仰在清代广西方志中多有记录，这些记录都是受过精英教育的地方官绅而作。因班夫人"能福其民"，故谢启昆把其祠庙载于方志。地方官绅手中的笔对地方历史的取舍则代表着帝国对区域社会历史与社会秩序的控制，表明了地方官绅对在左江流域影响力颇大的伏波信仰与班夫人信仰的肯定，也是对壮族民众认同国家、维护民族团结行为的肯定。

如今的我们更是难以考证其人其事的真伪。倒是有一点是可以肯定，在桂西南地区的历史变迁过程中，民众均强调班夫人献粮助军真有其事。在左江流域，壮族百姓深信身为壮族儿女的班夫人时刻在庇护着自己，班夫人庙香火很盛。龙州班夫人庙"每年十月结社报赛，四民齐集，穷极工巧，城乡妇女游观杂沓十有余日，平时香火亦盛"④。历代均有香客为班夫人庙敬献香炉等各式供具，如据民国《龙州县志》记载，嘉庆八年（1803年）孟秋吉旦时，龙州的信众为城外青龙街班夫人庙建香亭，高四尺，纵二尺，横三尺六寸，长方形。

---

① （明）徐弘祖著，褚绍唐、吴应寿整理：《徐霞客游记校注》卷四《粤西游日记三》，上海：上海古籍出版社，1980年，第467页。
② （清）谢启昆修，胡虔纂，广西师范大学历史系中国历史文献研究室点校：《广西通志》卷146《建置略二十一·坛庙六》，南宁：广西人民出版社，1988年，第4198页。
③ （英）王斯福著，赵旭东译：《帝国的隐喻：中国民间宗教》，南京：江苏人民出版社，2008年，第74页。
④ （清）黄誉：《龙州纪略》上卷，清嘉庆八年（1803年）刻本，第24—25页。

此外，相关的班夫人显灵之事传说颇多，最灵验的是求雨、决讼。"若祷雨祭天，则布班其地。布班之水由班夫人故址而来，即分河源，每祭则雨水匀足，岁卜丰稔，大慰农心。"①最典型的是"青龙现身"。《龙州纪略·艺文》中有《班夫人庙》："香火灵应祷祀频，花蟠尺蠖号曰龙，任人抚玩不惊翻，我知金仙常有雌雄，剑袖里青蛇幻绿鳞。今年大稔雨时，若结社云酬诚敬，申商贾士民不惜费匝月。"②扶绥县班氏祠"在布窑圩，其神香火最盛。祠内青蛇不计其数，两造或争执不决，相率讼于神，其理曲者蛇必啮之，屡试屡验，土人敬而畏之。"③1916年广东南海红船班在龙州班夫人庙码头下的沙滩所搭建的戏棚上唱《刘邦求雨》，戏刚开唱，天空乌云密布，雷声大作，下了足足一下午的大雨，使演出完全中断，在龙州传为奇闻。也可以证明班夫人有着求雨的神职。

据左江地区的民间传说，农历十月初四是班夫人诞辰，有些地方还举行庙会游神。龙州的班夫人庙正大门向着丽江的码头，庙后门朝着街中心，意图是让班夫人坐在莲花座上，看管出入口岸的大小船只。庙会之日，庙中"建醮设坛，先后三五日不等。每进坛后一日，必见青蛇一条，长尺许，大如食指，盘伏香案上或神前花盆，双目炯炯，不食亦不去。人目为青龙来受香烟，相戒不敢动，至撤坛先一日，则人不见。年年如此，殊理之，不可解者。"④庙会均会举行隆重的打斋醮仪式，由道公主持斋醮。随后抬着夫人神像与各种古玩、盆景、花卉，戏班化妆，舞龙舞狮，排成长列，敲着锣鼓穿街过巷游行。焚香完毕后，举行礼节性的游行。参加游行队伍和凑热闹的群众约一两千人。游行开始，先爆响了一轮炮仗。庙祝捧着香火作先导，紧接是八音班，几十条大汉抬着一尊尊菩萨神像和安放在神座两旁作为烘衬的各色花卉盆景依次巡游。⑤

龙州班夫人庙在清至民国时期在庙会期间还会请戏班唱戏。据1985年出版的《龙州戏曲志》一书所收录的当地6位平均年龄在76岁以上的老人口述回

---

① （清）佚名：《凭祥土州乡土志》，清光绪三十三年（1907年）抄本，第1页。
② （清）黄誉：《龙州纪略》下卷，清嘉庆八年（1803年）刻本，第27页。
③ 光绪《新宁州志》，台北：成文出版社，1975年，第158页。
④ 叶茂荃等：《龙州县志初稿》下册，1936年油印本，第545、536页。
⑤ 轶群：《龙州班夫人庙》，农红生、何卫存主编：《龙州旧事》，北京：商务印书馆，2011年，第172页。

第六章 国家认同的隐喻：伏波故事与班夫人传说的文化意义

忆，戏棚搭建在班夫人庙码头的沙滩上，沿江边搭竹一直搭到关帝码头，全长约300米，宽约3米，高约2米。因为班夫人庙正大门向着河的口岸，庙后门朝向街中心，意图是让班氏娘娘坐在莲花腰上，看管出入口岸的大小船只。一唱就是两三天（人称天光戏），不但让人们看得够瘾，更主要的还是让班氏娘娘和列在她两旁的神将看得亲切，领受人们对班氏娘娘的慰问，表示人们对班氏娘娘的崇敬和怀念之情。请戏班的一切开支费用，全由商会负责。报酬的办法是从演出之日起，每演一出，报酬和赏给的光洋最多是五十元，最低是二十元不等。主要是根据演出水平而论。举行庙会，唱大戏，沿袭由来已久，年复一年，年年如此。直到抗战时期由于日军多次骚扰龙州以及兵荒马乱之故，后来这种祭祀社神的纪念演出活动，几年才举行一次。中华人民共和国成立后，演出活动才宣告结束。[①]笔者在龙州进行调查时，当地的船民还对笔者描述了班夫人庙在中华人民共和国成立前的庙貌，其庙是三进式院落，神像辉煌。庙会之日人山人海，热闹非凡。言语之中满是对旧日庙会盛况的怀念。

凭祥白马山是班夫人墓所在地，"相传夫人葬后，其英灵不泯，化白马于山崖，今山有白马形。州人每年醵赀省墓，妇孺毕至，少长咸集。时乎夕阳在山，人影散乱，群然歌咏而归"[②]。每到祭神之日，当地民众将班夫人庙里的神像请出来，"抬着夫人神像（放在方桌上），伴以管弦乐队为前导，接着是约十余桌的古玩、盆景、花卉（商会向各商号借用），舞龙、舞狮，锣鼓喧天的穿街过巷游行"[③]。可以想象旧日庙会的盛况。

百姓自发为班夫人修庙的原因，除了认为他能以显灵的方式来明是非、决争讼、能祈雨外，更重要的是她的义举充分表现出了以她为代表的左江地区百姓对国家的忠诚，这种忠诚是建立在国家认同的基础上。百越人民自发行动起来助马援南征，各民族共同团结维护国家边疆安宁，这是极为难能可贵的。所以，班夫人死后享尽祀典带来的尊荣，这是当地百姓用自己的方式来强化对马援南征那段历史的集体记忆，也是对各民族同心协力维护国家统一的强化记忆。

尽管关于班夫人来历及口述传说，说法林林总总，但故事主线和核心都是

[①] 龙州县文化局编：《龙州县戏曲志》，内部资料，1985年，第83页。
[②] （清）佚名：《凭祥土州乡土志》，清光绪三十三年（1907年）抄本，第4页。
[③] 中国人民政治协商会议广西壮族自治区凭祥市委员会文史资料委员会编：《凭祥文史》第4辑，1997年，第67页。

在证明班夫人有功于国家而得到封赐，强调班夫人是帮助国家，反对分裂，这也让班夫人信仰带上了正统色彩。尽管这种来自皇帝的封赐并未能见诸正史记载，而且极有可能是虚构的，但这是证明班夫人信仰正统性的最好方式。所以到道光、光绪年间时，班夫人的生平故事已经由明末清初的模糊变得清晰。当这种神明的来历叙述越来越清晰后，就会被越来越多的百姓所认同，最终成为一种集体历史记忆。可能这其中存在着许多虚构成分，但可以肯定一点，马援南征所经的左江地区的百姓深受二征叛乱之苦，自发起来助军平叛，班夫人应该是当地民众的代表。凭祥班夫人坟前的对联："助饷征蛮，汉代功高称太尉；全军护国，南天德厚颂夫人。守节资兵，在昔已称贞且勇；增粮报国，至今犹显惠而忠"[1]，即言简意赅地写出了民众对班夫人的崇敬之情。

第二节 班夫人故事的文化意义

班夫人被中央王朝册封之事，并不见于正史，这应该是左江地区百姓对班夫人故事的一种附会。但这种附会是有着很深的文化含义。我们虽然不知班夫人信仰始于何时，但就其在桂西南地区的普及而言，显然是清代才开始兴盛。我们不得不关注这个时期，为何班夫人信仰会兴盛。

从搜集到的文献资料来看，对班夫人信仰的记载，一般只能追溯到明代。虽然在《龙州纪略》当中记载了龙州的班夫人庙在明崇祯年间得到重修，但崇祯之前的情况无从查起，万历《太平府志》并无记载。讨论班夫人故事的真实性已经不重要，重要的是去挖掘出在其故事背后所隐含的左江地区百姓对国家的认同。对于地方神明得到皇帝册封的文化意义，陈春声曾指出，有关神灵为历的口述传说林林总总，不断变异，但核心都是在证明他们有功于国家而得到皇帝的封赠，强调的是神明扶持正统王朝，从而使自己也有了正统性。在民间的观念中，国家的承认（尽管可能是虚拟的）仍然是神明来历"正统性"的唯一来源。[2] 本书所讨论的班夫人获封为太尉夫人之事，应该也是一种虚构，这

---

[1] 凭祥市志编纂委员会编：《凭祥市志》，广州：中山大学出版社，1993年，第70、617页。
[2] 陈春声：《正统性、地方化与文化的创制——潮州民间神信仰的象征与历史意义》，《史学月刊》2001年第1期，第123—133页。

第六章 国家认同的隐喻：伏波故事与班夫人传说的文化意义

种虚构是建立在特定的朝代背景下产生的。马援南征，是为了消乱内乱，重新稳定岭南地方社会秩序，不排除左江流域的百姓自发起来拥军助剿的可能，班夫人助饷之传说，应是这些历史事实在民众心中的一种集体记忆。

班夫人助饷的义举，可以说是下层百姓拥护中央政府平定地方叛乱的行动体现。班夫人的事迹与马援南征紧紧联系在一起，她以一介民女的身份，用义举成就了人生的最大价值。当地的民众用传说故事的方式来不断缅怀她。立庙祭祀是集体记忆的一种物化方式。嘉庆八年（1803年），时任龙州厅照磨的黄誉作了《题班夫人庙》的诗文：

> 苍苍无极司明神，古往精气享清烟。巍然忠义出巾帼，暨南边徼表人伦。夫人渊源沿后汉，凭祥土邑展德门。维时征侧梗王化，伏波甲士罗星屯。一时粮饷忽中绝，熊罴枵腹不能军。彷徨四顾皆化外，破家尚义谁与闻。何期邻近独内附，运粟泛谷盈江津。新息建碑开殊域，助功赞烈推女坤。大家续史标炎季，齐纨咏扇擅才文。未若经纶根至性，力参王事冠钗裙。尚稽青编无褒敕，至今食报双溪滨。①

在上诗中，"新息建碑开殊域，助功赞烈推女坤"，已经把马援南征胜利的关键因素归之于班夫人的捐粮助军，黄誉以一介官员的身份对班夫人如此高的评价，就已经充分表明了士绅阶层对班夫人形象的认同，这种认同是对于地方百姓创造出来的班夫人故事的接纳，并把它上升到一个国家认同的层面，他们认为班夫人的义举使马援之军能顺利进军，使广西地区疆陲尽享太平，有功于国，所以才得以享祀千载。

道光初年任新宁州教谕的广西郁林籍举人苏宗经在任上写了一首《题班夫人庙》："巾帼犹能义气伸，千秋不柱荐蘩蘋。奇姿或似高凉冼，勇略应同石柱秦。才女威褫妖女魂，丽江灵护渌江人。"② 在此诗当中，苏宗经笔下的"高凉冼"即是南朝岭南地区的俚人领袖冼夫人，她嫁给高凉郡太守冯宝为妻，一生历经梁、陈、隋三代，致力于维护国家统一，协助朝廷铲除地方割据势力，维护民族团结，推动了岭南地区社会的稳定与发展，当地老百姓都称她

---

① （清）黄誉：《龙州纪略》卷下，清嘉庆八年（1803年）刻本，第27页。
② 《扶绥县志》编纂委员会编：《扶绥县志》，南宁：广西人民出版社，1989年，第508页。

为"圣母",到隋朝时,隋文帝便册封她为"宋康郡夫人",后又册封她为"谯国夫人",赐食汤沐邑一千五百户,死后更追封她为"诚敬夫人",在后世有着非常深远的影响。"石柱秦"是指明末四川忠州人秦良玉,嫁石柱宣抚使马千乘为妻,婚后帮助丈夫创建白杆兵,其夫死后代领其职,一生多次率师远征,足迹遍及云贵高原、长城内外。清军入川后,她据守万寿山的万寿寨,坚持抗清,曾被南明小朝廷加封为"大明太子太保""忠贞侯"。"才女"当指班夫人,"妖女"当指交趾的征侧、征贰。苏宗经把班夫人的功绩赞誉得相当高,把她与冼夫人、秦良玉相提并论,还强调她"灵护渌江人",把班夫人和"二征"对立起来,把"二征"视为"妖",一字之用,赋予了很深的文化含义,它当然还是传统华夷观念的一种反映,同时,也表明了在中越两国宗藩关系这样一个历史现实下,官绅阶层对国家疆域的一种理解。正是因为有班夫人的义举,才避免了左江地区免于沦入"妖女"之手,这样的高度评价已经充分体现了苏宗经所代表官绅阶层对来自民间的班夫人的褒奖,并借此来强调国家正统统治。实际上也就是反映出了在清代时,官绅阶层已经对班夫人和征氏姐妹的各种政治身份作了明显的区分,对班夫人的肯定,即是赋予了她一种文化正统性的含义,这种文化的正统性是基于班夫人有利于维护王权统治的前提下而被赋予的。

中法战争之后,中越两国的宗藩关系完全转变为独立的国家关系,越南沦为法国的殖民地,广西作为中越边境地区的战略地位凸显。守边不仅需要有强大的军事力量,更重要的是要强化边境地区民众的国家意识,所以,在清代中后期,左江地区的班夫人信仰得到来自官绅阶层的扶持,并得以大规模修建,这反映了此时国家边疆危机的现实,以及中央政府借助班夫人在当地百姓心目中的地位来凝聚民心的努力。

1926年,龙州县的班夫人庙又获重修,此次修庙的缘由,民国《龙津县志》载:

> 班氏夫人庙建于明,崇祯十六年重修,清雍正十五年重修,民纪十五年变卖县城内东街庙产房屋一间为重修费。庙在城外青龙桥东。夫人系今凭祥县班村班姓之女,生而神异迥异常人。伏波将军马援征交趾两征叛乱,师久乏粮,夫人为室女而有卫国雄心,输粟饷军,助伏波成伟烈,凯旋以

第六章 国家认同的隐喻：伏波故事与班夫人传说的文化意义

夫人功闻于朝，封为太尉夫人，事虽不载于汉史，而传闻遍于边防，人民感于交夷之乱平，非夫人之力不克臻，此世受其恩，故立庙以祀之，春秋二祭，著以为例。①

在这段记载当中，县志编纂者们一致肯定班夫人的"卫国雄心"和"输粟饷军"有助于边疆安定和国家的统一，虽然其事未见于正史，但是当地百姓口耳相传其故事，百姓献祭是因为感于夫人之力有助于"交夷之乱平"，而黎民"世受其恩"，这实际上也就是对班夫人爱国情怀的缅怀。

在古代社会，叛乱与平叛，实际上就是中央与地方之间控制力的表现形式。中央政权要有效地实现对区域地区的控制，就要让人们遵从社会规范，维持地方社会秩序，这就是政治人类学所谈到的社会控制。庄孔韶先生指出，社会控制的动力在很大程度上来自于人的内心，它是一个与文化儒化相配合的心理学过程，通过唤醒人们内心的某种心理机制而发挥其作用。社会控制可划分为内在化控制和外在化控制。内在化控制，指的是社会文化通过各种影响，在其成员内心建立起来的控制机制。在古代社会，内在化控制在社会生活里发挥着巨大的功能。它不仅借用于宗教的力量，通行的社会文化准则同样可能内化到人们的心中，从而起到约束人们行为的作用。②对于地方人士为国贡献的事迹，历来被地方官绅大加褒扬而收录于方志当中。从某种意义上说，方志是实施道德控制的手段，以此来弘扬先人的作为。与此同时，方志还记录下了作为官方帝国对新出现的很有灵验的民间崇拜的接纳。③

对于本书所讨论的伏波将军与班夫人而言，他们对国家的忠诚刚好与汉代岭南地区的边疆危机——"二征"叛乱这个时代背景密切相关。在朝廷对边疆的控制力相对弱化的背景下，朝廷统治集团希冀通过伏波将军崇拜，重新唤醒民众对帝国统治的认同。在我国，儒家倡导的伦理道德就扮演了社会控制的角色。通过树立道德榜样来强化民众对国家权力以及国家统治思想的认同，实现道德控制。

---

① 民国《龙津县志》第五编《祀典》，1960 年，第 96 页。
② 庄孔韶主编：《人类学通论》，太原：山西教育出版社，2002 年，第 374—376 页。
③ （英）王斯福著，赵旭东译：《帝国的隐喻：中国民间宗教》，南京：江苏人民出版社，2008 年，第 74 页。

班夫人传说的主题是为国家而奉献，其故事在左江流域广为流传，民众还自发为其建庙祭祀。明代时，崇善县班夫人庙香火很旺，徐霞客就曾为是选择从归顺州进入云南还是从南丹取道贵州进入云南之事，"趋班氏神庙求签决之。庙在大西门外，临江。其神在郡极著灵异，家尸而户祝之，有司之莅其境者，靡不严事焉。求签毕，有儒生数人赛庙中"。[①]崇祯十六年（1643年），龙州的班夫人庙重建碑文曰："盖此地人民受交夷赋役之毒害久矣，今则幸隶化土，祖父子孙世受其德，饮水思源，可无享报，况闻之上世自归流以来，叨荷神庥，水旱疾病，祷无不应。此岂无所凭式而然哉？夫人生为名媛，殁为明神，则以妥以佑，以享以祀，共输诚敬也固宜……南关一带山川毓秀，不钟于男子而钟于女子，丰功伟烈超前迈后……夫人虽不必亲临行阵，而伟才卓识与冼夫人定霸南越……同为运会之光矣。"[②]班夫人在正史当中并无明确记载，论其功绩与冼夫人齐平，这明显有拔高之嫌，而这恰好反映了当地民众对班夫人义举历史功绩的肯定。这种自发形成的民间信仰实际上是一种国家认同的隐喻。百姓在祭祀班夫人的同时，实际上是在表示对国家的认同。

凭祥班夫人坟前对联与碑文对班夫人更是予以了高度肯定："助饷征蛮，汉代功高称太尉；全军护国，南天德厚颂夫人。守节资兵，在昔已称贞且勇；增粮报国，至今犹显惠而忠。""是有功于国，必能庇于人蒙业而安者，疆陲无警于烽火，桑梓咸享乎太平。仰屏山而溯建国之勋，俯龙泉而缅流泽之远，千有余岁以来，爰有庙祀夫人，其主幽荫明，迄今馨香勿替也。夫人事迹固尝载书于郡志，传闻早播于遐方。"[③]后人有诗叹曰："白马山前日欲曛，也随啼鴂吊贞坟。寒烟漠漠春添黛，瘴雨潇潇夜赈军。表节碑留扶汉在，平交功与伏波分。行人莫怅香埋久，烈气于今压寒云！"[④]班夫人的功劳与马援齐平明显是过誉之词，但值得肯定的是班夫人用她的智慧解了马援燃眉之急，使"疆隆无警于烽火，桑梓咸享乎太平"。凭祥白马山上有几道诗可为证。在此仅抄录两首："遥传太尉旧灵区，纪览方知古汉题。千载有缘寻圣脉，三春何幸聚天

---

① （明）徐弘祖著，朱惠荣校注：《徐霞客游记校注·粤西游日记三》，昆明：云南人民出版社，1985年，第495页。
② （清）黄誉：《龙州纪略》下卷，清嘉庆八年（1803年）刻本，第43页。
③ 凭祥市志编纂委员会编：《凭祥市志》，广州：中山大学出版社，1993年，第617、70页。
④ 李调文：《凭祥班夫人墓、伏波将军庙和镇北炮台碑记》，黄德俊主编：《桂西文史录》第六卷，南宁：广西人民出版社，1995年，第63页。

第六章 国家认同的隐喻：伏波故事与班夫人传说的文化意义

奎。草迎白马云铺径，花待游人月满堤。鸥鹭无惊欣得祈，悠然恰意□东西。""白马山前起敬钦，翠竹叠障即棠阴。储粮早为全军计，助饷方知报国心。已有贞操光汉史，长留坤厚嗣徽音。年年老少同欢会，南土讴思感戴深。"① 诗中满是对班夫人功绩的赞赏。

作为一种社会内化控制的手段，民间信仰因其在地方社会的强大影响力而倍受官方关注，并且有选择性地加以利用。这种对神灵力量的利用实际上也就是为了实现国家对地方社会秩序的控制。这正如王斯福先生所说的那样："利用神不仅意味着控制，而且还是一种反向认同，即控制者与受控制者都向神去求助。控制是通过对同一制度——即一种民间崇拜的吸纳与反向认同——实现的。在这两种情况之下，官方的任务是利用民间崇拜在村落、乡镇以及城市的非行政首府的中心来对它们加以控制。"②

凭祥一中校园内的班夫人坟现存一块残碑，残碑裂为两段，题刻捐资者姓名及捐款数额。

……捐钱五千文，□□□捐钱四千五百文……□德丰、黄修仁、彭泰文、邓思慧以上各捐钱四千文，庠生萧汝燕、陆敏达、文人杰以上各捐钱四千文，房元财、庠生农善业、李碧瑄、李定鹏以上各捐钱叁千五百文，□□□、黄敬修、李璋瑄、庠生庞□显、庞奕瑞、邓伯槐以上各捐钱叁千五百文，陈义华捐钱叁千文，农庆昌、梁泽升、朱日中、邓德隆、彭年丰、庠生彭年安、农学成以上各捐钱叁千文，李应宗、农怀吉、黄行仁、邓思信、廖炳安、曾振宗、程兼仁以上各捐钱叁千文，叶成就、伍振成、李光瑄、庠生农善承、凌瑞申、朱明伟以上各捐钱叁千文，朱国隆、朱秉隆、刘绅美以上各捐钱叁千文，刘克宽、彭年泰、林杨杜、彭存正以上各捐钱贰千五百文，彭存良、庞奕昭、彭存忠、彭存纪、农定业、方秉直、林振群以上各捐钱贰千五百文，蓝辉秀捐钱贰千五百文，国学农本仁、黄国宝兼排课、邓学安、廖正安、彭存熙、彭存经以上各捐钱贰千文，李培光、李培英、彭存庆、李培蓁、黄履中、彭彰、彭选以上各捐钱贰千文。

---

① 《中国西南地区历代石刻汇编·广西省博物馆卷》，天津：天津古籍出版社，1998年，第128—129页。
② （英）王斯福著，赵旭东译：《帝国的隐喻：中国民间宗教》，南京：江苏人民出版社，2008年，第76页。

残碑共题刻了 65 名捐资者，其中用小字标注出"庠生"头衔者 5 名，均是有功名的知识分子阶层，他们积极参与捐款，表明了知识分子阶层对班夫人信仰是持肯定和支持的态度。

马援南征，衍生出班夫人捐粮助饷的故事。虽然班夫人的生平及其事迹不见载于正史，仅见于地方志，但考其传说的由来及其影响范围，应该说她是左江地区百越先民创造出来的援军代表，其捐粮助军的行为应该是当地百越先民自发助军行为的折射，反映出百越先民对马援南征的拥护与支持。左江流域伏波庙与班夫人庙的分布基本上是相互对应的关系。值得注意的是，伏波庙的兴建及重建，表明了官绅阶层对马援南征维护国家统一、边疆稳定、推动汉文化南传的历史功绩之肯定，并借此来凝聚民心，强化对地方社会的控制。而作为岭南土著居民的班夫人，以其助马援的义举成就了其一生美名，也有助于帮助中央政府恢复对桂西南地区地方社会秩序的管理，她死后被民众奉为神灵，中央政府的敕封既是对她行为的褒奖，更是借助地方神灵的力量来维护地方秩序的一种手段。班夫人与马援同祀现象是百越先民支持中央政府维护国家统一、边疆稳定的反映。

即使到了民国时期，桂西南地区的班夫人信仰仍被视为维护国家疆域的神灵。旧桂系军阀陆荣廷在龙州起家之前，曾栖身于班夫人庙内，夜晚在庙内的青石板上睡觉，在他当了广西都督后，此石板就被当地人尊称为"都督石"。班夫人庙里有不少碑刻，其中不少是歌颂班夫人为国分忧故事的励志诗文，给他留下了深刻的印象。陆荣廷最喜欢的是《吊贞坟》这块诗碑："白马山前日欲曛，也随啼鸠吊贞坟。寒烟漠漠春添黛，瘴雨潇潇夜赈军。表节碑留扶汉在，平交功与伏波分。行人莫怅香埋久，烈气于今压寒云。"[①] 由此可见，陆荣廷是对班夫人事迹是持赞赏态度的。

随着时代变迁，左江流域的百姓仍把班夫人当成本地神灵敬拜。笔者在龙州县城参加伏波庙庙会时，亦多次听到当地民众讲述班夫人捐粮助军的故事。1986 年，原位于龙江北岸的班夫人庙被洪水冲毁，1989 年当地百姓自发重修。2010 年 5 月，笔者在龙州参加伏波庙诞时收集到一份重修班夫人庙的倡议书，

---

① 陈仲良：《天降大任，崛起边关——陆荣廷在龙州》，农红生、何卫存主编：《龙州旧事》，北京：商务印书馆，2011 年，第 4 页。

该倡议书写自1989年1月5日，文中强调重建庙是为了"纪念这位古代的爱国女子，继承她的爱国精神"。班夫人身为一名普通的女性，她的义举不仅仅代表其个人行为，还代表着百越先民对国家的认同，隐喻着百越先民对国家安宁、社会稳定的拥护。

综上所述，或许班夫人的生平事迹的版本不一，但是就目前所获的资料而言，这应该是左江地区百越先民维护国家统一、自发行动起来助马援平叛的化身。班夫人这位女性神灵的作用由原先为国家献计献策向为地方社会保平安转变，这本身就是一种对地方秩序的重建和维护。因此，民众虔诚信奉，地方官绅亦是把她树立为教化榜样，借以宣扬爱国忠臣之义。班夫人代表着思定之民心，作为百越先民代表，她的事迹凝聚着百越先民对叛乱的憎恨，也充分表明了百姓对国家的认同与忠诚，以及对马援南征的拥护。

第七章　国家认同下的族群身份构建：
马留人的伏波情结

　　马援生前功勋卓著，死后被官方神灵化，并因各种历史因素成为国家正统的文化象征。官方在努力推行伏波信仰之时，民间实际上也在用自己的话语去解说马伏波的故事，并出现一些地方化的文本。正如王守恩先生所指出的那样，在民间信仰中，往往会出现将同一神灵地方化的乡土文本，在此文本中，神的名称、形象、故事、职能等发生变化。这种变化与当地民众生存的环境和条件、生活的状况和需求有关，而变化的结果是外来神建立起与本地社会的利益关系，被塑造成曾经有功于地方、并继续造福于地方者。①

　　在桂西南地区，伏波将军马援的影响深远，至今桂西南地区还有众多伏波庙，而且每年都会举行隆重的庙会以祭奠马援，相关的传说不绝于耳，而且出现了明显的乡土文本。上一章所分析的班夫人信仰即是明证。对马援的纪念，是对马援南征这一历史事实以及相关传说的一种强调，更是对马援及其将士们为国鞠躬尽瘁死而后已的忠诚精神的褒扬。而且在桂西南地区，还有一个自称是马留人的人群有着很深的伏波情结，将马援视为祖先神，并借此来实现族群身份的认同和国家认同。

---

① 王守恩：《诸神与众生：清代、民国山西太谷的民间信仰与乡村社会》，北京：中国社会科学出版社，2009年，第201页。

第一节　马留人的英雄祖先故事

说起马留人的由来，就要回溯到马援南征。马援南征之后，留下一批士卒戍守南疆，这在史书当中被称为"马留人"（又有史书写成"马流人"。为了便于行文，本书以现用最多的"马留人"来统称）。

目前所见的最早记录马留人的史书，当是《水经注》。郦道元援引东晋时期流寓交州的俞益期的话记录为马流人："马文渊立两铜柱于林邑岸北，有遗兵十余家不反，居寿泠岸南而对铜柱，悉姓马，自婚姻，今有二百户。交州以其流寓，号曰马流。言语饮食，尚与华同。山川移易，铜柱今复在海中，正赖此民以识故处也。《林邑记》曰：建武十九年，马援树两铜柱于象林南界，与西屠国分，汉之南疆也。土人以之汉寓，号曰马流，世称汉子孙也。"[①] 由此可知，马流人即是马援留戍交趾的部将。

马流人，又有"马留人"之称。《旧唐书》卷41记载："后汉遣马援讨林邑蛮，援自交趾循海隅，开侧道以避海，从荡昌县南至九真郡，自九真至其国，开陆路，至日南郡。又行四百余里，至林邑国。又南行二千余里，有西屠夷国。铸二铜柱于象林南界，与西屠夷分境，以纪汉德之盛。其时，以不能还者数十人，留于其铜柱之下。至隋乃有三百余家。南蛮呼为'马留人'。"[②]《新唐书》对马留人的记载与《旧唐书》基本上一致："又有西屠夷，盖援还留不去者，才十户，隋末孳衍至三百，皆姓马，俗以其寓，故号'马留人'，与林邑分唐南境。"[③]《太平寰宇记》卷171对马留人的记载与《旧唐书》《新唐书》相同。

从东晋到唐宋，直至明清，马留人的来历已经成为世人所共识。在桂西南地区，马留人的传说最多，很多姓氏都自称是马留人。宋人范成大在其著作《桂海虞衡志》中提出在广西横山寨的汉蛮也应是马留人。他说："又有汉蛮者，十年前大理马至横山，此蛮亦附以来，衣服与中国略同，能通华言。自云

[①] （北魏）郦道元著，陈桥驿校证：《水经注校证》卷36《温水》，北京：中华书局，2007年，第840—841页。

[②] （后晋）刘昫等：《旧唐书》卷41《地理志四》，北京：中华书局，1975年，第1755页。

[③] （宋）欧阳修、宋祁：《新唐书》卷222下《南蛮传下》，北京：中华书局，1975年，第6297页。

本诸葛武侯戍兵。闻其种人绝少。按《三国志》初无留戍事。《唐史》有西屠蕃夷，乃马伏波兵留不去者，初止十户，隋末至三百户，皆姓马，号马留人，与林邑分唐境。疑汉蛮即此类。"①

清人黎简的《五百四峰堂诗钞》有《乌蛮滩竹枝歌》载："山飞地转浮生死，树老风高啸鬼神。一簇浪花三十里，醉横三百马留人。"②此诗所写的乌蛮滩即是横县乌蛮滩，滩上有伏波庙，滩中暗礁多，极易出事，据说马援过此凿石除险滩，并留士卒守滩，这应该就是诗中所说的"滩师"。这应该也属于马留人的范围。

按《新唐书》的说法，马留人均为马姓。马援的出生地、今陕西省扶风县毕家村，建有马援的墓地和祠堂。遍布世界各地的马氏后人，无论到那里安家，他们的"祖公厅"门楣上，均悬挂着家族堂号："扶风堂"，以自己是马援的后人为荣。广西南宁市隆安县古潭马村编的《马氏族谱》也称其始祖为马良达，随马援于东汉建武十八年（42年）南征来到广西，是在广西马氏多名始祖中最早入桂的。据村里现存的始祖马良达祖墓"始太祖隐公良达马府君之墓"碑刻上记载："公讳良达，乃汉代元勋矍铄翁之胤也。稽光武迄今千有余岁，几莫识其所从来，幸思严公于有明隆庆六年春壬正日建碑，志曰：公厚德重望，继世繁昌，自汉光武从伏波将军马援征交南，始居古潭之地，然原出自山东青州府白马苑，云然则。祖盖新息侯之庶子顺阳侯之昆弟。"另据广西马氏祖史民间研究会宗谱编辑部2009年编的《广西马氏宗谱·隆安良达公入桂史略》载："良达公乃汉代元勋，矍铄翁（马援）之后裔。原籍山东青州府益都县白马苑人。于东汉建武十八年（42年）随从始祖伏波将军马援南征交趾。平定二征叛乱后，于班师回朝途中，积极响应和参与伏波将军的沿途为郡县加强治安和发展农业生产的举措。深受沿途农民的热烈欢迎。良达公厚爱农民，不忍离去。于公元43—44年间，落户隆安古潭谭马村。"③ 2010年9月5日，广西马氏宗亲联谊会在南宁成立，出席成立大会的广西嘉宾及马氏宗亲约110人，他们均是奋斗在广西各行各业的"马氏

---

① （宋）范成大著，胡起望、覃光广校注：《桂海虞衡志辑佚校注》，成都：四川民族出版社，1986年，第208页。
② （清）黎简：《五百四峰堂诗钞》卷16，清嘉庆元年（1796年）刻本，第107页。
③ 广西马氏祖史民间研究会宗谱编辑部编：《广西马氏宗谱》，内部资料，2009年。

精英"。联谊会筹委会称之所以成立广西马氏宗亲联谊会，是为了团结广西从事经济、文化和艺术的各界马姓宗亲人士和从事伏波文化研究的人士，缅怀马氏祖先的功德，弘扬和传承伏波文化精神，加强马氏宗族之间的团结，促进民族和谐，交流感情，增进与海内外马氏社团、宗亲的友好交往和联系，以"文化搭台，经贸唱戏"，为促进广西文化和经济的发展，拓展海内外文化和经贸合作，促进祖国统一大业和实现中华民族的伟大复兴做出应有的贡献。如今广西马氏宗亲联谊会把现有的 40 多万广西马氏人口的入桂最早祖先考证为是汉代随马伏波将军南征来到了广西的马留人，把纪念和传承伏波文化成果当成己任，积极展示以东汉伏波将军马援精神为内核的伏波文化。

不过相比左江流域的马留人后裔而言，钦防一带的马留人传说更盛。如嘉靖《钦州志》是这样交代黄姓、禤姓的来历："七峒长官司，今其子孙俱云始祖黄万定系山东青州人，汉时从伏波将军马援征交趾，有功留守边疆，其子七人分为七峒长官司。……时休峒，在管界巡检司地方，相传其祖禤能旺从汉马伏波将军马援征交趾有功，贼平留守邕钦二界……永乐中，时罗峒长以事革，其孙禤贵成移守时罗峒，今其孙禤天缝袭。"①

清代人屈大均也说：

> 寿泠岸南，有马文渊遗兵，家对铜柱而居，悉姓马，号曰马留。凡二百余户，自相婚姻。……铜柱寻没，马流人常识其处，常自称大汉子孙云……马人今已零落，而钦州之峒长皆黄姓，其祖曰黄万定者，青州人，初从马援征交趾，有功，留守边境，后子孙分守七峒。至宋，皆为长官司，元时以贴浪峒长黄世华有讨贼功，赐金牌印信。洪武初年收之，仍为峒长。其在时休峒者，祖曰禤纯旺，亦马援战士。永乐初，时罗峒长以事被革，移纯旺孙贵成守之，其如昔、博是、渐凛、鉴山、古森五峒，亦皆以姓黄者为长，盖皆万定后裔，马留人也。然黄氏繁盛而马氏衰，亦独何欤。②

---

① 嘉靖《钦州志》卷6《兵防》，广东省地方史志办公室编：《广东历代方志集成·廉州府部（四）》，广州：岭南美术出版社，2009年，第88—89页。

② （清）屈大均：《广东新语》卷7《人语》，北京：中华书局，1985年，第232—233页。

这样的故事叙述模式被后来的方志所沿袭。如民国编修的《防城县志初稿》亦持此说法。"黄万定者，青州人。初从马援征交趾有功，留守边境。后子孙分守七岗，至宋皆为长官司"①。

对于马留人这个特殊的人群而言，方志上的记载实际上就是地方官员对该人群历史由来的认同。因此，他们在后来的族谱以及宗族历史由来的文本材料当中不断复述此故事版本，而且不断润色，最终成为现今所能见到的祖宗故事模式。

笔者于 2009 年获禤氏历史文化研究会、广西防城港市禤氏宗亲理事会赠送一本该会编的《纪念禤纯旺始祖留守南疆 1970 周年禤氏祖祭》小册子。全书分为十篇：禤姓的来历、禤氏之根、历史见证篇、始祖墓园篇、开基宗祠篇、慎宗追远篇、认祖归宗篇、专家论证篇、光宗耀祖篇、禤氏名人篇，详细地介绍了姓氏由来以及历史变迁，用了相当大的篇幅对其祖先墓园以及宗祠进行介绍。该书是目前所见最详细的马留人族群身份自我认同的材料，最有意思的是，该书认为防城的禤氏大概始于随东汉伏波将军马援南征有功留守钦邕的平夷大夫禤纯旺，他的后裔开枝散叶，遍布各地。该书全文征引了五篇专家研究马援南征以及马留人的专题论文，借此来增强其祖先来源的真实性。

该书的第一篇用了连环画的形式来形象描述了禤纯旺的生平。第二篇考证出禤纯旺生于公元 16 年，是山东青州府益都县一个小山村里，出生三天后遇洪灾，父母遇难，他被飞马寺光华大师收养，取名牛哥。后于建武十一年（35 年）入伍，成为马援部将。建武十六年（40 年），他作为马援手下的前锋，随大军南征交趾。牛哥和黄万定同时任前锋裨将，在长沙上船时黄万定手捧香炉南征，牛哥见状也买同样的香炉，同放，表示祖宗同行，志在必胜，死而后已。后来在征战中捧错了香炉分不清你我，形成后世禤黄后人同拜两个香炉的习俗。在两军决战浪泊时，牛哥率敢死队穿插敌后被交趾兵发觉，撤上飞浪峰坚守待援。交趾叛军围困，入夜发起火攻。牛哥的军犬阿黑飞蹿到旁边的水涡把身浸湿，在牛哥和士卒周围滚成一大圈湿地。牛哥因此

---

① 黄知元：《防城县志初稿（一）》卷二，广东省地方史志办公室编：《广东历代方志集成·廉州府部（十一）》，广州：岭南美术出版社，2009 年，第 340 页。

得以坚守至援军来到，最后里外夹击歼灭敌军。军犬阿黑劳累过度牺牲，牛哥按战士规格厚葬阿黑。后来牛哥在金溪一役又冒死深入敌后，立下大功。南征凯旋回洛阳，得到光武帝接见，当中他换上南疆土民祭神时的装扮，头戴四根雉尾上殿，因获光武帝赐姓，并受封平夷大夫。牛哥因此自名纯旺，号粹庵。①

该书认为禤纯旺留守南疆，按马援事先部署，传播汉律，传播中原农耕，凿渠灌溉，与民休息。而且此书还记录了禤纯旺在防城的一些事迹，如江平一带的打铁工艺、风吹饼、跌打草药据说是他流传下来的。现防城水营是他的留守营盘，设立校场坡训练汉军，在防城江出海处设红头坝村（因汉兵头戴红帽而得名）、兵佬坝村（因汉军世籍为兵而得名）和隔江针鱼岭成为三道海上防线，留守辖区防城、那梭、企沙、钦州、邕宁、那陈一带，镇守南大门。他73岁时去世，葬于水营村，每年农历二月二十五日是其祭日。② 如今的禤纯旺始祖墓园中，立有相当数量的碑刻，从立碑时间来看，均是20世纪90年代以来的新碑。有两块碑是专门介绍马援南征史实及其影响的，对于始祖的评价亦是很高。

嘉靖《钦州志》以及1946年的《钦县志》和1993年的《防城县志》均认为马留人是留守南疆的上古民族先驱，禤、黄两姓是东汉汉军的后裔。"环球禤氏寻根网"是禤氏族人联系感情的现代传播媒介，该网站上对禤姓始祖纯旺公的英雄事迹及姓名由来均与《禤氏祖祭》一书相同。如今，禤姓之人均认同其祖先的英雄故事，并将禤纯旺始祖墓园的祭祖活动当成是认祖归宗的一种重要仪式。"禤纯旺公是禤姓人之得姓始祖。禤氏若合宗求姓，岭南成是一家；若即姓求宗，粤桂均同一脉，天下禤姓一家。"③ 笔者于2009年春节在调研时，收集到一本《滩浪黄氏族谱》，其上对黄氏始祖的生平有详细记载：

---

① 禤氏历史文化研究会、广西防城港市禤氏宗亲理事会编：《纪念禤纯旺始祖留守南疆1970周年禤氏祖祭》，内部资料，2010年，第7—12页。
② 禤氏历史文化研究会、广西防城港市禤氏宗亲理事会编：《纪念禤纯旺始祖留守南疆1970周年禤氏祖祭》，内部资料，2010年，第12—13页。
③ 禤氏历史文化研究会、广西防城港市禤氏宗亲理事会编：《纪念禤纯旺始祖留守南疆1970周年禤氏祖祭》，内部资料，2010年，第6—7页。

吾祖黄讳任汉,出世生于山东青州府益都县平落乡,是我祖原籍也。我祖一十七岁,身当把总,职列朝班,扶佑西汉刘皇,爱国忠君之贤臣也。但吾祖所生二男,长男名万定,次男万寿,年登十八岁,武冠三军。于西汉交东汉之时,始皇祖秀登基,国号光武元年。斯时蛮夷木王番鬼随安南出占广东省高州府钦州、廉州、灵山三县,谋反争夺大朝界。至于汉光武五年,刘主亲委马援伏波大将军,统带皇兵数万余人,直出山东省青州。又要吾祖黄任汉父子三人奉旨封为前来大夫、金部尚书、引路大将军,统领兵马至广东征剿……大汉光武十九年九月二十日辰时,将军亲立铜柱以汉夷地界,南边入蛮王所管,北边入大汉中华所管,夷贼投降。将军安民定度,班师奏凯回朝。统带大兵回至芒街西岸地界,屯扎大营。我次祖万寿分生有二十四男,同将军由广西路回至二十四土州,见此地与蛮兵交界,委伊把守蛮兵隘口。将子封为二十四土州主,世袭不易。我祖万定太公,原配赵氏,妾何氏、苏氏,共生下十三男。将军乃见汉南两相交接,关隘虚空,无人把守,即上表申奏朝廷,圣旨准奏。随即行文遗下,委将军伊十三男留守关隘。给尚任汉、万定公为引路平夷大夫,给发令旗印信。

《滩浪黄氏族谱》还记载:"令宣祖字昭五,号汝达,谥诚直,为世袭罗浮峒主,杀贼有功,以授金牌印信,镇守边疆。孙兆祖因与施姓联成婚好,祖让代理,仍标黄姓字样,轮充峒长。"

此外,防城港防城区光坡镇沿海一带啼鸡村裴姓亦自称为马援部将后代,并有立功后受封功为证。《韦氏族谱(续集)》载:"(防城韦氏)始祖韦料贞,系韦国公后裔,原籍山东府青州水街人,任青州府卫指挥使等职。公元初期料贞任大将,领4000多土俍目兵同黄万定、梁国升等随马伏波征交趾,封两广总督,世袭那狼司把总,辖广东(今广西)钦州、防城、三都四岗(应为岜)永乐一二三四乡。"[①]另据罗浮峒97岁的施吉龙老先生介绍,其先祖与黄姓先祖均是从山东跟随伏波将军马援而来,当时,施姓的祖先从山东经过钦州来到现在的东兴的,主要是来开辟土地的。这在施姓和黄姓族谱

---

① 转引自李远龙:《认同与互动:防城港的族群关系》,南宁:广西民族出版社,1999年,第25页。

中得到印证。据罗浮峒施氏族谱记载："施家祖先原籍山东省，随东汉伏波将军征交趾，流落灵山县住。太祖名施福廉，葬在灵山凤凰头蚁公坟。始祖施妙贤于后周朝代移来钦州落业……高祖于明朝即公元1422年迁来钦州罗浮峒（即现在东郊）落业开基分房。"施、黄两姓每年都来拜伏波，把马伏波当作自己的祖先进行崇拜。由此处所引族谱内容可以看出，虽然上述族谱的文字存在不少史实错误，但反映了当地各姓马留人的祖先叙事差不多是同一种模式。

对于马留人的身份问题，青年学者杜树海梳理了马留人这一人群标识的历史变迁，通过对"马留人"黄氏的数份族谱进行比较研究，揭示了其祖先叙事的虚伪性，并分析了族谱间相互传抄、"移花接木"的现象，他认为马留人祖先述事模式的出现，是当地百姓借着马援南征这个对岭南地区来说是极为重大历史事件来描述自己的族源，以此来强化自己是"汉将后裔"的尊显身份，并且在宋代以后中越两国边疆建构过程当中寻找归属感。从蛮夷到汉蛮再到马留人的链接，颇为符合当时文人士大夫们的华夷正统观念，也富含希图利用祖先叙事来以"华"化"夷"的意味①。

笔者赞同他的观点。古代方志都是由受过精英教育的地方官绅写成，而地方官绅手中的笔对地方历史的取舍，在某种层面上代表着帝国对区域社会历史认同与社会秩序的控制。直到今天，防城港市一带的黄、禤、韦姓壮族人群仍自称"马留人"。嘉靖《钦州志》上对禤氏祖先来历的记载，即表明了编纂者有意无意地把边疆居民的祖先叙事模式化，这种模式化影响到了当地百姓对地方历史的叙述，即使是当今村民口头流传的有关大历史记忆的传说，亦有着明显的主流话语色彩。

"同样的历史，不同的历史观、不同的历史环境、不同的历史目的，可以有不同的解释。历史经常在人们的记忆中，在社会历史的土壤中，在不同的时间和空间中，被重新解释和认识。"②从历史记忆的角度来看，伏波将军的传说及其马留人的故事在当地民众中得以流传，即表明了普通民众对主流意识形态和话语的某种认同，自觉或不自觉地把属于自己的族群记忆杂糅

---

① 杜树海：《祖先记忆与边疆建构——宋明以降钦州西部族群社会与历史变迁》，广西师范大学硕士学位论文，2008年。

② 王笛主编：《时间·空间·书写》，杭州：浙江人民出版社，2006年，第15页。

到大历史当中。

第二节 祭神与祭祖

马留人通过编修族谱的方式来完成了英雄祖先故事的文本叙述，他们又借着祭祀伏波将军马援之仪式来强化宗族认同感，增强族群内部的凝聚力，亦借此宣扬自我文化身份。这样的案例在桂西南地区比比皆是。

东兴市东郊罗浮峒村的村民以施、黄二姓为主，大约有3000人，均自称是马留人，祭拜伏波和施、黄二姓祖先。罗浮峒伏波庙外石碑立于2001年，简要记述了施胜马的事迹："公元41年……光武帝任马援为伏波将军，刘隆为副将，施胜马为文将，黄万定为裨将……施胜马、黄万定确立了九州四国三都五峒，马、施、黄确立为罗浮峒永远峒长。定为把这幅地和风景岭山作为施、黄二姓的祠堂，确立历史古迹在这里。"每年正月初四至初八是祭伏波将军之节日，其中正月初六最为隆重，笔者曾于2009年正月初六参加了罗浮峒伏波祭礼活动，其主要仪式有进香、道公做法事、公祭、降生童请神、乡饮、越南歌手唱哈。

2009年1月31日，在参加罗浮峒伏波庙会期间，笔者注意到在道公做祭礼时的祷文上有马援为何被百姓祭祀的内容，其大意是东汉光武帝封马援为伏波将军，马援的儿子马大相公、马二相公一同前来。光武帝又封黄任汉为开路先锋，其三个儿子黄万定、万寿等一同南征。马援到钦廉海口龙门沙江口七口时，水浪涌起挡去战船，马援挽起神箭射出一条水路，直取交趾，直杀蛮贼直至分茅岭五省地界，得胜班师回朝。罗浮峒村民为马援建伏波庙，供奉马援伏波大神，并安座黄施两姓祖先香火分别于左右两旁，后来庙宇和神像毁坏。1998年当地村民自发筹款重修庙宇，并塑新神像。① 祷文的中间部分虽然有明显的神化马援的痕迹，但是作为地方性知识代言人的道公以其朴素无华的笔墨为我们描述了马援南征的历史故事是如何烙在地方百姓心中的。

---

① 此材料系笔者据2009年1月31日参加东兴市罗浮峒伏波庙会时所获。

刘志伟先生通过对粤东沿海一个海岛的妈祖诞祭祀活动的研究，指出妈祖祭祀活动是传统时期岛上最具有组织性和最广泛的社会包容性的集体仪式活动，它把岛内十三村整合为一个整体。全岛居民共同参与连续多天的祭祀活动，可以培养共同的宗教信仰和共同的宗教行为经验，强化岛上村民的认同感。[①] 笔者在东兴和防城以及钦州进行走访时，经常听自称是马留人的当地居民讲起伏波将军马援南征以及他们祖先随马援南征定居此地的创业兴家的故事，亦是同理。每年一度的东兴罗浮峒伏波庙会有参拜群体，有当地村民，还有来自防城、钦州、灵山、合浦、北海等地的信众，甚至有越南边民前来参加。整个祭拜活动气氛热烈融洽。东兴罗浮峒参祭的主体是当地村民施、黄二姓，均称他们来祭伏波将军时，亦同祭施、黄二陪侍神，他们自称是施、黄二神的子孙，此庙对于他们来说即是伏波庙，亦是家庙，祭神即是祭祖。罗浮峒的施、黄二姓与防城、钦州等地的韦姓、黄姓等有一个共同的自称——马留人，对他们来说，参加伏波庙会，既是来祭神，更是来寻根。

除了将祭神与祭祖仪式合二为一以外，马留人还借用传统的修始祖墓园、建宗祠的方式来收宗敬祖。禤纯旺墓园坐落在防城镇附城乡水营村（古称那殿罗），距防城镇两千米，四周群山拱护，墓坐北向南，主坟两个，与其夫人黄氏同墓。每年农历二月二十五日即为该墓的扫墓日，各处裔孙前来拜扫。2003年该墓园重修。如今大门正中的内联为广西文史馆员黄家蕃所撰门联："先德垂武功南征兼传鲁圣教，孙枝沃遗泽云仍世捍汉边疆。"外联为"青山处处埋忠骨，何必马革裹尸还。"横批"东汉平夷大夫禤纯旺墓园"。园内除了坟墓外，还用砖砌成护墙，墙内嵌设各式石碑，依次为重修墓园记、名人题词、马援安边定国图。[②] 黄万定的墓园也保存至今，位于防城镇扫把岭，每年会也举行隆重的扫墓仪式。如图7-1、图7-2所示。

[①] 刘志伟：《大洲岛的神庙与社区关系》，郑振满，陈春声主编：《民间信仰与社会空间》，福州：福建人民出版社，2003年，第422页。

[②] 禤氏历史文化研究会，广西防城港市禤氏宗亲理事会编：《纪念禤纯旺始祖留守南疆1970周年禤氏祖祭》，内部资料，2010年，第34—35页。

图 7-1 禤纯旺墓园

图 7-2 黄万定墓园

禤氏宗祠建于 1420 年，位于防城港防城区（城内），坐北向南，面向江口，隔海遥望交趾。原占地面积 1800 平方米，分前后二座，东西二面建有附屋共八间，砖木结构，雕梁画栋，中间有庭院式天井。大门上方悬挂黑底金字"禤氏宗祠"匾额一块，匾下大门悬挂大红灯笼二只，上面书写"平夷大夫"汉隶黑字（图 7-3）。宗祠门口左右原架有长 15 米、直径 24 厘米的生铁古炮二门。该古炮是乾隆年重修该祠时所置，后来被族人借去押船后流失，今已不存。走进祠内，楹联比比皆是。大门第一副对联：簪缨汉室，威镇南夷。前厅

第七章　国家认同下的族群身份构建：马留人的伏波情结

木柱又有"簪缨传汉室，威烈镇边南"等对联。还有禤氏后裔排辈对联："延存祖德大汉扬勋绵统绪，焕发孙谋南天衍派广基袭。"后座正厅供奉着三尊主神位，正中为"汉恩特赐平夷大夫钦州世袭时罗都总守禤纯旺"之神位，左为"清敕授宣武大夫钦州世袭中军府禤巽亭""钦州世袭时罗统都长官禤彝斋"，旁有禤氏历代祖先牌位300多尊神位。

该祠于清乾隆十八年（1753）重建后，时有田产500亩，在城南大圩村，年收千斗谷为祭祖常产。每年正月十五元宵节为禤氏家族祭祖日，由德高望重而又四世同堂的二人主祭，同时敲响祠堂门前的二面大铜锣十八响，传说含有三重意思：一是南征交趾在建武十八年（42年），记住始祖建功立业节节胜利的时间，以教育后人发扬知难而进，继志述事，戍边的精神。二是禤受封世袭平夷大夫、光武帝赐姓、颁发九瓣花纹铜印，每瓣花纹二响锣共18响锣，以教育后人珍惜殊荣，为国分忧，永不叛国。三是先祖三主神位的先祖、祖妣，每人鸣锣三响，又十八响锣，以教育后人爱祖敬宗，代代相传。十八响铜锣祭祖式，是禤氏家庭区别于其他家庭的祭祖仪式。每年打响十八铜锣，声震四方，然后开始正式拜祖，礼毕抬着马伏波神像、禤纯旺神像参加街上的元宵节菩萨出游活动。[①] 可见每年隆重的祭祖活动是禤氏家庭热爱先祖、热爱祖国、教育后人的活动。

图7-3　防城港禤氏宗祠

[①] 禤氏历史文化研究会、广西防城港市禤氏宗亲理事会编：《纪念禤纯旺始祖留守南疆1970周年禤氏祖祭》，内部资料，2010年，第56页。

防城港黄氏宗亲也为其始祖黄万定建立宗祠，保存至今。其建筑现为两进三开间，有左右厢房，大门横联为汉平夷将军纪念堂，左右对联为："平叛乱功高东汉，定风波威镇南夷。"正殿为三开间，正厅为一神台，横批为"功高汉室"，左右对联为："江夏家声远，山东世泽长"，神牌上写着黄万定及其父兄的职衔名讳。左厅神牌上写着宋世袭时罗峒、贴浪峒、丫葛峒、渐凛峒、古森峒七峒峒长之名讳，右厅安放着伏波将军马援的牌位。如图 7-4、图 7-5 所示。

图 7-4　防城港黄氏宗祠

图 7-5　防城港黄氏宗祠正殿

由上可知，马留人在每年一度的祭伏波将军的仪式中，努力把自己的祖先历史与马援南征联系起来，创造出了其先祖是"汉将后裔"守边卫国的英雄故事。他们在祭祀伏波将军的同时，亦祭祀祖先。从某种意义上说，没有伏波将军马援，也就没马留人，马留人这个群体与伏波将军之间建立起了一种相互依存的独特关系，从而使伏波信仰得以维系千年。

第三节　神力与权力

在历代的官方文献记载当中，马援的功绩不断被肯定和强化，朝廷在对待其祠庙的态度也是不遗余力的扶持。其实，这表明了朝廷在对待神灵上的一种态度，也就是说在历代忠臣中，但凡是对维持国家统一格局有利的，均予以扶持，并把它打造成官方信仰。伏波信仰背后的推动力，是来自官方的力量，官方致力于神灵的标准化即国家化，以整合不同的地方文化，把马援塑造成统一王朝政治格局的神圣象征，这体现了国家权力控制地方社会的意图和努力。地方社会在贯彻中央意志力的同时，也注意把神灵的事迹与当地民众生存的社会环境、生活状况及需求等紧密联系在一起，把外来的神灵塑造成有功于地方、造福于地方的乡土神灵。

正如刘志伟先生指出的那样，某种具有正统性象征的神明崇拜，可能被利用而作为改变社会地位的文化手段。[①]对于桂西南地区的百姓来说，马援这位战功赫赫的将军极具正统性象征，马援率军南征，平定边疆社会秩序，其忠诚已有史鉴。马留人通过祭祀伏波将军马援的各种仪式，实现对大历史的记忆以及祖先故事的整合。科大卫先生说："节诞庙会不必出类拔萃，也能体现一个社区的面貌，在所有庙会，社区的独特面貌，建立在神灵及其供奉者的独特关系之上。因此之故，各种传说也就附会到各种仪式上，以便各个群体与神灵之间建立独特的关系。"[②]有研究表明，明末以后钦防沿海地区的族群受到中越政治关系的影响，特别是明末安南国内的莫氏王朝在与南方黎氏集团的军事斗

[①] 刘志伟：《地域社会与文化的结构过程——珠江三角洲研究的历史学与人类学对话》，《历史研究》2003年第1期，第54—64页。

[②] 科大卫著，卜永坚译：《皇帝与祖宗：华南的国家与宗族》，南京：江苏人民出版社，2009年，第253页。

争中居败势,退守越南北部高平一带,受动荡的局势影响,中越边境地区出现了寇匪,钦防沿海一带豪丫、啼鸡、松迳等地的村民成为官府拉拢的对象,他们亦自觉地选择了中国的朝廷,由原先的"属夷"转化为"汉将后裔"的身份,转换的过程直至清朝同治年间才完成,因为同治年间这些地方第一次归属清朝钦州防城司管辖,所以其族谱的祖先故事叙述也就在此时期定型,从原先的不受朝廷控制的属夷,变为马援汉将后裔世守其地。

村庙信仰离不开仪式,集体仪式是村民全体与其所信仰的神之间沟通的形式。涂尔干曾对仪式活动在宗教信仰中的作用予以了积极评价:"假若仪式只能起到消遣作用,它就不再是仪式了。……仪式对我们道德生活的良性运行是必需的,就像维持我们物质生活的食物一样。只有通过仪式,群体才能得到巩固并维持下去。"[1]聚餐、斋醮(法会)、酬神演戏、游神巡境是村庙信仰中的四大集体性仪式活动。桂西南地区伏波祭礼多有这四大集体仪式。

以东兴罗浮峒伏波庙会为例,每年的庙会其实就是一次马留人自我群体认同的仪式过程。罗浮峒伏波庙会参与祭祀的群体很多,有防城港、钦州、北海等地众多的禤、黄、施、韦等姓的"马留人"。但是主持祭礼的权力掌握在庙宇所在地的施、黄两姓手中。当地的施黄二姓在当地人数最多、力量最大,基本上掌握着地方性知识的话语权,对于他们来说,连续多天祭祀伏波将军的活动,不仅仅是对马援功绩的怀念,更重要的是,施黄两姓的祖先作为马援的陪侍神,在当地守边拓土的功绩亦得到人们的拜祭和景仰。施黄两姓的族人借伏波庙会来延续和强化祖先故事的述事模式,并以此来维系族群感情和凝聚力。这种收获随着伏波庙会一年又一年的举行而日益加深。笔者收集到了2008年春节伏波庙祭祀时的祝文,此文出自当地文化研究者韦臣之手。全文如下:

2008戊子年正月初六祭祀东兴罗浮伏波庙祝文

东汉皇敕封新息侯讳马援字文渊伏波将军之圣龛宝座前而诵祝曰
朗朗神州英豪多,浩浩中华今古传。爱憎分明别神鬼,意识文化谱史编。
能仁德明尊为圣,功成绩奇称作贤。忠勇爱国精英魂,思维超前谓作仙。

---

[1] (法)爱弥尔·涂而干著,渠东、汲喆译:《宗教生活的基本形式》,上海:上海人民出版社,1999年,第502页。

第七章 国家认同下的族群身份构建：马留人的伏波情结

爱而敬神修心德，恨之驱鬼慰心源。敬仰神佛扬善积，尊圣贤者励志坚。
都为修因择楷模，福德所司各所愿。法严德优善治国，臣忠民顺利稳权。
罗浮斯庙尊马援，瞻仰伏波伟绩传。蛮贼二征扰越民，凌夺虏掠苦熬煎。
东汉初年侵华境，生灵涂炭烽火燃。称王霸道欺汉室，推波逐澜嚣扬言。
光武皇命伏波涌，马援挂帅南征团。千军将士勇披革，万里浩营压烈焰。
铁马腾空越中土，勇士挥戈达陲边。水陆夹击讨蛮贼，所向披靡捷报传。
驱贼出境乘追击，擒斩蛮首只两年。讨平贼帮境安泰，和绥百越洽邻边。
恢复生产兴耕织，中原文化自此传。护国安邦边陲固，民生康乐融心愿。
忠勇善战军事家，伏波将军着史编。马革裹尸躬尽瘁，民族英雄世颂传。
伏波丰功回京报，将士留戍保陲边。本地人即马留人，劳发千秋族谱鲜。
后人立庙敬伏波，感恩戴德瞻先贤。战地庙注英名在，马留人裔长策鞭。
弘扬爱国崇忠勇，国泰民安华夏坚。启迪世人持壮志，振兴中华冠环天。
和谐社会边邻雅，临庙拜祭表心愿。伏波英灵欣鉴格，惠泽诚士福无边。
崇尚精神立支柱，诚贞福果应长天。伏惟，尚享。

在此祝文中，作为地方精英的代表，韦臣先是历数马援功绩，然后笔锋一转，高调赞扬马留人戍守南疆，将其提升到爱国忠勇的高度。由此可见，伏波庙会，对于马留人来说，不仅是一次祭神的活动，还是一次自我群体身份同的强化，更是维持群体凝聚力的传统方式。

东兴罗浮峒"马留人"的群体以祭伏波将军马援为契机，从而实现自我整合到王朝国家历史进程之中的目的。马留人在祭伏波将军马援的过程中，借民间宗教人员的请神敬神仪式来重复马援南征的历史，并努力把自己的祖先历史与马援南征联系起来，创造出了其先祖是马援副将守边卫国的英雄故事。祭伏波将军的同时，亦祭祖先，两者叠加，马留人这个群体与伏波将军之间建立起了一种相互依存的独特关系，构建起独具特色的社区关系。

其实这样的祖先英雄故事以及族群身份认同的方式，并非北部湾马留人所独有，其他一些姓氏亦多自称是马援南征时戍守广西的将士后裔，如广西马氏自称是马援后裔，成立了宗亲会，并且举办了多次大型的活动，以此来增进宗族感情。2011年6月15日，广西马氏宗亲联谊会前往南宁市横县伏波庙考察和祭祖。后又于2011年9月3日举办广西首届伏波文化研讨会暨广西马氏宗亲联谊会成立一周年纪念大会。在会上，他们发表了《广西伏波文化研究建设倡议书》，提出了五点建议：全面把握伏波文化精髓一以贯之发扬光大；弘扬伏波文化与建设和谐社会有机结合；融入全民族团结合力推进祖国繁荣富强；重视伏波文化载体的挖掘、保护和发展；完善机制加强伏波文化的研究和传承。可见，马氏宗族借强势经济实力为平台，以伏波信仰为核心的伏波文化为纽带，凝聚宗亲感情，增强宗亲对祖先功绩的自豪感，这是对文化权力的操控，亦是一种文化自觉的表现。

　　无独有偶，湘西地区也有一些族群借助马援来强调其在当地的文化地位。中原汉族马殷统一湖南，建立楚国，号称楚王。其子马希范在位时，于后晋天福四年（939年）平定了溪州土家族彭士愁集团的作乱，次年以铜五千斤仿效马援铜柱标汉界之举，与彭氏立铜柱勒铭誓于溪州，此后，湘西地区各族悉归附楚王，境内安定。马希范在铭文上尊马援为"列祖昭灵王"，历数马援功绩，盛赞马援"昭灵铸柱垂英烈，手执干戈征百越"，然后话锋一转，自述其平溪州之乱的功绩，"我王铸柱庇黔黎，指画风雷开五溪。五溪之险不足恃，我旅争登若平地。五溪之众不足凭，我师轻蹋如春水。溪人畏威仍感惠，纳质归盟求立誓。誓山川兮告鬼神，保子孙兮千万春"①。马希范实际上是想借马援的文化影响力来提高自己在当地的文化地位，并借此威慑和控制武陵地区以及西南蛮夷，铭文当中表达出了强烈的威慑力。除仿立铜柱，马希范还建伏波庙。靖州马神庙"或云庙本湖南马氏所创，盖马氏自谓伏波后裔，欲以夸示蛮猺弹压溪峒云"②，表明楚王马氏以攀附马援为先祖的策略来威慑当地少数民族，这是一种文化统治的策略选择。同样的情况亦发生在石柱土司马氏身上，其亦自称："原籍陕西之扶风县，汉新息侯伏波将军马援裔，代有世职。宋高宗南渡，援裔马定虎奉调，领兵征服五溪诸蛮，遂授石柱安抚司。"③此说法并非真实，但却成为武陵地区马氏祖宗来源的主流版本，表明马定虎以马援为祖先，也是借此摆脱蛮夷身份，并获得向中央朝廷争取敕封的资本。

　　每年一度的伏波庙会，为东兴罗浮峒社区居民的社会生活提供了一种文化

---

① （清）段汝霖：《楚南苗志》，长沙：岳麓书社，2008年，第71页。
② 乾隆《湖南通志》卷48，南京：凤凰出版社，2010年，第74页。
③ （清）王槐龄：《补辑石柱厅新志》卷7，清道光二十三年（1843年）刻本。

第七章　国家认同下的族群身份构建：马留人的伏波情结

整合机制，也成为当地马留人维持自我身份认同的一种重要方式，祭神与祭祖在某种层面上实现了暗合，伏波庙、祠堂、族谱、祖墓等构成了马留人赖以维系群体认同的象征。广西沿海地区的马留人把祭祀马援与祭祖联系起来，马氏宗亲借伏波文化研究来凝聚宗族感情，这与湘西的一些族群把马援视为祖先的故事模式是一样的。这是对文化权力的操控，亦是一种文化自觉的表现。王明珂先生指出，正史（典范历史）只是被社会中部分的人或人群所选择、强化、传布的社会记忆，在生存资源的角逐中，历史记忆成为各社会群体以及各次群体间的一种争论与政治经济谋略的运用①。马希范是借马援的历史记忆来强化其在湘西地区的政治地位，广西桂西南地区的马留人也是借马援部将建功留戍南疆的英雄祖先故事的历史记忆来强调自己的政治文化地位，这都是一种对族群身份和政治经济地位的文化表达。从历史记忆的角度来看，伏波将军的传说及其马留人的故事在当地民众中得以流传，即表明了普通民众对主流意识形态和话语的某种认同，自觉或不自觉地把属于自己的族群记忆杂糅到大历史当中。

---

① 王明珂：《华夏边缘：历史记忆与族群认同》，北京：社会科学文献出版社，2006年，第257页。

第八章 伏波信仰的现代传承与复兴

在历史上，平定交趾反叛、维护国家边疆稳定秩序的爱国精神，是国家和民众纪念伏波将军马援的最初目的，也是伏波信仰的核心内容之一。伏波信仰有助于加强民众的凝聚力，强化国家认同感，稳定地方社会秩序；之后随着水上贸易和交通的发展，加上中央政府的引导，伏波信仰又增添了赐福和庇护航运安全的职能，并使其成为伏波信仰的核心内容之一，这使得伏波将军马援走下神台，从护边名将变成了庇护民众的神明。桂西南地区伏波信仰延续至今，以年度纪念仪式为表现形式的伏波祭礼则充分反映出了历史与记忆的互动关系。

第一节 桂西南地区伏波信仰的仪式传承

一、左江沿线的伏波庙会

1. 龙州伏波诞辰

龙州伏波庙以每年的农历四月十一至十三日为伏波诞辰，每年都会举行隆重的祭祀活动，最主要的活动内容是斋醮和放花灯。2009年5月5—7日（农历四月十一至十三日），笔者第一次考察伏波庙祭礼。2010年5月24—26日，笔

第八章 伏波信仰的现代传承与复兴

者与硕士生王雨再次来到龙州考察伏波祭礼仪式[①]。

祭祀的第一天，请来龙州北跃农场的道公做斋醮。道公们自称是在中华人民共和国成立后随着祖辈从邕宁迁到龙州定居。道公一共有五六位，其中的大师傅姓卢、邓、雷。利民街的街坊们会自发成立一个庙会委员会来组织庙会的各项工作。

此后，道公们各司其职，开始了诵经斋醮。在斋醮过程中，民众可以自由上香祭拜。20点左右，开始举行一个重要仪式——"破地狱"。整个"破地狱"活动大概持续4个小时，直到凌晨1点左右才结束。

祭祀的第二天17点左右，道公率众人带着祭品跟花灯坐船去左江对岸班夫人庙原址去放花灯。放花灯，寓意着解除灾难保人平安。据利民街莫家粉店的周大叔介绍，在旧社会时花灯通常会有7盏、9盏或至多19盏，均为单数。后来，花灯的数量也是要与时俱进，根据时势的变化而定。2009年，当时共有63盏花灯，其中的60盏小花灯象征中华人民共和国成立60周年，3盏大花灯为长生灯，旨在纪念做好事的人。

放完花灯已经是晚上20点。众人回到伏波庙里，道公们继续诵经，晚上的诵经主要是完成施食的仪式，直到凌晨两三点才结束。

最后一天早上七八点，是自由祭拜时间。在来祭拜的人群当中，水上居民祭拜仪式较为特别。水上居民，史书中常称之为疍家或疍民。他们常年居住在河面上，以船为家，以打鱼为生。如今的水上人家大多数已经上岸定居，但是仍保留着每年来祭拜伏波的传统。绝大部分水上人家都居住在岸上并且很分散，有部分嫁到外地的人都赶回来参加庙会祭拜活动。笔者采访了林家蝶，她年近五旬，嫁的人也是水上人家，20世纪70年代时随着夫家跑水路运输往返于龙州和南宁，但户口仍是在龙州，她每年都会与众姐妹一起回到龙州参加伏波庙会。

自由祭拜结束后，道公会组织众人为伏波将军"献宝"。献宝之前先铺红布，不准众人跨过红布。接着道公先后向伏波将军献上香、油灯、花、明烛、苹果、五谷、烟茶、首饰、文房四宝。仪式完毕后除香、油灯、花、烛外，其他供品均可被拿回或现场分吃糯米饭、玉米粥、花生、饼干、粽子等物品，

[①] 王雨：《清代以来龙州地区马援崇拜的社会史考察》，广西民族大学硕士学位论文，2015年。

寓意吃百家饭得百家福。

活动的最后一项仪式就是倒旗。倒旗前再次祭祀，称为"三酌"。至此，持续三天的庙会结束。祭礼全部结束后众人围坐聚餐。

有研究表明龙州伏波诞辰在整个祭祀仪式的全过程中，除了"破地狱"（放出地狱中伏波将军马援的士兵的灵魂使之升天）和"三酌"（供奉给伏波将军及其手下将士）这两个仪式中略带有马援南征维护国家统一的历史记忆之外，其他的仪式活动，全部都是把伏波将军马援当作司职消灾去难、保人富贵平安、吉祥长寿的日常保护神和水神，这说明伏波神马援其主神职能为日常保护神。[①]

2. 凭祥隘口村伏波诞辰

隘口村是位于322国道旁边一个村子，四面环山，大约有三百户人家。2012年5月11日，笔者第一次来到隘口村进行考察。隘口村伏波庙位于铁路旁，在隘口小学围墙旁边。庙前有几棵四五人才能合抱过来的大榕树。

每年4月15日，是凭祥市隘口村伏波庙的庙会。2013年5月24日，笔者再次来到隘口村考察伏波庙会的整个过程。

4月15日前，由街里主办者黄阿姨收钱，街民自愿捐，庙会那天会贴出捐款者名单及钱数，她负责到龙州请师公和买菜。4月15当天，村民把准备好的供品带到庙里面祭拜并烧香。

前来参加庙会的村民各司其职，从事各项准备工作。此外，庙会还有歌舞表演。表演结束后即是游街。游街活动全部结束后，队伍回到伏波庙，再次做祭祀，为伏波将军呈上香、花、灯、果、糖、饼、茶、金、银、布等贡品。整个庙会仪式就宣告结束。参加庙会的村民即在庙前空地聚餐畅饮。

如今的隘口村伏波庙的祭祀已经很简化了，但是在明清至民国时期，祭祀还是很隆重的。说起伏波庙旧日庙会的情况，村里年纪在70岁以上的老人们记忆犹新。中华人民共和国成立以前的庙会十分隆重，会请戏班子来唱粤剧、彩调，还有抢花炮，扛神像游街。"文化大革命"时停止，庙被拆。1994年，他们才组织重建伏波庙。唱山歌，是附近村子的唱山歌队经村委会同意来村里表演的，唱山歌的多为60岁左右的壮族女性。

[①] 王雨：《清代以来龙州地区马援崇拜的社会史考察》，广西民族大学硕士学位论文，2015年。

王明珂说："真正的过去已经永远失落了，我们所记得的过去，是为了现实所重建的过去。"[①]在与来参加庙会的该村老年人聊天时，笔者发现村里70岁以上的老人们多数了解伏波将军马援的故事，知道这个庙始建于清朝，供奉的是伏波将军。有的人还可以明确说出伏波将军的真实姓名是马援。如83岁的赵剑琴老太太是1994年主持重建伏波庙的主要倡议者和执行人（庙前一块现代重建伏波庙碑文记载3个重建庙的人为赵剑琴、苏锡华、莫剑鸣）。她回忆说，这个庙以前很大，后面的小学都是庙的地，每年的4月15都举行很隆重的庙会。她说年轻时，曾做布匹生意，到上海、广州等大城市运回布匹来卖，挣了一些钱，回村子重建这个庙。

曾经盛况一时的隘口村伏波庙在"文化大革命"时期被拆除，旧址成为小学校址。直到1994年，当地村民自发筹款在旧址旁边的大树下重建伏波庙，如今的庙只是一座简陋的小庙，每逢大节如春节、清明，一些人会自发前来祭拜马援。

3. 横县伏波庙会

桂西南内河流域大多传说每年农历4月12—14日，是伏波将军马援的诞日。作为桂西南地区规模保存最完好的伏波庙，横县伏波庙在这三天会举行隆重的庙会。清朝末年之前，伏波庙一直属官民同祀。民国时取消了官祀后，伏波庙会便转变成民间的自发性祭祀行为。上至左右江，下至珠江口，成千上万的民众便会自发地从各地赶来祭拜伏波将军。相传这样的习俗已沿袭近2000年，且呈兴盛之势。2006年，因具有独特的壮族民间传统文化纪念性意义，横县伏波庙会入选广西第一批区级非物质文化遗产名录。

2012年5月3日，笔者全程参加了横县伏波庙会。当天一早笔者坐车从横县县城到站圩村路上车水马龙。因为伏波庙所在的位置面江，没有多余的空地供香客停车，为了保障安全，当地政府专门成立了由文体局、文管所为主要部门组成的工作队，维持治安，协调交通。交警在路口引导人车分流，从站圩村到伏波庙约四里多的马路上只能通行三轮车。因为人多车少，所以不少香客步行到庙里上香。

庙前的马路上是各式商家摆放的摊位，售卖香烛以及各式食品等。笔者幸

[①] 王明珂：《华夏边缘：历史记忆与族群认同》，台北，允晨文化实业股份有限公司，1997年，第56页。

得横县文管所的大力帮助，顺利进入庙里观察整个祭祀情况。伏波庙前的香炉里已经是香烛满炉，众香客先在庙外点燃香烛、燃放鞭炮，再进到庙内上香。庙内主殿前的香炉前烟火升腾，民众按自己的方式自由上香，焚烧纸钱，表达对马援将军的崇敬之意和怀念之情。各地香客自发组织的龙、狮、凤、麒麟表演队会以各种方式来到庙里拜祭马援，江上过往的船家会摆上祭品拜祭马援。

在众多香客中，笔者看到一支队伍不仅人员众多，排队有序进庙，显得非常特别。队伍最前头一位大妈手执纸做的红罗伞开道，后面跟着两人合力抬着一匹纸做的白马，白马做得非常逼真，马辔头、马鞍一应俱全，马有两米多高，白马前还有一位纸做的马童，两旁还有两位大妈手执纸做的羽扇伴随白马左右，其余众人各拿着祭品有序进入庙内。

大多数香客在正殿前的天井前祭拜伏波将军，案前供品成堆，香客挤得水泄不通。从农历四月十二日至十四日，一连三天，白天伏波庙香客络绎不绝，即使入夜后也有各方香客陆续前来进香。在庙前空地上，男女山歌手各自三五结队，以歌会友。

二、北部湾伏波祭祀活动

1. 东兴市罗浮峒伏波庙会

东兴市罗浮峒伏波庙位于东兴市东郊社区（原为罗浮村），建于清光绪十六年（1890年），也是桂西南地区影响较大的伏波庙。此庙于2001年重修，共有20个村民小组捐资重修。

其庙宇坐北朝南，建筑面积约250平方米。庭院地板面为砂岩条石铺筑。两侧为廊房，四级砂岩条石铺筑台阶通向庙门厅。门厅前有门廊，两侧柱顶呈弧状拱。正厅两侧各呈砖砌一大一小弧状形门。庙门正中的门额题写"伏波庙"三个大字，大门有一副对联："马援南邦勋铜柱，侯在东汉著金榜。"后殿分为三开间，正中亦写有"伏波庙"，两旁对联为："泽被南郊流五洞，名成东汉炳三都。"后殿正中供奉着伏波将军马援之神像，马援端坐圈椅，右手持宝剑，脚踏两个小人。马伏波神像前是两个造型古朴的石香炉，其中较大的一个石香炉上阴刻"伏波庙""光绪二十年岁次甲午八月吉旦""防城县东兴街□□"。马援神像两侧各有一陪侍，据当地村民介绍，此二陪侍分别是马援副将施胜马、黄万定。如图 8-1 所示。

图 8-1　东兴市罗浮峒伏波庙

另外，值得注意的是，越南村民"古典式祭拜"是罗浮峒庙会的一大特色。"哈"是越语"唱歌"之意。唱哈要连唱几天，直至祭礼完全结束。越南歌手通过扮演伏波将军马援及唱哈等形式来祭拜伏波将军。

对于伏波庙会上请越南歌手来唱哈的原因，笔者在 2009 年正月初六考察伏波庙会时，了解到较为常见的说法是，伏波将军马援为当地人民做了伟大贡献，因此当马援将军要回京复命之时，越南人民舍不得他，纷纷唱起马援喜欢听的"哈歌"予以挽留。故而唱哈习俗得以随着时代一直流传下来，也成为伏波庙会上必不可少的环节。每到庙会就会有很多越南边民渡过北仑河过来祭拜。现在来唱哈的一般是从越南芒街邀请的专业人士。

此外，东兴市江平镇横隘村下辖的百烈村，人口约 400 人，以鸡、杨为大姓，其中村中的黄氏自称是黄万定的后代。在该村渡口处不远，有一伏波庙。据当地老人介绍，百烈村伏波庙大概是清朝时所建，具体原因不得而知了。以前的伏波庙为两进式歇山顶式建筑，庙内供奉着雕刻精美的伏波神像。该庙在"文化大革命"时被拆毁，现在的伏波庙是 20 世纪 90 年代重建的，面积约 2 平方米，面江而立。庙门正中贴着用红纸写"伏波庙"三个大字，两侧对联为："伏自孔昭神德大，波随普济圣恩深"。庙内无神像，里面贴着一个"神"字，放着一个香炉。百烈村伏波庙集体性的活动主要有三次。即正月初七、七月初七、十二月二十，其中村民把正月初七定为伏波诞辰。伏波庙采用轮祭制度，即每户选出一名代表（成年男性，另立门户为一户），每次庙会选出四名代表称为会首，由他们负责庙会祭祀资金的收集和组织祭祀活动。

2. 钦州康熙岭镇横山村伏波将军巡境习俗

钦州市钦南区康熙岭镇横山村伏波庙会是在农历正月十五，据说当天是伏波将军的生日，均会举行隆重的伏波将军游神巡境活动。正月十五开始游神，游两天。2009 年 2 月 9—10 日、2011 年 2 月 17—18 日，笔者参加了横山村的伏波庙会。其巡境路线是从横山伏波庙开始，依板平村—南边村—板坪一队—禾塘屋—横岭—独山村—横山村而行，最后回到伏波庙。经济条件较好的村子还会出钱请钦州当地的采茶剧团为村民们唱采茶戏（钦州的一种地方戏），其表演的内容不仅有取材于伏波将军事迹的故事，还有群众喜闻乐见的传统曲目。

此外，钦州市犀牛脚镇乌雷村乌雷岭伏波庙在 2001 年 2 月重建完工，成立了伏波庙理事会，并通过抽签的方式确定了八个村（乌雷村、犀牛脚、埠头、岭门、西寮、沙角、船厂、三娘湾）的祭拜顺序。在每年伏波将军诞辰之日，由八个村轮流出资为伏波将军祝寿，轮值的村子推举出有能力、有空闲的 10 位村民组成领导小组负责组织工作。

在观察了桂西南地区伏波信仰的复兴及其祭礼后，我们不难发现伏波信仰已然成为一种区域性的民间信仰，有固定的祭礼仪式。保罗·康纳顿指出："仪式只有通过它们的显著的规则性，才成其为表达性艺术。……所有的仪式是重复性的，而重复性必然意味着延续过去。……仪式语言的形式主义还具有更加明显的记忆作用。"① 在桂西南地区，不论是龙州、凭祥，还是沿海的防城港、钦州，伏波信仰仍在一定的范围内传承，每年一度的庙会就是一种象征仪式，通过斋醮、祭拜的方式不断重复着伏波将军马援的故事，这是一种社会群体对历史的记忆。

第二节 民俗文化保护旗号下的伏波信仰复兴

马援平定岭南，巩固边防，安邦定国，还为促进岭南地区经济和社会文化的发展做出了重要贡献，所以至今在他南征之地多建有其专庙——伏波庙，形成了独具特色的伏波信仰文化。伏波信仰的复兴在现代社会背景下是有着深刻的原因的。

一、作为文化遗产的伏波信仰

近些年来，防城港市正极力打造以伏波文化为内核的海洋文化名城。围绕伏波文化，防城港市本地人士，也创作了一批有关"马援南征"的民间传说等文学作品和画作。

2010年10月25—27日，防城港市举办了"首届北部湾海洋文化论坛"，还特设"伏波静海、江山多娇——'伏波文化'主题研讨会"。时任中共防城港市委书记、市人大常委会主任禤沛钧为分论坛成果《伏波文化论文集》一书做了序，他指出，要大力实施"伏波文化工程""京族传统文化工程"等项目，精心打造以海洋和边疆文化为重点的"十个一旅游及文化品牌项目"，加快文化产业发展，着力建设具有重要影响和较高知名度的"中国海洋文化名城"②。就书中所收的三十四篇论文内容而言，除了对伏波将军马援历史功绩的研究、伏波信仰、伏波故事等主题外，有相当多的学者把关注的目光放在伏波文化的开发上。

经过多年建设，伏波文化已经成为防城港市的文化名片之一。2014年1月1日，防城港市伏波文化园正式开放。伏波文化园位于西湾海堤中段，由伏波

---

① （美）保罗·康纳顿著，纳日碧力戈译：《社会如何记忆》，上海：上海人民出版社，2000年，第49—68页。

② 卢岩主编：《伏波文化论文集》序言，南宁：广西人民出版社，2010年，第2页。

文化园景观及伏波雕塑群两部分组成。伏波雕塑群设在伏波广场上，有一座高约 25 米的伏波将军策马扬鞭的雕塑，还有马援功绩的系列石雕，还立有以黄万定、褟纯旺为代表的钦防地区马留人祖先雕刻群。如今的伏波文化园已经成为该市的一处城市文化景观，如图 8-2 所示。此外，在防城港仙人山公园的登山阶梯处还有马援射九口浪的浮雕。

图 8-2　广西防城港市伏波公园掠影

历史文化资源对于确立一个地区或城市的特色文化品牌，提升文化品位，打造文化名片，提高知名度，促进文化与经济的和谐发展，有着十分重要的意义。民间信仰属于历史文化资源，在时代背景下，各地伏波庙民间管理者们也在考虑如何将庙宇的日常管理与文化遗产结合起来。钦州康熙岭镇横山村伏波庙的祭祀活动在 2009 年时横幅上写着"伏波马援将军出游"，2011 年时条幅的文字已经变成"热烈庆祝伏波文化节"，从原本非常直白的游神活动变成了传承民俗文化的节日，这本身就表明了民俗活动在不断地适应现代社会的发展，带上了时代的烙印。

广西马氏宗亲联谊会自成立后，一直致力于马援遗址与伏波文化的传承工作。他们以宗亲会的名义设立了"广西伏波文化遗址"名录，名录里有南宁市江西岸伏波庙、横县伏波庙、钦州市钦南区康熙岭伏波庙和钦州市乌雷伏波庙，并颁发"广西伏波文化遗址"牌匾。该联谊会还积极资助各地的伏波庙重修或举办庙会。如来宾市兴宾区三五乡陶马马伏波庙、横县伏波庙、南宁市江西岸伏波庙等，均可见到该会捐款的碑记。

二、文化保护口号下的伏波信仰复兴

有学者认为应该整理和开发有关马援南征的人文史料，开发东汉历史文化旅游资源，宣传和弘扬"马援南征文化"，为三个文明建设服务。[1]

随着人们对传统文化的重视，伏波信仰及其仪式越来越受到关注。2007年6月，广西公布了第一批区级非物质文化遗产名录，横县壮族伏波庙会入选。2009年5月7日，龙州县政府举办民俗文化节暨中越（龙州）边境山歌邀请赛，其举办目的是"为进一步弘扬我县民间民俗文化，加强中越两国边境地区文化交流，打造我县民俗文化品牌"。其活动内容为伏波庙祭祀活动，包括群众拜祭伏波将军像、道师祭祀、舞龙舞狮、山歌对唱等。[2] 当地将伏波祭礼纳入民俗文化节，这既是传承伏波信仰，也是对伏波信仰的征用。

一些地方的群众自发捐资重修因各种原因被毁的伏波庙。南宁市隆安县古潭乡马村伏波庙，曾经遭到破坏，后来村民重修，庙里还供奉着马伏波将军以及其他马氏祖先的灵位。隆安县南圩镇灵利村后的石马山，亦建有马伏波将军纪念堂。两处的伏波庙均为现代重修建筑。目前，防城港市的东郊、石岭、鲤鱼江、红坎、滩营等地仍有一些小型的伏波庙，有些被破坏的伏波庙也纷纷重建，如横隘村、电河村伏波庙等。

南宁市江南区平西村亦于2009年重建伏波庙。此庙为一进一开间，内供伏波将军马援神像，并有陪祀神。庙门外有碑记，上面记载了2009年重建此庙的缘由。平西村伏波庙的重建，并不是靠来自上层文化人士的推动，而是村民的自发行为。平西村的百姓在叙述祖先来历时，均称是随狄青平侬智高起义时从山东白马县而来，战后留戍当地。这样的祖先故事叙述模式在广西特别是桂西南地区是屡见不鲜的。他们没为狄青建庙，反而是为马援立庙，原因是什么呢？在碑文当中，作者对马援南征史实的叙述除了正史材料外，还有明显是根据自己的理解进行加工的。如马援与骆越人喝交杯酒以结好，马援获当地首领指点买薏苡以治瘴气等故事，即是明证。同时，凉菇的来历与马援从谅山带野

---

[1] 陈曼平：《从历代古诗文歌咏马援看"马援南征文化"的积极内涵》，《广西地方志》2006年第3期，第30—35页；陈建斌：《伏波文化的现代价值研究》，《传承》2010年第10期，第162—163页。

[2] 此材料系笔者于2009年5月7日参加伏波庙会时所获。

菇种子回广西种植的说法，正史当中并没任何记载，这应该是有着明显的臆想成分。但是对于马援南征促进南宁文化大发展以致百姓建庙纪念马援的描述，我们认为这是一种对国家正统文化的自觉认同。

钟敬文教授指出："传说大都跟神话和民间故事一样，是一种虚构性作品，并不是一种真实的历史事实。……但是，从另一种意义上说，任何传说都具有一定的历史意义，因为它的产生都是有一定的历史现实做根据的。"[①] 如果从正史的角度看，民间传说充满了时空错置与幻想的成分，但作为一种历史记忆的表现形式，它们的产生和流传蕴含着传说产生的社会背景、社会生活以及民众的观念、心态等多方面的信息。马援南征的历史，不仅在各种主流文献当中得到高度的颂扬，在民间的历史叙事与记忆中，也被民众以立庙、举行纪念活动等方式不断延续着这段历史记忆。民间力量在认同国家的历史过程中，也在用自己地方性的视野叙述历史，即是用传说或祭祀的方式去表达他们对历史的一种记忆。

在地方人士积极建构伏波文化节的努力下，伏波信仰得到复兴，亦得到了政府的认同，前文所介绍的防城港市打造的伏波文化就是典型代表。防城港马留人的禤氏宗祠几百年来香火不断，禤氏族人将旧祠改建为伏波将军马援纪念堂，希望可以与平夷大夫墓、祠以及天威遥古运河、其他伏波庙一起组成马援历史文化旅游线路，为经济发展服务。

另外，广西马氏宗亲联谊会在成立一周年纪念大会上公开发表了一份《广西伏波文化研究建设倡议书》，颇能说明如今的马留人对自我身份认同以及对伏波信仰的态度。

广西伏波文化研究建设倡议书

伏波文化是中华民族优秀传统文化的重要组成部分，是我国汉代马援伏波将军历经一生形成的精神、理念、伟绩以及历史遗存、后世文化延续等方面成果的集合。由于马援卓著的功勋和高尚的品格，他实际代表了伏波在人们心目中的光辉形象，形成了特有的伏波文化。研究、挖掘、传承、弘扬伏波文化，对于光大中华民族优秀传统文化，推进社会主义市场经济建设，激励各族人民

---

① 钟敬文：《民间文艺谈薮》，长沙：湖南人民出版社，1981年，第195页。

报效祖国、建设幸福和谐社会，具有十分重要的意义。值此广西首届伏波文化研讨会举办之际，特提出如下倡议：

一、全面把握伏波文化精髓一以贯之发扬光大。伏波文化充分展示了精忠报国、维护统一的爱国精神，恤民爱众、厚生利民的儒学精神，传播先进、孕育文明的科学精神，廉洁奉公、浩然正气的道德精神。伏波文化经过近两千年的洗礼，愈加闪耀出璀璨的光芒，显示出强大的生命力，大力弘扬伏波文化必定有益于加强社会主义精神文明建设，促进全面社会进步。

二、弘扬伏波文化与建设和谐社会有机结合。当前正值中央政府提出贯彻落实科学发展观，构建民主法治、公平正义、诚信友爱、充满活力、安定有序、人与自然和谐相处的社会主义和谐社会。伏波文化形成于封建社会固然有其时代局限性，但其精神实质与当今和谐社会的本质要求仍有许多共通之处，都致力追求祖国富强民族兴旺，体现以人为本的民本思想，尊崇人与自然的和谐发展，重视促进社会的公平正义。因此，在推进社会主义和谐社会建设过程中，注重融入伏波文化精髓，使之互为完善，相得益彰。

三、融入全民族团结合力推进祖国繁荣富强。伏波文化作为中华民族优秀传统文化的重要组成部分，必将成为全国人民共同发扬光大的精神财富之一。作为马援后裔的众多马氏宗亲以此为荣，倍加珍惜，并率先继承先祖的优良传统，自觉做伏波文化的传承者和传播者，争当构建社会主义和谐社会的排头兵。要弘扬伏波文化忠贞报国的爱国情怀，巩固和发展各民族大团结局面；要弘扬伏波文化改革创新的科学精神，全面参与加快建设小康社会进程；要弘扬伏波文化爱民如子的民本思想，和睦宗亲，团结百姓，共同提高幸福指数；要弘扬伏波文化浩然正气的高尚品格，大力促进社会和谐稳定，确保人民安居乐业。

四、重视伏波文化载体的挖掘、保护和发展。现存有关纪念马援历史遗存纪念载体分布各地，伏波文化由此流传久远、光耀千年。马援伏波将军南征所过之地基本留下重要纪念载体伏波庙。伏波庙主要集中在湖北、湖南、广西、广东、海南等省，如湖北江汉丏城、仙桃，湖南湘潭，广西南宁、桂林、玉林、北海、防城港、钦州、崇左，广东韶关、南雄、乐昌、连州、英德、广州，海南海口、东方等地都设有伏波庙，累计超过50处。在众多的伏波庙中，数广西横县伏波庙规模最大。各地又以伏波庙为核心形成富有特色的伏波庙会。湖北、湖南的庙会唱花鼓戏，桂林的庙会唱彩调剧，南宁的庙会唱壮族山歌，玉林的庙会唱客家山歌，广东的庙会唱粤剧，海南的庙会唱黎族山歌，广西防城港唱哈节。这些非物质文化遗产丰富多彩，使得伏波庙越办越旺，也使得伏波文化流传千年，得以传承。此外，马援大军南征遗留下一些重要的历史遗迹，诸如桂林的伏波山、玉林的歇马岭、养马岭、马援营、马门滩，南宁横县的伏波滩，越南河内的还剑湖等。众宗亲要十分重视并努力协调各级政府、相关部门对这些承载伏波文化的载体加强挖掘和保护。在重视伏波文化载体挖掘和保护的同时，也要注重伏波后人文化延续的研究和纪念。马晓军、马拔萃等十多名容县民国抗日将军群体，原广西省主席、创办广西大学首任校长马君武，百色马济军长，藤县马夏军少将，国际知名农学家马保之，广西区主席马飚等一大批马氏名人声名远播、光宗耀祖，对马氏名人故里、文化遗迹、建设业绩也要重视挖掘、修缮、发展、完善，纳入伏波文化拓展范畴。此外，创造条件策划建设一批各具特色的伏波文化主题公园，使伏波文化能通过更多的载体生动地传承。

五、完善机制加强伏波文化的研究和传承。立足于历史高度、国际视野、以唯物辩证法、科学发展观的思维加强伏波文化的研究、传承。建立完善伏波文化研究制度，形成伏波文化研究制度化、常态化，全面、多角度研究马氏名人、故里遗迹、文化影响、光辉业绩以及"马留人"历史等，不断丰富伏波文化研究范畴。积极创造条件，依法登记成立广西伏波文化研究会，设立伏波文化研究基金，定期召开广西伏波文化研讨会，全面拓展伏波文化研究成果。把伏波文化和旅游开发结合起来，马援征战过的地方遗址开发为旅游景点，既带动经济发展，又可有效推进伏波文化研究与宣传。结合当代互联网、影视等先进媒体，加强伏波文化的宣传推广。创造条件深度挖掘伏波将军的历史故事，撰写传记小说、影视剧本，搬上银幕荧屏，把伏波将军不平凡的经历和意义重新展示在世人面前。充分发挥《伏波文化》刊物作为伏波文化研究载体的作用，引导伏波文化研究方向，集聚伏波文化研究成果。

正如由蹒跚学步到蓬勃发展的成长规律，伏波文化研究必将由启动而发展进而繁荣。发扬光大伏波文化，任重而道远。让我们携手并进，不辱使命，共同推动伏波文化的传承，为丰富和发展祖国优秀传统文化而共同努力！

广西首届伏波文化研讨会组委会
二〇一一年九月三日

在这份倡议书当中，广西马氏宗亲联谊会明确提出，要把伏波文化和旅游开发结合起来，把马援征战过的地方遗址开发为旅游景点，既带动经济发展，又可有效推进伏波文化研究与宣传。结合当代互联网等先进媒体，撰写传记小说、影视剧本，加强伏波文化的宣传推广。而这种规划实际也就是把伏波信仰当成是文化遗产，在文化保护旗帜下肯定马援功绩，并借此来树立文化品牌。这种做法是现代社会里是最常见的，如2012年凭祥市举全市之力开展"旅游建设年"，利用凭祥丰富的旅游资源，以"友谊关景区"为轴心，将边关历史、军事、民俗文化特色融合一体，优化整合旅游资源，推进友谊关景区、大连城景区、班夫人纪念公园、夏石板小青龙泉生态旅游景区等旅游项目。在旅游建设年当中，充分挖掘凭祥的历史文化内涵以及历史文化资源成为旅游建设的前提和基础。友谊关景区以及大连城景区，包括伏波山上的伏波庙、白马山下的班夫人坟均是凭祥市不可多得的宝贵历史文化资源，它们都记录了广西各族人民众志成城保护国家边疆安全行为的动人事迹，与爱国主义教育、历史军事旅游的主题均契合，故成为旅游开发的重要对象。

第三节　伏波信仰与文化戍边

治边，不仅仅是政治、经济力量的综合运用，还应依托文化的力量来治边。方铁教授的研究表明，古代中原王朝治理边疆施用的文化软实力是中原王朝综合实力的一部分，治边文化软实力的基础是夷夏有别观与用夏变夷观，其内容主要是彰显中原王朝的文化、实力和制度，施用目标是实现"守在四夷"。其载体是封贡制度，传播的机制是文化传播。[①] 在现代社会民间信仰重兴的时代背景下，不少地区的伏波庙的重建之风盛行，我们不必去限制、制止，而应该积极肯定和扶持，以引导信众树立起国家意识，这对国家安全是有利的。国家安全不仅包括军事安全，还包括经济安全、信息安全以及文化安全等内涵。对于文化安全而言，民间信仰当中的爱国成分尤应肯定和弘扬，它既是彰显中华文化软实力的组成部分，还是极好的文化戍边素材。东兴市、防城

---

① 方铁，黄禾雨：《论中原王朝治边的文化软实力》，《中国边疆史地研究》2013年第2期，第19—31页。

港市要打造伏波文化名片，横县伏波庙壮族山歌庙会，凭祥市借伏波庙会搭建中越边境文化大舞台，南宁市平西村自建伏波庙，柳江县伏波庙重建的请示，这些都是人们对伏波信仰的重新认识和利用，也是对伏波文化软实力的利用。

一、文化戍边理论

说起文化戍边这个观点，要从新疆生产建设兵团说起。2003 年，新疆生产建设兵团党委宣传部王运华在《贯彻"十六大"精神 推进文化戍边工程》[①]一文中全面分析了兵团在新形势下文化戍边的现实意义和可能，讨论了文化戍边的基本内容。其后他又发表《论文化戍边的实践价值》[②]一文，对"文化戍边论"作了进一步阐述。此后，文化戍边观引发了学界的热议。实际上，文化戍边实践早已在广西推开。

文化戍边的始推区域是广西。1990 年，广西从钦州开始试验与探索构建千里边境文化长廊之路，即通过"馆、站、室、户、点"串联，建成较大密度的文化中心、文化站、文化室、文化户四级文化网点，形成"点连成线、线连成片、社会共建、全面开花"的边境地区群众文化态势。[③]文化长廊的最初出发点是改善和提升边境地区人民群众的文化知识水平，促进经济发展。但是从国家文化安全的角度来看，这倒是极好的文化戍边的做法。1990 年，广西壮族自治区文化厅在中越千里边境拉开"边境文化长廊"建设序幕。1990 年 6 月，文化部等有关部委组织联合调研组深入边境 7 县市考察，给予了肯定。1992 年 6 月，文化部在广西召开全国农村文化工作会议，正式提出推广广西经验，在全国沿边九个省区的陆路边境建设"万里边境文化长廊"。1992 年 9 月 25 日，边境文化长廊建设被明确写入政府工作规划当中。《广西壮族自治区文化长廊建设规划》（桂政发〔1992〕72 号）明确提出要重点构建十条具有一定规模、各具特色和优势的文化长廊。其中第一条就是全长 1016 千米的中越边境文化长廊，以体现爱国主义传统和国防教育文化特色，军民共建文化特色，文物景点旅游文化特色，边关民族风情文化特色，边贸经济文化特色，促进对外开放

---

① 王运华：《贯彻"十六大"精神 推进文化戍边工程》，《石河子大学学报》（哲学社会科学版）2003 年第 1 期，第 1—5 页。

② 王运华：《论文化戍边的实践价值》，《兵团建设》2004 第 11 期，第 27—31 页。

③ 杨越：《广西构建边境文化长廊》，《瞭望》1992 年第 27 期，第 30—31 页。

第八章 伏波信仰的现代传承与复兴

和周边国家的睦邻友好,发挥在全国万里文化长廊建设中的龙头作用。第八条文化长廊是全长180千米的桂西南文化长廊。经过两年多的建设,1994年,经国务院批准,"万里边境文化长廊"正式更名为"万里边疆文化长廊",成为一项兴边富民、展示国貌、增强国力、睦邻友好的边疆地区基层文化建设工程。①

目前绝大多数学者都认同文化有戍边的功能,现代守边需要进行文化建设,需要充分发挥文化软实力的作用,以达到文化戍边之目标。

二、伏波信仰的文化戍边价值

桂西南地区伏波信仰是一笔很重要的文化财富,也是文化戍边的资源。如上文所分析过的那样,光绪十八年(1892年)时任广西提督的马盛治在凭祥伏波岭新建伏波庙,是希望借伏波将军马援的神威实现"保障边圉,使侯之神灵永奠斯土"。他在隘口圩新建伏波庙的目的除了缅怀马援南征的功绩外,还希望能借修庙来祈求伏波将军在天之灵能庇佑其实现守边固边之愿。马盛治也深知祈福庇佑只是一种精神的慰藉,守边还是得靠军民同心协力,他也坦言希望"所愿居是地者,知神之福厥斯民,长思维持祀庙,不懈岁修"。马盛治为新建的凭祥隘口村伏波庙亲撰的对联:"此外是边防重镇,建新庙宇,愿借将军铜柱,威行关塞慑乌蛮",字里行间充分表明了修庙行为实际上是借信仰之力来实现守边固边目的,也就是本节所讨论的文化戍边行为。

这种文化戍边行为在民国时期更是被有识之士发扬光大。1933年7月,广西省政府民政厅厅长雷殷到广西边境各县巡视,所到之处多有伏波庙,他对马援功绩颇为景仰,在凭祥关前隘伏波庙前目睹庙貌倾败的残况,对苏元春为树立戍边榜样而特建此庙的良苦用心大为感慨。当时东北早已被日本侵占,并进逼华北,国难当头。广西地处南疆,属国防要地,为此,雷殷认为要"诘戎筹边,巩固吾圉",就得先激扬士气,提高民族精神,而桂西南地区刚好有一个极好的激扬士气的榜样,即东汉伏波将军马援平定交趾二征之乱,立铜柱表汉界,让岭南地区社会秩序重归安定,岭南甚至远在越南河内均有纪念马援的专祠,可见"威德之感人深矣"。为此,雷殷专门写了一份请示,专门申请为凭

---

① 《一项利国利民、兴边戍边的跨世纪文化建设工程》,《中国文化报》2002年9月26日,第1版。

祥县募修伏波庙，是希望能通过建祠崇祠纪功，同时还有一个特殊的原因，即"关前陆咫尺越疆，墟集繁凑，外宾往来汽车，相接于道。为对外观瞻，以表示我国崇拜民族英雄之热烈心理，及振作边地人民，发扬其民族精神起见，似于重修该处伏波古祠，不无重大关系。"①原籍广西邕宁的雷殷（1886—1972年）并非普通官员，1907年加入中国同盟会，1909年在广西法政学堂就读，是民国著名政治家、教育家。辛亥革命爆发后，他力促广西独立，当选广西临时省议会议员，因参与讨袁而被通缉，避难日本东京法政大学。回国后投身政界，1917年成为国会参议员。1928年任哈尔滨法政大学校长，东北沦陷后回到广西，1933—1939年任广西省政府委员、广西民政厅厅长。在广西任职期间，他推行保甲制度，推动广西县政体制改革，政绩颇佳，被蒋介石所赏识，后到北京任职，先后担任国民政府内政部次长、立法院立法委员等诸多要职。雷殷作为一名受过高等教育并有留学海外经历的知识分子和政府高官，是新桂系集团的中坚人物，在担任广西民政厅厅长期间，他通过健全基层组织，建立了乡村三位一体制度，加强民团建设，使广西获得了"模范省"的美誉，这其中有他的功劳。他以厅长一职特地为凭祥县募修伏波庙，作为一名政治家和教育家，他似乎不应被这种民间庙宇的修建大张旗鼓，但是他却做了，可见他是深知马援在守边动员时所具有的激励作用，重建伏波庙是为了实现文化戍边之功。

伏波将军马援卫国守边的文化价值，雷殷是深谙的，他在巡视桂西南边防时还关注到了仅在左江地区流传的班夫人信仰。雷殷在凭祥听到了班夫人捐粮助马援征交趾平叛的故事，亲自去拜谒班夫人墓，目睹班夫人墓颓垣衰草、瓦砾荆棘满地的败景，不禁为之怅然。他专门写了一个呈文，即请求财政厅拨款助修凭祥县班夫人庙。在呈文当中，他连续用了"漆女忧鲁"和"木兰从军"两个中国古代的典故去赞扬班夫人的爱国情怀。"维鲁之漆室女仅抱忧君子志，世人多之。木兰以女子从军，乃播为美谈。若例班夫人爱国家爱民族，毁家纾难，犒军克敌，固尚弗若也"。②雷殷所提到的"鲁之漆室女"典故始见于《列女传》：

---

① 广西省政府秘书处：《广西公报》第74册，1933年，第24页。
② 广西省政府秘书处：《广西公报》第74册，1933年，第25页。

> 漆室女者，鲁漆室邑之女也，过时未适人。当穆公时，君老太子幼。女倚柱而啸，旁人闻之，莫不为之惨者。其邻人妇从之游，谓曰："何啸之悲也？子欲嫁耶？吾为子求偶。"漆室女曰："嗟乎！始吾以子为有知，今无识也。吾岂为不嫁不乐而悲哉？吾忧鲁君老、太子幼。"邻妇笑曰："此乃鲁大夫之忧，妇人何与焉？"漆室女曰："不然。非子所知也。昔晋客舍吾家，系马园中，马佚驰走，践吾葵，使我终岁不食葵。邻人女奔，随人亡，其家倩吾兄行追之。逢霖水出，溺流而死，令吾终身无兄。吾闻河润九里，渐洳三百步。今鲁君老悖，太子少愚，愚伪日起。夫鲁国有患者，君臣、父子皆被其辱，祸及众庶，妇人独安所避乎？吾甚忧之。子乃曰妇人无与者，何哉？"……三年，鲁果乱，齐、楚攻之，鲁连有寇，男子战斗，妇人转输，不得休息。君子曰："远矣，漆室女之思也。"①

成语"漆室忧鲁"，意指不当政的人对国事担忧。不在其位不谋其政，班夫人虽为一普通女子，但她深谋远虑，积粮助饷，堪比漆室女。班夫人虽然没有像花木兰那样亲自上战场建功立业，但捐粮助军平叛，其功劳亦相当。因此，雷殷认为班夫人堪称女英雄，在国难日迫、民气消沉的时局下，募修班夫人庙能有助于重振士气，振奋人心。雷殷身居桂系当局的高位，能关注到伏波将军马援、班夫人这两位在桂西南地区的民间神灵所具备的榜样激励作用，为他们重建庙宇，实际上就是借此来进行文化教化，达到文化戍边之功。

三、伏波信仰的存续与现代边疆文化建设

在桂西南地区，马援的文化戍边价值一直都是在用各种方式不断被提及。2012年5月11日，笔者在凭祥市考察班夫人墓，见在班夫人墓旁边的凭祥一中教工楼下贴有一张凭祥市人民政府的公告，上面写着："根据我市重点项目建设要求，将在原凭祥市第一中学校园内建设班夫人纪念公园，需征收该区域内国有土上的住宅房屋。"公告后附有《凭祥市班夫人纪念公园建设项目房屋征收补偿方案（征求意见稿）》全文，公告落款时间为2012年5月2日。2013年4月8日在凭祥市人民政府网发布的《凭祥市行政新区城市设计》中有班夫人纪

---

① （汉）刘向撰，刘晓东校点：《列女传》卷三《仁智传》，沈阳：辽宁教育出版社，1998年，第33页。

念公园旅游规划设计,计划在原凭祥市一中校内以及白马山建设20公顷的班夫人纪念公园。笔者认为其目的不仅仅是爱国主义教育,还暗含着借班夫人故事来追忆马援南征以及边民拥军戍边的文化成边隐喻。

凭祥地处边关,为南疆重镇,边关文化底蕴深厚。班夫人的传说从模糊走向定型,从清代至现代,因应各种需要而不断被赋予新的文化价值。2012年5月,笔者在凭祥调研时,获悉凭祥高中的师生们将班夫人的故事搬上舞台,创作了舞台剧《班夫人》,进行爱国主义教育宣传。可见,与伏波信仰有关的班夫人故事已经被充分挖掘出其背后的文化意义。

有研究表明,班夫人是左江流域百越先民维护国家统一而自发行动起来助马援平叛的化身,成为地方社会保平安的信仰。广西精神中的爱国奉献的内涵与以班夫人为缩影的边境军民表现出来的不怕牺牲、保家卫国精神是相吻合的[①]。从凭祥班夫人故事的现代传承,再到伏波将军马援南征故事的各种相关传说,以及桂西南地区的伏波信仰的存续至今,均在说明伏波信仰所蕴含的文化成边价值。

2009年正月初六,笔者在东兴市罗浮峒东郊村伏波庙考察时,获祭文一篇,其中是这样歌颂马援的:"马援尊主,伏波将军浩气存;文渊伏蛮,卫国安境英名扬。马革裹尸,英雄业绩垂千古;和绥百越,边陲百姓注衷肠。国泰民安,个个戴德兴诸业;长普和谐,人人感恩同瞻仰。立庙祀奉,忠勇浩气立楷模。设坛敬拜,爱国精神世弘扬。百姓恭参,诚祈福佑家眷;万民敬祀,盼望康乐永馨香。仕官礼遇,励志为民种福田;军人敬仰,功精武强护华疆。文人恭惟,书文著章颂英魂;学者揖拜,锐心创意育忠良。少壮鞠躬,诚学精神立立支柱;老人礼谢,康宁受福怀典经。国人共祀,禀华夏古色古香;华侨同敬,骄扬中华古今强。盛开庙会,同彰神明遂民意;鸿设祭典,共参圣贤布祯祥。"在祭文当中,明确表明建庙祭祀是为了缅怀他的爱国精神。祭文的作者是韦臣,是当地小有名气的文化人。笔者对他进行访谈时,他不断强调马援的护国守边功绩。有意思的是,他在祭文当中,将信众按职业来分类描述拜神的目的,表达了他对不同职业的信众的期望。这应该是一种文化成边的隐喻。笔者在2011年11月14日在东兴市罗浮峒东郊村伏波庙考察,收集到一份2011

---

① 赖莉云等:《"广西精神"的历史文化底蕴研究——以凭祥、龙州地区的班夫人信仰为例》,《才智》2014年第17期,第257页。

年10月8日起草的《致关心东兴市东郊罗浮峒伏波庙各界人士的公开信》，该文较为详细地说明了该庙的历史和建庙的缘由：

>该庙自明朝以来重建多次，是为了纪念东汉伏波将军马援平乱靖边的功绩而建。马援将军是民族英雄，是安边定国的功臣和传授中华文化的武圣先贤，其生前慨言："男儿要当死于边野，以马革裹尸还葬耳"的爱国精神与谦虚敦厚的思想情怀，二千年来，一直受到人们的敬仰。在马援将军南征途经的中国岭南沿海地域，甚至越南的一些地区，人们为其建立庙堂（伏波庙）加以供奉，一直香火鼎盛，长燃不衰，进而积淀了丰富多彩的伏波文化，包括历史文化、宗教信仰、思想道德和民风民俗，有很高的开发利用价值。然而，由于该庙修建远早，年久失修，至今已木松墙裂，风雨飘摇，朝不保夕，危危欲坠，修缮工作已迫在眉睫，刻不容缓。重新修缮伏波将军庙，是对马援的祭祀，是对他在维护国家统一，边疆稳定方面的历史功绩给予充分肯定，也有利于周边群众和广大信士对马援将军神像的供奉，意义非常重大。

此公开信未署名撰写者，从文字上来推测，其应该出自地方文化人士之手。信中强调马援是民族英雄，是安边定国的功臣，修缮伏波庙是对马援维护国家统一、边疆稳定历史功绩的肯定，并借此去实现守边固围的目的。

在近代时，伏波庙不断获重建或是新建，即是有文化戍边之功，现代社会里，如今的伏波庙又应如何被对待，以挖掘其背后隐藏的文化价值，更值得深入探索。

即使是在伏波庙并不多见的桂中地区，也是有伏波庙重建的现象。2011年10月23日，笔者发现了柳江县铜鼓山有限公司的恢复重建伏波将军庙的请示报告。

关于恢复重建伏波将军庙的请示

柳江县宗教局：

伏波将军庙是为了纪念东汉伏波将军马援平乱靖边的功绩而建。伏波将军马援是民族英雄，是安边定国的功臣和传播中华文化的武圣、先贤，其生前慨言"男儿要当死于边野，以马革裹尸还葬耳"的爱国精神与谦虚敦厚的高风亮节，二千年来，一直受到人们的敬仰。在马援南征途经的中国岭南沿海地域，甚至越南的一些地区，人们为其建立有 300 多处庙堂（伏波庙）加以供奉，一直香火鼎盛，长燃不衰，进而积淀了丰富多彩的伏波文化，包括历史人文、宗教信仰、思想道德和民风民俗，有很高的旅游文化开发价值。

近年来，在广西的横县，东兴、防城港等地区，争相恢复重建或修葺伏波将军庙，以伏波将军为主题的庙会，正在如火如荼地兴起，如去年农历五月初五伏波庙会，东兴市有近十万中越民众参加，成为当地文化旅游的一道风景线。

位于柳江县里雍镇河表村苦练屯的伏波将军庙遗址，建于明朝期间，该庙，雕龙画凤，回廊飞檐，还有牌楼，气势宏伟，后毁于"文革"期间了。

2008 年，我公司经柳江县人民政府批准开发百里柳江十里长廊的旅游项目。经与柳江县佛教协会合作，决定满足周边群众的需求，在原址上恢复重建伏波将军庙，由我公司出资 8000 万元，拟用地 350 亩，建一座中国规模最大伏波将军寺。目前，一切工作进行顺利。此项目建成后，将会成为红花谷度假区的一道亮丽风景线，不但方便周边群众祭拜英雄、传承文化，亦可将此地作为弘扬正气，进行传统文化教育的基地。

总之，重建伏波将军庙，对马援的祭祀，实际上是对他在维护国家统一、边疆稳定方面的历史功绩给予肯定，有助于加强边疆少数民族地区各族人民的凝聚力。一举三得，意义重大。为了又快又好地推进此项目，我们希望宗教局尽快下文明确由我公司作为项目业主，具体负责恢复重建与管理伏波将军庙。

此呈如无不妥，请给予批复。

柳州市铜鼓山投资有限公司
2011 年 1 月 29 日

可见，在发展经济的过程中，社会对历史文化遗产的征用确确实实存在的，这种征用从某种意义上来说实际上也就是利用马援文化来实现守边固边之功。

在利用伏波信仰进行文化戍边之时，我们也应该注意把握一些原则。即应该在兼容并包、和平发展的理念下利用伏波文化建设桂西南的文化边墙，保障国家文化安全。"万里边疆文化长廊"的建设也是要围绕着兴边富民、展示国貌、增强国力、睦邻友好的主旨而展开。因此，一些学者从文化的角度去考察伏波信仰，认为"尚武从戎、舍身疆场的爱国精神，匡扶社稷、忧国恤民的民本精神，苦学上进、自立自强的奋斗精神，勤俭持家、清正为官的廉洁精神，扶贫济困、急公好义的仁爱精神"[①]，是伏波文化的精神内涵。马援所具有的忠于国家、老当益壮、马革裹尸、死而后已的精神本身就是无国界的，是值得景仰的，他为安定南部边疆社会秩序所做的功绩是应该歌颂的，也是文化戍边所追求的精神，应该成为文化戍边的好素材。

[①] 杨佰升：《发掘传统文化瑰宝，建造现代精神家园——关于防城港市传承和发展伏波文化的思考》，卢岩主编：《伏波文化论文集》，南宁：广西人民出版社，2010年，第199页。

结　　语

伏波信仰，主要是指在岭南建立功勋的汉代两位伏波将军：一是平定南越的西汉伏波将军路博德；二是平定交趾二征之乱东汉伏波将军马援。两位伏波将军均在岭南地区建功立业，岭南百姓均为他们立庙祭祀，最终形成了伏波信仰。岭南地区的伏波信仰主神经历了从最初的只祀路博德，发展到路博德、马援并祀，再到专祀马援的发展过程。明清时期广西境内形成了专祀东汉伏波将军马援的伏波信仰。

明代时，嘉靖《广西通志》和嘉靖《广东通志》上所收录的伏波庙共12所。清代时，岭南地区伏波庙数量更多，共计有84处。广东地区的伏波庙多是分布在粤西地区和海南岛地区，甚至远在南沙群岛的一些岛屿上也有伏波庙。而且伏波信仰会随着信众的迁移而扩散，如今台北市也有伏波庙。就伏波庙在广西境内的地理空间分布而言，清代广西自北向南形成了一个以马援为祭祀主神的祭祀圈，其分布范围与马援南征之路线基本吻合。东起梧州，西至田州，北起桂林，南至凭祥、龙州均有分布，而且集中分布在桂东地区和桂西南地区。桂西南地区的伏波庙主要分布在左江流域以及北部湾沿海地区，是如今广西现存30座伏波庙的分布最集中之地。桂西南地区还有众多与马援南征有关的遗址与故事，成为伏波信仰分布的核心区。桂西南地区的伏波庙有一些保存至今，规模较大的伏波庙有龙州县城伏波庙、凭祥隘口村伏波庙、崇左市江州区驮卢伏波庙、扶绥金鸡岩伏波亭、南宁平西村伏波庙、蒲庙五圣宫、横县伏波庙、东兴罗浮峒伏波庙、钦州横山伏波庙、钦州乌雷庙、钦州小董镇大王庙等。

马援晚年亲征五溪蛮,最终病卒,实现了他"马革裹尸"的悲壮豪言,因此,湖南也有伏波庙的分布。马援南征的主要战场为今天越南北部地区,越南北部地区在历史上均有伏波庙,如今越南河内的白马庙就曾是祭祀马援的庙宇,有碑铭为证。甚至如今的老挝首都万象也有一座伏波庙,是广西籍华人从越南到万象后所建的。

马援生前作为忠义之臣的代表,虽深受薏苡之冤,仍坚持为国家鞠躬尽瘁、死而后已。其忠诚之心为后人所敬,为其立庙。而统治阶级借此来教化民众,故伏波信仰才被列入官方祀典,并因应时代变化而出现主神职能的嬗变。就其主神职而言,主要是以守土安边的社稷神、水神的形象示人。在历史上,最初国家和民众纪念伏波将军马援的目的,是缅怀其平定交趾叛乱、维护国家边疆稳定秩序的历史功绩和爱国精神,这也是马援崇拜的核心内容之一。马援崇拜能增强民众的凝聚力,强化国家认同感,稳定地方社会秩序。马援成为社稷神的过程,离不开历代知识分子以及地方官绅们的大力倡导与推动。马援一路南征,随山刊道,水陆并进,伏波安澜,加上西江流域水上交通和贸易的发展,伏波神马援被塑造成为能御灾捍患、护航安澜的水神。这个神职的变化过程实际上是国家力量与地方社会力量互相配合发展而成的。

伏波信仰形成后,因其忠君报国的忠义形象,被列入正祀。从唐代中期开始,马援就屡受恩宠,《唐会要·武成王庙》记录了马援配享于武成王庙"七十二弟子"之列的情况。在宋代时已经形成了春秋二祭的做法,一直沿袭到明清时期。到清代时,马援还进入帝王庙祀典当中。在各地官府所设立的名宦祠里也多有马援的神位,享受官祀。不过,随着时代的变迁,官祭已经成为历史,广西各地的伏波庙如今是以民众自由献祭为主。

除了伏波庙外,桂西南地区有许多与马援有关的典故,如马援铜鼓、马援铜柱、马留人等,这其中又以马援铜柱的说法最为吸引人。马援铜柱的真实性已经难以考证,马援铜柱更多被看作是华夷分界的象征,是中原王朝疆域的最南界的象征。宋代之前,铜柱的地望基本上是被确定在安南境内。宋代之后,随着安南(交趾)的独立,铜柱的地望也出现了变化,有北移的迹象。明清时期,随着中越两国关系的变化,铜柱的地理位置已经北移到了钦州分茅岭和凭祥一带，成为当时的主流观点。越南的史籍中对马援铜柱及其地望的记载，也是出现了铜柱不断北移的情况。在中越两国的文人题咏伏波庙的诗文当中，总是出现铜柱的主题。马援铜柱具体地望从南向北迁移的变化，实际上也因应时代政治的变化，带上了明显的政治隐喻。它是王朝治域的象征，不可避免地带上了为国家政治利益服务的印迹。中国的统治者是借铜柱来表达对南疆的控制。而越南方面的历朝统治者实际也是在巧妙地借铜柱地望的北移来扩张疆域。虽然双方国家利益不同，但对铜柱象征意义的运用是一致的。

中法战争之后，当广西边疆出现危机时，中央及地方官员通过重修伏波庙、参与主持伏波庙诞等方式引导桂西南地区伏波信仰的主题不断向守边护国转移，以此来极力强化马援在作为维护国家边疆稳定的守护神的形象，加强边境地区民众的凝聚力和国家认同感，达到维护地方社会稳定和国家统一的目的。桂西南地区伏波信仰延续至今。但是与桂西南地区一海之隔的越南境内的伏波信仰在越南国家独立意识的培育及自身民族历史的建构过程中出现了明显变化，越南官方不断对伏波信仰进行抑制和改造。河内白马庙是纪念东汉伏波将军马援的庙宇，在历代不断得以重修，所祀的神灵由伏波将军到龙肚之精的变化，隐晦地折射出在中越两国关系由宗藩之国发展为平等的国家关系的时代大背景下，伏波信仰逐渐被抹消的变化，取而代之的是二征夫人逐渐成为越南民族英雄而广为崇奉。可见民间信仰的存系与否，并非是单纯的文化过程，往往还因政治因素的渗入和影响，出现了明显的政治化倾向，最终会影响它的命运。

在伏波信仰当中，官方祭祀所强调的是政治性的功业，而民间祭祀所在乎的是个体时益处。官方是为了推行教化，民众是为了祈求福佑。在伏波信仰中，神圣和世俗之间距离微小、界限模糊。神与人互依互惠，形成一种和谐有趣的交换关系。作为国家的正统神明，伏波信仰的建立反映了国家意识逐渐向民间的渗透过程。中央王朝利用民众对民间信仰的热忱，在意识形态上对民众进行渗透和控制，使边疆地区的民众在文化观念上树立国家认同观念。边境民众也在通过对国家权力的征用，获得自身的认同感。"马留人"利用马援南征的历史来建构自己作为"汉将后裔"的英雄祖先故事叙事。他们祭祀伏波，实际上就是借此不断强化自己的族群身份，通过崇祀伏波将军来表达对国家、民族的认同，凝聚族群感情。

结　语

　　在左江流域一直广为流传着一个壮族女子班夫人捐粮饷助马援的故事。班夫人传说的主题也是为国家奉献，其故事在左江流域广为流传，民众还自发为其建庙祭祀。左江流域伏波庙与班夫人庙的分布基本上是相互对应的关系。班夫人与马援同祀现象是百越先民支持中央政府维护国家统一、边疆稳定的反映。中央政府的敕封是对班夫人行为的褒奖，更是借助地方神灵的力量来维护地方秩序的一种手段。班夫人信仰是下层社会对马援南征历史及其影响的一种集体历史记忆，也是一种帝国认同的隐喻。

　　时至今日，广西境内伏波信仰有复兴之势。神灵是人创造出来为其服务的偶像，处在特定生存环境中的人们在其生产生活实践中按照自己的想象与需求创造了神、改造着神。在现代民族——国家话语的影响下，伏波信仰多被社会人士加以倡导，用来弘扬爱国主义精神，并且在文化遗产保护与开发的口号下，原本普遍存在的伏波信仰不断得到重兴，从而形成伏波信仰最密集之地。另外，从边疆治理的角度来看，马援为国鞠躬尽瘁，是守边固边的好榜样，还是文化戍边的好资源，从清末王德榜、苏元春、马盛治在龙州、凭祥建伏波庙，到民国的广西民政厅厅长雷殷为凭祥伏波庙和班夫人墓捐款重修，再到现代社会里凭祥当地政府对班夫人纪念公园的规划建设，神灵崇拜与文化戍边已经配合默契，这可能是伏波信仰在桂西南地区仍然焕发出勃勃生机的原因。

参 考 文 献

(一)古籍文献类

(法)奥古斯特·弗朗索瓦(方苏雅)著,罗顺江、胡宗荣译:《晚清纪事——一个法国外交官的手记(1886—1904)》,昆明:云南美术出版社,2001年。

(汉)班固:《汉书》,北京:中华书局,1962年。

崇祯《廉州府志》,明崇祯十年(1637年)刻本。

道光《廉州府志》,清道光十三年(1833年)刻本。

道光《钦州县志》,清道光十四年(1834年)抄本。

(清)范端昂著,汤志岳校注:《粤中见闻》,广州:广东高等教育出版社,1988年。

(南朝·宋)范晔:《后汉书》,北京:中华书局,1965年。

光绪《宁明州志》,民国三年(1914年)铅印本。

光绪《新宁州志》,清光绪五年(1879年)刻本。

(清)黄誉:《龙州纪略》,嘉庆八年(1803年)刻本。

嘉靖《钦州志》,广东省地方史志办公室编:《广东历代方志集成·廉州府部(四)》,广州:岭南美术出版社,2009年。

(清)金铁等:《(雍正)广西通志》,南宁:广西人民出版社,2009年。

康熙《广西通志》,清康熙二十二年(1683年)刻本。

康熙《廉州府志》,清康熙六十一年(1722年)刻本。

康熙《钦州志》,广东省地方史志办公室编:《广东历代方志集成·廉州府部(四)》,广州:岭南美术出版社,2009年。

(明)林富修,黄佐纂,攸兴超等点校:《广西通志》,南宁:广西人民出版社,2009年。

民国《合浦县志》，民国三十一年（1942年）铅印本。

民国《龙津县志》，1960年。

民国《龙州县志》，民国二十五年（1936年）铅印本。

民国《钦县志》，民国三十六年（1947年）石印本。

民国《邕宁县志》，民国二十六年（1937年）铅印本。

《南宁古籍文献丛书》编纂委员会编：《南宁府志》，南宁：广西人民出版社，2008年。

（宋）欧阳修，宋祁：《新唐书》，北京：中华书局，1975年。

乾隆《横州志》，清乾隆十一年（1746年）刻本。

乾隆《南宁府志》，清乾隆八年（1743年）刻本。

（清）屈大均：《广东新语》，北京：中华书局，1985年。

万历《广西通志》，明万历二十七年（1599年）刻本。

万历《太平府志》，明万历四年（1576年）刻本。

（清）汪森：《粤西文载校点》，南宁：广西人民出版社，1988年。

（清）汪森编辑，桂苑书林编辑委员会校注：《〈粤西诗载〉校注》，南宁：广西人民教育出版社，1988年。

（清）谢启昆修，胡虔纂，广西师范大学历史系中国历史文献研究室点校：《广西通志》，南宁：广西人民出版社，1988年。

宣统《南宁府志》，清宣统元年（1909年）印本。

雍正《广西通志》，清雍正十一年（1733年）刻本。

雍正《钦州志》，广东省地方史志办公室编：《广东历代方志集成·廉州府部（四）》，广州：岭南美术出版社，2009年。

赵尔巽：《清史稿》，北京：中华书局，1977年。

（宋）周去非著，杨武泉校注：《岭外代答校注》，北京：中华书局，1999年。

（二）今人著作类

（美）保罗·康纳顿著，纳日碧力戈译：《社会如何记忆》，上海：上海人民出版社，2000年。

陈国保：《两汉交州刺史部研究——以交趾三郡为中心》，昆明：云南大学出版社，2011年。

陈庆浩，郑阿才，陈义主编：《越南汉文小说丛刊》第二辑《岭南摭怪列传卷三·续类》，法国远东学院出版，台湾学生书局印行，1992年。

方铁：《方略与施治：历朝对西南边疆的经营》，北京：社会科学文献出版社，2015年。

高启进，陈益源，陈英俊：《开澎进士蔡廷兰与〈海南杂著〉》，澎湖：澎湖县文化局，

2004年。

广西壮族自治区通志馆编：《二十四史广西资料辑录》，南宁：广西人民出版社，1989年。

贺喜：《亦神亦祖：粤西南信仰构建的社会史》，北京：生活·读书·新知三联书店，2011年。

金泽：《中国民间信仰》，杭州：浙江教育出版社，1989年。

科大卫著，卜永坚译：《皇帝与祖宗：华南的国家与宗族》，南京：江苏人民出版社，2009年。

连瑞枝：《隐藏的祖先——妙香国的传说与社会》，北京：生活·读书·新知三联书店，2007年。

卢岩：《伏波文化论文集》，南宁：广西人民出版社，2010年。

罗彩娟：《千年追忆：云南壮族历史表述中的侬智高》，桂林：广西师范大学出版社，2012年。

农红生，何卫存主编：《龙州旧事》，北京：商务印书馆，2011年。

孙宏年：《清代中越关系研究：1644—1885》，哈尔滨：黑龙江教育出版社，2014年。

唐晓涛：《俍傜何在：明清时期广西浔州府的族群变迁》，北京：民族出版社，2011年。

（越南）陶维英著，刘统文、子钺译：《越南古代史》，北京：商务印书馆，1976年。

（越南）陶维英著，钟民岩译：《越南历代疆域》，北京：商务印书馆，1973年。

王明珂：《华夏边缘——历史记忆与族群认同》，北京：社会科学文献出版社，2006年。

王明珂：《羌在汉藏间：一个华夏边缘的历史人类学研究》，台北：联经事业出版公司，2003年。

王明珂：《英雄祖先与弟兄故事：根基历史的文本与情景》，台北：允晨文化出版公司，2006年。

王守恩：《诸神与众生：清代、民国山西太谷的民间信仰与乡村社会》，北京：中国社会科学出版社，2009年。

（英）王斯福著，赵旭东译：《帝国的隐喻：中国民间宗教》，南京：江苏人民出版社，2008年。

萧德浩，黄铮主编：《中越边界历史资料选编》，北京：社会科学文献出版社，1993年。

禤氏历史文化研究会，广西防城港市禤氏宗亲理事会编：《纪念禤纯旺始祖留守南疆 1970 周年禤氏祖祭》，内部资料，2010年。

杨念群：《空间·记忆·社会转型》，上海：上海人民出版社，2001年。

越南汉喃研究院主编：《越南汉喃铭文拓片总集》第一册，河内：越南文化通讯出版社，2005年。

张秀民：《中越关系史论文集》，台北：文史哲出版社，1992年。

赵世瑜：《狂欢与日常——明清以来的庙会与民间社会》，北京：生活·读书·新知三联书店，2002 年。

赵世瑜：《小历史和大历史：区域社会史的理念、方法和实践》，北京：生活·读书·新知三联书店，2006 年。

郑维宽：《从制度化到内地化：历代王朝治理广西的时空过程研究》，桂林：广西师范大学出版社，2016 年。

郑振满，陈春声：《民间信仰与社会空间》，福州：福建人民出版社，2003 年。

中共钦州市委宣传部，钦州市文学艺术界联合会：《钦州文化丛书——奇山秀水》，南宁：广西人民出版社，2008 年。

中国复旦大学文史研究院，越南汉喃研究院合编：《越南汉文燕行文献集成（越南所藏编）》，上海：复旦大学出版社，2010 年。

中国社会科学院历史研究所编：《古代中越关系史资料选编》，北京：中国社会科学出版社，1982 年。

（三）论文

白帆：《马援传说圈与马援崇拜》，《齐鲁师范学院学报》2015 年第 1 期。

白帆：《马援传说与民间崇拜》，广西民族大学硕士学位论文，2011 年。

曹金华：《征侧起兵史实考辨——与施铁靖先生商兑》，《扬州师院学报》（社会科学版）1996 年第 3 期。

陈春声：《信仰空间与社区历史的演变——以樟林的神庙系统为例》，《清史研究》1999 年第 2 期。

陈建斌：《伏波文化的现代价值研究》，《传承》2010 年第 10 期。

陈曼平：《从历代古诗文歌咏马援看"马援南征文化"的积极内涵》，《广西地方志》2006 年第 3 期。

杜树海：《神的结盟——广西漓江上游流域马援崇拜的地方化考察》，《民俗研究》2007 年第 4 期。

杜树海：《祖先记忆与边疆建构——宋明以降钦州西部族群社会与历史变迁》，广西师范大学硕士学位论文，2008 年。

杜文忠：《边疆的概念与边疆的法律》，《中国边疆史地研究》2004 年第 4 期。

范玉春：《马援崇拜的地理分布——以伏波庙为视角》，《广西师范大学学报》（哲学社会科学版）2007 年第 3 期。

傅纯英：《评马援南征》，《史学月刊》1993 年第 2 期。

郭振铎，张笑梅：《伏波将军马援与二征起事的若干问题》，《黄河科技大学学报》1999 年第 1 期。

黄文娟：《疆界变迁下的历史记述：马援铜柱北移问题研究》，广西民族大学硕士学位论文，2012 年。

黄铮：《论马援征交趾——兼论公元一世纪二征起事的一些问题》，《印度支那研究》1980 年增刊。

李大龙：《不同藩属体系的重组与王朝疆域的形成——以西汉时期为中心》，《中国边疆史地研究》2006 年第 1 期。

李大龙：《传统夷夏观与中国疆域的形成——中国疆域形成理论探讨之一》，《中国边疆史地研究》2004 年第 1 期。

李埏：《马援安宁立铜柱辩》，《思想战线》1999 年第 3 期。

梁红奋，宁超：《关于"二征"问题》，《印度支那研究》1980 年增刊。

林飚宇：《从伏波铜鼓的史籍记载看伏波崇拜文化的发展范围》，《海南师范大学学报》（社会科学版）2013 年第 3 期。

刘志伟：《地域社会与文化的结构过程——珠江三角洲研究的历史学与人类学对话》，《历史研究》2003 年第 1 期。

罗灿记：《陆川县伏波历史文化初考》，《广西地方志》2014 年第 4 期。

吕小梅：《清代横州商品贸易浅析——以站圩伏波庙重修捐资碑刻为视角》，《广西民族师范学院学报》2014 年第 1 期。

马大正：《关于当代中国边疆研究中的几个问题》，《当代中国史研究》2004 年第 4 期。

麦思杰：《神明信仰与边疆秩序——宋明时期广西伏波信仰研究》，《柳州师专学报》2008 年第 3 期。

任才茂：《广西北部湾沿海伏波信仰的成因及其文化特征——以钦州乌雷伏波庙为例》，《钦州学院学报》2013 年第 4 期。

任才茂：《广西沿海渔民的伏波信仰及其社会功能——以钦州乌雷伏波庙为例》，《广西师范大学学报》（哲学社会科学版）2013 年第 1 期。

施铁靖：《马援"立体地图模型"的产生及其历史意义——马援研究之十二》，《钦州学院学报》2010 年第 2 期。

施铁靖：《马援家庭教育思想初探》，《桂林师范高等专科学校学报》2010 年第 3 期。

施铁靖：《马援南征"分兵进交趾"质疑——与滕兰花博士商榷》，《广西文史》2010 年第 2 期。

施铁靖：《马援与我国民族地区的羁縻制度——马援研究之十六》，《广西民族研究》2011 年第 1 期。

施铁靖：《马援在广西》，《河池师专学报》2003 年第 3 期。

参考文献

施铁靖：《马援征交趾经广西行军路线考》，《河池师专学报》（文科版）1985年第1期。

施铁靖：《马援政治才能初探》，《河池师专学报》2003年第1期。

施铁靖：《试论马援南征的意义（马援研究之八）》，《河池学院学报》2004年第5期。

史亚辉：《伏波神崇拜及其仪式与功能解析——以横县伏波庙为例》，广西民族大学硕士学位论文，2008年。

滕兰花：《边疆安全与伏波神崇拜的结盟——以清代广西左江流域伏波庙为视野》，《广西社会科学》2009年第12期。

滕兰花：《从蔡廷兰的〈海南杂著〉看中越共同的马援崇拜——岭南伏波信仰研究之二》，《前沿》2012年第14期。

滕兰花：《国家认同的隐喻——广西北部湾伏波信仰与班夫人信仰共存现象探析》，《广西民族研究》2010年第3期。

滕兰花：《清代广西伏波庙地理分布与东汉马援征交趾》，《广西文史》2005年第4期。

滕兰花：《清代广西伏波庙地理分布与伏波祭祀圈探析》，《广西民族学院学报》（哲学社会科学版）2006年第7期。

滕兰花：《清代广西伏波庙地理分布与伏波祭祀圈探析》，《广西民族学院学报》（哲学社会科学版）2006年第7期。

滕兰花：《清代桂西南地区伏波庙文化探析》，《广西地方志》2007年第4期。

滕兰花：《清代岭南地区伏波庙地理分布与历史记忆》，《广西民族研究》2008年第2期。

滕兰花：《清代以来越南境内的伏波信仰研究》，《民族文学研究》2012年第5期。

滕兰花：《清代越南使臣眼中的伏波将军马援形象分析——以〈越南汉文燕行文献集成〉为视角》，《广西民族大学学报》（哲学社会科学版）2013年第3期。

滕兰花：《清代湘西地区伏波信仰探析》，《广西师范大学学报》（哲学社会科学版）2015年第2期。

王柏中：《"伏波将军"抑或"龙肚之精"——"白马大王"神性问题探研》，《世界宗教研究》2011年第4期。

王明珂：《历史事实、历史记忆与历史心性》，《历史研究》2001年第5期。

王雨：《清代以来龙州地区马援崇拜研究》，广西民族大学硕士学位论文，2012年。

王元林，吴力勇：《马援铜柱与国家象征意义探索》，《中南民族大学学报》（人文社会科学版）2011年第2期。

王元林：《国家祭祀与地方秩序构建中的互动——以唐宋元伏波神信仰地理为例》，《暨南学报》（哲学社会科学版）2011年第2期。

王元林：《明清伏波神信仰地理新探》，《广西民族研究》2010年第2期。

徐变云：《论"马援文化"的地域性差异》，《咸阳师范学院学报》2016年第1期。

徐秋明：《广西博白县龙潭镇游神活动考察》，《玉林师范学院学报》2008 年第 6 期。

许文堂：《越南民间信仰——白马大王神话》，《南方华裔研究》2010 年第 4 卷。

杨洪林：《从国神到家神：武陵地区伏波信仰变迁研究》，《广西民族研究》2012 年第 3 期。

杨建新：《"中国"一词和中国疆域形成再探讨》，《中国边疆史地研究》2006 年第 2 期。

杨胜池：《清代以来老司岩伏波信仰的功能转换研究》，吉首大学硕士学位论文，2016 年。

张坚：《论马援平定交趾之乱对桂西南地区经济发展的影响》，《广西师范大学学报》（哲学社会科学版）2007 年第 3 期。

张寅：《区域传统文化与城市发展——以马援文化与防城港市为例》，《经济问题探索》2011 年第 1 期。

钟柳群：《伏波祭祀圈中的村际关系——以钦州市乌雷村与三娘湾两村为例》，广西民族大学硕士学位论文，2009 年。

后　　记

　　本书是笔者主持的2011年国家社科基金青年项目"明清时期桂西南地区伏波信仰的社会史考察"（批准号 11CZS044）结题成果。一路走来，感谢自己没有放弃，更要感谢诸多帮助过我的师友！

　　在项目申报前期，热心的同事唐晓涛教授、王柏中教授给予的点拨、指导，使我受益匪浅，终获立项资助。在项目研究当中，我的博士生导师云南大学方铁教授始终关注，除了诸多宝贵建议外，不时的学习激励，让我能坚持下来。广西民族大学德高望重的范宏贵教授非常关爱我这个后辈，无数次的鼓励和提点，以及亲带着我考察横县伏波庙，历历在目，奈何先生仙逝，无法亲见本书的出版。

　　广西师范大学廖国一教授、范玉春教授、陈国保教授、江田祥博士，河池学院的施铁靖教授、谢铭教授，百色学院的马亚辉博士等诸多学界师长朋辈均为本书的写作提供了很多帮助，提出了诸多建设性的意见。中山大学刘志伟教授、云南大学周建新教授、广西民族大学民族学与社会学学院王柏中教授、郑维宽教授、胡小安博士以及其他同事们都对本书的出版提供了许多帮助。

　　此外，课题组成员们的互相鼓励，为我提供资料便利的各大图书馆及文博单位，乃至田野调研过程中遇到的每一个热心的报道人……无一不让我感动，给予了我极大的研究信心。最感动者莫过于一封来自宝岛台湾刘三祥先生的邮件，为我提供伏波信仰外传的重要线索！在此，我谨对他们的关心和帮助表示由衷地感谢。我还要特别感谢我的家人,没有他们的支持,我难以完成此业!

  本书尚有许多不尽如人意的地方。师友们的许多意见和建议,我因才疏学浅,未能完全理解和领会,故在本书当中亦未能充分体现出来,唯寄希望于后来者更为深入的研究。由于时间和水平有限,本书不足乃至谬误之处在所难免,敬请专家和各界同仁提出宝贵意见。

滕兰花
2020 年 2 月 1 日　于广西南宁 相思湖畔